中華大藏經

續編

15

漢傳注疏部（一） 第九册

中華書局

第一五册目録

金剛般若波羅蜜經講義

[一]本《講義》以再版補足之本，與江居士親筆原稿覆校重刊。有改正移易處，以「校」字識其異同。校勘記中稱再版曰舊版。

卷一 科判

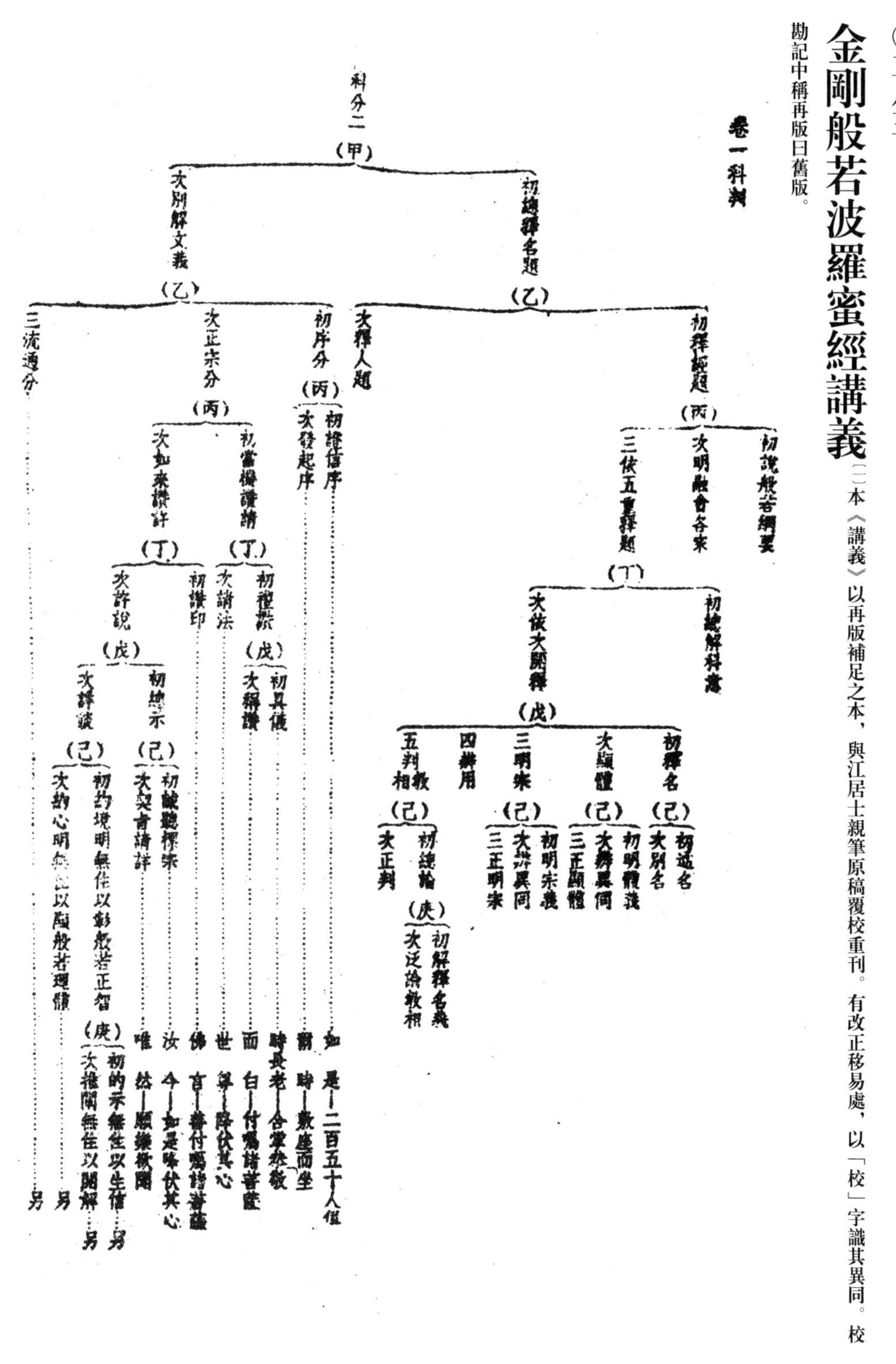

- (庚)初的示無住以生信（第三分至第八分）
  - (辛)
    - 初明示
      - (壬)
        - 初明發菩提心即是降伏
          - (癸)
            - 初標示……佛告—降伏其心
            - 次正明……所有—得滅度者
            - 三徵釋……何以故—即非菩薩
        - 次明不住於相即是正住
          - (癸)
            - 初正明無住
              - (子)
                - 初標示……復次—行於布施
                - 次指釋……所謂—觸法布施
                - 三結成……須菩提—不住於相
            - 次釋顯其故
              - (子)
                - 初徵釋……何以故—不可思量
                - 次喻明……須菩提—不也世尊 第二句
                - 三法合……須菩提—不可思量
            - 三結示正住……須菩提—如所教住
            - 四更明所以
              - (子)
                - 初問答釋明
                  - (丑)
                    - 初問……須菩提—見如來不
                    - 次答
                      - (寅)
                        - 初雙明……不也—得見如來
                        - 次釋成……何以故—即非身相
                - 次顯義印許
                  - (丑)
                    - 初明性本非相……佛告—皆是虛妄
                    - 次明即相見性……若見—則見如來
    - 次生信
      - (壬)
        - 初謙示根機
          - (癸)
            - 初問……須菩提—生實信不
            - 次答
              - (子)
                - 初謙能信之機……佛告—以此為實
                - 次示夙根之厚……當知—種諸善根
        - 次明其福德
          - (癸)
            - 初正明其福……聞是—淨信福德
            - 次釋顯其故
              - (子)
                - 初正釋……何以故—亦無非法相
                - 次反顯……何以故—衆生壽者 第三句
        - 三結顯中道
          - (癸)
            - 初以雙遣結成……是故—取非法
            - 次引筏喻顯義……以是—何況非法
        - 四問釋證成
          - (癸)
            - 初舉如來果德問……須菩提—說法耶
            - 次以法不可說釋
              - (子)
                - 初明無定法……須菩提—如來可說
                - 次釋應雙非……何以故—非非法
            - 三引一切無為證……所以—而有差別
    - 三校勝
      - (壬)
        - 初布施福多
          - (癸)
            - 初舉事設問……須菩提—寧為多不
            - 次答釋所以……須菩提言—福德多
        - 次信經殊勝……若復—其福勝彼
        - 三釋成經功……何以故—從此經出
        - 四結歸離相……須菩提—即非佛法

卷三科判

(庚)次以問答推闡無住（科六分五十六之二）

(辛)

- 初約果廣明（壬）
  - 初泛論四果（癸）
    - 初明初果離相……須菩提—須陀洹
    - 次明二果離相……須菩提—斯陀含
    - 三明三果離相……須菩提—阿那含
    - 四明四果離相……須菩提—衆生壽者
  - 次歸宗證成（癸）
    - 初約當機無得證（子）
      - 初引佛說……世尊—阿羅漢
      - 次陳離相……我不—阿羅漢
      - 三釋所以（丑）
        - 初反顯……世尊—阿蘭那行
        - 次正明……以須—阿蘭那行者
    - 次約住因無得證……佛告—無所得
- 次約因詳顯（壬）
  - 初約因心顯正（癸）
    - 初先明嚴土不住……須菩提—名莊嚴
    - 次顯應發無住心……是故—生其心
    - 三證以報身不住……須菩提—是名大身
  - 次約經功顯校（癸）
    - 初顯福倍勝（子）
      - 初引河沙喻……須菩提—何況其沙
      - 次明寶施福……須菩提—甚多世尊
      - 三顯持經勝……佛告—勝前福德
    - 次顯勝所以（子）
      - 初明隨說福……復次—如佛塔廟
      - 次明盡持福（丑）
        - 初正明盡持……何況—受持讀誦
        - 次正明所以（寅）
          - 初約成就正顯……須菩提—希有之法
          - 次約熏習結成……若是—尊重弟子
- 三請示名持（壬）
  - 初請……爾時—云何奉持
  - 次示（癸）
    - 初標示名持（子）
      - 初示能斷之名……佛告—波羅蜜
      - 次示持經之法……以是—汝當奉持
    - 次詳明所以（子）
      - 初總標……所以者何
      - 次別詳（丑）
        - 初示會歸性體（寅）
          - 初示般若名字相持……須菩提—波羅蜜
          - 次示應離言說相持……須菩提—無所說
        - 次示不壞假名（寅）
          - 初示不著境相持（卯）
            - 初問答……須菩提—甚多世尊
            - 次正示（辰）
              - 初示不著微細相……須菩提—名微塵
              - 次示不著廣大相……如來說—名世界
          - 次示不著身相持……須菩提—三十二相
    - 三結顯持福（子）
      - 初約命施校……須菩提—身命布施
      - 次明持福多……若復—其福甚多

（壬）

- 初當機讚勸（癸）
  - 初標領解……爾時—而白佛言
  - 次陳讚歎……希有—如是之經
  - 三勸信解（子）
    - 初約現前勸（丑）
      - 初明成就……世尊—希有功德
      - 次明實相……世尊—名實相
    - 次約當來勸（丑）
      - 初慶今勸後（寅）
        - 初自慶……世尊—不足爲難
        - 次廣勸……若當—第一希有
      - 次釋顯其故（寅）
        - 初正顯不著有……何以故—壽者相
        - 次兼顯不著空……所以者—即是非相
        - 三結顯名諸佛……何以故—則名諸佛

- 四成就解慧（壬）
  - 次如來印聞（癸）
    - 初印可……佛　告—甚為希有
    - 次闡義（子）
      - 初闡明觀行離相義（丑）
        - 初約般若明……何以故—是名第一波羅蜜
        - 次約餘度明（寅）
          - 初正明……須菩提—忍辱波羅蜜
          - 次引證（卯）
            - 初引本劫事……何以故—應生瞋恨
            - 次引多生事……須菩提—壽者相
      - 次闡明說法真實義（丑）
        - 初總結前文（寅）
          - 初結成無住發心（卯）
            - 初標結……是　故—菩提心
            - 次釋成……不　應—無所住心
            - 三反顯……若　心—則為非住
          - 次結成無住布施（卯）
            - 初結不應……是　故—住色布施
            - 次結應（辰）
              - 初總標……須菩提—如是布施
              - 次別明……如　來—則非眾生
        - 次正明真實（寅）
          - 初明說真實……須菩提—不異語者
          - 次明法真實……須菩提—無實無虛
        - 三重以喻明（寅）
          - 初喻住法之過……須菩提—則無所見
          - 次喻不住之功……若菩薩—種種色
    - 三結成……須菩提—無邊功德
- 五極顯經功（壬）
  - 初約生福顯（癸）
    - 初立喻……須菩提—以身布施
    - 次顯勝（子）
      - 初約福顯示（丑）
        - 初聞信即勝……若　復—其福勝彼
        - 次轉說更勝……何　況—為人解說
      - 次舉要別明（丑）
        - 初約教義明……須菩提—無邊功德
        - 次約機起明……如　來—上乘者說
        - 三約荷擔明（寅）
          - 初正明……若　有—三菩提
          - 次反顯……何以故—為人解說
      - 三結顯超勝……須菩提—而散其處
  - 次約滅罪顯（癸）
    - 初標輕賤之因……復　次—應墮惡道
    - 次明滅罪得福……以　今—三菩提
  - 三約供佛顯（癸）
    - 初明供佛……須菩提—無空過者
    - 次顯持經……若　復—所不能及
  - 四結成經功（癸）
    - 初明難具說……須菩提—狐疑不信
    - 次明不思議……須菩提—不可思議

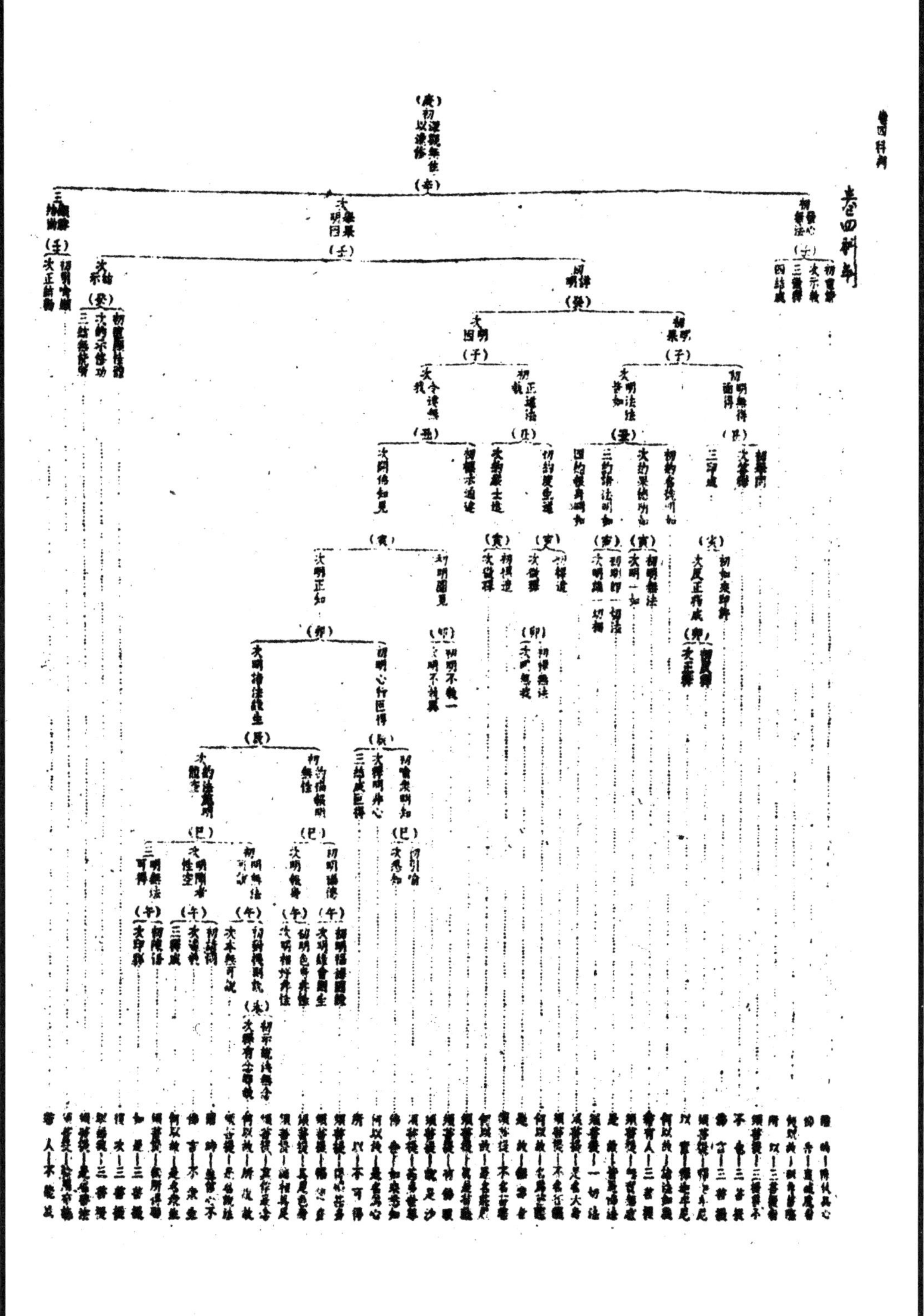

卷五科判

- （庚）次究極無住以成證（第二十五分至三十二分）
  - （辛）
    - 初明平等法界顯成法無我
      - （壬）
        - 初約度生明無聖凡
          - （癸）
            - 初明度無度念
              - （子）
                - 初標示……須菩提—莫作是念
                - 次釋成……何以故—衆生稱者
            - 次明本無聖凡……須菩提—則非凡夫
        - 次約性相明非一異
          - （癸）
            - 初總顯如義……須菩提—觀如來
            - 次別遣情執
              - （子）
                - 初遣取相明非一
                  - （丑）
                    - 初破解示遣……佛言—觀如來
                    - 次說偈結成……爾時—見如來
                - 次遣滅相明非異
                  - （丑）
                    - 初標示切誡……須菩提—三菩提
                    - 次結顯正義……須菩提—斷滅相
        - 三約不受福德結無我
          - （癸）
            - 初結無我
              - （子）
                - 初明無我功勝
                  - （丑）
                    - 初引事……須菩提—七寶布施
                    - 次校勝……者復—所得功德
                - 次明由其不受……須菩提—福德故
            - 次明不著
              - （子）
                - 初請明其義……須菩提—不受福德
                - 次釋明不著……須菩提—不受福德
    - 次明諸法空相結成法不生
      - （壬）
        - 初泯相入體
          - （癸）
            - 初約聖號明離去來
              - （子）
                - 初斥凡情……須菩提—我所說義
                - 次釋正義……何以故，故名如來
            - 次約塵界明離一多
              - （子）
                - 初明微塵非多
                  - （丑）
                    - 初問微塵多否……須菩提—寧爲多不
                    - 次明多即非多……甚多—是微塵衆
                    - 三釋其所以……所以—名微塵衆
                - 次明世界非一
                  - （丑）
                    - 初明非界名界……世尊—是名世界
                    - 次釋一即非一……何以故—一合相
                    - 三示本離言說……須菩提—貪著其事
            - 三約我見明離亦離
              - （子）
                - 初問答明義……須菩提—所說義
                - 次釋成其故……何以故—我者見
        - 次結成不生
          - （癸）
            - 初正明不生……須菩提—不生法相
            - 次不生亦無……須菩提—是名法相
- （乙）三流通分
  - （丙）
    - 初示勸流通
      - （丁）
        - 初示流通益
          - （戊）
            - 初引財施……須菩提—持用布施
            - 次明法施……者有—其福勝彼
        - 次示流通法
          - （戊）
            - 初直指本性……云何—不動
            - 次觀法緣生……何以故—如是觀
    - 次正結流通……佛說—信受奉行

蔣敘

《金剛經講義》，爲江味農居士之遺箸。此箸在居士生前，既因病魔時擾，未克寫定。殁後，又因種種障礙，幾至佚失。是豈無上甚深之祕機，未可輕易宣露，抑衆生福薄，未能仰契大法耶？否則何以魔障重重，若是之甚也？余與居士締交二十餘年，知其一生持誦《金剛經》，獨具心得。甲戌之夏，向之啓請，講述大意。余就記憶所及者，歸而録之。居士喟然曰：竹本虚心是我師。君字以竹，而虚心若此，可謂名副其實。與其略講，不如爲君詳談。而省心蓮社同人，聞知此事，要求公開。遂移座社中，正式宣講，規定每週二次。晚間升座，聽者恆數十人。余亦即席筆記，翌日，繕呈居士改正。數月後，居士以改正費力，不若自寫。遂於每講前一日，撰數千字，畀余抄録。余雖仍有筆記，乃無暇整理矣。此法會始於甲戌七月，至乙亥九月圓滿。積稿盈尺，居士以爲尚須潤色，並將初分所缺者補足，方可成書。同人因居士在家，問道者多，因謀另闢靜室供養之，俾專心撰述。李君稺蓮，聞有是舉，發願獨任經費，遂於滬西租屋三間，右爲臥室，中爲佛堂，左爲講室，以處居士。期以一年，將此《講義》補撰完成。然居士每歲遇黄梅時節必病，病輒數月。病愈，則又憫念南北死難衆生，啓建大悲道場，虔心超度。因此遷延，卒未脱稿。余與晤時，偶問及此，居士似不願人之督促者。余知其意，遂不復問。戊寅首夏，居士復示疾，胃納不舒。余每隔二三日往省之，見其病勢較往歲爲重，深爲憂慮。是年五月，寂然往生。家人來治喪，紛亂之中，幾失此遺稿所在。余急使人徧覓得之，攜回檢視，皆爲散片，前後間有錯亂。同人以余有筆記，多促余補撰成之。但余以事繁，從居士自撰《講義》以後，所記之稿即未暇繕正。當時之速寫，日久視之，字跡强半不能認。且在居士生前，余之筆記尚須俟其改正後，方無錯誤，今貿然取以續貂，亦有未安。古德遺箸，缺略不全，用以付印者，亦多有之，何況此書已成十之六七耶？惟付印必須編會，余日無暇晷，擱置又數月。幸居士之弟子周君清圓發心任此，因以全稿畀之。逐葉搜討，隨時將經文會入。而清圓亦因在佛前發誓，代衆生受罪，時時抱恙，不免作輟。録寫及半，又因意外波折，幾至功虧一簣。至己卯之冬，始將全書録成。魔障如是，終得成書，亦云幸矣。一日，余偶遇李君穉蓮於途，知其自香港來滬，不久即去。因述此稿已可付印，李君欣然謂余云，印費由渠任之，倘有人隨喜，渠亦不願獨佔此功德，留資於省心蓮社而去。適范古農居士避難來滬，寓於社中，商得其同意，任校訂之責。遂得於今年六月印成。至書之内容，精深微妙，發前人所未發，隨時指示學人切實用功處，皆過來人語，讀者展卷自知，毋庸多贅，但述此書始末經過之曲折如此。是爲敍。

民國二十九年六月蔣維喬法名顯覺寫於因是齋。

校勘記

〔一〕底本據《普慧藏》。

范敍

《金剛般若波羅蜜經》，爲《般若經》大部六百卷之一卷，文約而義精，喻爲金中之剛，良有以也。六百卷文，汪洋浩瀚，讀者難之。此一卷文，家誦户曉，般若深義庶幾弘傳矣。自古以來，解此經者無慮百數，其具異見者無論矣，其契正義者，當以無著、天親、施功德三論及僧肇、智者、嘉祥三疏爲最。嗣後宗泐、憨山、蕅益、續法諸師論箸各具精義，要不出於古註者近是，然未有如味農江老居士《金剛經講義》之殊勝淵博也。《講義》發揮般若要旨既詳且盡，又復旁通諸大乘經。其指導學者觀照法門，不第禪宗之向上、淨宗之一心皆有所闡發而已。其尤具法眼，發前人所未發者，則台宗判斯《經》爲通別兼圓，賢宗判屬始教，而居士獨判爲至圓極頓之教，庶不背《經》中所謂如來爲最上乘者説也。他如《經》中文句，云如來，云佛，云世尊，云不也，云佛告須菩提等，爲常人所忽略者，居士輒能發明其勝義。頃者省心蓮社印此《講義》，余助校訂，得讀其文，不禁歡喜踴躍，歎未曾有。至於依據古本，考訂異字，勒爲定本，尤爲千餘年來斯《經》之功臣矣。曩閲黄涵之居士《彌陀經白話解》，嘗歎曰：讀此《解》者，不獨知《彌陀經》義，且能知一切經法。今於江居士《金剛經講義》亦云然。自斯《講義》流通，我知讀者一展斯編，不啻讀餘經十百部也。《經》云，一切諸佛及諸佛菩提法皆由此《經》出，不尤彰明較著者哉？校訂既畢，因讚歎而爲之敍。

中華民國二十九年庚辰首夏范古農和南敬敍。

例言

一、此書爲江居士遺著，付印公世。初板時因稿未完成，取蔣居士顯覺之筆記，當時曾經江居士修正者補之。中華民國三十一年再版時，所缺《講義》，已由蔣居士顯覺將舊時筆記悉心校訂，據以補入，遂成完璧。

一、此書分信、解、行、證四大科，即據以分卷。以五重玄義爲首卷，餘分四卷，共計五卷，卷末附居士之校勘記及跋。

一、科判附於全書之首，俾讀者便於檢閲。

一、此書編彙，初板時由周居士清圓任之，校訂由范古農居士任之，並由蔣居士顯覺、孟居士定常協同校對。

一、書中補缺之處，首行加一補字，以清眉目。

江味農居士傳

蔣維喬

居士姓江氏，名忠業，字味農，法名妙煦。晚年改名杜，號定翁。於其所箸書中，或署幻住，或署勝觀，隨時取意，初無一定。先世本居江蘇江寗南鄉凌閣村，因王父樂峯公筮仕鄂省，遂家焉。居士幼時，即隨樂峯公持誦《金剛經》，終身未嘗少輟。父訒吾公，爲前清循吏，有政聲。居士以光緒壬寅舉於鄉，旋得陝西補用道，然養志承歡，不樂仕進。訒吾公宦遊數十年，歷贛至蜀，居士皆隨侍贊襄，事無鉅細，必躬親之。居士中年喪偶，悟人世之無常，即潛心學佛。雖以父母之命，續娶繼室，然在家出家，其志已早決矣。辛亥之秋，訒吾公以年老致仕，居士奉父母自蜀返鄂。值革命軍興，家產蕩然，避地東下，初居武林，後至上海。雖流離瑣尾，艱苦備嘗，而養親樂道，處之泰然。訒吾公忠貞亮節，嚴命居士不許再入仕途，居士謹受教，不敢忘。丁巳，訒吾公卒。居士於哀毀中，乘機勸母郭太夫人長齋念佛。戊午春，禮禪宗大德微軍和尚爲師，受菩薩戒。盡力參究，頗得消息。時北五省旱災慘重，居士受簡照南之託，攜款北上，參加佛教籌賑會，放款十萬，全活甚衆。余以辛壬之間，始與居士相識於滬上，至是又與相見於北京。是年夏，道友徐文霨、梅光羲等，延請觀宗寺諦閑法師北上，開講《圓覺經》。自編講義，分給聽衆。然法師稱性而談，於講義之外，多所發揮。余因請居士及黃士恆各述所聞，每日筆記，由居士總其成。成後，以呈諦師。諦師印可，爲取名《圓覺親聞記》。時京師圖書館搜藏燉煌石室寫經八千餘卷，中多祕笈，需專家校理。余乃獻議於教育部，請居士任校理之職。自戊午迄己未，先後二年，居士於殘亂卷帙中，輯成《大乘稻芉經隨聽疏》一卷，《淨名經集解關中疏》二卷。居士跋《大乘稻芉經隨聽疏》有云：「曩聞燉煌經卷中有《稻芉經疏》十餘卷，爲大藏所佚。及來圖書館，亟取而閲之。蕪亂譌脱，幾不可讀。爲之爬梳剔決，排比聯綴，並取重複之卷，互勘異同，亦有援據他書以校補者。其不可考者，則存疑焉。積八月之力，録成一卷，仍闕首尾。會傅增湘購得一殘卷，所缺疏文，悉在其中。於是千年祕著，遂成完書。」是可知其搜輯之艱辛，而時節因緣之不可思議也。其敘《淨名經集解關中疏》有云：「此《疏》向叢殘萬卷中，重事搜輯。載更寒暑，竟得勘訂成書，首尾完具。止中間闕一小段，不礙大體也。夫關中《淨名經疏》，今猶有聞者，僅一肇注。然校以此書，往往此猶加詳，始知其已非原本。況復什門諸作，此書備載，而又爲之科解，提挈分疏，及其所未及，言其所未言。譬如無上妙味，萃聚而調節之，取精用宏，飫之彌旨。此亦如是，一編之中，妙義兼羅。苟其息機靜對，即異以會通，觀心而契體，尚何經旨之不明，神智之弗啓也？」可見是《疏》之珍祕矣。庚申，回滬。母郭太夫人示疾，居士爲誦《大悲咒》加持之，并令家人虔誦佛號助之。太夫人臨終起坐，向西合掌，念佛而逝。居士從此信念愈堅。嘗憾多生習氣，思藉密教神咒之力以消除之。復至北京，適遇日本覺隨和尚，專修供養大聖歡喜天法。居士乃約同志數人，請其設壇傳授。及圓滿之日，居士頓覺現高大身，上窮無際。覺隨謂之曰：「此番修法，惟子得福最大。」既而覺隨率居士赴日本高野山，研究東密。卒以他事障礙，未克潛修。不久返國，與簡照南、玉階昆仲籌辦功德林佛經流通處於海上，搜集南北刻經處及名山各版經籍，流通全國，以弘法利生。居士嘗謂，南嶽思大師之《大乘止觀》，爲東土撰述中稀有瓌寶，智者大師之《摩訶止觀》即從此出。學者不先通南嶽之義，即習《摩訶止觀》，難得要領。然南嶽心法久湮海外，宋時雖傳入中國，措意者稀，深爲惋惜。會辛酉之夏，海上南園居士發起講經會，居士即獻議，啓請諦閑法師講《大乘止觀》。居士每日筆記，並於幽深微妙之處，曲折譬喻以説明之。就正諦師，再三往復。至癸亥始脱稿，名之曰《述記》。諦師自謙謂，此書十之七八，係居士所述，不肯居箸作之名。居士則謂，諦師發其端，必以箸作之名歸之，彼此謙讓。又以書中專名典句，慮有難明，復屢經修改。荏苒八年，始成書二十卷，刊板印行。諦師亦鑒居士之誠，允爲居名。然其致居士之函則云：「記文不惟詞意通暢，其吃緊要關，旨趣淵微之處，透徹了明，此皆全是老維摩以精妙見地所發揮也。」乙丑夏，白普仁尊者南來，主持金光明法會，海上同人公推居士襄助尊者宣揚。於是由滬而杭而湘而鄂而潯而甯，輾轉數千里，躬親會務，條理井然。藉此機緣，得以研究藏密。己巳秋，應閩中善信之請，赴福州宣説佛法，三月始歸。庚午秋，在滬開講《大乘止觀述記》，逾年方畢。省心蓮社成立，被推爲社長。從此常在社中開講大乘經典，並領導社員，念佛禮懺。余知居士於《金剛經》獨有心得，於甲戌之夏，請居士爲余講述大意。既而省心蓮社同人要求公開，乃正式開講。余每次爲筆記，記畢，即呈居士修改。後居士乃每次自寫講義，畀余抄録。及法會圓滿，積稿至四厚册。居士以爲尚須潤色，並將初分所缺者補足，方可成書。同人以居士在家，問道者多，不能專心撰述，因謀另闢靜室，供養居士，謝絶一切，期以一年，將《金剛經講義》撰補完成。然居士每歲遇黄梅時節必病，病輒數月。又以憫念南北死難衆生，啓建大悲懺，虔心超度。因此遷延，《講義》卒未脱稿，然已得全書十之六七矣。其解釋《金剛經》，多有古德所未發者。如佛説他經時，恆放大光明，六種震動，現種種瑞相。獨説《金剛般若》甚深經典，僅云，世尊食時著衣持鉢，入舍衞大城乞食等語。居士爲之釋曰：「是《經》最大旨趣，是發揮不應住相之理。故開首記世尊舉動，與尋常比丘相同，是即成佛而不住佛相。弟子亦視爲尋常。惟須菩提窺知其意，所以歎爲希有。否者，持鉢乞食，何足令人驚歎耶？」通行之《金剛經》，兩周問答，皆作云何應住。居士乃依據古註及燉煌寫經，勘定前周作應云何住，後周作云何應住，兩問意義絶不相同。而爲之説曰：「前周應云何住，是問菩提心應云何安住，俾無馳散，爲初發大心修行者説也。後周云何應住，是問既應離一切相發心，則菩提心云何獨應住耶？若不住此法，又何謂之發心？若不應住而應降伏者，豈非不發心耶？然則云何降伏其心耶？是爲已發大心修行者説也。」其於《金剛》妙義發揮精透類如此，此特略舉其一二端耳。戊寅首夏，天氣陰溼，居士依舊示疾，胃納不舒。余每隔二三日，必往省視，見其臥牀不能起，較往歲爲重，甚爲憂慮。居士則云：「一過黄梅，病當霍然。」而其弟子等則在隔室佛堂爲之念佛，終日佛號不斷。居士亦安臥默念，神志極清。至舊曆五月中旬，疾漸增，而神志愈清。道友朱光琪用硃書大字，勸其一心往生，勿戀塵世。居士審視數過，合掌謝朱，口稱歡喜讚歎。朱既去，則謂左右曰：「吾勤修一生，豈於此一關尚不了了？朱君殆過慮矣。」及十八之夕，自云：「金光徧照佛來接引。」邀集諸道友，而蔡濟平因事，至十二時方至，居士猶詔之曰：「修持以普賢行願爲最要。」遂合掌不復語，於諸道友及家族佛號聲中，安然而逝。壽六十有七。余與居士交二十餘年，初僅知其泛濫各宗，歸宿淨土。近年交誼益密，研討益深，方知居士一生得力於《般若》，從事參究，早得消息，豁然大悟，一心常在定中，晚間無夢，至今已五年餘矣。故恆自言：「教宗《般若》，行在彌陀。」其説法也，稱性而談，旁通曲達，自在無礙。余於經典及修持功夫偶有懷疑，以質居士，其解答總高人一著。而其戒行之嚴，進修之密，足爲一世模範。居士誠佛門龍象哉！

金剛般若波羅蜜經講義卷一

震旦清信士勝觀江妙煦遺箸

金剛般若波羅蜜經

欲説此《經》，先當科判。大科分二：（甲）初，總釋名題。次，别解文義。（甲）初又二：（乙）初，釋經題。次，釋人題。（乙）初又三：（丙）初，説般若綱要。

般若綱要，含有三義。（一）謂般若爲大乘佛法之綱要也。此義，諸大乘經論及古德箸述中，隨處可見，若博引之，累牘難盡，兹且捨繁就約以明之，取其易了也。夫大乘教義，深廣如海，然壹是以自度度他爲本。自度度他，法門無量，然壹是以六波羅蜜爲本。而施、戒、忍、進、定五度，若離般若，非波羅蜜，是所謂六波羅蜜者，壹是以般若波羅蜜爲本。然則般若爲大乘佛法之綱要也，彰彰明矣。故《大智度論》曰：「般若波羅蜜是諸佛母，諸佛以法爲師，法者，即是般若波羅蜜。」《大般若經》曰：「摩訶般若波羅蜜是諸菩薩摩訶薩母，能生諸佛，攝持菩薩。」可見所謂大乘最上乘者，唯一般若而已，除般若外，便無佛法。當知大小乘一切教義皆自般若出。一切教義，間有與外道如儒家、道家中最高之理論相近者，獨有般若，惟佛能證，惟佛能説。外道最高之理論，一遇般若，冰銷火滅矣。故華嚴會上，諸大菩薩讚曰：天上天下無如佛，十方世界亦無比，世間所有我盡見，一切無有如佛者也。知此，則三教同源之説，其荒謬何待言哉？知此，則學佛者苟不了徹般若，雖盡知種種教義，盡學種種法門，皆是捨本逐末，在枝葉上尋覓耳，豈能到彼岸乎？夫般若非他，理體本具之正智是也。理體者，實相般若也。

正智者，觀照般若也。皆名般若者，顯其理外無智，智外無理，理智一如也。既曰學佛，首當開佛知見。云何爲佛知見？般若是也。乃從來罕有學此者，或望而生怖，或無知妄談，此所以學佛者雖多，而證道者甚少也。豈但孤負佛恩，抑且孤負己靈。何以言之？如我世尊成道時，詫曰：「奇哉！奇哉！大地衆生皆有如來智慧覺性，但因妄想，校：想下，舊版有執著二字，原稿無。不能證得。若無妄想執著，則無師智、自然智即時現前。」如來智慧覺性，即實相般若。妄想，即分別心第六識。執著，即我見第七識。而觀照般若，即轉此二識者也。此二識轉，藏識及前五識皆轉矣。故曰，若無妄想執著，無師智、自然智即時現前。此二智，即謂如來智慧覺性。因非外來，亦不可授人，故曰無師。因法爾本具，必須自覺自證，故曰自然。亦可配根本智、後得智，或道種智、一切智說。總之，凡夫所以爲凡夫者，由於無始無明。無明猶言無智，故今欲超凡入聖，惟在開其正智耳。佛門中人有恆言曰，求開智慧。此語正謂當開般若正智，亦即開佛知見。我世尊爲一大事因緣出現於世。何謂大事因緣？即是爲一切衆生開佛知見，示佛知見，俾得悟佛知見，入佛知見耳。乃衆生雖知求開智慧，而不明其所以然，教者、學者一味尋枝覓葉，絶不知向般若門中問津，甚至相戒勿言。可悲之事，孰逾於此？違背佛旨，孰逾於此？誤法誤人，孰逾於此？自今而往，深願與諸善知識昌明正義，極力弘揚也。（二）所謂般若綱要者，謂即般若而明其綱要也。如上引《大智度論》所言，佛法即是般若。可見般若一門，攝義無量，若不明其綱要，未免泛濫無歸。前人有宗第一義空立説者，有宗二諦立説者，有宗八不立説者，其説至不一也。第一義，即謂本性。性爲絶待之體，故曰第一義。性體空寂，故曰第一義空。此義是明般若綱要，在於破我除執，必須我法俱遣，情執盡空，所謂得無所離，即除諸幻，而後實相現前也。二諦者，俗諦也，真諦也。俗謂世俗，真謂真實，諦者精審確當之意。謂世間之事相，凡俗見以爲審確，是名俗諦。真實之理性，聖智乃知其審確，是名真諦。若約佛法言，凡明諸法緣生之義者，曰俗諦。何以故？以世俗未悟本性，逐相而轉，因曉以一切諸法但是緣生，有即非有，其義決定故。凡明緣生即空之義者，曰真諦。何以故？以聖智即虚妄相見真實性，故洞然一切諸法非有而有，當體皆空，其義決定故。龍樹菩薩曰：「爲世諦故，説有衆生。爲第一義諦故，説衆生無所有。」世諦即俗諦，第一義諦即真諦也。由此可知，俗諦明即空之有也，真諦明即有之空也。又曰：「諸佛依二諦，爲衆生説法。」故嘉祥大師曰：佛法不出二諦，二諦賅攝一切佛法也。夫般若本攝一切佛法盡，而曰佛依二諦説法，則般若綱要不出二諦也明矣。蓋般若要旨，爲令空有不著，以合中道第一義。真俗二諦，正明此義者也。八不者，所謂不生不滅，不斷不常，不來不去，不一不異。因迷八不之淺深，而成六道。因悟八不之淺深，而有三乘。蓋一切衆生，計執生滅、斷常、一異、來去等相而著有，故謂之迷。三乘中人，雖不執生滅諸相，而又著於不生不滅等，以偏於空。故佛説八不之義，正令洞明乎二諦。二諦明，而後中道顯也。而第一義空之義，亦是令空有俱空，而後一切不著，中道圓明。由是觀之，第一義空、二諦、八不，説雖不同，而義顯中道則同。然則般若之綱要非他，即是令於空有二邊遣蕩情執，務令罄盡，以顯圓融中道耳。换言之，佛説般若，在令一切妄想執著之衆生，開其理體本具之正智，以明其無明，覺其不覺，俾無相無不相之實相、空不空之如來藏現前，同證如來智慧覺性耳。此正我本師出現於世之大事因緣也。是則般若法門，乃最上乘，令一切衆生乘之，而直至佛地者耳。由是言之，與其別別舉義，明其綱要，何若曰，《金剛般若經》實爲般若部之綱要，尤爲要言不繁。何以故？本《經》無法不攝，無義不彰，上舉二諦、八不、第一義空諸義，一一具足故。如曰，無我相，無法相，亦無非法相等，第一義空之義也。滅度所有一切衆生，俗諦也。實無衆生得滅度，真諦也。行於布施，俗諦也。於法無住，真諦也。乃至不應取法，不應取非法，即非，是名，等等，全《經》所説，無往非明二諦之義者。至令菩薩通達無我法，在於開佛知見。入後所説，則皆不一不異、不斷不常、不來不去、不垢不淨等義，以顯諸法空相，是法平等。夫諸法空相，是法平等，即所謂不取於相，如如不動也。而令學人如是演説，如是受持，豈非以如是等義爲般若之綱要乎哉？不但此也，如上引《大般若經》《大智度論》之言曰：「般若能生諸佛，攝持菩薩，佛法即是般若。」是指示佛法要領不出般若也。而本《經》則曰：「一切諸佛及諸佛阿耨多羅三藐三菩提法，皆從此《經》出。」其指示般若要領全在此《經》，不尤昭昭明明乎？佛説般若，前後共十六會，義豐文富。聞西藏譯文，至千卷之多。中文簡括，亦有六百卷。内典中卷帙最大者，惟般若部。讀誦已難，遑論演説受持。故於第九會由博而約，特説此《經》。羅什大師師弟譯成華文，並加入魏譯之數行，計之止五千八百三十七字耳。不但般若要旨盡在裏許，且得此一卷，一切佛法無不在握矣。何以故？此卷爲般若之綱，般若爲一切佛法之綱故。故必一切佛法通，而後此《經》可通。何以故？因綱乃得綱故。然亦必此《經》之義趣深解，而後一切佛法頭頭是道。何以故？綱舉則目張故。當如是知也。此一卷《經》，既爲三藏之綱，其關繫重要可知。其義藴之玄廓，條理之繁密，亦由是而可知。且以少文而攝多義，幸得譯人筆妙，方足以傳之。是以《經》中一句一字皆闡宏旨，即一名稱、一結集者標舉之詞亦含精義，少少忽略，義便難通。自譯傳之後，禪宗五祖、六祖極力宏揚，遂爾家喻户曉，流通不絶。雖多未明其義，而學佛者蓋無有不讀此《經》者也。各佛教國中，未見其比。即此觀之，足見吾國衆生深蒙佛護，良堪慶慰。何以故？此《經》流傳不絶，便是佛種不斷故。自今而後，當於云何演説、云何受持特別加意，乃足以少報佛恩，及翻譯此《經》、流通此《經》者之恩也。荷擔如來，當得菩提，願與諸君共勉之。（三）謂即《金剛般若》而明其綱要也。本《經》之綱要無他，遣除妄想執著是已。蓋如來智慧覺性，一切衆生人人本具，個個不無，但爲妄想執著所障，不能證得。佛爲一大事因緣出世者，爲此事也。一切佛法，無非破執除障之法門也。而本《經》所説，尤爲直捷了當，譬如金剛寶劍，依此而行，可以直下斷除者也。妄想，即是分别心。執著，分爲兩種。執五藴色身爲我，名曰人我執，簡言之，曰我執。執著一切諸法，名曰法我執，簡言之，則曰法執。我執不除，生煩惱障，法執不除，生所知障，總名惑障。由惑造業，則爲業障。因業受苦，名曰苦障，亦名報障。我法二執，細分之，又有分别、俱生之别。起心分别，因而執著者，爲分别我法二執，故粗。並未有意分别而執著之凡情，隨念俱起者，爲俱生我法二執，故細。此是多生以來，習氣種子藴在八識田中，故爾隨念即起，最爲難除。當知妄想執著由於無始無明，而般若則爲理體正智，智開，則無明者明矣。無明明，則妄想執著自斷矣。故學佛，首當開示悟入佛之知見。佛之知見，即是般若正智也。無論修何法門，皆須致力於此，故一切法不能離般若也。修淨土念佛亦然。經云，心淨則土淨。妄想執著不除，心何由淨耶？古德言，愛不重，不生娑婆。情執我見，實爲愛根。故求生淨土，必應從此下手。所謂老實念佛者，老實二字，必當注意。世間一切染緣，攀緣不息，云何能老實乎？由此可知，般若、淨土，初非二事。此《經》實一切學人出妄之宏綱，淨心之樞要也。茲不過略談大旨，詳見下三，依五重釋題中。古人將釋一經，先説玄義，亦曰玄談。玄者，深也，又懸也。謂將經中深義，提要鈎玄而先談之，使聞者得知大要，入文時乃有頭緒也。故玄談云者，猶言提要，正一經之綱要所在也。今故依天台例，開爲五重説之。上來初説般若綱要竟。

（丙）次，明融會各家。

解釋佛經之書，各宗俱備，且皆流傳不失者，莫過此《經》。有彌勒菩薩之頌，有無著、天親、功德施三菩薩之論，但譯筆晦澀，頗不易讀。且各就所見發揮，往往有乍視之若與經義相反，而實相成者，其精妙之處，非後賢所及也。須向大處深處領取，若死在句下，拘執文字，一一與經文比附，反增障礙。圭峯之《論疏纂要》，即犯此病。功德施論題即妙，曰《金剛破取著不壞假名論》，全《經》要旨盡在裏許矣。吾土註此《經》最早者，爲羅什入室弟子僧肇，著墨不多，但略詮釋一二要旨而已，然不刊之作也。六朝時註釋至今仍存者，有三論宗嘉祥、天台宗智者兩師之疏。嘉祥一生精力在於三論，所有箸述無一不精，而《金剛經義疏》則不經意之作，或爲門弟子隨意録存，未經審訂者，亦未可知，因多閑文，筆亦蕪雜，與嘉祥其他箸作殊不相類故也。智者之釋，全依肇註，偶有一二處略加疏通耳。智者以三諦發揮一切經，獨於此《經》，宗二諦説之，而於是名之言，皆作假名會。祖師法眼，令人欽服，不解台家子孫何故不遵祖訓也，豈未見此書耶？智者《疏》，清末始由楊仁山居士向日本請歸刻之。唐時，法相宗窺基亦有註釋，多述法相。復有釋慧淨之註，精湛處不亞肇公。古註中，當以肇、慧爲最佳矣。華嚴宗圭峯作《論疏纂要》，雖是精心結撰，惜拘牽論文，經義反晦。宋時，有長水師作《刊定記》，以釋圭峯《纂要》，依文解義，甚詳也。禪宗祖師亦有説《經》之作，如唐之六祖、元之中峯、明之憨山，然皆寥寥短篇，無甚發揮。明末，天台宗蕅益作《金剛破空論》，蓋有爲而作，亦可備一格也。此外宋明清時，出家在家之釋此《經》者，所在多有，不無一二道著語，精審則未能也。清初，有台宗溥畹之《心印疏》，以三諦説《經》，語多坐實，殊違經旨，獨科判間有可取處。又有華嚴宗達天之《新眼疏》，間有精到，能發前人所未發者。以信解行證判《經》，見地尤卓。他如《五十三家註》等，駁雜不純，不足觀也。今番演説此《經》，重在將《經》中精深微妙之旨趣，一一剖而出之。向來視爲大乘初門者，一一言其究竟，歸於圓融。向不經意之處，則爲闡發其宏旨。向謂重複之語，則爲抉擇其淺深。於前後義蘊關連鈎鎖之處，皆一一道出所以然，而貫通之。於所有觀門、行門、指示修功處，不敢一字忽略，務令聞者得以入手。多引他經互相證明，以便得所會通。精要處且融歸淨土，以破向來歧視之病。自愧學力疏淺，不足以説此深經，然大願所在，實欲人人明了般若真實義，庶不致於怕談、妄談、淺談云爾。若上舉前賢論疏中精要之説，皆一一擇取而融納之，但不必襲其面貌，拘其文字耳。

上來次明融會各家已竟。

（丙）三，依五重釋題，分二。（丁）

初，總解科意。

五重者，名、體、宗、用、相。依者，台宗智者大師説《法華經》經題，約名、體、宗、用、相，開爲五重，以發揮經中要旨，最爲簡明，少一重不得，多一重亦不必，故今依之也。此之五重，次第相生。夫一經必有一經特立之名，名者，所以標一經之概要，以顯其異於他經者也，故第一重爲釋名。名者，實之賓也。既標此名，必有其實，非虚立也，故次顯體。體者，實體，即經名之主體也，因名核實矣。然非修觀行，仍屬空名，而依體起修，必明宗趣，故三明宗。宗者，修宗，謂修行之旨趣也。既已真修，必得其用，故四論用。用者，功效之意。佛隨衆生根機之大小利鈍，説種種法以教化之，故經教即有大小、偏圓、漸頓之殊，如華嚴宗判爲小、始、終、頓、圓五種教相，天台判爲藏、通、别、圓四種化法，頓、漸、祕密、不定四種化儀，是也。一經之名、體、宗、用四重玄義既明，則其屬於何種教相，亦可得而了然矣，故第五重爲判教相也。今依五重之次第，開爲五科。

（丁）次，依次開釋，分五。（戊）初，釋名。次，顯體。三，明宗。四，論用。五，判教相。（戊）初又二。（己）初，通名。

通名者，《金剛般若波羅蜜經》之經字是也。佛所説法，通名爲經，非一經爲然，故經字乃一切佛法之通名。梵語曰修多羅，亦作素怛纜、修拓路。○修多羅之本義爲綫，引申爲貫穿，爲攝持，爲契合。既將佛説之法分類結集成書，因以修多羅名之。謂貫穿佛語，攝持不失，上契佛心，下契衆機也。大法東來，古德遂以經字譯修多羅。經字本義，爲經緯、組織，與修多羅之綫義，貫穿、攝持等義正復相當。且吾國習慣，惟聖人語始得稱經，極其隆重。譯修多羅爲經，精當之至。但我國經字不含契合之義，與修多羅原義少嫌不足。然除經字外，更無他字可譯。故古人不得已，稱佛書曰契經，既以補足原義，且顯此是佛經，非他教經也。至若釋經爲常，爲道，此乃經字引申之義，修多羅中原無此義，故釋佛經不宜引用也。

（己）次，别名。

金剛般若波羅蜜七字，爲本《經》特立之名，一切經不能通用，是謂别名。金剛者，喻也，般若波羅蜜者，法也，是爲法喻立名。諸經經題安名之法，取義不外七種，所謂人、法、喻、單、複、具是也。如《阿彌陀經》，阿彌陀，佛名也，取人名爲經題，謂之單人立名。如《般舟三昧經》，般舟三昧爲一種法門，是爲單法立名。如《稻稈經》，稻稈喻因緣生法也，是爲單喻立名。如《妙法蓮華經》，妙法，法也，蓮華，喻也，有法有喻，非單而複，謂之法喻立名。如《普賢行願品》，有法有人，是爲人法立名。如《如來師子吼經》，如來爲人，師子吼爲喻，是爲人喻立名。如《大方廣佛華嚴經》，大方廣，法也，佛，人也，華嚴，喻也，則是具足人、法、喻以立名也。單三、複三、具足者一，共爲七也。如一題之中，有兩喻而無人法，亦單是喻而非複。有兩法兩人者，例此可知。故經名無量，取義只此七種而已。○梵語嚩日囉，或跋折囉，義爲金剛，物名也。蓋金中之精，最堅最利。能壞一切物，爲利。一切物不能壞之，爲堅。内典言，帝釋有寶，名曰金剛，持之與修羅戰。金剛力士所持器仗，曰金剛杵。金輪王有金剛輪寶，因稱金輪王。本爲天上之寶，人間雖亦有之，然甚罕見。古人謂之金剛鑽，色如紫石英，透明。或曰，生水底石上。内典中常用以喻法喻人，如曰金剛三昧、金剛力士、金剛身、金剛綱、金剛手、金剛心等，皆取其堅固不可壞，而能摧滅一切魔障之義也。

今以喻般若正智。般若如大火聚，四面不可觸，觸則喪身失命，如金剛然，一切物不能觸其鋒也。般若正智能破煩惱重障，如金剛能壞一切物也。什師云：金剛寶方寸，其光明能照數十里。般若智光亦復如是，徹見一切凡情妄想，而破無明也。金剛寶惟金剛力士能持，般若亦然，非具大乘根性者弗克承當。故曰，若樂小法者，著我、人、衆生、壽者見，則於此《經》不能聽受讀誦，爲人解説也。真諦三藏言：金剛寶有種種色。青色者能消災厄，如般若波羅蜜能除三障，成三身，度生死流，達涅槃岸，度一切苦厄也。黄色者得滿所求，如般若之莊嚴萬行，成就無邊功德也。紅色者向日出火，如般若以始覺合本覺，出智慧火，燒煩惱薪，如千日輪光明遍照也。白色者澄清濁水，如般若能背塵合覺，度五濁世，達清涼池也。碧色者消伏毒害，如般若之除我法執，消三毒苦也。又有無色金剛，亦名空色，得之者能於虚空行住。般若亦然，所謂第一義空也。具此三空之智，則我空，法空，并空亦空，空中無色，無受想行識，乃至無智亦無得，而得無上菩提，仍歸於無有少法可得，則如如不動，成金剛身矣。總之，金剛之堅喻實相般若，隨緣不變，在纏不壞也。金剛之利喻觀照般若，無我不破，無惑不斷也。金剛之明喻文字般若，能開解慧，無明得明也。金剛爲無上寶，價值不可稱量，喻般若爲無上法寶，功德不可稱量也。金剛寶世間罕有，喻般若法寶之希有，所謂無上甚深微妙法，百千萬劫難遭遇也。〇梵語般若，義爲智慧。非世智小慧也，乃理體本具之正智，所謂佛之知見。理體即是覺性，亦曰實相般若，正智即觀照般若也。理外無智，智外無理，理智本來一如，故皆名般若。因恐人誤認是尋常之智慧，故經論中多舉譯音般若爲言也。此智一切衆生本具，但爲無始無明所障，不得顯現。且此智自證方知，非言語文字所能形容。何以故？必須言語斷，心行滅，乃能自證故。然而一切衆生昧之久矣，不假方便，障云何開？障若不開，此智又何能現？故我世尊爲此大事出現於世，不得已，仍用語言文字以啓導之。凡説佛知佛見，以開示衆生，使得悟入者，名曰般若法門。亦云文字般若，欲令衆生因文字，起觀照，證實相也。其他所説一切法門，如布施、持戒等等，皆從佛知佛見出，使衆生依而行之，以爲開悟般若正智之助者。故曰，一切法不離般若，般若爲一切法之綱要。换言之，即是般若爲一切法之主幹，寓於一切法中，非離一切法而别存也。質言之，我佛出世，爲憐憫衆生同具如來覺性，皆得成佛，而竟不自知，故説佛之自證者，以破衆生之愚癡。對愚癡言，假名曰智慧耳。實則智慧非别，覺而已矣。實相般若者，本覺也。觀照般若者，始覺也。

以一切衆生從來不覺故，乃假文字般若以覺悟之耳。因是之故，讀經聞法，要在深自儆惕，以佛所説者爲鏡，時時處處，用以自照。不觀不照，迷何由覺？是即所謂依文字，起觀照也。觀照功久，則皇皇然儆惕之心自生，是即始覺也，亦理體本具之正智初開也。如是不退不懈，觀照之功，日深日醇，則所謂始覺者，先如初生之月，漸漸光多闇少，以至於月輪圓滿，光輝焕然，則性體顯現，即是始覺合於本覺，而亦無始本之分也。當知所謂成佛者無他，覺性圓明而已。而覺性之開，非仗文字般若之力，其道無由，故曰，一切諸佛從此《經》出。復次，在梵語本文，智曰若那，慧曰般若。照見爲智，解了爲慧。决斷爲智，簡擇爲慧。知俗諦爲智，照真諦爲慧。徹明妙有爲智，契悟真空爲慧也。佛經常説六度，有時亦開爲十度。第七度曰方便，第八度曰願，第九度曰力，第十度曰智，以對第六度之慧也。然而空是即有之空，有乃即空之有，故智慧二字實分而不分。此《經》正明空有不著，所以般若字應作智慧會，不能拘執文義，强分爲二。不過，有時佛經中亦不分而分，舉智以明俗諦，舉慧以明真諦，故學人亦不可不知此義耳。〇金剛原以喻般若。然惟第九會所説者，乃以金剛能斷喻之，豈非以此《經》所説之義，尤爲堅利而明，尤能斷惑，餘會説者爲金，此《經》説者乃金中之精乎？故本《經》曰：佛及佛法從此《經》出。又曰：此《經》義不可思議，果報亦不可思議。剋指此《經》爲言。則般若綱要盡在此《經》，更足證明矣。〇梵語波羅蜜，義爲彼岸到。順此方文字，應曰到彼岸。印土古俗，凡所作究竟，皆云到彼岸，猶此方方言所謂到家也。若約佛法言之，所謂離生死此岸，渡煩惱中流，達涅槃彼岸是也。故波羅蜜亦是喻詞。涅槃者，不生不滅，即謂本性。本性者，性乃本具之意也。言本具者，明非造作。既非造作，可見本來如是，而非從無而有者。故曰，本自不生，言其本來已具，非新生也。既本不生，故今亦不滅。而衆生生死不已者，相也，非性也。何故生死不已？由於其心生滅不停。當知生滅不停之心，所謂識相也，亦非性也。何故如此？由於煩惱。以煩惱故，遂致心有起滅，性變爲識。由此造業，受輪迴苦。而衆生不知返本，認識爲性，迷於生死之相，所以輪迴不息，而與不生不滅者雖覿面而成永隔矣。故以煩惱喻中流，以生死喻此岸，以涅槃喻彼岸也。蓋本無此岸、彼岸，因有中流隔之，遂成彼此之別也。煩惱亦曰惑，所謂見思惑也，見思惑皆從我見而生。故欲了脱生死之相，須證不生滅之性。而欲證本性，須化除我見。然我見根深，必須用種種法以調伏之，開根本智以斷絕之。所謂理雖頓悟，事須漸除。猶之過渡，從此岸達彼岸，行之以漸，不容急也。故曰離，曰渡，曰達，以顯其未可一蹴即到。而說一流字，又所以顯其危險，無明風萬不可起，起則隨流而下，甚至有滅頂之凶，尚能渡達彼岸乎？修行人其慎諸。然如上所說，尚是專約凡夫説。若細别之，生死含有兩重，煩惱亦兼見思、塵沙、無明而言。凡夫著有，執於人我，遂因見思煩惱，而墮分段生死。二乘及一類菩薩著空，執於法我，遂因塵沙、無明煩惱，而有變易生死。故欲證到無餘涅槃，須空有俱空，破我法二執，了兩重生死，渡過見思、塵沙、無明等煩惱中流，乃達涅槃彼岸耳。故《大智度論》云：「有無二見，皆屬此岸。二執俱空，始達彼岸。」二執，即我法二執也。渡流之筏爲何？六波羅蜜是也。用此六法，可到彼岸，故此六法亦名六度。六度之中，布施要矣，般若尤要。布施，捨也。若不知捨，云何肯離此而渡？然若無觀照之智，又云何肯捨？故般若爲五度之綱要，五度離此，非波羅蜜也。又復智慧二字，分言之，亦可因位名慧，果位名智。般若波羅蜜，約因位説，猶言到彼岸之觀慧。若約果位説，則般若即是波羅蜜。何以故？果位之般若，即是理智一如。理智一如，即是不生不滅也。約因位説，金剛即喻此之觀慧最堅最利最明，故能到彼岸。約果位説，金剛則喻如來法身，所謂金剛不壞身也。上來釋名竟。

（戊）次，顯體，分三。（己）初，明體義。

體者，主體也。凡説一經，不能數言便了，往往千言萬語，頭緒紛然。讀者、聞者如入大海，但見汪洋一片，莫辨津涯，不免興望洋之歎。當知每一部經，卷帙無論如何重大，條理無論如何繁多，必有其歸趣所在。換言之，一經必有一經主要之點，千言萬語，皆趨重於此點也，千條萬緒，皆發生於此點也。此點即一經主要之點，所謂體也。尋出千言萬語、千條萬緒中主要之一點，而指明之，所謂顯體也。讀者、聞者若明得經中主要之點，則要綱在握，不致望洋興歎，亦不致入海算沙，更不致誤入歧途矣。知此，可知顯體等等之關繫甚要也。知此，可知古人於經前先説玄談之苦心也。總之，此所謂體，乃經體耳，非謂性體。

（己）次，辨異同。

辨異同有二義，初約經體、性體辨其異同。夫經體非性體，固已然。而佛爲一大事因緣出現於世，所謂一大事者，即是開示一切衆生同具如來智慧覺性，俾得悟入，一齊成佛。説法四十九年，專爲此事。由是言之，一切經莫非開示本具佛性，是一切經之主體，皆不外乎發揮性體可知矣。然則上文乃曰，此中所顯，乃經體，非性體，若不能不辨别者，何耶？當知一切經雖皆不外乎發明本具佛性，然各經立説，旨趣不同，有重在除障者，有重在修福者，有説夙因者，有説後果者。機有萬千之别，説法便因而有萬千之别。非部部經皆直指本性，徹底發揮也。豈能儱侗顢頇，呆指經體即是性體？且即以直指本性言，性體包羅萬有，一名不能盡其量，遂不得已而立種種名，如曰真如，曰如如，曰實相，曰法界，曰法身，曰性淨明體，曰圓覺，曰自性清淨心，等等，其名無量，顯義亦即無量。直指本性之經，有舉此名者，有舉彼名者，有兼舉數名者，因説經之旨趣而異。即此可見，雖同是直指本性之經，顯義既各各不同，經中之歸趣所在，亦因而各各不同。故經體與性體，約徹底顯性之經言，雖二而不二，仍復不二而二，不能混爲一談也。其異同必須辨明者，此也。〇次約各宗辨其異同。無論何宗，其説經題，必須將經中要旨攝入而發揮之，方爲言中有物。而分門别類，立有一定之規格者，當推天台、賢首兩家。然賢首之十門分別，有時不甚適用，不若台家所立五重之簡明切要也。即以顯體言，兩家亦頗異其趣，蓋顯經體同，而顯體之命意大不同也。賢首宗多就通名之經字上顯體，亦即約能詮之經教顯體也。此宗大德每曰，一切大乘經以諸法實相爲體。圭峯《金剛經纂要疏》曰，以文字般若爲體。此皆約能詮之經教而言者也。夫一切大乘經以諸法實相爲體，則一切大乘經莫非文字般若明矣。若剋指般若部言，則前後十六會所説，皆文字般若也，豈獨第九會爲然，豈獨此《經》爲然？故圭峯所説，可通之於他經。故曰，是就通名之經字上顯體也。而台宗之顯經體，則剋指當部，不能移易，即是就別名之金剛般若波羅蜜七字上顯本《經》主要之體，亦即約所詮之理事以顯體。故曰，台家所立，簡明切要也。此兩家顯體之異同也。

（己）三，正顯體。

今既依台家規格，約經題之別名，以顯經義所明之主體，則台宗諸大德所説，不可不先知之也。台宗古德之本《經》註疏，流傳至今，其人可師，其註可傳者，惟有兩種：一，隋時智者之《註》。一，明時蕅益之《破空論》是也。智者以「若見諸相非相，即見如來」爲經體，蕅益以實相常住爲經體，近時台宗大德諦閑法師撰《金剛經新疏》，則以第一義空爲經體。三師標顯各異，恐或致疑，然不必疑也。當知三説但文字不同耳，理則無殊。蓋實相即是第一義空。《大智度論》云：「所謂第一義空者，諸法實相是。」如來之稱，以顯性德，即是顯法身德，而法身非別，實相是也。由是可知，三説雖異，實同矣。然《新疏》之第一義空，其文非本《經》所有。智註最佳矣，而本《經》更有簡要之句可取也。實相切要矣，常住二字似略湊。若但舉實相二字，雖妙，然一切大乘經皆以諸法實相爲體，又嫌膚泛。故今不執三說，而易之曰，經體者，生實相是也。本《經》云：信心清淨，則生實相。實相者，無相無不相，即謂真如法身，亦即空不空如來藏。生者，現前之意。云何現前？由心清淨。云何清淨？由於無住。無住者，離一切諸相是也。離一切諸相，即是空有不著，亦即一空到底。本《經》曰：離一切諸相，則名諸佛。何以故？諸相離，則實相現前故。由是觀之，以生實相三字顯本《經》之歸趣，理無不攝，事無不彰也。本《經》自釋實相之義曰：實相者，即是非相。此中非字，是一切俱非，非有，非空，非亦有亦空，非非有非空，凡此空、有、雙亦、雙非之諸相俱非，非亦不立，是爲離一切諸相。衆生自性之相狀本來如是，真實如是，無以名之，强名實相耳。離者，無住之謂。無住者，不取之謂。不取於相，便如如不動，無以名之，强名曰生耳。文字般若詮此實相也，觀照般若觀此實相也，至於實相般若圓滿顯現，則到彼岸矣。而取相由於我見，一切諸相離，則我見除，煩惱斷。而煩惱斷一分，實相便生一分。喻本《經》之文字般若、觀照般若以金剛者，正因其能斷煩惱，生實相也。然則生實相三字，爲《金剛般若波羅蜜經》主要之體，豈不昭然若揭哉？

（戊）三，明宗，分三。（己）初，明宗義。

所謂明宗者，明修也。宗，主也。明，說明也。夫明修謂之明宗，何耶？天台宗如此立說，具有兩重深義，一通，二別。（一）警策學人，佛法以實行爲主也。此是通義。（二）修行之法無量，因根機及目的而異其法。猶如世法學校，因種種類別，而定有主要科、隨意科也。本《經》有不思議功德，爲發大乘最上乘者說，其修法以何爲主乎？此別義也。不曰明修，而曰明宗者，取義在此。○明宗緊躡顯體來。蓋經義之主體雖顯，然非修莫證。若僅知顯體，而不依體起修，如數他家寶，自無半錢分，顯之何益？故我佛每説一法，未説之先，必誡以諦聽。聞思修三慧皆具，是爲諦聽。而每經結語，必曰信受奉行，即是開示讀經聞法，以如説修行爲主也。然則本《經》歸趣所在，所謂經義之主體，吾知其爲生實相矣，實相必云何而後生耶？我佛説法，句句説性，即句句説修，今將如法實行，於無量行門之中，經旨究以何法爲主耶？以是之故，顯體之後，必繼以明宗也。

（己）次，辨異同。

如上所言明宗之宗與各宗各派之宗，又宗派之宗與宗教之宗，又佛門所説之宗教與世俗所説之宗教，不但世人不明，即佛門中人亦多混淆。今乘便將其異同之點一一辨白清楚，想爲諸君所願聞也。○今人所説宗教，其義本拾西人牙慧，世有其書，茲亦無暇瑣及。可簡言以明之曰：一教之中，奉有無上權威者，以爲之校：之，舊版作其，原稿作之。主，其主能生死人，一切榮枯咸在其手，故崇拜之，此世俗宗教之説也。故一言宗教，即含有迷信依賴意味。世人徒見我佛門奉佛爲教主，復聞佛門亦有宗教之言，莫明其妙，遂與西人宗教混爲一談，隨人脚後跟轉，嗤爲迷信，任意毀謗，造無間業，真可憫也。且因佛門禮像，詆爲拜木偶，意謂校：謂，舊版作爲，原稿作謂。佛教尚不及他教，其愚可謂極矣。今亦無庸深談宗趣，詳引教義，片言即可判其與西人宗教大相徑庭。當知佛像、經卷及出家人，稱爲住持三寶。意在令人因像而觀想乎佛，因經卷而通達其理，因出家人而引起超塵離垢之心耳，故謂之住持。蓋借住持三寶，觀自性三寶，證常住三寶。生死榮枯，皆由乎己，無上權威，握在自手，故曰，萬法唯心，心外無法。此佛法所以超勝於世間一切道德哲理也，豈其他宗教所能夢見哉？若佛門中所言宗教，宗謂明心見性，因佛法以明心見性爲主故也，教謂一切經義，因一切經義爲佛所示教故也。故若通達乎心性，謂之宗通，若通達乎經義，謂之教通。宗也，教也，截然兩事。豈謂奉一無上權威者爲教中主人翁哉？則所謂宗教，其名雖同，義則迥異，較然明矣。○是故佛門中宗教之宗，原非指宗派言。但因禪門唯一以自悟心性爲主，不重經教，名曰教外別傳，遂謂之宗下，明其與明心見性爲主之宗旨相合也。宗教之教，亦非謂教主，其能深通經義，依文字，起觀行，證實相者，則謂之教下，明其能依教奉行也。此乃後起之義，已含有宗派意在矣。然曰宗下，曰教下，義猶平等，初無軒輕。繼而凡言宗下，不但專指禪宗，并含有是能實行，是能扼要之意。凡言教下，泛指禪門以外各宗派，并含有但求多聞，無益於人之意。則一重一輕，大有不能同日而語意思。其義更屬後起，蓋在禪宗極盛時也。○至於所謂各宗，各有所主之意耳。或主法相，如慈恩宗，亦名法相或唯識宗。或主法性，如禪宗，及三論、天台、賢首等宗。亦因依教不依教，別禪宗於其他言性者之外，如上所說之宗下、教下。亦因所主之經義不同，而立宗名，如曰三論宗、法華宗、華嚴宗、淨土宗、密宗、主律者曰律宗是也。由宗再細別之，則名爲派。如法相宗有真諦之舊派、玄奘之新派。《華嚴經》兼明性相，故宗《華嚴》者，其教義性相並通，若約法相而言，賢首一家亦可稱爲法相之又一派。他如淨土宗，亦有作觀、持名之別。禪宗之分臨濟、潙仰、曹洞、法眼、雲門五宗，雖立宗名，實乃派別之義。餘可類推。總之，宗派之宗，因其立義、施教各各不同，遂立各種宗名，不但修行方法有異已也。若明宗之宗，則專約修言矣。大抵宗教之宗，其義最廣，宗派之義，已爲漸狹，至曰明宗，義尤狹矣，此其異也。而宗字之義，爲主張，爲主旨，則無不同。若夫西人所云宗教，乃是有無上權威者爲一教之宗主之義，與吾所謂宗教義乃迥異，此皆不可不辨者也。世俗中人不明此義，尚不足責。乃佛門中人，亦因異同未曾辨明，不知將佛門中宗教之正義詳切聲説，但曰佛法非宗教，以與世俗爭。夫佛法明明有宗有教，何云非宗教？古人箸述中，屢見不一見。如此立説，豈能令人心折？若將正義説明，使知吾所謂宗教，非彼所謂宗教，則涇渭分明，彼亦無從施其毀謗矣。〇又台宗以外各家亦嘗明宗矣，然其所明，非台宗之所明，其異同亦不可不一辨也。如賢首宗智儼二祖註魏譯《金剛經》曰，文字、觀照、實相三般若，爲一經之宗。則所謂宗者，既非專約修功，亦非剋指《金剛經》，只可謂之泛論般若諸經之主旨耳。圭峯之《疏》以實相般若、觀照般若不一不二爲宗，視前説略優，然亦只是總論而非切指本《經》。三論宗嘉祥且爲性修合説，非專約修言也。《義疏》云，因果爲宗。蓋以無住之修爲因，成就得無所得爲果也。此説則剋指本《經》，不能移之他部，切要多矣。然已涉入台家第四重之論用，何以故？功用屬果故。由此可知，諸家明宗則同，而所明之宗則異也。且由此愈見台家之五重簡明切要，非諸家所能及焉。

（己）三，正明宗。

台家大德明宗之説如何？智《註》標宗，爲以實相之慧，修無相之檀。般若爲理體本具之正智，故曰實相之慧。檀者，布施。取《經》中菩薩於法應無所住行於布施之義也。蕅益《破空論》，以觀照契理爲宗。契理者，契合理體也，即智《註》實相之慧義也。諦法師《新疏》，則以發菩提心爲宗。三説之中，自以智《註》爲最精，餘兩説未免寬泛。茲依本《經》現成語句，「應離一切相，發阿耨多羅三藐三菩提心」，「離一切諸相，則名諸佛」，「以無我、無人、無衆生、無壽者，修一切善法，則得阿耨多羅三藐三菩提」之義，約爲兩語，曰離一切相，修一切善，爲本《經》依體起修之妙宗也。命意與智《註》同，而語句現成，且明顯易了，故易之。何謂與智《註》意同耶？本《經》舉一布施，以攝六度萬行。行於布施，正所謂修一切善也。而離一切相，正是實相之慧。蓋法與非法，兩皆不取，爲離一切相，正與無相無不相之實相相應。是則離一切相，非實相之慧而何？當知本《經》唯一修宗，在無住二字。但標無住以明經宗，全《經》之觀門、行門盡在其中矣。然恐領會不易，不如以離一切相、修一切善兩語明之，則無住之旨洞然明白。何以言之？無住者，兩邊不住也，亦即一空到底也。《經》云，不應取法，不應取非法，非法非非法，以及即非、是名諸句。又云，無我相，無法相，亦無非法相。無論約二邊説，約重空説，皆所謂離一切相也，即無住之真詮也。而於法應無所住之下，緊接行於布施，即是修一切善之意，亦即空亦無住之意也。全《經》所説觀門、行門，壹是以離一切相、修一切善爲本，正所謂妙有不有，真空不空，遮照同時，宛合中道第一義也。《大智度論》云：「般若要旨，在離一切法，即一切法。」離一切法者，離一切相也。即一切法者，修一切善也。得本《經》離一切相、修一切善兩語，般若要旨因而洞明，有下手處，故本《經》爲般若之綱要也。且離一切相，方爲發無上菩提。而得無上菩提，亦不外乎離一切相。何以故？無我、人、衆、壽，正謂離一切相故。而離一切相，當從修一切善做出，此正無實從無虛出，無爲從有爲出之意也。故離一切相、修一切善兩語，將《金剛般若波羅蜜》從此岸，渡中流，達彼岸之行程，括盡無遺矣。故曰，爲依體起修之妙宗也。總之，明宗必與顯體相應。經體既爲生實相，而離一切相本爲實相之慧，故離一切相，修一切善，實相便從此而生。故曰，離一切諸相，則名諸佛。故曰，以無我、人、衆、壽，修一切善法，則得阿耨菩提。蓋名爲諸佛者，因其得阿耨菩提也。阿耨菩提者，實相般若也。離一切相，修一切善者，觀照般若也。因觀照而證實相，則舉此兩句經文，以明修宗，若網得綱，有條不紊矣。

（戊）四，辨用。

用者，功用也，力用也，即成效之謂。修必得其宗者，以不如是，便無成效之可期也。然則修宗既明，其成效爲何如耶？且成效原非一端，當辨别其孰爲最大。何謂最大？其成效與經體相應者是。夫有是體，必有是用，用若不與體合，是其修功猶有未到，亦不能謂之成效矣。故不曰顯用、明用，而必曰辨用者，以此。不但此也。用由宗出，修宗屬因，功用屬果，因如是，而後果如是也。而曰辨者，辨其效果是否與經體合，即以辨其修因是否與經體合也。當知明修謂之明宗者，即明修因之宗旨，必不離乎經體。换言之，主要之修法，在以經體爲宗，是則修行之方法即須與經體合也明矣。而因果從來一如，故約學人言，當辨其所得效果是否與經體合，即可知其修因是否與經體合。而約經義言，當於經中辨其孰爲與經體相應之功用，方是與修宗一如之成效耳。總之，體、宗、用必須一貫，而體、宗、用之名，是約所而言，即是約經義而言。蓋顯體者，顯經義之歸趣所在，是即一經主要之體也。明宗者，説明經中所言依體而起之主要修法也。辨用者，辨别經中所言因修而得之最大功用也。

若約能修之人而言，明宗是明因位之修，辨用是辨果地之證，而顯體是顯因果之目的。蓋明宗者，明其在因地時，必應如是修去，乃爲向目的而行。辨用者，辨其所謂證果者，必得如是功用，乃爲將目的達到也。當如是知也。○他宗於辨用一層，或略而不談，或換一種説法。如賢首十門中，有一門曰教起因緣，慈恩宗亦説教起所爲，是皆論一經之功用者也，然所論未免過繁。以天台宗言，智者註本《經》，以破執二字爲一經之大用。《破空論》則曰，經用者，斷疑是。而《新疏》曰，經用在於無住生心。又過簡略，不盡經義所言功用之量。當知體、宗、用三，所以必須顯之、明之、辨之者，重在令聞法者得有方針，且資警策耳。固不但應以片言括盡經旨，使能了然於一經之綱要所在，尤須明白易曉，使其觸目驚心，有下手處。太繁太略，皆不相宜也。今欲詳辨本《經》之大用，

當先明所以成衆生，及不能脱苦之病根所在。○佛言：一切衆生皆有如來智慧覺性，但以妄想執著所障，不能證得。此數語，説得極其徹底。意謂，衆生皆可成佛。何以故？皆有如來之智慧覺性故。然不能成佛，何耶？本具之如來智慧覺性，有物障之之故。此明成衆生之所以也。夫一切衆生皆有此性，而不自知。即知之，而所障若未除淨，亦復不能證得。此明不能脱苦之所以也。障物爲何？妄想執著是。此明成衆生受苦惱之病根也。寥寥數語，一齊説盡矣。妄想者，分別心是。執著者，我法二執是，即所謂我見也。粗則執著色身，是爲人我見，則不能脱分段生死之苦。細則執著一切法，是爲法我見，則不能脱變易生死之苦。不但此也，因我見之執，起分別之妄，於是順我者貪之，逆我者瞋之，而不知本無所謂我也，故謂之癡，亦曰無明，亦名不覺。遂造種種罪業，爲其牽繫，其苦

愈甚，愈不得脱，妄想執著亦因而愈深愈重，本具之如來智慧覺性更因而愈迷愈隔矣。然則我見何自起耶？以不達一真法界故。法界者，四聖、六凡十法界也。十法界之相雖差別無量，而十法界之性則同一真如。不達者，不知也。故《起信論》云：「以不達一法界故，不覺念起，而有無明。」因其不達，故謂之不覺無明也。念起，即謂妄想執著也。不達一真法界，猶言不知同具如來智慧覺性也。蓋不知性體本同，遂起人我分别之念，業力由此而作，苦報由此而招矣。然則欲脱苦報，當消罪業。欲消罪業，當除我見明矣。我佛爲一大事出世者，爲此。説法四十九年者，説此。本《經》爲一切法之綱要，喻之爲金剛能斷者，其大用亦即在此。〇《經》名曰般若波羅蜜者，謂此《經》能開衆生到彼岸之智慧，俾得同到彼岸也。此智爲一切衆生理體所本具，即是衆生皆有之如來智慧覺性，故謂之到彼岸智慧。故此智開，便能到彼岸。何以故？此智若開，便是不覺者覺，無明者明，便是通達一真法界，便是從根本上破其我見，則無惑而不斷，故以金剛喻之也。然則此智云何開耶？當知發大悲心，便是開此智。何以故？知一切衆生皆具如來智慧覺性，但因有障未證，是知衆生之性體皆同也。故見衆生苦，即是自己受苦，見衆生樂，即是自己得樂，有一衆生未證如來，則性體猶有虧也。故發心必拔其苦，必予其樂，必度之成佛，是之謂大悲心，所謂同體大悲也。能發此心，名爲始覺。雖曰始覺，便同正覺。故發同體大悲心，謂之發阿耨多羅三藐三菩提心，其義爲無上正等覺也。故離一切相，方爲發此心。離一切相者，明其會歸於同一真如之性也。何以言之？見有衆生可成佛，而必度之，則是不取非法，亦非不衆生，有無上菩提可得，離無相也。即復知衆生本具如來智慧覺性，故雖度實無所度，雖成而實無所成，則是不取法，而非衆生，得無上菩提而無所得，離有相也。有無之相俱離，謂之會歸真如之性者，以其契合無相無不相之實相故。則初發心時，分別心已融，粗細之我見潛銷矣。故喻此《經》義爲金剛也。試觀此《經》，一啓口便令發無上菩提心，滅度所有衆生入無餘涅槃，而實無衆生得滅度。以後所説，皆是發揮此義。并忘其爲菩提心，且直指心源，令向一念不生處契入。如後半部開章便遣著於發菩提心，乃至曰，即非我見，是名我見，則我見之蹤影全無矣。故本《經》之極大功用，首在破我。○一切衆生，以不覺知十法界同共一真如法身故，執有我他，起分別見，遂生三毒，造無量罪，受業繫苦，墮落輪迴，愈迷愈苦，愈苦愈迷。縱或夙有善根，遇善知識，教令發心，皈依三寶，而以夙世罪業，往往内外障緣叠起環生，欲修不得，修亦難成。故修行人，懺悔業障極關緊要。華嚴會上，諸大菩薩尚以此門列入行願，何況凡夫？然罪業有可懺悔者，亦有不通懺悔者。若極重之罪，已成定業者，懺悔尤難。《經》曰：「端坐念實相，是名真懺悔。重罪若霜露，慧日能消除。」此明欲消重罪，惟念實相庶乎其可，非他法所能懺悔也。若但視此《經》爲令觀空，猶淺説也，偏見也。當知《經》文乃令空有不著，雙照二邊，是謂念實相。何以故？實相者，無相無不相故。若但觀空，是止觀無相，而不觀無不相，豈念實相哉？《經》以念實相之慧喻之如日，正以日之行空而不住空也。故《行願品》云：「亦如日月不住空。」若但觀於空，是住空矣，豈以日爲喻之意哉？當知實相之慧從大悲生，以大悲故，廣修六度萬行，得無量福德。故《經》文之慧攝有福在，方與念實相相應。福慧雙修，觀空而不住空，乃如光明赫赫之日，能除暗冥，能生萬物。以此觀行，乃能消重罪若霜露耳。當知是知。如是知者，是爲正知。本《經》功用亦復如是。經體爲生實相，所謂實相般若也。修宗爲離一切相，修一切善，所謂觀照般若，即是念實相也。蓋離一切相，觀空也，修慧也。修一切善，不住空也，修福也。觀念實相，福慧雙修，是真懺悔，故能消除重罪定業，則内外障緣一齊銷盡，何修而不成乎？如本《經》曰：「是人先世罪業，應墮惡道，以今世人輕賤故，先世罪業則爲銷滅，當得阿耨多羅三藐三菩提。」曰惡道，是重罪也。曰應墮，是定業也。幸有善根，今世未墮，得聞此《經》，深解義趣，能知修宗，福慧并進，故能重罪輕受，夙業銷滅。何以故？約對治言，福能滅罪故。約第一義言，慧能拔業故。當得菩提，明其所修必成也。以是之故，本《經》復有極大功用，曰滅罪業是。〇二乘人能觀空自覺，破人我見，而法我猶在，以智淺故，破之不盡。其成效極果，止能成就阿羅漢、辟支佛。大乘中人雖能空有不住，不但自覺，且行六度以覺他，然而無明未能破淨，即是微細之法我猶未化除也，以未得金剛智故。故但分證法身，而未究竟。本《經》所謂成就第一希有，以僅成正等正覺，未達無上也。若能於本《經》深解義趣，信心不逆，盡能受持，爲人解説，即爲荷擔如來阿耨多羅三藐三菩提，當知是人成就最上第一希有之法，乃至生福滅罪，當得無上菩提。故本《經》更有極大功用，能究竟成就阿耨多羅三藐三菩提也。合以上所辨列之三端，約成八字，曰破我、滅罪、成就如來，爲本《經》之大用，庶幾與《經》中「是《經》有不可思議、不可稱量無邊功德」之文相應耳。《經》曰：「狂心不歇，歇即菩提。」古德亦云：「但盡凡情，别無聖解。」狂心、凡情，即是妄想執著之我見也。當知如來智慧覺性，衆生本具，不過爲我見所障耳。此障若除，覺性則本來圓成，智慧則自在圓明，如來亦即出無明㲉藏，而圓滿顯現矣。故曰，狂心不歇，歇即菩提；但盡凡情，别無聖解。所以修行法門無量，而唯一宗旨，除障而已。本《經》大用，剋實言之，亦只是除障而已。而一言及障，法爾具三。所謂成就，亦可開三。一曰惑障，又名煩惱障，即見思惑也。我、邊、邪、二取、貪、瞋、癡、慢、疑，其數有十，壹是以我見爲本。故破我則惑障除，而成般若德。二曰業障，本《經》曰，先世罪業則爲銷滅，故滅罪則業障除，而成解脱德。三曰報障，報謂苦報身也。成就如來，則報障除，而成法身德。故本《經》之大用，即是除三障，成三德。今舉破我、滅罪、成就如來爲言者，以其易曉，而除三障、成三德之義攝在其中故也。○前言，體、宗、用三，其義一貫。云何一貫耶？茲再綜合言之。夫約所詮之經義，以顯歸趣之主體爲生實相者，爲發大乘最上乘者示以修因證果之目的也。若修宗之離一切相，修一切善，約經義言，離一切相者，所謂無相，修一切善者，所謂無不相也。然而善法即非善法，是名善法。故究竟説之，修一切善，即攝無相無不相義，而離一切相，則是相不相皆無之義，正與生實相之經體相應。蓋生實相之究竟義，亦爲相不相皆無，而生即無生也。約能修人言，則是二邊不著，一空到底，向生實相之究竟目的進修也。至辨用之破我、滅罪、成就如來，約經義言，破我爲離一切相所得之功用，以妄盡情空故，滅罪爲修一切善所得之功用，以福慧增長故。亦可破我、滅罪，爲離相、修善合得之功用。以觀照般若之修功，信心清淨，則生實相故。蓋二邊不著，心與絶待清淨相應，則破一分無明，證一分法身故。我見、罪業由無明生，無明破，則惑、業二障漸銷，乃能證法身也。

初證法身，爲實相生也。若夫成就如來，則由觀照功純，實相般若圓滿現前，豈第如月之初生已哉？約能修人言，即是因圓果滿，已達目的，而到涅槃彼岸矣。上來辨用，并補發顯體、明宗未盡之義，及將體、宗、用分別能所，綜合一貫，而説其義已竟。

（戊）五，判教相，分二。（己）初，總論。次，正判。（己）初又二。（庚）初，解釋名義。

此中判字，蓋有兩義。分判也，辨别之義。又評判也，論定之義。判教相者，謂辨别經中旨趣，加以論定，應屬何類也。教者，教化，即指經言。佛爲教化衆生而説法，結集所説之法而成書，稱之曰經，故謂經爲教也。佛之出世施教，在令衆生除無明我見之障，證本具之如來智慧覺性。簡言之，一切佛法，不外明心見性而已。而心性要在自證，以其本非言説所可及也。故曰，説法者，無法可説。然衆生既不自知，今欲教之，又不得不説。而障有淺深，説之又不能不應其機。故曰，對機則説。以説不對機，則不能了解，説復何益耶？機有二義，根機也，時機也。根機指根性言，謂衆生根性各各不同也。何故不同？障有淺深厚薄故也。時機指時節言，某時説阿含，某時説方等，先小後大，先淺後深，循循善誘，引人入勝，如所謂三時、五時是也。故名四十九年所説法爲一代時教，一代謂佛之一生也，時教謂因時施教也。既是對機而説，因時施教，因之經教遂有半滿、權實、漸頓、偏圓之異。故《大涅槃經》中，喻一代時教之相狀，或如乳，或如酪，或如生酥、熟酥以及醍醐也。是之謂教相。譬如乳、酪等等，名相雖異，而補身益人之妙用則一。經教亦然，雖不無半滿、偏圓等等名相之異，而其宗旨在於明心見性則一也。此以相爲言之深意，明其不可拘執乎不一之相，仍應會歸於不異之性也。然既有種種不一之相，固不應拘執，亦何可顢頇？故古德於一切經教之教相，不憚勤勞，辨別而論定之。雖見淺見深，各因見地而異其說，而意在方便學人，俾得於一代時教之綱領條目、淺深次第洞然心目，可以循序而進耳。其嘉惠後學之苦心，良足佩焉。是之謂判教相。以上解釋判教相之名義竟。

（庚）次，泛論教相。

大法東來以後，至於晉末，判別一代時教者，有十八家之多，然皆不傳。古德箸述中，間有引其說者，一鱗半爪，未覩其全。就所引者窺之，大抵粗論大綱而已。自唐以來，共所依循，較爲完備者，天台、賢首兩家所判是也。天台判一代時教爲藏、通、別、圓四種，學者名之曰四教。賢首則判爲小、始、終、頓、圓五種，學者名之曰五教。賢宗之小，即台宗之藏，謂小乘教也。其不稱小者，蓋以小乘於經律論三藏，雖義不及大乘之圓滿，而三藏具足，若稱爲小，恐人疑其三藏缺而不全，故不曰小，而曰藏焉。《大涅槃經》，佛稱小乘爲半字教，大乘爲滿字教者，以小乘只明人空，大乘則人法雙空，故以半滿別之。台宗之通教，賢宗名之曰始教。自此以往，皆指大乘而言。謂之通者，以其經義下可通於小乘，上可通於別、圓也。總之，所明之義，三乘可以共行，因名曰通，猶言普通也，凡但言人法俱空之理者皆是。觀空爲大乘初門，故名之曰始教也。所謂別教者，別即特別之義。始教但觀空，與二乘同，故曰三乘共行，因名曰通。今則不止觀空，且觀假有，非二乘所共行矣，因謂之別。賢首則名爲終教，明行菩薩道者，始雖觀空，而終不住於空也。總之，大乘行門，始終不離乎生死、涅槃兩皆不住而已。又復先修從假入空，次修從空出假，各別修行，非如圓教之一修一切修。是與通教、圓教皆有别也，所謂下别於通，上别於圓，故謂之别教也。圓教者，台宗所謂即空、即假、即中，三諦圓融；賢宗所謂理事無礙，事事無礙，一即一切，一切即一是也。總之，凡經義中賅攝所謂小、始、終、頓，所謂藏、通、别之義者，即爲圓教。賢宗於終教、圓教之間加一頓教，凡經義明一念不生，當體即佛，不涉次第者屬之。台宗於此層非漏略也。當知台宗判教，分化法、化儀兩種。化法者，教化之法門，所謂藏、通、别、圓是也，此指教化時所説之義趣言。化儀者，教化之儀式，所謂頓、漸、祕密、不定是也，此指教化時所現之事相言。約佛邊言之，一時説盡，頓也；分次而説，漸也；放光表法，祕密也；非決定説，不定也。約聞法邊言之，聞即徹證，頓也；不如是者，漸也；隨類領解，不定也；各不相知，祕密也。又復説頓義時亦有漸義，説漸義時亦具頓義。此人聞之以爲頓，他人乃以爲漸。本是頓義，僅得漸益。乃至説藏教時亦然。雖説通教，其中乃攝有别、圓，皆所謂祕密、不定也。推之其他，莫不如是。總之，台宗以爲，藏、通、别、圓四教中，無不有頓有漸，故不另立一門。蓋以化法、化儀，加以通五時、别五時，參伍錯綜，以判一代時教。以是之故，判教之細密圓融，莫過台宗。然於一代時教之義理、事相，仍有收攝不盡處也。當知此事惟佛與佛乃能究竟耳，各宗祖師未到佛地，雖各有見地，豈能便與佛同？後人惟當擇善而從可耳。以上泛論教相竟，即初總論已竟。

以下正判本《經》教相。

（己）次，正判。

台宗判本《經》爲通、别兼圓，賢宗則判屬始教，亦通於圓，皆不免拘牽名言，與經中義趣未盡吻合也。今欲判定本《經》教相若何，不得不先明本《經》之義趣。○佛說此《經》，蓋以開衆生本具之如來智慧覺性，而復其本來面目者也。正是紹隆佛種、傳授心印之無上甚深法寶。即此一點，已足證明其爲至圓極頓之教法矣。至圓極頓，故所謂通、別，所謂始、終之義無不攝盡，安得見其有通、始等義，遂拘牽文字，顛倒其説，謂其兼圓、通圓乎？〇本《經》主旨，唯在無住。無住即是不著，不著，所以破我見也。何以故？我見即是妄想執著故，以如來智慧覺性爲我見所障，今欲顯性，必除其障。故唯一主旨，在於無住以破我也。夫智障不並立，將欲開顯智慧覺性，固在破除我見之障。然開、破一貫，能破便是能開，能開便是能破。然則此智云何爲開耶？前已言之，發同體之大悲是已。悲智雙具，即所謂阿耨多羅三藐三菩提心也。此心是同體悲，故廣修布施六度，以滅度所有衆生，同證如來智慧覺性，而不著空。證如來智慧覺性，即是入無餘涅槃也。

此心是理體智，故雖度衆生入無餘涅槃，而實無衆生得滅度者，而不著有。不著有，無相也。不着空，無不相也。無相無不相，正如來智慧覺性之真實相也。故本《經》啓口即明此義，且明明示之曰，不應取法，不應取非法，此約空有二邊不著言也。一有所著，則我見存。一無所著，則我見破矣。蓋滅度無量無數無邊衆生，而實無衆生得滅度，是無我、人等相也。實無滅度，則雖廣行六度法，而無法想，是無法相也。雖實無滅度，而度之不休，是亦無非法相也。無我、人等相者，無人我見也。法與非法皆無，無法我見也。換言之，無我、人等相，所謂我空；無法相，所謂法空；亦無非法相，所謂空空，亦曰重空。此約一空到底言也。由是觀之，本《經》之空，是并空亦空，所謂一空到底。一空到底，即是雙遮二邊，雙照二邊，所謂空有不著，圓之至矣，豈可以但觀於空之始教相提並論乎？而觀開經所言，是三空之義一時並具，亦即一修一切修，又豈先修從假入空、次修從空出假、隔别不融之别教義乎？且一空到底，二邊不著，所謂離一切相也。必離一切相，方爲發菩提心。而離一切相，則名諸佛矣。蓋空有一切相既離，則心清淨。心清淨，則實相生。實相生，即是無明我見破，而真如法身現，故曰則名諸佛。故曰，若見諸相非相，即見如來。不但圓極，亦頓極矣。夫離一切相爲發無上菩提心者，以其遮照同時，宛合中道也。乃至菩提心亦不著，是則中亦不立矣。乃至曰，一切法皆是佛法。所謂一切法者，亦復即非而是名，此正台宗所説一空一切空，一假一切假，一中一切中，至極圓融之義也。而曰，如來者，即諸法如義。又曰，是法平等，無有高下。此又賢宗所明理事無礙，事事無礙，一即一切，一切即一，至極圓融之義也。全《經》所説，皆是此至圓極頓之義。乃判曰兼乎圓、通於圓，一若經義有不盡圓者，何耶？總之，全《經》之義，莫非闡發圓頓之無住。但前半多約境遣著。境者，一切相也，六塵、六根、六識，乃至空、有、雙亦、雙非皆攝在内。故前半之義，可簡言以括之曰，一切皆非，於相不取。因不取，故皆非也。皆非而不取，則無明我見破，而觀照般若之正智焕然大明矣。後半則約心遣著。心者，菩提心、三際心，有所發、有所得，一切分别執著等心皆攝在内。故後半之義，可簡言以括之曰，一切皆是，於相不生。因不生，故皆是也。皆是而不生，則無明我見破淨，而實相般若之理體朗然全現矣。故指示云何演説中，結以兩語曰，不取於相，如如不動也。看似因不取而後不動，實則必能觀不動，乃可不取。此義曾於前半部中發之。如曰，若心取相，則爲著我、人、衆生、壽者，是也。蓋心動則取，取則著相。故欲不著，必當不取。而欲不取，心當不動。

可見前後義本一致，不過約文相不無淺深次第，以方便見淺見深之聞法者耳。○前言，本《經》爲紹隆佛種、傳授心印之無上法寶。即此一點，已足證明其爲至圓極頓之教。此非無稽之言也，本《經》蓋屢言之矣。如曰：一切諸佛及諸佛阿耨多羅三藐三菩提法，皆從此《經》出。又曰：是《經》有不可思議、不可稱量無邊功德。如來爲發大乘者説，爲發最上乘者説。若有人能受持讀誦，廣爲人説，如來悉知是人、悉見是人皆成就不可量、不可稱、無有邊、不可思議功德，如是人等則爲荷擔如來阿耨多羅三藐三菩提。又曰：先世罪業則爲銷滅，當得阿耨多羅三藐三菩提。又曰：當知是人成就最上第一希有之法。又曰：是經義不可思議，果報亦不可思議。夫曰諸佛從此《經》出，曰荷擔如來，當得菩提，非紹隆佛種乎？曰如來爲發大乘、最上乘者説，非傳授心印乎？曰經義、果報、功德、成就皆不可思議，非無上法寶乎？非至圓極頓之教，何足語此？且明明曰，諸佛阿耨多羅三藐三菩提法皆從此《經》出，則是一切圓頓經教皆爲此《經》攝，此《經》能攝一切經教，一切經教不能攝此經教。然則至圓極頓，孰有能駕此《經》而上之者？佛語當信，不可誣也。今故謹遵佛旨，判本《經》爲境心俱冥、遮照同時、慧徹三空、功圓萬行、至圓極頓之大教，一切藏、通、別、圓，小、始、終、頓、圓，種種教義，一齊攝盡，其相正如無上醍醐，爲乳、酪、生熟酥之所不及也。

（乙）次，釋人題。

姚秦三藏法師鳩摩羅什譯

晉時，内有各王爭政，外有五胡亂華，於是羣雄割據，全國擾亂。陵夷至於東晉之末，北方久已淪爲異域，從無寧日，前後有十六國，姚秦即十六國中之一也。迨劉裕滅晉稱宋，而齊、梁、陳繼之，名曰南朝。北則爲元魏、周、齊，名曰北朝。然後一統於隋，而歸於唐，斯民方得少少蘇息也。○姚秦建都長安，國號曰秦。爲别於前秦苻氏，故稱後秦。亦稱姚秦，國主姓姚故也。當前秦苻堅建元九年，亦云十三年。有異星見於西域分野。太史奏曰：當有大德智人入輔中國。堅曰：朕聞龜茲有羅什，襄陽有道安，得非此二人耶？於是先禮致道安法師，復遣驍騎將軍吕光率兵七萬伐龜茲，意在得什也。龜茲兵敗，光得什，返至西涼，聞苻堅爲姚萇所弑，光乃自據涼土，稱三河王，并留止什。姚萇既弑苻堅，稱帝，屢請什師，吕光不允。萇卒，其子姚興嗣位，復請，亦不允。光卒後，傳至吕隆。姚興伐之，遂迎什師至長安，奉爲國師，使沙門僧䂮、僧叡、僧肇等八百餘人集於什師門下，大興譯事，時在姚秦弘始三年也。吾國法運由此而盛，在佛教中，關繫之鉅，莫過於此。當在西涼時，吕光但以什多智計，重之，初不弘道，姚萇亦因聞其計謀之名而請之耳，姚興則信奉三寶者也。○凡能弘揚佛法者，稱爲法師。經律論三藏皆通，則稱三藏法師，名尤隆重。○鳩摩羅什，梵語具云鳩摩羅什婆，什婆亦作耆婆。父名鳩摩羅炎，天竺人也。家世國相，將嗣相位，辭避出家，東度葱嶺。龜茲國王聞其棄榮，郊迎之，請爲國師，强以其妹名耆婆者妻之，生什。兼取父母之名，名鳩摩羅耆婆，天竺俗尚如此。其母後又生一子，名弗沙提婆，乃慕道苦行，遂出家。時什年七歲，亦俱出家。鳩摩羅什，義爲童壽，謂童年有耆老之德也。日誦千偈，凡三萬二千言，每偈三十八言。自通其義。隨母至罽賓，禮盤頭達多爲師。攻難外道，能折服之。國王日給上供，所住寺僧乃差大僧五人、沙彌十人爲營埽灑，有若弟子，其見尊崇如此。年十二，復隨母還龜茲，遊沙勒。小乘教義無不通達，沙勒王請升座説法。暇則博覽外道經論，《四韋》五明、陰陽星算莫不畢盡，妙達吉凶，言若符契。爲性率達，不厲小檢，修行者頗疑之。然什自得於心，未嘗介意。時有須耶利蘇摩，專宏大乘。什亦宗而奉之，遂專務方等，誦《中》《百》二論及《十二門》等。龜茲王迎請還國説經。年二十受戒，從卑摩羅叉學《十誦律》。時母辭龜茲王，往天竺。已登三果，臨去，謂什曰：方等深教應大闡震旦，傳之東土，唯爾之力。但自身無利，奈何？什曰：大士之道，利衆忘軀。必使大化流傳，洗悟矇俗，雖身當爐鑊，苦而無恨。遂留龜茲。後於寺側故宮中初得《放光經》，讀之。魔來蔽文，唯見空牒。什心愈固，魔去字顯。遂廣誦大乘經論，洞其祕奧。龜茲王爲造金師子座，以大秦錦褥鋪之，令什昇而説法。盤頭達多不遠而至，時什正欲尋之，告以大乘也。因與達多辨論大小乘義，往復苦至，經一月餘，方乃信服。反禮爲師，曰：我是和尚小乘師，和尚是我大乘師。什每至諸國講説，諸王皆長跪座側，令什踐而登座，其見重如此。什既道流西域，名被東國，所以前秦苻堅必欲得之也。然吕光本不信佛，雖得什師，種種虐遇，師皆忍受。繼因言無不驗，光始異之。姚興少崇三寶，既迎至長安，因請於逍遥園譯經，并令名僧叡、肇等諮受什旨。自漢明歷魏、晋，所出經論，往往文滯義格。什覽之，多不與梵本相應。遂與僧䂮、僧遷、道恆、道標、僧叡、僧肇等先出《大品》，姚興自亦持經讎校。其新文異舊者，義皆圓通，衆心愜伏，莫不欣讃。興復自作《通三世論》，以示因果之理。王公以下並讃厥風，屢請什於長安大寺講説新經，什師能漢言也。所譯經論，凡三百餘卷。名僧道生，慧解入微，特入關，向什師請決。廬山高僧慧遠，亦每以經中疑義通書諮什。什每爲叡言：西方重文，宫商體韵以入絃爲善。凡覲國王，必有讚德。見佛之儀，以歌歎爲貴。經中偈頌皆其式也。改梵爲漢，失其藻蔚，雖得大意，殊隔文體。有似嚼飯與人，非徒失味，乃令嘔噦。姚興慮法種無嗣，以伎女十人逼令受之。自爾不住僧坊，別立廨舍。每至講説，常先自説：譬如臭泥中生蓮華，但采蓮華，勿取臭泥。或有見師與女人處者，莫測究竟。師取針一握，謂之曰：若能吞得此針否？若其未能，何堪學我？由此可知，什師爲宏大法，不得已暫示隨緣，實則處污泥而不染，何可以迹相疑之耶？以弘始十一年八月二十日卒。臨入滅時，謂衆曰：自以闇昧，謬充翻譯。若所傳無謬，當使焚身之後，舌根不壞。荼毗之，果然。所譯經論共九十八部，三百九十餘卷也。後有天竺人來云：羅什所諳，十不出一耳。本《經》即其所譯也。本《經》後於元魏、陳、隋復重譯之，唐時又有兩譯本，前後共六譯。然古今流通，唯尚秦譯。至什師事實，古人著述中往往言之，頗多異詞，與《高僧傳》所載不無齟齬。茲略述之，不及詳考也。吾人觀於什師譯經之事，有兩事當注重者。（一）譯經有兩大派。一即羅什一派，融會全經之義，以漢文體裁達之。故其所譯，往往字句章節不與梵文盡合，而無幽不顯，無微不彰，東方人讀之，尤爲應機，較易領解，蓋依義不依文也。校：也，舊版無，原稿有。即今人所謂意譯也。一爲玄奘一派，拘守梵文格式，不順漢文方法。東方人讀之，殊爲格格，義亦難通。此殆今所謂直譯者歟？夫弘揚佛法，重在宣通其義耳，非爲研究梵文。則所譯之佛經應以何派爲善，可不煩言而解矣。（二）羅什以前，因譯本不善，不但深微之義未達，即就淺近者言，亦多未能圓滿其説，故士大夫信佛者少。自什師新譯之經論出，遠公在廬山復力爲宣布，於是文人哲士始得漸通佛理，佛法之光明，乃始如日初升，至唐而如日中天矣。故大法東來而後，直至什師，方爲大顯。不然，其時雖先有道安、後有慧遠兩高僧，亦未必能蔚爲後來之盛。何以故？依據之經論未足備數，未足明義故。什師既是菩薩再來，及門弟子如叡、肇等又皆文理湛深，於吾國舊學老莊、六經無不通曉，師弟皆非凡人，故其所譯，遂爾無理不達，而能深入人心也。自宋而後，佛法由盛而衰，至於今日而極，而國亂人苦，無異晉時。彼時有什師師弟之宏揚，佛法由此而大興，人心由此而改善，國政亦由此而漸獲太平。然則欲世事太平，先當人心良善。而欲人心良善，先當佛法宏興也明矣。一觀今日之情勢，爲何如耶？不但世事紊亂已也，佛法中亦復紊亂至極。無他，未明佛法之真實義故耳。是故欲大興佛法，先當了解佛法之真實義。而欲了解真實義，先當弘宣紹隆佛種之《金剛般若》，是在吾輩之羣起而荷擔之矣。什師譯經，先從《大品般若》始，則欲荷擔無上菩提法，當從《金剛般若》始，不尤彰明較著也哉？敬以此願，普皆迴向。案：前玄談係補講之文。初講時未説玄談，先説要旨。雖似重出，然爲江老居士親筆，因附於後，抑爲好略者所樂聞也。

金剛般若。未説玄談，因聞者茫然故。然要旨不可不説，括以八字，曰理顯三空，觀融二諦。○先從苦説起，所謂三苦、八苦。苦由業來，業由惑生，所謂見思惑也。因詳説之，而惑之本，則爲我見。我見除，則諸惑不生。不生，則無業繫之苦，所謂了生死是也。金剛堅利，喻般若能斷惑故。本《經》宗旨，唯在破我。我執之粗者，爲四大五陰。細者，則取法，或取非法。凡有所取，便是我執未盡，故須重重空之，即無我相，無法相，亦無非法相是也，此之謂三空。法字義廣，事事物物皆在其中，四大五陰亦事物之一也。故約粗細分言之，則爲人我相、法我相。而約有相言，則同屬於法，故人我、法我可合而爲一。此一切有相之事物，世俗眼光莫不認爲真實，故名之曰俗諦。諦者，真真實實之意。殊不知凡所有相，皆是虛妄。言其雖有而虛，有而不有。作此觀者，名爲假觀。非法相者，約一切法之性言。相假而性真，以相由緣生，性乃不變，故知是真，故名之曰真諦。作此觀者，名曰空觀。以性本無相，故名空也。然若取此空相，乃是偏空，非大乘之第一義空。亦名勝義空。何則？譬如虛空，雖本無相，而萬相森羅。且必萬相森羅，乃成其虛空。須知性是體，相是用，有體必有用，故有性必現相。相但不可著，著則逐相而昧性，逐用而昧體矣。然亦不容斷滅相，斷滅相則雖證體，而有何用？且亦不成爲體，以決無無相之體故也。故大乘之義，必作如是觀，乃名空觀。空而不空。如是則二諦之觀融矣，融則爲中道觀之第一義諦矣。非二諦外別有第一義諦，亦非假空二觀外別有中道觀。《經》中作如是説者，名爲遮詮，蓋以遮遣爲説也。若《法華經》等説三諦者，則是表詮，乃以表顯性德之二邊不著、二邊雙照爲説者。遮詮則是説著有不是，著空亦不是，爲説兩邊俱遣，則兩邊融矣。般若正以遣執爲宗，故只説二諦。須知凡夫病在處處著，故妄想多。必當先用遣蕩功夫，而後性德乃能彰顯，故世尊先説《般若》，後説《法華》也。此義極當注意。又大乘佛法徹上徹下，切不可高推聖境，以爲此是出世事，與世法毫無干涉，則辜負佛恩。當知三空、二諦不明，即做人亦做不好。因暢説其理，以上分作三數座説之。

金剛般若波羅蜜經講義卷一終

金剛般若波羅蜜經講義卷二

震旦清信士勝觀江妙煦遺箸

（甲）次，別解文義，分三。（乙）

初，序分。次，正宗分。三，流通分。

義因文顯，且觀照般若、實相般若皆因文字般若而起，則經文中一字一句，其不能不考訂明確也審矣。蓋本《經》讀誦廣徧，因之由明迄今流通於世者，異本甚多，往往傳寫訛奪，或意爲增減，各是其是，幾令人無所適從。煦生也晚，幸值晉、隋及唐如僧肇、智者、慧淨諸大德經疏歸自海外，而唐人寫本，如柳誠懸諸人所書，閟在敦煌石室者，亦發現於世。煦得藉以互訂參稽，考其真而正其謬，此實希有之遭，而亦後學者之責也。既別成《校勘記》一卷，附刊《經》後，若夫字句異同，雖一字之出入，而關係經義甚大者，今皆一一隨文指出，明其義趣，孰正孰訛，較然可覩焉。讀者詳之。〇《經》文大分三科，一名序分，二名正宗分，三名流通分。一切諸經莫不如是。如是分判，起於東晉道安法師，即淨土宗初祖廬山遠公之師也。此說初起，聞者疑之。嗣就正於東來梵德，乃知西土於一切經亦復如是分科，遂翕然悦服，成爲定則矣。如本《經》，自「如是我聞」至「敷座而坐」，是爲序分。「時長老須菩提」至「是名法相」，爲正宗分。「須菩提，若有人以滿無量阿僧祇世界七寶持用布施」至「信受奉行」，則流通分也。

（乙）初，序分，分二。（丙）初，證信序。

如是我聞。一時，佛在舍衛國祇樹給孤獨園，與大比丘衆千二百五十人俱。

此證信序，又名通序，諸經通有故。亦名經後序，佛初説經，本無此序，至結集時始加入故。亦名遺教序，佛將涅槃，阿難尊者欽奉遺命，一切經首當置「如是我聞。一時，佛在某處，與某大衆若干人俱」等語故。

命置如是云云者，證明是佛所說，以起信故，故曰證信序也。○《大智度論》謂，此科之文爲六成就。蓋凡結集一經，必具六緣，乃克成就。云何六緣？一者，如是，信成就也。二者，我聞，聞成就也。三者，一時，時成就也。四者，佛，主成就也。五者，在某處，處成就也。六者，與比丘衆若干人俱，衆成就也。六緣既具，則說法之主，說法之時，說法之處，聞法之衆，及結集人負責證明自所親聞，凡足以成就衆信者，一一皆備，故曰六成就也。初曰如是者，不異爲如，無非曰是。凡人相信，則曰如是，不信必曰不如是。今結集者一啓口，而鄭重言之曰如是，所以明其言言如佛所說，辭義無謬也，校：也，舊版無，據原稿補。則足以信今而傳後矣，故曰信成就也。《華嚴經》曰：信爲道元校：元，舊版作源，《經》及原稿作元。功德母，長養一切諸善法。信乃入道初門，故列在最初。次曰我聞者，我，阿難自稱，特稱我者，負責之詞。且以明其自耳親聞，而非傳述，上承如是。下復詳列同聞之衆，又以明其亦非私聞也。則如是如是，信而有徵，故曰聞成就也。世尊成道之日，阿難降生。至出家時，佛已說法二十年，因請佛將廿年前說，均爲補說。阿難復得法性覺自在三昧，能於定中徹了一切法。故結集法藏，必推阿難。亦是佛所親許，如《法華經》曰，我與阿難於空王佛所同時發心，我好精進，遂致作佛，阿難常樂多聞，故持我法藏，是也。結集時，阿難登座，身光如佛。衆疑世尊重起說法，或疑他方佛來，或疑阿難成佛。阿難啓口便曰如是我聞云云，三疑頓斷。世尊蓋懸知必有此疑，故令一切經首皆置如是等句耳。○結集之事，經律論中有種種說。或曰，小乘三藏皆阿難集。或曰，優波離集律，阿難但集經、論。或曰，論是大迦葉自集。又謂，論爲富樓那誦出。此名五百結集，亦名第一結集。時爲世尊入滅之年，地在王舍城外畢波羅窟，阿闍世王爲外護，大迦葉尊者爲上首，或曰五百衆，或曰千衆，或曰八萬四千衆。又稱爲上座部結集，以大迦葉爲一切僧中上座故也。結集起於其年安居初之十五日。或曰，安居三月結訖。或曰，四月乃訖。或曰，其年十二月王死，大迦葉亦入狼跡山，大衆便散。當是之時，又有不能預會之學無學衆數百千人，欲報佛恩，去窟西北二十里，別集經、律、論，及雜集藏、禁咒藏，爲五藏。因其凡聖咸萃，謂之大衆部結集。此皆佛弟子，非佛滅度百年後之大衆部也。婆修婆師羅漢爲上首，亦阿闍世王爲大檀越，種種供養。此見《法藏經》《西域記》等書。其後更有三次結集。一則佛入滅百年許，耶斯那一作耶舍陀，一作須那拘。長老爲上首，集七百聖衆，長老離婆多與薩婆迦問答斷論，專爲律藏嚴淨非法，是名第二結集。一在佛入滅二百三十五年，阿育王時，目犍連帝須爲上首，集衆六萬，妙選千人，帝須造論，以破外道邪說，是爲第三結集。最後，則在四五百年許，迦膩色迦王時，集五百羅漢、五百菩薩，迦旃延子爲上首，馬鳴菩薩造論，經十二年，成《毗婆沙論》百萬頌以釋經。譯出者，其一部分。或曰，世友菩薩爲上首，造三藏論各十萬頌。是爲第四結集也。或校：或下，舊版有曰字，原稿無。佛在世時已有結集，如目乾連造《法蘊足論》是，然此不過一部分撰述。若召衆集會，作大規模之結集，實起於大迦葉、阿難諸聖衆也。〇大乘結集，約有兩說。一謂佛滅七日，大迦葉告五百羅漢，嗚椎偏集十方世界諸阿羅漢，得八萬八千衆。於娑羅雙樹間，而使阿難升座，分集菩薩、聲聞、戒律三藏。其菩薩藏有八，胎化藏爲第一，中陰藏第二，摩訶衍方等第三，戒律藏第四，十住菩薩藏第五，雜藏第六，金剛藏第七，佛藏第八云。見《菩薩處胎經》。

一謂文殊、彌勒諸大菩薩，將阿難於鐵圍山，結集大乘三藏，見《大智度論》。至於密部，亦有兩説。或謂盡阿難集。或謂金剛手菩薩爲正，阿難爲伴。後説蓋據《六波羅蜜經》。《經》中佛將諸法攝爲五分，告慈氏菩薩曰，我滅度後，令阿難陀受持所説素呾纜藏，此云經藏。其鄔波離即優波離。受持所説毗奈耶藏，此云律藏。迦多衍那受持所説阿毗達磨，此云對法，即是論藏。曼殊室利受持所説大乘般若波羅蜜多，其金剛手菩薩受持所説甚深微妙諸法總持門，是也。〇表法。表法者，銷歸自性也。聽經聞法，重在將經文銷融，一一歸到自己本性上體會，方得受用。此段文本是境緣事相，尚可銷歸自性，則向後經文可以例知推之。若對於一切境緣皆能如是領會，則受用無窮矣。注意注意。〇如者，如如不動，謂當人本具之性體。是者，當下即是。一切凡夫雖此性當下即是，而生滅刹那不停，并不如如者，何也？我執爲之障故耳。故必破其小我之執，而會歸於大我。大我者，所謂一法界，即心、佛、衆生三無差别，常樂我淨之我也。此中我字，當如是會。聞者，返聞聞自性也。將欲會歸，必當返聞，不能向外馳求，背覺合塵也。一時者，所謂十世古今不離當念，亦即三際心不可得，當如是領會也。上文我字，是令領會一法界，則空間之障礙除。此一時字，是令領會無三際，則時間之障礙亦除。本來性體，如是如是，當如是返聞也。凡夫忘其本來久矣，今欲返照，須得方便。六根中，惟耳根最爲圓通，所謂十方擊鼓，十方齊聞，於性之本無障礙較易領會，故令從耳根入，以耳根具足千二百功德也。（千二百，不過表其圓滿無礙。因十方之綱，只是四方。四隅及上下皆由東南西北開出，故爲餘六之綱，此約横説。三世則約豎説。横豎交參，爲十二。表其無盡，曰千二百也。與三世相乘，則爲十二。百倍之，則爲千二百。）

佛者，自性天真佛也。雙遮雙照，中道圓融，自性本如是，是爲自性之舍衛國。戰勝五陰之魔，而紹隆佛種，是爲自性之祇陀太子。莊嚴福慧功德之林，是之謂樹。捨父逃逝之子，今返家園，承受父業，衣裏明珠不勞而獲，是即自性之給孤獨園也。大者，大悲大願。比丘者，遠塵離垢。衆者，理事和合。千二百者，圓滿耳根返聞之功德也。五十五人，即十信、十住、十行、十向、四加行、十地、等覺五十五位也。蓋謂如如不動之本性，當下即是。果能橫豎無障，如是返聞，則自性天真佛便如是而在，而與大悲大願、遠塵離垢、理事和合、圓滿返聞功德之五十五位菩薩摩訶薩爲伴侶矣。則靈山法會，儼然未散。且謂在靈山親聞妙法也可，即謂靈山在此寸心也，亦無不可。何以故？自性天真佛與釋迦牟尼佛已心心相印故，光光相照故，則已見證信序之境相爲非相，而見如來故。諸善知識，此之如是，非對經本則如是，不對經本便不如是。亦非在此講經聽經之座則如是，離座便不如是。更非在法會如是，出法會外便不如是。當於一切時、一切事、一切境，皆見諸相非相，則動靜一如，無往而不是矣。珍重珍重。

（丙）次，發起序。

爾時，世尊食時著衣持鉢，入舍衛大城乞食。於其城中次第乞已，還至本處。飯食訖，收衣鉢。洗足已，敷座而坐。

佛爲出家制三衣。一名安陀會，此名五條，翦布爲方塊，縫而聯之如田，故名福田衣。五條者方形大，九條則方形漸小。亦名著體衣，作務及坐臥著之。一名鬱多羅僧，此名七條，講經說法，則加於五條之上著之，故又名上衣。五條又名下品，七條又名中品，九條又名上品。若居稠人廣衆，或入大都會以及王宮，則著九條者，梵名僧伽黎，亦名大衣。今將入城乞食，故特著大衣也。三衣總名加沙，加沙者，雜也。非但以色有青黄赤黑紫爲雜也，此依《梵網》説。他書或但説青黑赤，或但説赤，或曰，赤衣上加青黑等點。以不用正赤色，或兼青，或兼黄，或兼黑，或兼紫故。不但赤非正赤，即青、黄、黑、紫亦非正青、正黄、正黑、正紫，是之謂雜。如此説法，係博采衆説而融會之，知其乃是如此，古無如是明白説者。故赤而偏青，則成黑泥之色，故謂之披緇。赤而兼黄，則謂之木蘭色也。紫色亦是赤兼黑而成，皆非正色。故又謂之不正色、壞色、染色。所以如此者，取其與在家人别，亦示不住於色之意。《增一阿含》云：染作加沙衣，味爲加沙味。故加沙訓雜最妥。如此之色，則闇淡無光彩，亦是不炫耀之意。著衣持鉢乞食等等，皆戒律制定。世尊如此，即是本身作則，教人持戒也。鉢等，皆如常説。○乞食有多義，略言之，降伏我慢故，不貪口味故，這家布施甜，他家或布施鹹，故名加沙味。專心修道故，以上就出家邊説。今見者生慚愧心故。出家本爲度衆生，欲度衆生，須先斷惑，斷惑必須苦行，使一般人見之而生慚愧，曰：以度衆生故，而自苦如此，我輩乃如是之貪口腹圖安逸乎？庶幾道心增長，俗念減少。則乞食之有益於衆生也大矣，豈但令人布施，種福田而已，故乞食便是出家人修極大之福。古德因慮信心不多，必遭毁謗，不得已置田自種，已違佛制，已極痛心。安可如今人所言，更要比丘兼營他業，則又奚必出家爲？破壞佛法，大大不可。欲佛法大興，非行乞食制不可。如曰東方不可行，今日不能行，則暹羅至今猶遵佛制而行，安見今日、東方不可行哉？但須信心者多，然後能行耳。敷座而坐，將以入定也。照規坐前尚有經行，今不言者，示用功要緊，不可片刻偷安之意。○説此大《經》，而發起於日用尋常之事，殊爲奇特，故善現啓口便歎希有。然奇特實無異尋常，故善現繼之而曰，善護念，善付囑也。可見此文關係全《經》，理極幽微而親切，若草草看過，豈不辜負？今開十重，略明其義。前四重約法以明，後六重約教化以明。（一）示現著衣乞食，奔走塵勞，儼同凡夫者，佛不住佛相也，即是顯示佛之無我相。全《經》宗旨，在於破我。今示現無我，不說一字，亦即示佛之無法相也。雖不說一字，而實示以無我法，又所以示佛之亦無非法相也。三空之理徹底全彰矣，此之謂善付囑。（二）如上所明，是大智也。修菩薩行，必應悲智具足，故詳談時，啓口便令應度所有一切衆生。而今之示同凡夫者，四攝中之同事攝也。乃我世尊大慈大悲，不捨衆生，而本身作則，爲諸菩薩摩訶薩作榜樣耳，此之謂善護念。綜而觀之，以大智而行大悲，空而不空也；因大悲而顯大智，有而不有也。空而不空，謂之妙有；有而不有，乃是真空。豈非即空即假，即假即空，二諦觀融，宛然中道之第一義諦乎？是則於尋常日用間，已將理顯三空、觀融二諦之全《經》要旨合盤托出矣，此之謂希有也。（三）佛說他經，往往放光動地，以爲發起，示一切諸法皆自般若正智而出，即法法莫非般若也。前說般若中，亦曾放光動地者，示般若正智之能拔住地無明也。今第九會說《金剛般若》，又不如是者，所以示并般若法相亦不著也。故本《經》曰：佛說般若波羅蜜，則非般若波羅蜜。須知并般若而不著，乃爲般若波羅蜜耳，此不取於相之極致也。（四）未說本《經》前數十年中，日日如此示現。既說本《經》後直至涅槃數十年中，亦復日日如此示現。可見示現云者，他人見之云然耳。佛無是念，我爲大衆作此示現也。蓋無一剎那間不在二諦圓融大空三昧中，他人所見之示現云云，皆從大空三昧中自在流出耳。佛則行所無事，初無容心也。此是如如不動之極致。全《經》千言萬語，歸結處則曰，受持讀誦，爲人演説。云何爲人演説？不取於相，如如不動。可知此八字爲全《經》之扼要處，亦即爲學人受持演説之扼要處。今於日用尋常，即是顯示《金剛般若》之扼要，可不謂之希有、善護念、善付囑乎？上來約法以明發起序之義竟。（五）一切衆生同具佛性，即是人人本具有法身如來，然其法身如來藏而不顯。所以藏而不顯，不謂之如來，但謂之如來藏者，以其奔走衣食，背覺合塵，久已忘卻本來故也。今以法身如來示同凡夫，奔走塵勞者，無他，欲令一切塵勞中衆生，各各回光返照其本具之如來藏耳。（六）博地凡夫障深業重，今欲返照，非善爲啓迪，勤加熏習不可。今説此《經》，而發起於乞食等事者，指示衆生受持此《經》，當視同家常茶飯，一日不可離也。如是久久熏習，庶幾信心增長，於無明厚殼中露出光明來。（七）然而最上乘經甚深微妙，今得見聞受持，而欲領解如來真實之義，非具有相當資格，亦莫得其門而入。本《經》云：後五百歲，有持戒、修福者，於此章句能生信心，以此爲實。信者，入道之門也。以此爲實者，解其真實義也。可見解其實義，乃爲實信。上文問生實信，今答曰，能生信心，以此爲實。是明明告以能生信心，由於以此爲實，亦即實解乃是實信。實信者，別於悠悠忽忽之信也。而實信則由於持戒、修福。然則欲入此門，持戒、修福顧不重歟？何以持戒、修福，能生信心，以此爲實？其中關係，理甚精微，俟當文詳之。今著衣持鉢乞食等事，皆佛制定之戒律，依此而行，便是持戒。而乞食則令一切見者、聞者生慚愧心，增長道念，不但令行布施種福田已也，乃是修福。《金剛般若》發起於持戒、修福者，正指示衆生以起信入門之前方便也。（八）乞食等等，持戒也。敷座而坐，將以入定也。由戒生定，由定生慧。故序以爲説《金剛般若》之發起者，又指示衆生以無漏三學一定之程序，以明持戒、修福能生實信而入門矣，然欲般若正智現前，又非修定不可也。（九）修行之要，要在理事雙融。靜中養得端倪，更當於對境隨緣時，勤勤勘驗，古人謂之歷事煅心，此是修行最要一著。二邊不著之理，必須於吃飯穿衣時領會，必須於尋常日用中做到，庶幾乎達於動靜一如，則無往而不是矣。此又般若發起於乞食等事之微意也。（十）尤有妙者，此發起序即是的指塵勞中人以下手方便也。既爲夙業所牽，落在臭皮囊中，奔走衣食，其孰能免？爲之逐末而忘本固不可，若因擺脱塵勞不得而生煩惱，又奚其可？道在善巧利用其環境，則何處不是道場哉？每晨著衣出外，各勤其乞食之職務，務畢即歸，應酬等不相干事可省即省。此還至本處四字，急應著眼。歸後，即將飲饌、洗濯等等應行料理收拾之事完畢，即當靜坐，攝念觀心。此敷座而坐四字，尤應著眼也。今人終日忙碌，應酬既多，歸後又不攝靜，縱令念佛誦經，功課不缺，而此心從未少用靜攝之功。所以儘管念誦，儘管妄念紛飛，有何益處？又於不著相，及校：及，舊版在後非法下，並於此下九字加以括弧，均誤，茲據原稿改正。不著相乃是法與非法二邊不著等道理，從不留心體會。所以修行多年，依然見境即遷，隨緣便轉，脚跟一點立不牢，自己即毫無受用。甚至大破戒律，無所不爲，自以爲不著法相，殊不知早取著了非法相矣。自己墮落，又牽引無數善男信女一齊墮落。此皆由於從未攝念觀心，從未於不住相及二邊不著之要義體會了解，以致如此，豈不可憐？故此中還至本處，敷座而坐八字，正是吾輩奔走塵勞中衆生的頂門針、座右銘。以此爲發起，正的示般若不是空談得的，須要依文字，起觀照，刻刻不放鬆，事事勤勘驗，方許有少分薦得。上來約教化以明發起序之義竟。總此十義，以爲發起，不但無上大法之理事全彰，并修行者預備之方、入手之法亦盡在裏許，真希有也。若不一一領會，如法而修，豈但辜負護念付囑的希有世尊哉，并辜負此希有之發起序矣。〇爾時。正當説聽具足、機緣成熟之時也。〇世尊。别有十號，總稱世尊。因具十號之德，爲世尊崇，故稱世尊。此依《大論》。十號者，（一）如來，諸法一如爲如，不來而來爲來，此約性體表德。（二）應供，應人天之供養，此約大悲大願表德。（三）正偏知，知一切法即假即空，校：上四字，舊版作即空即假即中，茲據原稿改正。莫非中道，一空一切空，一假一切假，一中一切中，無偏無倚，寂照同時，爲正。三諦理智圓融無礙，智周校：周，舊版作圓，誤。沙界，鑒校：鑒，舊版作量，誤。澈微塵，爲偏。此約寂照同時校：上四字，舊版作理智，茲從原稿。表德。（四）明行足，有二説。《大涅槃經》説，明者，得無量善果。指阿耨菩提。行足者，能行之足。指戒慧，此中即攝定。謂得無上菩提，由乘戒慧之足，此約修因剋果表德。《大論》説，明即宿命、天眼、漏盡三明，行指身口意三業，唯佛三明之行具足。約此義言，是校：上五字，舊版作此，茲從原稿。此約神通表德。（五）善逝，猶言好去，謂入無餘涅槃。所謂生滅滅已，寂滅現前也。此約斷證表德。（六）世間解，一切有情、非有情事相無不解了，此約後得智表德。（七）無上士，在一切衆生中，佛爲無上，此蓋即位表德。（八）調御丈夫，或以柔軟語，或以苦切語，善能調御丈夫，使入善道，無問〔二〕男女僧俗，如欲遠塵離垢，非具有大丈夫氣概、果決堅定之心志不可。如是之人，唯佛能調伏而駕御之。此約教主表德。（九）天人師，爲人天之表率，譬如日光徧照，無不蒙益，此約普利表德。（十）佛，自覺、覺他、覺滿，名佛陀耶，此約究竟覺果表德。其他經論，或合應供、正偏知爲一，曰應正偏知，或合善逝、世間解爲一，或合無上士、調御丈夫爲一，或合佛、世尊爲一，種種不同。蓋因經言佛具十號，故以合爲十數爲準。唯《大論》從第一如來至第十佛，分爲十數，而以世尊爲十號之總稱，似乎最爲得宜。○食時。三世諸佛定規，過中一髮，即不得食，今謂食時將到，宜先往乞也。藏律中言食時，其説不一，今且述其一説。丑、寅、卯爲諸天食時，是名初分。（或謂寅、卯、辰爲初分，圭峯《纂要》依此説。）辰、巳、午爲人間食時，是名中分。未、申、酉爲畜生食時，是名晡分。戌、亥、子爲神鬼食時，是名夜分。蓋謂各道衆生多在此時，或宜於此時就食，非謂一定不移。唯佛法制定，過午不食，用意深廣。如律中説，乞食之時，大約在辰時左右，以太早、太遲不能得故。防無所施，致惱他；無所獲，復惱自也。○著衣。佛制三衣。一，安陀會，義爲中著衣，襯體所著也。行道謂修行時。或作務可用。校：此句，舊版作謂修行道或作務時可用，茲從原稿。即是五條，名下品衣。二，鬱多羅僧，譯義曰上衣，亦名中品衣，即七條也。亦可入聚落或説法。若遇大衆集會，宜著大衣。三，僧伽黎，義爲衆聚時衣，即大衣也。又名上品衣，亦名福田衣，即是九條乃至二十五條。若入王宮、王城、聚落，凡大衆集會，威儀嚴肅時處，或授戒、説法、乞食等，應著此衣。自五條至九條，皆謂割截布成方塊，縫而綴之。條數少，則方塊大。條數多，則方塊小。小則密密如田之界畫分明，故惟九條稱福田衣。十條以上，則因身量有魁偉者，衣量亦隨而寬博，故條數增多耳。天竺寒地，三衣許重著。東土因寒冷及習慣故，多就普通衣上加而被之，故無重著之風，惟喇嘛中有之。三衣統稱加沙。加沙，梵語，依色立名，謂色之不正壞濁者。故引伸之，雜味亦名加沙味[三]。不正者，意明雜。色雜，則色壞而濁矣。所以黑須如泥，青當似銅青，舊銅色也。赤則或赤多黑少，曰木蘭色，川中有此樹，日本名香染色，丁子香所染也。即天竺所謂乾陀色，或赤黑相參如紫。《寄歸傳》曰：或用地黃屑，或荊蘖黃等，研赤土赤石汁，和而染之。總之，不許用青黃赤黑紫之光鮮正色，須兼雜色，令帶闇濁。《四分律》云，一一色中隨意壞，是也。若縵條衣，乃沙彌、沙彌尼之衣，謂漫滤無條相也。大僧無三衣者，可通用。優婆塞等亦許於禮佛等時，暫爾借著，不得常披。佛法東來之初，出家人未知割截之製，但著縵條而已。經歷百八十七年之後，乃始知之。○持鉢。梵語鉢多羅，此翻應量器，謂食應其量，勿過大，以制貪。亦曰，體、色、量皆與法應。體限鐵瓦等製，不許木製，以外道所用故，易垢膩故；色取樸素；量如上説。省曰應器，乃謂賢聖應供之器也。釋迦成道，四天王取龍宮供養之過去維衛佛紺瑠璃石鉢，化而爲四，各持一以奉獻。世尊復合四而爲一，持以乞食也。○入捨衛大城。園在城東南五六里，故曰入城。城周六十餘里，内城居家九億，地廣人稠，故稱大。○乞食。佛制，不許出家人用四種方法謀食養命。一者，種植樹藝，名下口食。觀察星象，以言休咎，曰仰口食。交通四方豪勢，曰方口食。卜算吉凶等，曰維口食。統名不淨食、邪命食。唯許乞食，名正命食，乃出家之正道也。何謂正道？折伏我慢故，不貪口腹故，專意行道故，令一切人破慳增福故。至佛自乞食，準《纓絡經》，含有多義，如使一切人不生憍慢，令一切障礙衆生皆得見佛獲益，垂示出家人不應蓄積故。○於其城中，次第乞已。次第者，逐家依次而乞，不加揀擇。乞已者，或儘鉢滿，或止七家，非謂次第乞徧一城也。連下句言之，乞已即還，不少瞻顧也。○還至本處。由城還園。○飯食訖。飯者，吃也，如《論語》中飯疏食之飯。訖者，畢也。《寶雲經》言，乞得之食，分作四分，一分擬與同梵行者，一分擬施貧病乞人，一分施水陸衆生，留一分自食。《十二頭陀經》不言與同梵行者，各有用意，宜合而行之。不言者，以皆應自乞。今言者，以或有他緣，不暇乞者故。今於梵行、貧病二種，皆言擬與擬施，明不一定，有則與之。若水陸衆生，則一定應施，故不言擬耳。〇收衣鉢。不收則未免罣念，不能安心修道。〇洗足已。爲護生故，跣足行乞。印土常著革履，易傷生命。恐著塵染，故須洗之。連下句言，事畢即修觀，以道爲重也。〇敷座而坐。敷座者，敷，展也，座，坐具也。行住坐臥四威儀中，行易掉舉，住易疲勞，臥易昏沉，修行者唯坐爲勝，故出家人多有不倒單者。結跏趺坐，爲佛門常式，故略不言。跏趺有四益。一，身心攝斂，速發輕安。二，能經時久，不令速倦。三，不共外道，彼無此法。四，形相端重，起他敬信。〇以上自著衣至而坐，皆我佛慈悲，曲爲大衆以身作則耳，世尊初不必如此也。何以言之？如《瓔珞女經》說，化佛身如全段金剛，無生熟二藏。《涅槃經》云，如來之身非雜食身，何須乞食？而示乞食者，除上已舉使一切人不生憍慢三義外，無非爲修行人垂範。既不須食，又云飯食訖，不知究竟食否？此有二義。一，若竟不食，施者福不得滿。佛慈令他滿願，亦常隨衆而食。二，有說，食欲至口，有威德天在側隱形，接至他方，施作佛事。此蓋佛既示食，令施者福滿，而又以神力移作佛事。是食與非食，二義無礙矣。又《阿含經》說，佛行離地四指，蓮花承足，原不必洗。而今一一示現如是等事相，豈非曲爲大衆作模範乎？〇上來所說頭一段，不過是依文銷義。第二段說的作人模範云云，亦爲普通之義。最要緊的，是要明了本《經》爲何序此等事相作爲發起呢？當知此中大有精義，這正是親切指點，要人向行止動靜中體會。試思如來爲度衆生故，非生現生，示同凡夫，何日不穿衣吃飯，即何日不是以身作則。爲甚麼各經之首多序放光動地，今欲宣說一切法的總持，出生諸佛之《金剛般若》大法，卻偏偏序此一段日用尋常的事做發起？奇不奇，妙不妙？奇妙不在奇妙處，奇妙是在粗淺處。要知道極平常的事，與極高深的理是有密切關係的啊。古今諸家，或看出是戒定爲發起，或舉如如不動的景象爲發起，或謂日用事不可等閒看過，或曰，著衣吃飯即是放光動地爲發起。各有所見，各具其妙。茲酌採諸說，更從針對經文的要旨方面引證揭明，使人較易體貼。義蘊既深，一時言之難盡，姑概括爲十重，大略說之。（一）般若是長養慧命、紹隆佛種的要法，猶之衣食是世人護持色身、承先傳後的要事。今舉此著衣乞食等等爲發起，正令發大心的人明了這般若法食是不可須臾離的。所以《經》云，受持讀誦，廣爲人說，則爲荷擔阿耨菩提。又云，當知是人成就最上第一希有之法。又云，是《經》所在之處，即爲有佛，若尊重弟子。從這幾句經文的反面一看，便可懔然是同衣食一樣，關係甚大，不可暫離的了。故以之爲發起。（二）《經》云，後五百歲，有持戒、修福者，於此章句能生信心。可見持戒、修福，是般若入道之門。乞食是戒律制定的。今示著衣持鉢，次第行乞，既是引導衆生持戒，亦是普令衆生修福。《經》頌所謂，法身本非食，應化亦如然，爲長人天福，慈悲作福田，是也。世尊日日乞食，便是日日發起衆生的堪入般若的信根。今於欲說《金剛般若》之先，即序以爲發起，何等親切。（三）圭峯大師說，戒能資定，定能發慧，故以戒定發起。須知慧無戒定，乃狂慧，非正慧。乞食是戒，敷座而坐，所以入定。既示戒定事相，然後説甚深般若，豈非顯示三學的一定程序，令人知所先後乎？又《經》中但説慧，特於發起中補足戒定。佛菩薩爲度衆生，懇切周到，如是如是。（四）一切學人能向衣食起居塵勞邊鍛煉，便是降伏妄心最要之方。蓋貪求衣食，不憚塵勞，固是著相。即厭其塵勞而生煩惱，亦是著相。必須對境隨緣，既不迷，亦不煩，乃是安心之法。故《經》云，一切法皆是佛法。又《經》中多就布施等度上説降住，亦是此意。試思吾輩凡夫，那一個不要衣食？擺既擺不脱，貪又貪不得。又既發大心學佛，布施度生等事皆是必須學的。要不在一切皆如上用功，則一日到夜，不是著有，便是著空，何時方能討一個自在？就是一句佛，又何能念得好？宏法利生等事，亦必學不好。今在穿衣吃飯上，發起二邊不著、一切皆如的甚深般若，令人領會得，即在此等事相上用功，既不可執有昧空而取法相，更不可離有説空而取非法相，真大慈大悲也。（五）如來的隨順凡夫、著衣乞食者，是明不著果位之相也。正是《經》中所云，如來者，即諸法如義，是也。須知果如因亦如，所以應離一切相，發阿耨菩提心，而降伏之道盡在其中矣。以果德之不著相，發起因行之不應著相，真所謂因該果海，果澈因源，妙極妙極。（六）《金光明最勝王經》有言，五蘊即是法身。五蘊乃緣生之幻有，法身是寂照之真空，這就是叫人要即幻有見真空，非斷滅相。本《經》種種遣相，而歸重在於法不説斷滅相，亦是此意。當知所謂第一義空者，正須不取著，復不斷滅，方稱第一義，此是學般若的緊要之點。而如來以法身示現凡夫衣食等幻相，正是要凡夫就各人幻相上體認本具之法身。但勿逐妄，何須妄外求真？倘或執真，可是真中起妄。《經》中如應無所住而生其心，應生無所住心，凡夫非凡夫，衆生非衆生，等等，莫非説明不取不斷、不即不離之義？然則本《經》之發起可謂切要極矣。（七）如來示現乞食，而乞已即還本處。吾輩凡夫只知忙於謀食，終日終年向外馳求，從不知返照本性。又如來示現食已，即收拾一切，攝靜入觀。吾輩凡夫則飽食以嬉，躁動不息，幾曾靜得片刻，更何能修觀耶？須知般若慧力從内照生，而内照必先靜攝。今用此等句發起，正指示吾人，一切世緣來則應之，事過便當收拾，擲過一旁，即復返觀靜照，背塵合覺，方堪發起般若本慧也。注意注意。（八）一部《金剛經》要旨，惟在云何降，云何住，然而談何容易？達天法師云：一有所住，覺心便亡。才欲施降，妄心愈熾。是須無降而降，無住而住。所謂無降降、無住住，云何下手耶？今觀世尊穿衣吃飯，行街過巷，洗足敷座，瑣瑣屑屑，並非一時如是。度生四十九年，便四十九年如是。以金剛身無須飯食，無須洗足，且無須學定，然而爲衆生故，日日行之，行所無事，真是平等如如。這一段本地風光，便是降心、住心的大榜樣也。吾輩必當如是修學。凡遇境緣來時，皆須如教而行，行所無事。行所無事，便是無降而降，無住而住。如此庶可契入般若深旨乎？（九）上來所説無降而降，無住而住，恐猶未了，請復説之。世尊迥不猶人，何以示現凡夫行徑，而了不異人？當知因其了不異人，所以迥[三]不猶人耳。吾輩當從此點上體會，且向自身上體會。何以故？雖是凡夫，而本具有如如佛性故。何以故？不取於相故。吾輩學般若，當從不取於相用功。不取者，謂不離一切相而不著。若偏以無相當不著，是又取非法相，而爲斷滅矣。故《經》云，若見諸相非相，即見如來。諸相非相者，雖有諸相而不著之謂。又云，不取於相，如如不動。惟其不取，所以得見一切法相、非法相。不取便是無降而降，無住而住也。《經》首以不取相爲發起，其旨深矣。（十）綜合以上所說，可見發起一序，全顯第一義空。你看如來示同凡夫者，爲利他耳，無我相也。般若妙法任運由瑣屑事相上自在流出，無法相也。無須乎食而行乞食，乃至示現洗足、敷座等，以不言之教，護念、付囑一切發大心者，亦無非法相也。於此薦得，真空理智宛然心目。發起之精，孰逾於此？○諸君須知，所以就發起序上說而又說，不敢憚煩者，無他，欲使諸善知識知得云何起信，並明了三空理智隨事可見，好向穿衣吃飯時，行止動靜時，隨時如是觀照，當下可得受用耳。然後方知一部金經真是除苦厄的良方，入佛智的捷徑也。尊重尊重。

（乙）次，正宗分，分二。（丙）初，當機讚請。次，如來讚許。（丙）初又二。（丁）初，禮讚。次，請法。（丁）初又二。（戊）初，具儀。

時，長老須菩提，在大衆中，即從座起，偏袒右肩，右膝著地，合掌恭敬而白佛言。

補 時，即指世尊乞食還園之時，此時字最宜著眼。下文希有之歎，即跟上文著衣持鉢一段文而來。結經者安一時字，含有無窮感慨在裏許。世尊著衣持鉢乞食，日日如此，大衆見如不見。此次機緣成熟，乃爲須菩提一眼覷破。般若大法，世尊不常說，即說亦必待機緣成熟方可。此真希有難逢，所謂千載一時也。長老，齒德俱尊之稱。唐譯曰具壽，惟顯年老。魏譯曰慧命，唯顯德長。羅什順此方文義，譯爲長老，兼含二義。須菩提亦翻空生，亦翻善現、善吉。彼之俗家，富有財寶，當彼生時，家中庫藏金銀悉空，故名空生。既生七日，庫中財寶復現，故名善現。又相師占云，此子善吉，不須顧慮，故名善吉。

初生時庫藏空，是表顯空理。其後財寶復現，表顯空非偏空也。《西域記》云，須菩提本是東方青龍陀佛，影現釋迦之會，示跡阿羅漢，輔助釋迦牟尼行化。在佛門中，解空第一。空而不空，方是真空，方是第一義空。諸弟子不若須菩提之領悟最深，故般若會上，必以須菩提爲當機，代大衆請問也。須菩提爲大衆啓請，含有四要義。（一）普通大衆日日見世尊著衣持鉢，與尋常乞食比丘相同，茫然不知用意何在，故必待示跡聲聞之須菩提爲之啓請。（二）此已至第九會，世尊在尋常穿衣吃飯時，善護念、善付囑般若大法，將第一義空最深之理和盤托出。大衆當然不能明瞭，非須菩提亦不能爲之啓請。（三）佛門長老不止須菩提一人，然解空不如須菩提，故當機請法非須菩提莫屬。（四）會中尚有菩薩摩訶薩，何不啓請，而讓須菩提單獨請問？蓋佛説般若，正爲阿羅漢，兼爲菩薩。若菩薩啓請，則阿羅漢或將疑此爲菩薩之法，與我們無涉。今讓須菩提啓請，則可防此疑。須菩提啓請，完全爲大衆起見，下文開口即説善男子、善女人，故在大衆中一語，含有種種意義在内。即者，便也，有迫不及待之意。世尊敷座而坐，大衆亦然，故須菩提即從座起。從跡上講如此。若從本上説，須菩提早已成佛，世尊説般若已經八會，何以必待第九次説《金剛般若》時，方從座起而請？可見凡事必需時節因緣，四者俱全，方能湊合。世尊説般若是時，説《金剛般若》是節，有種種因，有種種緣，至此因緣具足，須菩提乃當機請問此大法也。袈裟在左肩，故右肩可偏袒。佛制，袈裟平時不偏袒，必恭敬時方偏袒。凡人作事，必用右手，行則右足先上前，此表示有事弟子服勞之意。此《經》重在荷擔菩提，弟子正宜肩此責任也。禮拜時雙膝著地，如懺悔則跪右膝，古人名曰胡跪。

著地者，脚踏實地，表法即實際理地，即實相，令人證得本性。合掌者，兩掌相合，不執外物。吾人兩手東扯西拉，全是塵垢。今則合之，即是背塵合覺。偏袒至合掌，是身業清淨。外貌端肅謂之恭，中心虔恪謂之敬，是意業清淨。而白佛言，白是表白，將自己意思表白出來，此是語業清淨。以上皆結經者之辭。

（戊）次，稱讚。

希有，世尊，如來善護念諸菩薩，善付囑諸菩薩。

補　通常説希有，歸納起來，有四義。一，時希有，如來出世，曠劫難逢故。二，處希有，三千大千世界中，唯有一佛故。三，德希有，福慧殊勝，無比並故。四，事希有，慈悲方便，用最巧故。以上四者，是通途之説。今謂希有，乃正指般若波羅蜜而言。世尊，是總號，稱呼時用之。稱佛則表果德，稱如來則表性德。須菩提於佛之穿衣吃飯等，見得諸相非相，即見如來，故開口即稱如來。他老人家以法身如來示現凡夫，此正在那裏表示不住一切相。以法身如來，何故示同凡夫？即是不捨衆生，即是護念。不捨衆生是大悲，而以法身如來示現，即大智。此大悲從大智而生，是有而不有。有而不有，方是妙有，方是不礙真空之妙有。以不礙真空之妙有來護念，豈不是善？現跡同於凡夫，正表示法身如來不住一切相，《金剛般若》之精義完全托出，此乃以不言之教來付囑。不言之教是大智，此大智從大悲而生，是空而不空。空而不空，方是真空，方是不礙妙有之真空。以不礙妙有之真空來付囑，善莫善於此矣。不論護念、付囑，無非空有雙彰。全《經》發揮真空妙有之精理，處處可見。明乎此，則脈絡貫通矣。希有之歎，固是曠劫難逢之意，然亦含有難得領會之義在內。此以下文「我從昔來所得慧眼，未曾得聞如是之經」及「我今得聞如是經典，信解受持，不足爲難。若當來世後五百歲，其有衆生得聞是《經》，信解受持，是人則爲第一希有」諸語觀之，皆可證明信解之不易也。須菩提意謂，我從昔至今，方看出如來之護念、付囑。大衆雖不能領會，世尊總是如此示現，更爲希有。護念、付囑所以俱言善者，護念屬於心，付囑屬於口。若待起心護念，則起心時方護念，不起心時即不護念。若待發言付囑，則發言時方有付囑，不發言時即無付囑。均不能稱爲善。今以如來入城還園，如如不動，密示住心，以身作則，正是加護憶念。又以食訖宴坐，一念不生，密示降心，令衆取法，正是託付諄囑。動靜之間，以身教，不以言教，隨時隨處，無不爲菩薩模範，此真所謂善。須菩提開口歎爲希有，良有以也。

（丁）次，請法。

世尊，善男子、善女人發阿耨多羅三藐三菩提心，應云何住，云何降伏其心？

補　通行本作云何應住。今依唐人寫經本，作應云何住。〇上文諸菩薩，即指此善男子、善女人而言。因其發無上心，即有成佛資格，即可稱菩薩。善者，善根。發無上心者，非有大善根不可。凡人皆有善根，若無善根，則不能入人道中，亦不能聞此大法。然若不發心，則虛有此善根，豈不孤負？佛經中往往呵斥女人，又常説女人障重，不能成佛，必先轉男身方可。有疑及佛法平等，若女必先轉男身，是不平等。此則未明佛理，先批評佛法，是大不可。要之，女子的確障重，一有生育障礙，二往往誤認愛爲慈悲。慈悲是平等的，初無親疏厚薄。愛是生死河，誤用即墮入輪迴。佛眼中初無男女相，所以説女子障重，是要其特別注意，不要受此障礙，祇要發大心，一樣成佛。此處須菩提所以雙問。發者，生也，起也。謂發起上求佛道、下化衆生之心，期證無上果也。發字貫上下文，義通能所。上文善男、善女爲能發，下文阿耨等爲所發。梵語阿耨多羅，此云無上，三藐，此云正等，三菩提，此云正覺，合云無上正等正覺。正覺者，揀異凡外之不正。以凡夫有我，不能自覺。外道有覺，屬於偏邪，非正覺故。正等者，揀異二乘之不等。阿羅漢皆得正覺，然畏生死如牢獄，急於自度，缺少慈悲心，不能修善度生，無平等心故。三藐，正指菩薩言。正等者，自覺覺他，自他均等也。無上，揀異菩薩之有上。菩薩覺雖正等，然尚不如佛之覺行圓滿。無上，正指佛而言。此善男子、善女人所發者，即佛之無上覺心。心是靈明覺照之體，在用上分真妄染淨。今依菩提而發，顯見是真是淨，非妄染也。《大論》云，從因至果，有五種菩提。一發心菩提，即十信位。二伏心菩提，即三賢位。三明心菩提，即初地至七地。四出到菩提，即八地至十地。五無上菩提，即如來果位。今約能發心，即當第一，約所發心，即當第五，能所合論，貫通初後也。是知無上屬果，正等、正覺屬因，所發之心通乎因果也。應是應該，此字貫下二句。住是止於一處，降伏是剋制攝持。其心之心字，指妄染而言。問有三意。凡爲菩薩，須發菩提心，故先問發心。初發是心，不能如佛之隨緣安住，故次問住心，意在求佛指示方法，能令此心相應而住。又以妄心數起，不能似佛之自然降伏，故次問降伏，意在求佛指示方法，能令妄心自然而降。〇發心，先也。然必須發大心，方能修大行，得大果。《華嚴經》云：忘失菩提心，修諸善果，魔所攝持故。善男女初發心時，即應以成佛自期，發阿耨多羅三藐三菩提心。無上者，正是所求故。欲求無上，必須修福度生，故次云正等。欲度衆生，應先自度，故次云正覺。逆言之，即自覺、覺他、覺行圓滿也。《論》云：初發究竟二不別，如是二心先心難。發心菩提至無上菩提，是一心非二心，然初發心難，故須菩提先舉發心爲問。住、降，後也。有人先曾發心，後時忘失，此是不知真心如何安住，致妄心不能降伏也。故善財童子每遇善友，皆啓請云：我已先發阿耨多羅三藐三菩提心，而未知云何學菩薩行，修菩薩道。是知發大心者，必修大行，住、降正修行之切實下手處也，故次問住、降。然此二問實在相資。以覺心住，則妄心不降而降；妄心降，則覺心不住而住也。

（丙）次，如來讚許，又二。（丁）初，讚印。

佛言：善哉善哉！須菩提，如汝所説，如來善護念諸菩薩，善付囑諸菩薩。

補　結經者此處安佛字，有深意。佛是究竟覺之果，上文發心人正是修因。欲知山下路，須問過來人。此安佛字，即如是因，

如是果。反之，即如是果，如是因。善哉善哉是讚，如汝所説是印。第一善哉，讚其善契如來本心。數十年示現塵勞，默默護念、付囑，絶未有言説，今須菩提獨能見到，故讚之。第二善哉，是讚其代衆啓請。佛之苦心，即要善男女發心去學，然無人能請，今須菩提獨能請問，以完如來本願，故又讚之。人家不能問，汝獨能問，故第一善哉是讚他之大智。問法不爲自己，而爲大衆，故第二善哉是讚他之大悲。汝真能見到我之不住佛相，而護念、付囑，故云如汝所説。蓋如此護念、付囑，大衆不了，唯須菩提獨能指出，故印可其説也。如來二句，原是須菩提讚佛之語。今佛極力承當，謂如來之護念、付囑，如汝所説，一點不錯，是欲令衆生於如來著衣持鉢、去來動靜中，領取護念、付囑之意。

（丁）次，許説，又二。（戊）初，總示。二，詳談。（戊）初，又二。（己）

初，誡聽標宗。

汝今諦聽，當爲汝説。善男子、善女人發阿耨多羅三藐三菩提心，應如是住，如是降伏其心。

補 須菩提豈有不諦聽之理？佛之誡，是爲大衆，及現在我們衆生。諦者，真實正確也。一不可以貢高，二不可以卑下。倘犯此二病，即不能諦聽，即聽亦不能正確。有人稍研求經論，即自以爲通曉佛學，此犯貢高之病。有人高推聖境，以爲如此大法，我們如何能解，此犯卑下之病。貢高是慢，卑下亦是卑慢。如此聽經，即不能真實正確。是以學佛者，務須免除以上二病，虛心領受，故云諦聽。既能諦聽，豈可不説？故云當爲汝説。意謂，倘若不諦聽，我即不當爲汝説。此語是警策我們，在聽經時，從前知見必須一切抛開，不可放在心裏。善男子、善女人以下三句，正是標出修行宗旨。舊説，如是二字，即指下文「滅度一切衆生」一段文而言。如此則前後脈絡不貫，況下文本有「應如是降伏其心」一句耶？又説，如是二字，指發起序中「世尊著衣持鉢」至「敷座而坐」一段文而言，似亦未確。今謂如是二字，剋指上文善護念、善付囑二句而來，有現前指點，當下即是之義。著衣持鉢一段文是遠脈，善護念二句是近脈，既知近脈，則遠脈自通。以法身如來示現凡夫塵勞之相，是無我相，無法相，亦無非法相，故善男女亦應如我之不住相而住。凡夫不住於相，即住於非法相，一住便差，妄心生滅，不得降伏。故善男女應在如來之穿衣吃飯上，理會兩邊不著之理，如是降伏之。可憐苦惱衆生，無論貧富，一生皆爲衣食忙碌，無論操何職業，皆是乞食。朝上起來趕赴都市中做事，即是入城乞。按時上工食下工，即是次第乞已。乞食固然要緊，但應事畢即還至本處。凡夫之病，即是爲衣食故，不得不向外馳求，結果忘卻了主人翁，不復還至本處。所以工作完畢，要快快回頭，把心靜一靜，回光返照，不要做不相干的事，此即是學佛之敷座而坐。我們能將經文語句回到自己身上，自有受用。果能於尋常日用之間，時時返照，即是降伏，即是兩邊不著，即是與性體相稱而起修，即念佛亦念得好。

（己）契旨請詳。

唯然，世尊，願樂欲聞。

補　唯，應諾之詞。聲入心通，於如是住降之理，已澈底明瞭。如來之護念、付囑，別人未能見到，須菩提獨能見到，代大衆啓請住降，果蒙佛讚許。結經者於唯下安一然字，寫出須菩提慶快生平，自喜領會無差之情景。然爲大衆未能了解，故又請問。願者，願望。樂者，好樂。欲者，希求。若唯心願而不好樂，聞或不切。又能好樂而不希求，聞或不深。此三字一層進一層，表示大衆之渴仰，亦可爲末法苦惱衆生表示渴仰。聞字與《經》初如是我聞之聞字相應，倘無須菩提之願樂欲聞，阿難如何得聞耶？聞有三種。一曰聞言，耳根發識，但聞於言。二曰聞義，意識於言，採取其義。三曰聞意，神凝心一，尋義取意。今聞如是住降之言，必將得意忘義遺言，而消歸自性可知。人人本具如如不動之自性，然有無明爲障，致妄心生滅不停。故學者宜在聞字上用功，返聞聞自性，時時照，時時聞，則知心、佛、衆生三無差別。故此聞字，若作返聞功夫，即能消歸自性。

（戊）二，詳談，分二。（己）初，約境明無住，以彰般若正智。次，約心明無住，以顯般若理體。（己）初，又二。（庚）初，的示無住以生信。次，推闡無住以開解。（庚）初，又三。（辛）初，明示。次，生信。三，校勝。（辛）初，又二。（壬）初，明發離相心即是降伏。次，明不住於相即是正住。（壬）初，又三。

（癸）初，標示。

佛告須菩提：諸菩薩、摩訶薩應如是降伏其心。

佛告句，爲結經人所安。凡安此句，皆示人此中所言甚關緊要，不可忽略讀過也。諸菩薩句，即指發大心之善男女言。凡言菩薩摩訶薩有兩義。一爲菩薩中之大菩薩，如稱觀世音菩薩摩訶薩，是約一人而稱。一爲泛指多人而稱，乃謂菩薩，或大菩薩也。發心者不止一人，故曰諸，諸者，一切之意。此中既説多人，乃泛指之辭也。須知此《經》本是最上乘，則發心學此者，皆爲大菩薩。然而根性不同，雖同發大心，有發得圓滿究竟者，則可成大菩薩，發不圓滿究竟，只可成菩薩矣。佛之説此，亦希望人人皆要發得圓滿究竟耳。何謂圓滿究竟？如發上成佛道、下化衆生之心，則菩薩也。若知發心上成、下化，而又知雖上成而實無所成，雖下化而實無所化，乃是無所成而上成，無所化而下化，則性德究竟，體用圓滿，而爲大菩薩矣。世間此類事甚多，雖所學是無上大法，而成就則甚小甚小，皆由於不知如法而修，發心太小故也。如念佛法門，本是至圓至頓之無上妙法，乃僅僅只知自了，則最上乘之法不但不足爲大乘，竟成爲小乘矣。所以只能往生下品，多劫不能花開見佛，以與佛之悲願相違，不知稱性起修故也。甚且并下品亦不夠，只能生到疑城，又須長時修行，方能離疑城而生安養，豈不上負佛恩，下負己靈。何故如此？皆由不明無上大法之所以然故。所以學佛第一要開智慧。開智慧者，就最初一步言，便是明理。如不明了真實義理，發心不能達乎無上。明理不是專在文字上剖解，必須修觀。云何修觀？既須多讀大乘經典，更須屏除外緣，收攝身心。若不先將此心攝在一處，何能依文字起觀照？故曰，戒生定，定生慧也。戒以屏除外緣。定字有淺深，初下手時，必應勉强攝心一處，令心凝靜而不馳散，乃能起觀。迨至觀慧生，則大定即在其中，不待勉强。故止觀云者，止從觀來，觀成自止。何以故？觀成則妄想悉除，便是止故，非以遏捺暗證爲止也。總之，定慧二字，互相生起，不能呆板看成兩橛。故曰，如車兩輪。又曰，即止之觀，即觀之止也。止觀是學佛緊要功夫，如上所説，又是止觀中要緊道理，不可不知。初發心人何以便稱菩薩摩訶薩？以其能發大心，便有成菩薩摩訶薩之資格，故即以此稱之，一也。佛之稱之者，是令當人直下承當，不要自失勝利，此其二也。世尊平等平等，其視衆生本來同佛，然則稱發無上心者爲菩薩摩訶薩，又何足異？此其三也。○如是，指下正明之文。降伏其心，是令妄想不起，亦是使不覺者覺。上文先問云何住，佛之總示，亦先説應如是住，何故詳談時先説降伏乎？

此中要義，當分三層明之。一切衆生從來不覺，今雖發無上覺心，亦不過發覺初心耳，其不覺之妄習分毫未除，安有真心可住？若以爲初發覺時便見真心，即此一念依然是妄想也。故初發心人，其下手祇有降伏。古人云，但求息妄，莫更覓真，即是此意。須知吾人之心雖完全不覺，而實完全爲本覺之所變現，所謂真妄和合名之曰識，是也。只要妄心分分除，真心即分分顯，迨至妄盡情空，則以其始覺合於本覺矣，初不必言住不住也。此所以不言住而先言降伏者，其理一也。不但初發心時應從降伏下手已也，自始至終，亦只有降伏之功，乃至成佛，亦無所住。須知妄想無明，無明即是妄想。以破爲鵠。修行至信位，但能伏，猶未破也。由十信進入初住，始破一分無明，證一分法身，即是始見一分真心。十成只得一成，云何可住？名爲住者，明其不退轉於阿耨多羅三藐三菩提耳。從此步步增進，而經十住而十行、十向、四加行，而後登地，至於八地，始稱無學，無明向盡矣。而十方諸佛猶復殷殷勤進，應滿本願，廣度衆生，勿得住入涅槃。由是而歷九地、十地，至於等覺，尚有最後一分無明，可見至等覺，始破九分。仍當以金剛智破之，乃成究竟覺，而仍然不住生死，不住涅槃也。可知位至成佛，還是住而不住，不住而住。如我世尊之示同凡夫，非住而不住之榜樣乎？然則始終皆無所住，只有降伏也明矣，其理二也。善現前雖先問住，而其目光實注重於降伏。蓋以欲住不得，故繼以降伏爲問耳。否則但問應云何住足矣，奚必更贅一詞？而總示之既言應如是住，復言如是降伏者，意亦如斯。此則語有先後，意實一貫，除降伏外別無進修方法，其理三也。

（癸）二、正明。

所有一切衆生之類，若卵生，若胎生，若濕生，若化生，若有色，若無色，若有想，若無想，若非有想非無想，我皆令入無餘涅槃而滅度之。如是滅度無量無數無邊衆生，實無衆生得滅度者。

四大五蘊衆緣和合而現生相，故名衆生，此衆生之一名之本義。引申之，則爲數多類繁，名爲衆生。今人但知引申之義，而遺其本義，不知本義極妙，乃令觀照本不生及當體即空之理也。何以言之？以衆緣之和合，名之曰生耳，性體初何嘗生，故曰本不生。本既無生，今亦無滅矣。既是緣合現生，所以緣散即滅，豈非當體即空乎？此約相言也。若約性言，性本不因此而生，雖生滅之相紛然，與體何涉？故曰當體即空也。盡其所有之衆生則數多，故云一切。其類繁，故又云之類。其類云何？若卵生至若非有想非無想是也。〇佛經中言衆生類別，有以六道分者，欲人明輪迴之理也。有以十二類生分者，如《楞嚴》卷八說。欲人明十習因六交報之理也。有以三界分者，欲人明其高下依止及不出色欲二事範圍之理也。今亦是以三界分類，而不言欲界、色界、無色界者，以無色界尚有特殊生理，須特别顯出，方爲徹底。亦欲使人明衆生之所以不能出三界，不但著色著欲之爲障，尚有根本障礙，必應徹底了然，爲之對治，乃能入無餘涅槃，乃能滅度耳。先言欲界。欲界有二。一上界六欲天是也。（四天王天、忉利天、夜摩天、兜率天、化樂天、他化自在天。）以福德勝人，故生天。以尚有淫欲，故居欲界。以欲念較薄，故但化生而無卵、胎、濕三生。一下界人、畜、鬼、獄是也。（修羅分攝天、化生。人、胎生，從天墜者。畜、溼生，最下劣，生大海心，日遊空，暮歸水。鬼，卵生，以護法力，乘通入空。見《楞嚴》卷九。）獄化生，鬼胎化二生，人畜四生具。此等皆因淫欲而正性命者。罪重情多，則愈下墜而墮地獄。以次漸輕，則居人道。色界天以上，色界十八天，分初禪、二禪、三禪各三天，四禪九天也。色界亦有無想天，以既有色，故不攝入無色界。皆是化生。

故僅舉卵、胎、濕、化，已攝三界盡。然因色界以上之特殊生理不顯故，又舉若有色、若無色爲言也。以無欲故，因定力而化生色界，此其異於欲界者也。以并能不著色身相故，因定力而化生無色界，此其異於色界者也。但舉有色、無色，亦攝三界盡。欲界以下，無不各有色身也。然欲天之下不止化身，故必先舉卵、胎、溼、化言之，於下界之生理乃備。又無色界中，因定力之淺深，又有特殊之生理，不能不表而出之，故復言若有想、若無想、若非有想非無想也。無色界四天，曰空無邊處，曰識無邊處，即此中之若有想。色相已空，故曰空無邊處。無色界但無業果色，以其斷欲不著色身之相故。然有定果色，其色微妙，爲色界以下所不能見，故曰無色界耳。粗色界。濁欲界。之色身既空，則不執悋識在色身之內，故曰識無邊處。識即八識，總八識而言，非專指第八阿黎耶。真妄和合，名之爲識。因識故有想，想謂第七之恆審思量而執我，及第六之分別徧計也。有想二字，統攝色、欲。色、欲界衆生莫不有識，因六七識，故執色身爲我。因執色身，故起種種貪欲之想。然色界以下不但有識，而兼有色有欲，故必先舉卵、胎、溼、化有色言之，以明其異於無色界也。若無想以上，則爲無色界之特殊生理，故必表而出之。明其不但以無業果色異於色、欲二界已也，此即無色界之無所有處天，謂第六識分別妄想無所有，以常在定中故，及第七之執我亦無所有，以定中無思量，且不執有色身識無邊處，故其定力更深於前矣。若非有想非無想，即無色界之非想非非想天，至此定力愈深，第八阿賴耶若隱若現，而未能轉識成智，謂之有想非，謂之無想亦非也。殊不知前云無所有，非真能無所有，不過六七識暫伏，彼自以爲已無有耳。何以故？六七識轉，第八識及前五識隨轉，何至尚若隱若現乎？且彼誤矣。八識原爲真心之所變現，何能無所有，更何必無所有？但轉之可矣。六識轉則爲妙觀察智，七識轉則爲平等性智，第八識即隨轉而爲大圓鏡智，前五識亦隨轉而爲成所作智，如是而後體用全彰，又何可無耶？總由不知佛理，全用暗證，不得善巧，所以非想非非想，縱經八萬劫長壽，仍然墮落也。外道皆不知性，儒家亦然。天命之謂性，性不由天命也。或曰，天命者，謂其法爾有之，此違孔子意矣。《易》曰：立天之道，曰陰與陽。又曰：一陰一陽之謂道，繼之者善，成之者性。此天命爲性之由來也，何謂法爾有之？孟子曰：食色，性也。性中奚有食色，乃無量劫來習氣種子使然耳，此正誤認識爲性也。至宋儒周、程、張、朱，乃剽竊禪門門面話，（尚不足言皮毛。）大談性理，既非佛，又非孔，誤法誤人，莫此爲甚。凡先入彼等言者，佛理既絕不能明，孔子之真亦爲之障而不顯。須知孔子六合之外，存而不論，故專就自天降命爲言。雖不徹底，然能令人敬天命，畏天威，以立人道之極，故孔子實爲世間大聖人，可佩可敬。孟、荀皆未能深契。漢儒專重訓詁，昧于大義，此猶有功，羣經及其訓詁，非賴漢儒考訂搜集之力，後人何從明之，又奚從見之？宋人則別創一格，自以爲直接心傳，而不知孔學實因此而晦，其罪大矣。革命之廢孔，實誤認宋學爲孔學耳，奚止毁謗佛法之罪已哉！可歎。

卵、胎、溼、化，先言卵生者，卵具胎、溼、化，故先言之。居母胎胎中，以血爲養爲溼，本無今有爲化也。胎不兼卵而具溼、化，故次言之。溼兼化而不具卵、胎，又次之。溼生者，溼地受陰陽之氣而化生。以其必在溼地，故曰溼生。化生無而倏有，不具卵、胎、溼，故又次之。此約受生之繁簡而言。又卵、胎、溼、化居先者，以其兼欲、色、識也。若有色，不具欲而兼識，故次之。若無色，不具色、欲而有識，又次之。有色、無色，此約色相之粗妙而言也。校：也，舊版無，原稿有。若有想，正明其雖無色，而尚有識想現起，故又次之。若無想，明其六七識已伏，并想不具，故又居次。若非有想非無想，明其不但不具六七識，第八識亦半伏焉，故以爲殿。此約情識之起伏而言。蓋前前必具後後，後後不具前前。卵、胎、溼、化，雖不盡以前後判優劣，而統欲、色、識三者言之，則又前前劣於後後，後後優於前前也。佛之詳細分類不憚煩瑣者，并非閒文，意在使知一切衆生其類雖繁，不出識、色、欲三事，其所以成爲衆生者在此。今發無上覺心，欲令一切衆生成無上覺，非斷淫欲、不取色相，轉識成智不可。妄盡情空，業識既轉，則生滅心滅，生死海出，而證入不生滅之圓明性海矣。此之謂入無餘涅槃，此之謂滅度。大乘涅槃有二：（一）有餘，已斷枝末無明，即見思惑。尚餘根本無明未斷。即業識，即是最初之不覺自動，亦名生相無明，又名住地無明。故名有餘。（二）無餘，業識皆空，即轉識成智之謂。無明更無餘剩矣。此與小乘之有餘、無餘異。彼謂所學已辦，尚餘苦報身未盡者，爲有餘依涅槃，所謂出煩惱障，有苦依身是也。盡此報身，則名無餘依涅槃，所謂灰身滅智是也。無餘涅槃爲究竟覺果之稱，以等覺尚有最後一分無明未盡故也。即微細業識，所謂生相無明是也。涅槃，梵語具云般涅槃，不生不滅之意，謂性體也。亦譯滅度，亦譯無爲。觀此可知，内典是借用向有之名，其義與儒道兩家迥異矣。即彼兩家亦大不同。老子之無爲，謂因勢利導，不圖赫赫之功，不取赫赫之名。以其絶不現有爲之迹，故名無爲，亦謂之清靜。自曹參誤認清靜無爲爲不事事，遂滋爲儒者所詬。曹參之時，本宜休養生息，雖誤會而有益。晉之清談，則誤國大矣，其矣真義不明之爲禍烈也。孔子之無爲，則是形容堯舜知賢善任，端拱垂裳而治，及蕩蕩民無能名之意。入者，證入也，即令衆生證入究竟覺果之意。滅者，所謂生滅滅已，寂滅現前。度者，度其分段、變易兩重生死也。此處不舉梵音，而舉其義爲言者，一以明所謂入無餘涅槃者無他，滅識、色、欲之生滅心，便度生死海，而達涅槃彼岸矣；二則便於立言，如下文滅度無量無數無邊衆生，如換滅度爲涅槃，則不易明了矣，此譯筆之善巧也。無餘涅槃，法相家譯爲無住處涅槃，明其既不住生死，亦不住涅槃。此譯與什譯各有取義，皆妙。至謂修行人逝世爲涅槃、爲入滅者，

乃借以明其不住相而入寂。世人多誤會涅槃、入滅爲死之專名，宋儒更誤認寂滅爲一事不爲，差之遠矣。法相家言，三分半衆生不得成佛，即定性羅漢、定性菩薩、一闡提，無信根。是爲三分，加以不定性爲半分。云何今皆得令成佛耶？須知《經》云，佛種從緣起。又云，《涅槃經》。凡是有心，定當作佛。又云，《圓覺經》。有性無性，齊成佛道。云何不得？蓋佛性雖衆生本具，而佛種要待緣生。法相言不得成，是言無種則必不成，非言定性一闡提無佛性也。故種、性二字，必不容混。學性宗者，往往執性而昧種，如執性廢修，學相宗者，又往往執種而昧性，皆不明經旨之過也。○如是，指上句令入無餘涅槃。無量者，謂種類不限量，無論根性勝劣，皆度之。無數者，謂多寡不計數。然或只度一世界，一世界一劫十劫，亦可謂無量無數矣。而今不然，乃無有邊。無邊者，橫遍十方，

豎窮三際也。故無邊是總，無量無數是別。因其滅度無邊，乃得爲無量無數也。實無衆生得滅度者，觀照無生無得之理，乃真實無，非假想無也。古德以五義作觀甚妙。（一）緣生。一切衆生莫非四大五蘊之假合，當體即空，安有衆生？（二）同體。我與衆生相雖别而性實同，所謂一法界是也。然則見有衆生，便是自心取自心，非幻成幻法。（三）本寂。所謂衆生者，乃是緣合假現生相，其性則本無生。本無生則本無滅，安有所謂得涅槃乎？（四）無念。如上三義觀之，可知見有衆生，見有衆生得涅槃，全是妄念分别。若無有念，則衆生無，得亦無。（五）平等。如上所説，可見一切衆生本來是佛，平等平等，故曰，平等真法界，佛不度衆生也。若見有衆生得滅度者，便違平等法界矣。總之，性真實，相虚妄，欲成無上覺，當證真實性，則於一切境界，當不著相而歸於性，歸之於性，乃爲真實。故約性而言，則衆生得涅槃之爲真實無，非假想無也明矣。○或曰：上文云，應如是降伏其心，如是二字，正指此科。然讀之實不解所謂降伏者，降伏何物乎？但發離相之廣大心，便足以降伏乎？曰：此義甚精，當爲分析言之。○所謂降伏者，降伏妄心也。妄心者，分别心是。而分别起於執我，故我見爲分别之根。今故向根本上遣除，我見除，則分别妄想自化矣。又本科之文，著重在最後一句，前文皆爲引起此句來。因欲説實無衆生得度，故先説度無邊衆生入無餘涅槃。欲説令入無餘涅槃，故先説衆生之類不外識、色、欲。然則知所以成衆生，則知所以度衆生。知無邊衆生無非識、色、欲幻成之虚相，則知滅其識、色、欲生滅之相，令入不生滅，乃實無衆生，實無衆生得度。何則？衆生但爲識、色、欲所障耳，其本性原是不生不滅，且與我同體，何所謂衆生，何所謂得耶？如是觀照純熟，則執我之見不覺自化。何以故？知我亦衆生故，知當體即空故，知起念則有，若無於念，一切皆無故，知本來平等故。此大乘法所以善巧，乃不降伏之降伏也。〇此中尤有要義，當更爲言之。（一）妄想根深，今初發覺，道力微薄，豈能敵之？且真心、妄心原是同體，起心動念，則全真成妄，心開念息，則全妄即真，又何必除？以此兩種原因，所謂除妄，假名曰除耳，實無可除，所謂降伏，乃善巧轉移，使之歸化，並非敵對而除之之謂也。今令發離相心者，正是善巧方便，大而化之耳。（二）何故發大心便能化？須知凡夫心量狹隘，所以執我，愈執則愈隘。若發廣度無邊之心，久久觀純，不知不覺，執情消泯矣。（三）凡夫只知有我，若令就自身上以觀無我，必不能入。今令從對面向寬闊處觀無衆生，則心量既擴，一對照間，而我之亦爲緣生，爲本寂，便洞然易曉，此皆大而化之之善巧法門也。（四）見思惑之根本爲我見，今以轉移默化之法，斷之於不自覺，真至堅至利之金剛也。（五）執我是末那識，有我便有人、衆生、壽者等分别，分别是第六識。今一切不著，是轉六七識也。六七識轉，前五、第八皆隨轉而成智矣，此之謂般若波羅蜜。（六）度所有衆生成佛以遮空，實無衆生滅度以遮有，是爲雙遮。雖廣度而實無，雖實無而廣度，是爲雙照。觀遮照同時以爲因，則得寂照同時之果也。（七）發廣度心，大悲也。觀實無理，大智也。悲智具足，又不住生死、不住涅槃之因也。（八）約上所説大悲邊言，即是修福。約大智邊言，即是修慧。福慧雙修，又是成兩足尊之因。可知一切大乘法盡在裏許，且皆是直趨寶所之法。故本《經》曰，一切諸佛及諸佛阿耨多羅三藐三菩提法，皆從此《經》出也。（九）未能度己，先欲度他，菩薩發心，所謂大悲也。今觀此科之義，始知度他即是度己，則大悲中便有大智，真善巧也。（十）此科是令發願。從來學人每苦大願發不起，可依上來（一）至（九）所説者觀之，悲智具足之大願當油然生矣。○又上科所言降伏，亦含有別義。蓋令發大願者當立志堅強，勿生怯弱，即此便是降伏其心矣。○此標示、正明兩科中，是的示吾人修功處，極其親切，極其緊要。約言之，要義有八：（一）空生先問住，次問降，答乃先降次住，而答住中，復云應無所住，可見吾人用功，只要除妄。何以故？真心不現，全由妄障。妄不除盡，而曰安住如如之真，即此一念依然是妄想也。況佛究竟證得，亦不住於涅槃，修因時何可言住耶？《楞嚴》云：因明照生所，所立照性亡。又曰：知見立知，是無明本。是知有住便有所，有所便有立。有所有立，便是大圓鏡中自著塵染，光明何能遍照？故曰，無明本，照性亡也。

所以禪宗祖師云，但求息妄，莫更覓真。古德亦云，但盡凡情，別無聖解。此謂盡凡情，正是聖解。經亦有言，狂心不歇，歇即菩提。皆是説明用功只要降伏妄心之理。由此可悟，掃除差別知見，乃徹首徹尾功夫，豈但下手方法而已？（二）降伏須得方便，若無方便，妄心愈熾。今寓降伏於發廣大之心，換言之，發廣大心，便是降伏。然則降伏者，乃大而化之之謂耳。無所謂降，而自然降，方便極矣。（三）降伏者，降伏妄心也。須知妄心從分別生，分別之本，在於著我。故今以廣大心降伏我、人等四相，且度盡無量無數無邊衆生，如此大慈大悲，則貪瞋二毒除矣。又雖度生，實無所度，無常見也。亦即不著有。雖無所度，而度之不息，無斷見也。亦是不著空。不常不斷，具此妙慧，癡毒亦除矣。蓋一切凡夫我見重、三毒深者，病根實由心量狹隘。須以廣大心治其病根，從根本上解決，諸病自然易除。

（四）一切衆生，無始至今，從來不覺。所云不覺者，謂不覺知人我分别皆由取相。離相會性，本是同體，豈有差别？以不知而著相，故愈著愈迷，迷即是癡。由是因我而立我所，貪瞋競起，造業無窮。更不了所謂我所者，莫非緣生之幻有。無論法有。與非法，空。但有所取，便是不了。法、非法相皆由性起，且以性融之，相本非相，有何我所，有何我人？因其不了，以致業繫之苦無由解脱。今以廣大心度生不取，便是令離一切法、非法相，即離空有二邊。會歸同體之性。若會於性，豈復更有我人等差别之相，不是度他便是度己麽？善巧孰逾於此。（五）凡夫易爲境轉者，境即我所。無他，著境故耳。即發心修行，亦不無所緣之境。譬如度生，即是大心行人所緣境也。既不能無所緣境，無境即著空，亦即無從起修。又不能取著於境。取境即著有。今故首以度而實無所度，令不著二邊，會歸中道，合乎性體。

的示入手之方，何等親切。（六）此中雖言降，未言住，而住意實已默寓於中。發大心者首宜度生，豈非明示安心之法乎？而度無所度，亦即示以應住而無所住，此彌勒偈頌所以言利益深心住也。質言之，即是令住般若正智，所謂觀照般若，觀照空假，不離空假同時之中道第一義諦也。因衆生本有取著之病，故不明言，令不住相人自領耳。（七）通常見地，每謂般若係談深理，甚至畏其偏空，修淨土者更不敢道。而學般若，又往往執理廢事，予人口實。今觀首言降伏，可見妄習之障不除，般若正智云何能開？且首言度生之事，可見歷事煅心，正般若入手處，安可事外談理？又空有二邊皆不可著，豈偏空乎？此等處務須加意審之。（八）此中降分别心，即是轉第六識。而降我相，即是轉第七識。須知衆生無始不覺，自性清淨心校：心下，原稿有本與二字。不顯，而現爲識。識之作用最大者，惟第六、第七，故當從此下手。此時全个是識，那有真心可住？此所以但言降伏，不言住也。所謂觀照般若之正智，亦仍是識。須知識之爲物，原是自性所變現。用以分别執我，便成爲識，名之曰妄。若用以降伏分别我執，即是引歸正道，故名之曰正智。是爲以子之矛，攻子之盾，亦俗語所謂解鈴還仗繫鈴人也。宗下所謂離心意識參，等同一味。因其未離，所以教離。須知能離之念亦是識，蓋不從此下手，直無辦法。而宗下不明言是識者，與此中不言住是一樣用意，所謂等同一味也。宗下或因此俯視其他法門，謂宗下下手，便已離卻心意識，這不是吃了靈藥而不知藥之所以靈麽？念佛法門亦然，一言及念，便是心識。殊不知一心正念，正所以降伏紛紛的妄念。或曰，以其未能離念，終不及宗下直指的高上。殊不知淨念與妄念大不同，妄念愈念則念愈起，淨念則可以念念而至於無念。

譬如用泥打水，水愈渾濁，用礬打水，水即清淨。若言直指向上，視彼宗下的直指向上，還要來得安穩，來得善巧。直所謂就地跌倒，就地爬起，還不直捷了當麽？所以淨土法門，下手便是轉識成智，便是降伏，便是觀照般若的正智，便是即念離念二邊不著。并且念佛人要發大心，普願法界衆生同生極樂。就是以此正念，冥熏法界，廣度含靈。這不是與此中所説一樣的麽？若能融會得這點道理，還有不加緊念佛的麽，還怕念佛不得力麽？要緊要緊。

（癸）三，徵釋。

何以故？須菩提，若菩薩有我相、人相、衆生相、壽者相，即非菩薩。

徵，舉也，舉上文所言之義而釋明之，曰徵釋，即自問自答之意。〇人、衆、壽皆自我開出。有我相，便有對待之人相。人不止一，爲衆生相。執我之見繼續不斷，即壽者相。四相不外一個我相也。今開而説之者，明執我者，便有分別心，使知六識生於末那，有末那便有六識，不相離也。如此執我、分別，乃凡夫通病，豈是菩薩，故曰即非。所以警誡發大心者至深切矣。○我相因我見生，我見以我相顯，一表一裏，從來不離，破我相即是破我見也。相有粗細，粗則著境，細則著心。後周亦言我相，是約心言，即約識言。蓋八識爲真如心變現之相，故唯識宗亦名相宗。○此科本釋上科令發大願之故，何不曰：何以故？大而化之故，斷惑故，轉識故，乃至度己先當度他，度他即是度己故。如此豈不令上科之義更顯，而必從反面言之，何耶？蓋斷惑、轉識等等，皆法也，皆不可取。取則又成我相，又成分別。故不用表詮，而用遮詮，一齊遣蕩。此世尊之微意，亦般若之正宗也。

補　四相即是一個我相。有我，即有對待之人相。對待者不止一人，即衆生相。我相在妄心中念念繼續不忘，即壽者相。菩薩苟見有衆生得度，自我度之，即有我相，從而四相俱起。有四相，即有分別心。有分別心，是凡夫，不是菩薩。修行者第一應撇開我字，發心爲一切衆生，此即降伏我相。我皆令入無餘涅槃而滅度之，衆生剛强，令他修行已不易，何況了生死？然皆不問，無論人與非人，皆度之成佛，亦本來是佛，此即降伏人相。滅度無量無數無邊衆生，心中不起如何能度盡之念，此即降伏壽者相。實無衆生得滅度者，此即降伏衆生相。何以要如是降伏？蓋發無上心者，要行菩薩行普賢行。倘有四相，如何得稱菩薩？○佛要修行人從文字起觀照，不用觀照功夫，凡情不能轉，故學人須從此下手。今就此段經文，詳述觀照之方法。古人於觀照多未詳説。觀是觀察。（最初譯爲思，是心中思惟。）禪宗不可用心意識參，是明明教人不用思，然又説不可墮入無思甲裏，復是要用思。所以如此者，以凡夫知見多，必須單刀直入，先將枝葉斬除也。宗下看話頭要起疑情，如不思，疑情從何起？觀是思惟。然單是思惟不可，故又用照。照即宗下之看，如就文字起觀照，一離文字，歸到心上，然後能照住。照住時，説有思惟，却無思惟，説無思惟，又非無思惟，此時心中自然開出智慧。如何是開？即是妄想停，而住於本覺也。般若有文字般若、觀照般若、實相般若。文字指經文言，實相指人人本具之性言。佛説般若，即希望學人證此本具之性。如何能證？即應就文字起觀照。若不觀照，則文字自文字，不能消歸自性，不得受用。吾人讀誦《金剛經》，原期消歸自性，佛説是《經》亦爲此。然則觀照之道理、觀照之方法不可不知。不但般若要觀照，一切佛法，説到修持上，千萬法門，亦不外觀照。學佛之三條件，曰戒、定、慧。無戒則身口意三業不得清淨，故戒是修學基礎，是獨立的。定、慧二字互相生起，就果上言是定慧，就因上言是止觀。止者，止息妄念。觀者，即觀照真心。因止能生定，因觀能生慧，此是分配言之。其實止觀功夫祇有一個觀字，此兩者係一件事。止者，初下手時，要攝心一處，即古人所説之定。其實初下手者，夠不上説定，然定卻由此而生，久久則由定生慧，何則？蓋觀一種法門成就以後，智慧即發生，妄想即脱落，故有慧方能成就此定。又初下手攝心一處，必十分作意，方能攝得，可見此中有觀。故説來説去，祇有一觀字，所以般若不説止而説觀照也。觀照有多種方法，無方法則不能起觀照。方法雖各宗不同，而其指歸則一。如天台宗之空、假、中三觀，華嚴宗之四無礙觀及法界觀，法相宗之五重唯識觀，密宗之道場觀、阿字觀，禪宗之看話頭，淨土宗之觀無量壽佛皆是。或云，念佛不是觀。此語不然，須知即念即觀。若妄想紛歧，散心念佛，不得受用。如此必須口念佛號，心想彌陀，如在目前。故用功莫要念佛，則妄想無從起，即是觀。修觀是收攝意根，意根攝住，身口於修觀。二業亦攝在一處。故淨宗之心想佛、口念佛、手持珠，密宗之心作觀、口念咒、手結印，教下之可見無論如何用功，皆非作觀不可。空、假、中三觀，四無礙觀，似乎觀法不同，然其理則一，不可不知。否則於各宗經典不能融會，而有抵觸矣。○作觀方法，自唐以後，除禪宗外，各宗講此者漸少。如台宗在講教時，於空、假、中之理發揮頗詳，而用功時則不一定用此法。惟禪宗則自古以來説向上一著，且不許用心意識參，因此有創爲其餘法門尚用思，惟禪宗不用思之説，並引經言不可以生滅心爲本修因以證實之。不知不許用心意識參云者，乃不許用凡情去卜度也。一用意識，即是凡情，以凡夫心情推測佛説，決無是處，所以不許。古來又有説觀即照，照是照住，而古人對此又有批評，以爲如是照住，即是暗證。既不許用凡情卜度，照又是暗證，而觀之本義又是思惟，因此學者乃無所適從。然則修觀究應如何下手耶？鄙人在這裏參過多年，從南嶽大師《大乘止觀》悟得其理。古人説不用心意識參，即是不以生滅心爲本修因。佛意實不如是。是説學佛者最初發心，不可以生滅心爲本修之因，如本《經》「善男子、善女人發阿耨多羅三藐三菩提心」是也。至實際用功，則須用思惟，如本《經》「所有一切衆生之類，我皆令入無餘涅槃而滅度之」，即是思惟。最初發無上菩提，是稱性起修，是謂不以生滅心爲本修因。至修行必用觀照，即是思惟。禪宗説不可用心意識參，是祖師苦心。其實仍要思惟，不思惟則不能起疑情。至不以凡情卜度，又是一事。何以知唐以後，餘宗多不知作觀？此可以善導大師《十六觀經疏》中之説證之。彼云，現在人根鈍，修觀不得成，故祇提倡念佛。此是指《觀經》之觀法廣大，凡夫心量不能相應。不可因善導大師有此語，遂屏觀法而不道也。唐朝中葉以後，密宗極盛一時，不久消滅。華嚴宗亦然。天台宗亦中衰，經四明、慈雲二位大師之提倡，各經疏又自日本取回，得以中興。然二師之實際用功，亦用淨土，不是止觀。宋以後淨土宗尚有幾位大師，而作觀方法亦多不講。故惟禪宗尚有觀門也。後世修行人未嘗不多，而得力者少，此於作觀方法之不講頗有關係。又修行者，往往初修時甚得力，後則改變，此亦因不知作觀，枯燥無味，乃至於此。又有讀誦大乘經典，能明瞭其理，結果反生邪見，亦是不知作觀之故。又有讀誦經典甚多，而道理是道理，於身心無干，而貪瞋癡之煩惱毫不能除，亦是不知作觀之故。觀即思惟。照有二義，一是照住，一是照見。照見者，指功夫修成時言，如《心經》之照見五蘊皆空是也。大抵照見由照住而來，照住由思惟而來，不思惟即不能照住，不照住則不能照見。思惟之久，心寄一處，即照住。此時許多妄念暫時停止，不來打差，若打差即不能停也。人人現前一念，真心本具，祇因妄念打差，所以不覺。妄想一停，本有光明自然發露，此即智慧。觀照須觀吾人之心性，所謂消歸自性。然凡夫却觀照不到，完全是黑漆桶，完全是妄心，將如何而可？惟有依照佛説去觀，即先就佛經之文字用功。佛説觀照方法，即不許吾人用凡情卜度。如此段經文，若以凡情卜度，而不用觀，即不能明瞭。世人讀經，專在文字上求之，以爲已明其義，實萬萬不可。如應如是降伏其心句，凡情度之，當然有許多解釋。此要不得，應除去之。再想又有別種境界，又要除去之。想而又想，皆要不得。愈想愈進，久久如呆，妙處即在此呆字。古人云，須大死一番。死者，即死此妄心。如此用功，或半年，或一年，忽然開悟，出於意外。要請求善知識，證其合否。如無善知識，則以佛經證明。倘佛經上無此説，仍是凡情卜度。如此則心中妄想打斷不少，雖不即是消歸自性，而已消歸不少。故須多讀誦大乘經典。本《經》處處説讀誦受持，受持即觀照也。〇又觀「所有一切衆生」至「實無衆生得滅度者」，上文説降伏，此段何以不提降伏，是何意義？此是令吾人將心量擴至無量無邊之大。因衆生之大病根，即是心量狹小，因狹小，即執我。故佛令將此心放大，潛移默化，所謂大而化之。倘在尋常日用之間，時時如此觀照，將佛説心量放大移到自己分上，即是除我見、去煩惱之妙法。又觀此段文字，其歸結在「實無衆生得滅度者」一句。此是令吾人除我見，而並不直指我見，偏在對面衆生分上作觀。因凡夫執我，一刻不放鬆，若就我作觀，則不能得力。故從衆生方面觀，觀因緣聚合，當體即空，又衆生同體。如此觀照，則不知不覺，我執自然化去，此乃消歸自性之善巧方法。又觀「若卵生」以至「非有想非無想」，可見一切衆生無不有欲、色、識，此三者不轉移，則永遠輪迴三界之中。因知欲不可不斷，色相不可執著，情識必須轉移。如此觀照，則不知不覺，欲、色、識三者可去。又觀「皆入無餘涅槃而滅度之」，衆生既若是之多，而如卵生之愚蠢，定性之難化，有想無想之貢高，如何能悉數滅度？然佛是無緣大慈，祇要與我接近，總是要度。如此觀照，則自己忝爲人類，上則尚未修到非想非非想天，下則比卵生、濕生高明，應當學佛成佛，無上心自然能起，妄心自然能轉。又觀「實無衆生得滅度者」一句，在「無量無數無邊衆生」句下，可見得有一衆生未度，即我願無盡。如此觀佛語，理不離事，事不離理，是爲理事雙融。我皆令入無餘涅槃而滅度之，遣著空。實無衆生得滅度者，遣著有。兩邊皆遣，是雙遮，兩邊又同做，是雙照，是爲遮照同時。此等修觀，即能證寂照同時之果。一切衆生皆滅度之，是大悲。實無衆生得滅度者，是大智。是爲悲智雙融，能得不住生死、不住涅槃之佛果。我皆令入無餘涅槃而滅度之，是修福。實無衆生得滅度者，是修慧。是爲福慧雙修，能證二足尊之果。〇金剛二字即斷惑。惑不外見思，見思即我相。此《經》斷我相，正有極大作用。化除我見，即轉第七識爲平等性智。皆入無餘涅槃而滅度之，不起分別，即轉第六識爲妙觀察智。實無衆生得滅度者，即轉第八識爲大圓鏡智。所以下文有「一切諸佛及諸佛阿耨多羅三藐三菩提法，皆從此《經》出」之語，豈不是成佛即在此一段經文耶？〇一切大乘經典説，發大乘心之人，未能自度，先要度人，此是大悲。然度人即是自度。此種道理，如觀照得了然，則佛法看似廣大無邊，實則親切有味。看似高深，本是平實。將此段經文放在心中，時時觀照，寄心一處，妄想即漸漸消除。即此數句，成佛已有餘矣。〇又觀此段經文，不説降伏，即是降伏。是要吾人發起此願，堅强其志，則我執、我見一切掃除，降伏即在内，自然受用。每日將此段文放在心中，受用無窮，所以須觀照。

（壬）次，明不住於相即是正住，分四。（癸）初，正明無住。次，釋顯其故。三，結示正住。四，更明所以。（癸）初，又三。（子）初，標示。

復次，須菩提，菩薩於法應無所住，行於布施。

補 復，又也。次，次第也。法字包羅萬象，一切事事物物，不論眼見耳聞，即不能見、不能聞，而爲心所想及者，亦稱爲法。凡世間法、出世間法均包括在内，故稱一切法。應無所住，正答應云何住。住者，執著也。衆生處處執著，不是著東，就是著西。世尊此答，正是當頭一棒。布施，六度之一也，亦名六波羅蜜。《大般若經》將六波羅蜜一一舉出，此《經》單説布施，就文字言，是避繁就簡。布施可賅一切法，佛法要行不要住，此二句猶云，應當無所住，而行一切法也。○凡經中安復次二字，必本文與上文有密切關係。此有二義，一是補足前義，二是申明前義。上文答降伏，此答住，看似另一義，實是一件事。蓋前言降伏，即含住而無住之義，此云無住而住，亦含降伏之意，互相發明。又前發大願，此起大行，願與行不能相離，有願必有行，有行必有願，且不分先後，要見之於行，方不是虚願，故有密切關係。此就補足前文言也。又前發大心，滅度無量無數無邊衆生，而未言度生方法。此正言度生方法，是進一層之申明也。應無所住，既不著有，行於布施，復不著空，即不落二邊之中道。○六度之義，應當略知。六度者，布施、持戒、忍辱、精進、禪定、般若也。此六度不外戒、定、慧，對治貪、瞋、癡。布施有財施、法施、無畏施三種。以飲食、衣服、醫藥等日用物施人者，必須用金錢，曰財施。爲人講經説法，或印贈經典乃至世間典籍，祇要於人有益，用以布施者，曰法施。無畏施即救苦救難，衆生在災難中，必有驚恐，吾去救他，令之無畏，祇要能救，即捨身命亦不顧，曰無畏施。三即一，一即三。如救人苦難，使之無畏，不外用財施、法施。是可見施財時，法施、無畏施亦在内。又爲人説法，是法財。授人經典，使之增長福慧，即無畏施。再開之，有内施、外施，乃至究竟施，如《華嚴經》中所説，名目至多，合之則一。修布施，是破慳貪心。貪必慳，慳必貪，此能造種種業，長在生死苦海之中，故必破之。○戒是戒律。持字與守字不同，拳拳服膺，一刻不放鬆爲持。戒有在家、出家之别，在家有三皈、五戒、菩薩戒、密宗之三昧耶戒，出家有三皈、沙彌戒、比丘戒、菩薩戒。五戒雖祇殺、盗、淫、妄、酒五條，而爲一切戒之根本，即出家戒亦依據此五條，惟分析特爲詳細耳。出家之菩薩戒，是十重四十八輕，佛爲出家者制定，亦許在家人受此戒，不過須自己審量，能受得了方可。否則佛有爲優婆塞、優婆夷所制之菩薩戒，比出家者稍簡，是六重二十八輕，故在家者以受此戒爲宜。○持戒爲學佛之基礎，最爲重要。如造屋然，非先固基礎不可，否則必崩壞。故本《經》言，持戒、修福者，於此章句能生信心，以此爲實。可見一切佛法皆建築在戒律上。戒條雖多，不外二門，一止持，一作持。止持在消極方面用功，作持在積極方面用功。止持即諸惡莫作，作持即衆善奉行。此二語世俗用濫，實出佛經。學者先在止一方面持，再進而在作一方面持。如不殺固好，然但是止持。再進而勸人亦戒殺，即是作持。不但戒殺，并要放生，更是作持。有人説，我能戒殺、戒盗，此豈易易？如戒殺，必對蚊蟲蒼蠅亦不害其生命方可。假如某事不曾對人説明，而以爲是我所爲，即犯盗戒。又如在公共機關，因私事而濫用公家一信封、一信箋，亦犯盗戒。淫戒，佛制在家人但戒邪淫，亦是方便法門，實則必須斷淫，因此是生死根本也。妄語戒，加惡口、兩舌、綺語，開而爲四。惡言駡詈爲惡口，播弄是非爲兩舌，描寫男女情感爲綺語，文人最易犯。佛最初制根本大戒，原祇殺、盗、淫、妄四者，後以酒能亂性，復加此戒。前四爲性戒，後一爲遮戒。故酒戒有時可開，如因病須用酒時，佛亦許用。持戒須明開遮之理，開則不遮，遮則不開，有時許開，開即不犯，故須將開遮辨清，否則持戒不能圓滿。佛定戒律，比世間法更嚴密。如祇受初步戒者，以上戒律即不許閱看，看則爲盜法。以出家人言，沙彌不許看比丘戒，比丘亦不許看菩薩戒。蓋持法有不同，故不受則不許看。出家戒律，在家人不許看者，蓋以出家戒繁重已極，如比丘有二百五十戒，比丘尼有三百八十四戒，何故在家人不許看？此佛之苦心，恐在家人因此造惡業也。蓋衆生總犯一種大病，責人則詳，責己則恕。比丘戒實爲難持，動輒犯戒。恐居士閱之，自己並不受，而責備出家人反更甚也。又佛制戒律，不似世間法之僅有條文，如説某戒條，必先將應持之理及事實詳説在前，方定此條。當時佛門有許多程度已高之弟子，尚不免犯戒，恐學者以爲彼尚犯，吾曹可恕，故不許看也。持戒則貪瞋癡均爲

破除，如分别言之，戒殺治瞋爲多，戒盜治貪爲多，戒淫治貪癡爲多，戒妄語亦治貪癡爲多，戒酒則治貪瞋癡是也。最初持戒，重在事實。若受菩薩戒後，則心中一動念，即爲犯戒。○忍辱亦譯安忍，忍辱是安忍之一。忍不作忍耐解，乃順受之意。故安忍者，安心順受也。他人侮辱我，最不能忍，辱而能忍，則無事不能忍，故舉忍辱以概其餘也。又忍不但對辱而言，佛經中尚有法忍、無生法忍。如佛説法，吾人能遵照實行，絲毫不參差，爲法忍。又如生本無生之理，吾人能明瞭，能實行，絲毫不參差，爲無生法忍。忍辱是破除瞋心。精進謂前進，有精細、精密二義。雖前進而並不盲從，是精細。按步前進而不躐等，是精密。精進是破除懈怠。禪定是梵漢雙舉，梵語禪那，漢語曰定。所以雙舉，令人知是佛門之定，非外道之定也。猶之懺悔，懺是梵語懺摩，悔是漢語，所以雙舉，明佛

家之懺悔有禮拜等種種方法，與普通之悔過不同也。寄心一處，久後得定，得定即稱三昧。禪定是對治散亂、昏沉、掉舉等。般若是譯音，表明性體上發生之正智，與世智辯聰不同。世智辯聰，八難之一也。恐與世間智慧混亂，故不譯智慧，而用般若。般若是對治愚癡。○説六度實則是戒定慧，餘三度乃補助此三學也。雖説六度，而主腦是般若。故般若不發生，餘五度亦不能稱波羅蜜。是以佛説，五度是足，般若是目。布施乃至禪定，世法亦有之。佛法之精微廣大，能普度衆生出一切苦，了二重生死，乃至不住生死，不住涅槃，皆非般若正智不爲功。故般若不明瞭，不能入佛門。○《經》中於六度祇舉一布施者，因六度可攝萬行，布施又可攝餘五度也。布施除財施外，如法施可攝精進、禪定、般若。蓋佛法最重定慧，因上爲止觀，果上爲定慧。説法之人必有止觀，有精進功夫，方能爲人説。

如無畏施可攝持戒、忍辱。持戒者諸惡莫作，衆善奉行，決不犯人，安忍順受，人不畏之，即無畏施也。○古德解此段經文，均言布施可攝六度萬行，故佛祇説布施，賅攝一切法。然説布施即一切法亦可。譬如法施使人知持戒、忍辱、精進、禪定、般若，即是餘五度。無畏施使人了生死，可以無畏，而了生死亦必行餘五度。不特此也，任舉一度，亦可徧各度。如持戒必須實行布施等餘五度，忍辱、精進、禪定亦然，皆可攝一切法。又五度若離開般若，皆不能見諸實行。可見般若乃至深至高，而爲各度之本。然佛何以不舉般若，獨舉布施者？《大智度論》云：「一切法不生，由般若生。」是知實行一切法之功夫，能不著相，即是般若，故非舉布施不可。布施是實行，可見修佛法者，不但明理而止，必須實行方可。惟其實行，故祇有布施能攝一切法。不修行一切法，如何能度衆生？修行一切法而著相者，亦不能度衆生也。○未能自度，先要度他，此學大乘者之恒言，然必先問自己果有此資格否？如果不能切實用功，專作度生之事，即不免向外馳求。故《大論》云：「若菩薩發心，即去度生，無有是處。」然則如何而可？曰：應先發大心，而修行一切法。究竟從何處修起？則先行布施。布施不但居六度之首，亦四攝法之首，所謂布施、愛語、利行、同事也。佛之穿衣吃飯，處處與衆生同之，不外四攝。衆生性剛强，不易聽從，故必先就其需要者布施之，又以可愛之語使之樂聞，又不論世間法，彼要行者，亦利行之，如求子得子，求財得財之類，且又與之共同作事，然後衆生能爲我所攝受。故此節正緊接上文度生，而指示下手之方法也。○且布施即一切佛法。佛法自始至終，不外一捨字，布施即捨也。推之，持戒捨貪瞋癡，忍辱捨瞋，精進捨懈怠、昏沉、掉舉，禪定捨散亂、昏沉，般若捨二邊及我執、法執，六度無非是捨。是知布施乃一即一切，修行佛法，徹頭徹尾，一貫到底者也。經文於度生下衹言布施，真是扼要。小乘亦有行捨功夫，言其即行即捨。此文行字下加一於字，即是側重布施。○前説布施不外一捨，是横説。實則下學上達，從豎説，亦不外一捨字。如聽經者捨世間娱樂而來學佛，天人捨欲界即升色界，捨色界即升無色界，捨我執即證羅漢，捨法執即爲菩薩，并捨亦捨即成佛。故從豎説，布施亦是徹底功夫。○佛説法是圓音，面面俱到。行於布施，在表面看，是不取非法。然布施是捨，即不取法。故舉一布施，即二邊不著，本經無論何句皆然。或疑既不取法，又不取非法，學者動輒得咎，如何下手？其實不難。須知吾人去行布施，即可二邊不著。行時先不住空，是行於法。佛説云，寧可著有如須彌山，不可著無如芥子許。故先須堵住空門，專意修法，在法上著力，即無斷滅相。祇要一面行去，一面不放在心裏，即兩邊不著矣。然有所爲而布施，即是住，即是著，不過有漏功德。不但非功德，更有因此墮落者。捨字用今之新名詞，即是犧牲。在世爲人，倘爲社會犧牲，必能公而忘私，國而忘家。可知布施一法包括一切，故佛法不但出世間者宜學，即在世間做人，亦不可不知。

（子）次，指釋。

所謂不住色布施，不住聲香味觸法布施。

補 所謂者，指從前所已説也。恐人懷疑，究竟如何不住而修一切法耶？佛告以即我從前所説，不住五蘊、十二處、十八界，乃至阿耨多羅三藐三菩提等。今簡要言之，舉色聲香味觸法之六塵。六塵是修行上境行果之境，舉此可攝一切法也。眼根所見之萬象皆是色，耳根所聽者爲聲，鼻根所聞者爲香，舌根所嘗者爲味，身根所接者爲觸。意根起心動念之分別，有對色聲香味觸而起者，亦有對非色非聲非香非味非觸而起者，種類極多，無以名之，名之曰法。六塵之名有二義。一言其無量無邊，如微塵之多。一有染污意，吾人一有沾惹，即爲所污。不住即不執著。一有執著，即心不清淨。如就布施言，倘有所爲而爲，爭自己面子，即住於色。又欲令人知之，即住於聲。又欲人人聞其美名，即住於香。欲人人口中稱道，即住於味。爲得後來果報，即住於觸。若有心爲之，即住於法。故必心中一無所住，方爲波羅蜜。波羅蜜，印度語處處用之，猶此方説「到家」二字。○上文菩薩於法，乃指一切法。此獨舉六塵，有許多妙義在內。於此須用觀照，一步一步作觀，由外而內，由粗入細。（一）佛不説一切法而祇説六塵，實令吾曹知一切法不應住。（二）爲何一切法不應住？應知一住即被染污。（三）佛舉六塵，其理至深，何以故？

說色有眼根在，説聲有耳根在，乃至説法有意根在，根境相對，舉六塵即含有六根。淺者見淺，僅不住境。深者見深，即能不住心。（四）根是根，塵是塵，如何起交涉？中間之媒介是六識。識不生，根境不交涉，所謂心不在焉，視而不見，聽而不聞，食而不知其味。佛意非但境界不可住，即識亦不可住。令學者知住境禍根在識，即分別心，應於起心動念時下手，不住於識也。如此一步進一步，即能消歸自性。起心動念，如何留神？就布施言，凡起心動念，不出三種，一爲自身，二想人報恩，三想得果報。布施不外財法二施，（無畏施包括於法。）往往自己先覺捨不得，即有一我在。須知財法不外六塵，此不可住，在起念時用功，將自身撇開，庶幾我執可破。布施後希望人家報恩，須知酬報者無非六塵，此不可住，將望報之念撇開。布施希望得果，果報亦不外六塵，此不可住，將果報之念撇開。

（五）頻頻觀照，而我見仍在，則如何？是應進觀照三輪體空之道。布施有施者（能施）、受者（所施）及所施之物。我今觀照施者、受者當體即空，何以故？皆因緣所生故。施、受既空，所施之物亦空，是謂三輪體空。能於此吃緊用功，破除六七二識，則我見自消，證得自性矣。有人説，布施三面具足，何以名輪？不知此實有深意。一是運行，佛説布施，要令度人，輪有度義。修行者隨時布施，能將煩惱碾碎，輪有碾義。此説不住色聲香味觸法而行布施，即令吾人明三輪體空之道。財施即六塵，法施即法塵，皆是緣生之法。既知當體即空，又何必住？既觀照三輪體空，當然不住。

（子）三，結成。

須菩提，菩薩應如是布施，不住於相。

補 如是二字，即指上文所謂不住色布施，不住聲香味觸法布施而言。不住於相，並非斷滅。不住即捨，然捨能否究竟，絲毫無住，亦非易言。故《華嚴》分捨爲多種，最後説究竟捨。須心中些微不著，不落二邊，方爲究竟。此云不住於相，即含二邊，言既不住法相，亦不住非法相也。何以知此相字可賅非相？可即上文證明之。應無所住，是不住法相；行於布施，是不住非法相。所謂不住色聲香味觸法布施，是不住有；菩薩應如是布施，是不住空。須知不住非斷滅，不住即行。住即不能行，行即不能住。修菩薩道者，六塵固不可住，然若斷滅，即不能度衆生，衆生正住六塵境界，故應從此處度之。○上文應無所住行於布施，下文即言，應如是布施，不住於相。佛意謂菩薩應當如我所説，二邊不著，於中道行。可見無所住並非不行，不住相，不是空談，要在實行中間，不著有，不著空，方合。全《經》破相，此處點出。佛意若謂，非教汝不住於法，乃不住法相也。

○修行固然要離塵境，然不住六塵，談何容易。故修行本旨是不住，而下手時却不能滅境。譬如念佛，觀想佛像，色境也；天樂水鳥，聲境也；蓮花香潔，香境也；飯食經行，味境也；但受諸樂，觸境也；憶念彌陀，法境也。故不住二字須認清，決非斷滅。斷滅即空，亦即非法。布施攝一切法相，亦攝非法相，故不住云者，不住法，不住非法也。世人捨命亦是捨，不過住相耳。如盡忠報國，殺身成仁，至多不過成神，倘捨命時另有利己心、瞋恨心，或至墮落。青年男女爲愛情而捨命，亦易遭墮落，或挾瞋恨而捨身，且至墮地獄。地獄有鐵床銅柱種種慘酷之報，正爲慈悲衆生而設也。凡此皆是住相。若存斷滅想而捨命，如消極一流，覺世間無可留戀，自捐生命，此即住於非法相，沈滯於空，不如不捨。斷滅沈空，或亦至墮落。故捨不應住法，亦不應住非法。○菩薩爲衆生而捨命，亦有之。

然若住於度生之相，亦不能成佛。故本《經》下文有恆河沙等身命布施，不如受持四句偈之比較。恆河沙等身命布施；非菩薩不能，凡夫無此許多身命。然尚不如受持四句偈，爲他人說得福多者，因受持誦說，能成佛也。○修行不得受用，不外二病，一不得扼要，二道理不明。如能扼要明理，自能受用。不可離修行而說性，否則空談。不能離性而修行，否則盲進。本《經》處處說性，處處含實行。○發大願，行大行，方能入佛門。前科降伏，即發大願。此科行於布施，即行大行。必無所住行於布施，方是大行。有願無行，願是虛願，由願及行，願是重要，行更重要。無大願則大行不能起，即行亦是盲行。如何方爲大願，如何方爲大行？必大悲大智方可。所有一切衆生之類，皆令入無餘涅槃而滅度之，大悲也。如是滅度無量無數無邊衆生，實無衆生得滅度者，知衆生同體，無所謂佛，無所謂衆生，大智也。悲智具足，方能發大願，行大行。菩薩於法應無所住，凡夫之病，即處處執著，能不執著，即大智也。行於布施，即大悲也。無悲則大願不能發，無智則大行不能行。悲智願行無不大，方是菩薩摩訶薩。必如此圓滿具足，方是無上菩提。上文於大願，則先說大悲，是不住空，住空即不能發大願。此文於大行，則先說大智，是不住有，住有即不能行大行也。○凡夫對一切事總是放不下，爲何放不下？即是有我在。佛祇說布施，一下手即破我。再進一步，在境界上破。更進，在起心動念上破。前科說發大心，處處却是不住，是潛移默化，化去我見。凡夫爲我之念最重，今爲衆生，將我拋開。無論卵生之極愚，無想之極高，必悉令入無餘涅槃而滅度，此即化除分別心，正對六七識下藥。凡夫所以輪迴六道，不能出離，亦是六七識使然。今轉移之，即成波羅蜜。○發心要廣大，非廣大不能化我見。修行則要細密，先發廣大心，方能修細密行。故必先觀一切衆生是緣生，且本寂，且同體，先知自己習氣之重而潛移之，方能修行。○發大心，爲何依降伏其心而説；起大行，爲何依應無所住而説？此即是要降伏，應先知病根所在，知衆生所以成爲衆生，即在有欲、色、識。故發心門説此類語，由此用功，六七識自然能化。説細密修行，切指應無所住，可知修行當然要行不要住。下此功夫，正令六七識無存在餘地，真心自然顯露。此是不住而住，故下文説，應如所教住。○佛教人所有一切衆生皆令入無餘涅槃而滅度之，此菩薩發心，未自度，先度他。實無衆生得滅度者，令人知緣生平等同體等等，此度他即度自己，直是自他同度。然佛終不説度自己者，因吾人我執重，故不説也。度衆生如何度？要起行。布施即破七識之執我，破六識之分別心，此明明是度自己。故發心要大，度己先要度他，度他即是度己。説到修行，先除自己病根，度他先度自己，度己即是度他。然布施一方面度己，而實際是度他，此佛祇説行於布施之精意也。○古人説，應無所住而生其心一句，可以貫通全經。實則無論何句，皆可貫通。如不住於相句，兼賅非相，不落二邊，行於中道，何嘗不可貫通全經？大乘佛法之巧妙，可隨人於各方去領會，所以稱圓融。不但見淺見深，因人不同，即見深者，亦復所見不同。○前文之相字，從我相上説。此文之相字，從法與非法上説。本《經》往往後文無異爲前文作注解。如應無所住行於布施，即爲上文度生作注解。不住色聲香味觸法布施，即爲應無所住作注解。不住於相，又爲不住色聲香味觸法布施作注解。有人疑《金剛經》前後意義重複者，是不善讀《金剛經》。倘知後文與前文之關係，則不但不重複，且見其脈絡貫通。○讀此段經文，又須在觀照上用功。佛法處處不離觀照，必時時刻刻去思惟方可。須知不住於相是徹底的，自初下手至成佛爲止，皆是不住於相。倘在布施之時，存一些見好之心，則不知不覺，住於六塵矣。故非作觀不可。如不存見好之心，而但覺有此布施，即住於法。故不作觀，即住亦不自覺矣。○又觀行於布施，是令吾人成佛，如不作觀照，如何能成？應如是布施，亦是佛説一句法。如行布施時，心中有應如是布施，亦即是住於法。吾人事事依照佛説去行，心中却一無其事，方是不住法相。心中雖無其事，依舊精進去行，方是不住非法相。應如是布施，尚在外面，不住於相，即向裏追求，此正用功吃緊處。又觀不住於相，心中雖無其事，然存此心，又是住相。故作觀時，心中一層一層入細。境與心也，法與非法也，二邊不著也，二邊雙照也，心雖入細，仍在對待上。須知對待之見未忘，尚未能出世間。世間一切境界無非是對待，如生死、老幼、高下、長短、大小等等，無非是分別心。故出世法必須離開分別心，在絶對上作觀。轉凡夫觀念至絶對境界，即是證性。證性須要無念。念者，分別心也。有分別心，即落於對待。落於對待，即時時刻刻去分別，而爲意識所籠罩，必觀至無念方可。然心中尚存無念二字，仍是住相。必并無念之念亦無，密密作觀，庶幾性德圓明，方是真不住相。佛説，能觀無念者，即爲向佛智。是知觀無念非一時所能到，但宜向此進修，故曰向佛智。○念即是觀，觀即是念。能觀無念者，轉言之，即令吾曹念無念。念無念，必用思惟，思惟則能轉分別心。分別心是向外馳求，思惟則向内尋求勝妙境界。當起心動念時，除去分别心，再依佛之方法，向内思惟，此爲念無念。如念佛亦然，久久相應，即能無念。

（癸）次，顯釋其故，分三。（子）

初，徵釋。

何以故？若菩薩不住相布施，其福德不可思量。

補　徵者，舉也。將前義再舉之，而自問自答也。○福德即福慧雙修，福慧如車之兩輪，不可稍偏。有人説，佛既教人不住，何以又教人修福？此誤也。若不修福，即成菩薩、成佛，去度衆生，而衆生剛强，未必能度，故必先與衆生結緣。本《經》所以處處説修福，而實行則祇説布施，即令人福慧雙修。思是窺測，量是度量，言不可以心思去窺測、不可以數目去度量也。不住相布施，不住相即不住法，亦即不著有，布施即不住非法，亦即不著空。不住相而布施，布施而不住相，如此二邊不著，乃是佛境界。故福德之大，不可思量。此福德乃指成佛而言，上文發阿耨多羅三藐三菩提心，即成佛之心，與此句針鋒相對。可見不住相布施，即成佛之法門。○無上甚深微妙法，即指般若極深極細。故本《經》句句如剥蕉，不易了解。説者須攝相觀心，聽者亦須攝相觀心方可。經文處處言不住相，而又處處言福德者，正是不落二邊之義。不住相非即福德不可思量，必布施而不住相，方是福德不可思量。○大乘佛法，塵説刹説，横説竪説，面面俱圓，最要是破執，一有執即落二邊，不著有，即著空，不是中道。聽法看經，亦須面面觀之，倘著一邊，即不得受用。佛説了義，不説不了義，説得徹底，尚恐聽者不明，説不徹底，如何能令人了解？聽者亦然，否則般若之理不得了解，故須面面説。又説而不説，留一點讓聽者去想。若將極深道理一一説盡，則聽者不復用功。故古來禪宗祖師開示學人時，恆留半句，待人自悟。否則專事抄寫講義，自己不在此中努力，打一個筋斗，有何用處？看本《經》上文明明説，不住六塵而行布施，蓋以住於境，則心不清淨，須一無所爲方可。然此處則説福德不可思量，豈非上下文意義衝突耶？福德非即相乎？何故處處言不住，又處處言福德乎？須知上文教人不住六塵，是教人不執著，並非滅却六塵，下文有「於法不説斷滅相」可證。蓋修行即有境界，不是不要境界，託境方能起修。布施而講福德，即指示人以下手方法。故教人學佛，必須託境，方可下手。自己學佛，亦必須託境，方能下手。本《經》説不住六塵，而《彌陀經》全寫極樂世界之六塵，看似相反，實則相同，且正可見淨土境界之高。苦惱衆生，起心動念，不離六塵，淨土法門之妙，在改變衆生之心。而觀想極樂世界之六塵，即不住空，由此而脱離五濁之六塵，即不住有。故佛法治心，不重降伏而重轉移，使衆生心轉向佛境之六塵，即脱離五濁之六塵，二邊不著之下手方法，即在此。

（子）次，喻明。

須菩提，於意云何？東方虚空可思量不？不也，世尊。須菩提，南西北方、四維上下虚空可思量不？不也，世尊。

補 不也世尊之不字，古德注經，讀爲弗字，字書上無此讀音。蓋古者譯經，於梵文無相當之字，往往用近似之字，而另讀一音，以爲區别，亦譯經之苦心也。如各經中凡遇解字，均讀懈音，所以表明不但文字宜了解，並宜消歸自性，不即文字，不離文字方可。此處不讀弗，是表明不僅作否決意解，含有唯唯否否之意。大概下文無解釋，是作否決解，下文有解釋，是不完全作否決解。虚空無相，而不拒諸相發揮，此語最宜牢記。平常眼光，以爲虚空是一切無有，乃小乘之頑空耳，實則虚空乃包羅萬象，大乘經所説虚空，正指包羅萬象而言，其中有無數相在内，方顯虚空之大。佛所説空，皆應如此去領會。

須知無所不容，乃是第一義空，所謂空而不空。不可思量云者，非謂其無相不可思量，正謂其無所不容，方是不可思量。舉一東方，又必舉南西北、四維上下者，並非閒文，正顯佛說隨舉一法，皆賅十方也。○佛說法面面俱圓，不可從一面去觀。如《華嚴》專表重重無盡之義，蓋佛說法從無量無邊性海中流出，故重重無盡。虛空不可思量，若以爲祇喻福德，仍是從一面觀，實則喻不住相布施也。○然佛以虛空爲比喻，僅說東方，亦已可了解，何故又說四方上下？此有五義。（一）隨舉一法，當體即空，均不應住相，雖虛空亦然。（二）須知東南西北、四維上下均是假名，望東成西，望南成北，本無一定。可知一切法亦均是假名，無有定法可得，所以不可住。（三）既然十方皆是假名，假名是相，故不可住。我與衆生亦是假名，亦不可住。然一切法皆是同體，在性體上原是一個。如此領會，方是心、佛、衆生三無差別。如此福德不可思量，如此不住相布施即佛境界，福德之大，豈凡情所能窺測哉？（四）十方皆在虛空之中，實則皆在一念心中。雖說十方，不礙同一虛空，雖同一虛空，不礙十法界，令人領會因果同時不礙一法界，一法界不礙因果。（五）舉十方，則虛空無相而不拒諸相發揮之理自明。從此觀照，乃空有同時，雖空有而圓融自在，方可明布施不住相，不住相福德不可思量之義。以下一段文，是江居士親筆，故不嫌重複，亦列入之。

以虛空爲喻，而復舉東南西北、四維上下爲言者，并非閑文，實關要義，切不可忽。（一）十方皆在虛空中，使知十法界同居人人一念心中也。（二）隨舉一方，皆是虛空，使知隨舉一法，當體即空。（三）然則東南西北、四維上下皆假名耳，使知我、人、衆生乃至一切法，莫非假名。（四）既皆假名，故虛空原是一個。使知我、人、衆生乃至於佛，種種差別，約假名之相言之耳，約性體言則一也。故曰，心、佛、衆生三無差別，故曰一法界。須知衆生以不達一法界故，不覺自動，而有無明也。（五）雖有十方，而不礙同一虚空。雖同一虚空，而不礙有十方。使知十法界因果森然，而不礙同一性空，雖同一性空，而不妨十法界因果森然。此即顯發虚空無相，不拒諸相發揮之理。如此空有同時，存泯自在，方是虚空不可思量，方足以喻布施而不住相、不住相而又布施之福德不可思量也。若但言虚空，乃偏空耳，豈般若之第一義空，又何足云虚空不可思量耶？所以言虚空必兼言東南西北、四維上下者，理在於斯，當如是知也。如是知者，乃爲正知。

（子）三，法合。

須菩提，菩薩無住相布施，福德亦復如是，不可思量。

補　十方虚空無相，而不礙諸相發揮，正似布施不住相。不住相而布施，正似虚空不可思量。菩薩能如此有而不有，空而不空，方是背塵合覺。上文言不住相布施，此處不字易無字，大有深意。蓋善男子、善女人既發阿耨多羅三藐三菩提心，有成佛資格，故教以不住相布施。此處教之用功，必須達到真能無住，無一絲一毫之未盡方可。

（癸）三，結示正住。

須菩提，菩薩但應如所教住。

補　歸結到無住乃是正住，正指應無所住，又答應云何住。上文皆説不住、無住，此忽言如所教住，意謂應依我所説之教而住，明是住而無住，無住而住，不是斷滅。玩但應二字，可見除依我之不住、無住外，別無他住。且含有降伏之意，降伏即降伏此住也。又但應者，意謂應如我所教之不住二邊之住而住，方是正住。住又有主義，但應依我所教之二邊不住去修行，本以不住爲主，否則非大乘佛法。○此發離相心及不住於相兩科相互發明。前言降伏，即含無所住之意，此言不住，即含降伏意，故降伏及不住，兩事即一事。修行下手，即是一捨字。捨不得即爲執有我見，佛言捨，即破我執。此我執能捨一分，即破得一分，一層一層破去，至於究竟捨，我執方破盡。等覺菩薩尚有一分法執未破，必至佛果，方究竟捨。故佛法自始至終，祇一捨字。捨者，正是不住空，不住有，即是離相心。心量大到無量無邊，方是阿耨多羅三藐三菩提。若心量狹小，又烏能捨？佛不説住，成佛尚不住佛相。故禪宗祖師完全用《金剛經》方法，對學人説半句而不説破，令學者去思惟，左又不是，右又不是，將妄念打得落花流水，忽焉脱落，正是妙住。

（癸）四，更明所以，分二。（子）初，問答釋明。二，闡義印許。（子）初，又二。（丑）初，問。

須菩提，於意云何，可以身相見如來不？

補　古德説：「菩薩但應如所教住止，一部《金剛經》，大義已盡，以下是一重一重斷疑。」斷疑固是，然意義猶未完足。今之分科，用更明所以四字，煞費斟酌。蓋所以然不明，方有疑。若知所以然，則疑自斷矣。○身相二字，舊解皆指三十二相之應化身言，如此則下文三十二相豈非重複？《金剛經》一字一句皆有深意，決無重複者。此身相二字，應就衆生之本身言。如來二字，指衆生本有之法身言。上文處處言不住相，不住者，即令人會相歸性也。衆生之心稱如來藏，是言衆生本具法性，不過藏在人我、法我之中。佛教以不住相，即令衆生自見所藏之如來。如此解釋，比較親切。佛意若謂，汝等衆生，能就身相見汝之本性耶？○此科是將上來所説之理，再説明其所以然。上文所説種種道理，最緊要者，即反覆陳明不住於相，而均歸結於可以身相見如來一句。上文菩薩不住相布施，其福德不可思量，佛已説明其故，然尚未説其所以然。蓋不住於相，要點即在證性也。一切凡夫，從無始以來，衹認得一個相，故向外馳求，背覺合塵，將本來面目忘了。上文言，不住法相，不住非法相。法者，指一切事事物物，吾人之臭皮囊，是一切事物中所最執著者。無始以來，即執此爲身相，將假作真，殊不知是無常生滅。即見解稍高者，知此身如幻，然尚執著喜怒哀樂之已發者爲情，未發而無動者爲性。彼以爲心之官則思，思則有所稟受，推其原不可得，以爲受之於天，故云天命之謂性。世間皆如此見解，此與佛法完全不同。彼所説無動作者，正是佛法所説之相。佛所説之不動，則無論七八識之恆審思量，表面上儘是動作起滅，而性則不動。即喜怒哀樂亦是動作起滅，如誤以未發者爲性，即必爲所束縛。世間上自聖人，下至愚夫，

完全是此種執著，總不外乎生滅。故須認得此不生不滅之主人翁，方可不爲相轉，而相爲我所轉，不隨生滅無常中走，即可以了生死。佛令人不住相，吃緊用功在此，佛法千言萬語，所説亦不外此，本《經》開始即説不住相，即令吾人認清此點。執相即著有，不執相即著空，是一切凡夫之通病。小乘與凡夫相反，了知身相是幻，即喜怒哀樂之未發亦是相，證得偏空，而了生死，出三界。然又得一病，病在著空，此空仍是相。《大乘起信論》説，空者，空其妄念。必連起心動念之喜怒哀樂未發者亦空之，即住於無相，以爲偏空便了生死，不知著空，又住於非法相，故佛斥其不合。須知有體必有用，有性必有相。向來説凡夫之執著，不外隨相追求，衹須知相之虚妄即可，如又執著空，即墮於斷滅。性與相是不一，性是性，相是相，體是體，用是用，故不可滅相，滅相則如物之有底而無面。性

與相又是不異，相即性之表現，性即相之根本，有根本而不表現，是有體無用。故佛不住涅槃，何以故？一切衆生正執著此相，若佛不表現此相，不能度他，故證性體原爲起行。若小乘者，佛所以斥爲焦芽敗種，墮無爲坑也。此科文正發揮此理，俾知佛令人不住法相，又不住非法相之所以然。〇佛教人修行，原爲度衆生，倘墮無爲坑，如何能度？故般若要在二邊不住，必不住有，不住空，方能稱性。又性是無相無不相。無相故，不可著有，不可以住法。無不相故，不可以著空，不可住非法。正惟性是無相無不相，故凡夫執有一邊，見不到性，小乘執無一邊，亦見不到性。千經萬論，無非説明此理，大德注疏，亦無非發揮此理。〇故此處身相，不應就佛身説，必就衆生本身體相上説。上至佛，下至一切衆生，皆是此相。佛證得法身，故稱如來。一切衆生喜怒哀樂，起心動念，本是不覺，

然能成佛者，亦即此衆生心。故此心即是如來，不過爲無明所蔽，名之曰如來藏耳。佛問此語，是試探須菩提及大衆，乃至未來衆生，究竟我上文所説不住相，如何可以相上見性耶？倘答以可以見如來，則住於法相，是凡夫。倘答不可以見如來，則住於非法相，是小乘。

（丑）次，答，又二。（寅）初，雙明。

不也，世尊，不可，以身相得見如來。

補　自來讀《金剛經》，不可以身相得見如來，作一句讀。妙煦持誦此《經》四十餘年，在十餘年前偶然悟到，應作兩句讀，然尚不敢決。後讀南嶽大師講《法華經》「唯佛與佛乃能究盡諸法實相，所謂諸法如是相，如是性，如是體，如是力，如是作，如是因，如是緣，如是果，如是報，如是本末究竟等」，有三種斷句法，方敢決定分作二句。但此等方法，唯空宗之經及羅什大師所譯之經可以用之。〇舊解，身相當然是空，從法身上説，

應化身亦是幻相，故云不可以得見如來。但義有未盡，照此解釋，則住於非法相矣。須知不也世尊之不，是唯唯否否，不可完全作否決解。既答不可，復説可以，故是雙明。且果全是否決，下句何必加以得字？須菩提意謂，不可以相作性，就身相見如來，然相由性現，亦得以身相見如來。故下文又有如來所説身相之申明也。〇作一句讀，於事實上、道理上、文字上種種説不通。倘如此答不可以身相見如來，須菩提尚止悟相是相，性是性，仍是小乘見解，落於偏空，不是第一義空，何以能稱解空第一？況前八會皆是須菩提當機，且曾代世尊宣説二邊不著之理，何以至此反不明瞭耶？此與事實不合也。本《經》發起序中，世尊於穿衣吃飯示現大空三昧，衆人不知，須菩提已悟得其理，一啓口即讚歎希有世尊，如來善護念諸菩薩，善付囑諸菩薩，明明見得如來之示現凡夫相，見得相不障性，何至經世尊兩番開示之後，仍祇見得一邊，性相不融？則前文希有二字即無來歷，如來善護念二語亦了無意味，此與道理不合也。又照此讀法，完全是否決，則不也世尊一句可了，何必贅以身相見如來，又何必加以得字？此於文字上不合也。

（寅）次，釋成。

何以故？如來所説身相，即非身相。

補 如來所説身相，即非身相，是二邊雙照。性即相之體，相即性之用，相非性不融，性非相不顯，離相即無所謂性，離性即無所謂相，但看執著與不執著耳。著相者，相即爲障礙，而不得見性，故答言不可。苟不執著，即相可以見性，相如物之表面，性如物之裏面，倘物之表面如玻璃明徹，即能見其裏面，故答云以身相見如來。蓋不執著，即不落二邊，正不必如小乘之滅色明空，滅相而見性，即下文不説斷滅相也。般若之理全在於此，須要觀照，仔細用功。○約相說是身相，約性說當體即空，性本無相。約相說，相是相，性是性，相是虛妄，性是真實，故云不可。約性說，相本是當體即空，性可融相，真實之理即顯，何必離虛妄之相，得見真實之性？故云得見如來。能知相空，即得見性。如此解釋，方與須菩提當機請法相合。衆人見佛之穿衣吃飯，示現凡夫相，即著凡夫相，不見如來。須菩提由相見性，知佛之不住相，即見如來。故此正是雙明之釋成。

（子）次，闡義印許，分二。（丑）初，明性本非相。

佛告須菩提：凡所有相，皆是虛妄。

補　結經者安佛告須菩提，示下文道理重要。此句即是印許，以下更推廣言之。方纔一問一答，祇說身相，實則凡所有相，皆是虛妄，汝說不可甚是，蓋性本非相也。此妄字是廣義，虛妄猶言虛假。既知是虛假，應回光返照，不可向外馳求於相，從速歸性。性本真實，豈能以虛假見真實耶？知此則凡夫之病可免，不至墮入輪迴。

（丑）次，明即相見性。

若見諸相非相，則見如來。

補　諸相即一切相，即凡所有相。祇須徹底明瞭一切相皆是虛妄，即不逐妄，即知有真。故見諸相非相，則相不能障性，即見如來，何必滅相，即相可以見性也。汝答得見如來，極是。見字亦有功夫，要真能見諸相非相方可。若祇是說理，即不能見如來。則字，歷來流通本作即，此依唐人寫經作則。則與即本可通用，但作便字解可通，作就字解則不能通。○凡所有相，既是虛妄，皆不當住。故上說法相，說非法相，即包一切相。佛說不住相，即是令人見如來。若執應化身，即不能見法身，故不住相，即令人見性。又不住相，是不執著。不執著，即不爲相所轉，并且相反爲我所轉。故衹須了知是虚妄，不必斷滅，且亦不可斷滅，蓋相本由性現也。佛令人對世間法不可執著，亦不可厭惡。凡夫執相，是住法相而生煩惱，修行人厭惡世法，又住非法相而生煩惱。須知性本無相無不相，不能斷滅。吾人用功，須先觀照，久久方能照住，最後能照見。依佛説二邊不著去修行，行來行去，至功夫純熟，深之又深，方是般若波羅蜜，方真見諸相非相，即《心經》所謂「照見五藴皆空，度一切苦厄」也。《心經》之色，即此《經》之相。受想行識，即喜怒哀樂，起心動念。照到皆空，方是諸相非相。皆空即是三空，非小乘之但空，故又云色不異空，空不異色。如此説色與空，尚是兩橛，故又云色即是空，空即是色。此即空有同時，此與凡所有相四句相通。凡所有相，皆是虚妄，與空即是色通，一切假名，當體即空也。若見諸相非相，則見如來，與色即是空通，色即空，可見空不在色外，何必滅色明空？故云則見如來。見如來，即見性也。不執著相，即能度一切苦厄。苦厄無量，舉其大者，凡夫之分段生死，小乘之變易生死是也。凡夫身有長短，命有壽夭，流轉生死，謂之分段生死。小乘證得性無相，既得體，本可現相，彼畏苦，不肯入世度生，心中起微細生滅，佛名爲變易生死。若見如來，即能度此等苦厄。度苦厄由於見如來，見如來由照見，故用功最要是作觀。此科經文，若消歸自性，則遇一切相時，第一步功夫，即觀凡所有相皆是虚妄，至於色聲香味觸法，則觀諸相非相。或以在塵勞不易作觀爲疑，請就上海言之。吾人終日所聞者，車聲、人聲、種種喧擾聲，須知此等聲皆起滅不停，此等熙來攘往之衆生皆忙於衣食，不由自主。然此實非車聲、人聲、種種喧擾聲，乃無常、苦、空、無我之聲，當體即空。然明明是聲，而如此作觀，則不著有，不著空，乃是般若波羅蜜多之聲。故經文無論何句，皆可作觀，行住坐臥，不離這個，則受用無窮。如此依文字起觀照，先須我去讀經，是經轉我，至於作觀，則是我轉經。經轉我，則以經轉移凡情。我轉經，更爲重要功夫。此科經文，是説明上文之所以然，即降伏其心、應無所住等之總結。故依此文觀照，與觀照上文無異。○凡所有相，皆是虚妄，若見諸相非相，則見如來。見如來即見性，見性即不住相之所以然。見性見得一分，即初地菩薩，即不退轉於阿耨多羅三藐三菩提心，見得究竟，即成佛，即上文福德不可思量之所以然。成佛見性，法身顯現，徧滿虚空，即上文用虚空作比喻之所以然。須知本《經》説來説去，皆説無住。前文不住於相，即釋應無所住。因此一開口，先説降伏其心，所有一切衆生，皆令入無餘涅槃而滅度之，即教吾人不住。滅度無量衆生成佛，指示吾人發心之法門。實無衆生得滅度者，又將此法掃却，此即指示吾人不住法相。後説菩薩應無所住，亦教人不住法相。行於布施，教人不住非法相。雖復説但應如所教住，意思仍是教人住於無住。即古德所説但求妄息，莫更覓真。真即真心，又即真如，應者如如平等也。何以如如平等？性體本如此。有此性體，即能現相。故證得者，不可存此真心，若一覓真，即是六七識，即成爲妄。古德謂之執異，執異即判真妄爲二，不是平等。故説應如我所教住，以降伏妄心。凡夫均是妄心，必妄心分分除，真心方分分現，但求妄息，莫更覓真，即此意也。凡所有相皆是虚妄，一住即妄，故前文開口即言降伏不言住。何以又説，若見諸相非相，則見如來？此是説不住之益。倘能見諸相非相，即見得真性，此即上文不説住而説降伏，但應如所教住之總結。於此可知，《金剛經》行文如天馬行空，而説理則細針密縷，處處開，處處結。讀此科文，如奇峯突起，看似與上文不接，實爲上文之總結。正如重山疊水，層層包裹，處處有來龍去脈，處處有結穴也。就文字説，一面説，一面掃，正是不住法相，不住非法相，真足當文字般若。讀此《經》，講此《經》時，在前文須將後文攝入，在後文應回顧前文。如凡所有相皆是虚妄，即與下文「若以色見我，以音聲求我」四句偈相照應。若見諸相非相，則見如來，與下文「於法不説斷滅相」亦息息相通。案：此下一段文，是江老居士親筆。

更明所以一科有四要義。（一）上來但以虚空喻福德不可思量，釋明應不住相行施之故。此中更明若不住相，則能見如來性體，此福德之所以如虚空不可思量也。（二）上來説不住相，防不了者疑爲滅相，此中更明是不取著，并非斷校：斷，舊版無，據原稿補。滅其相，所謂若見諸相非相，即見如來，此是不住相之所以也。（三）上來説因行，應不住相，防疑不但一切衆生皆有苦果之四大五藴身相，即世尊極果亦現丈六八尺三十二身相，云何不住？古人但舉如來果德之身相言，今謂亦可通於一切衆生，於義較圓。因下文明言凡所有相故，又向後更有「可以三十二相見如來否」之問，乃是專指果德故。今明其皆不可住。約果德説，住則不能見如來。約苦果説，住則不能見本具之如來藏矣。此是但應如所教住，亦即應不住相之所以也。（四）小乘性相不融，既以音聲色相爲佛，其自修又取墮著無爲。今明供佛校：供佛，舊版無，原稿有。須不著色相而見如來，自修亦不應偏空，但不著相，則色即是空，相即是性，性相圓融，無礙自在。此正世尊説般若法，令得回小向大之所以也。

（辛）次，生信，分四。（壬）初，揀示根機。次，明其福德。三，結顯中道。四，問釋證成。（壬）初，又二。（癸）初，問。

須菩提白佛言：世尊，頗有衆生得聞如是言説章句，生實信不？

補　本《經》凡安須菩提白佛言者，是鄭重其事，以所言皆最要緊之道理也。頗，多也。如是，指上文明示一科而言。言説，即上文所説之法。章句，非一章一句之謂，羅什大師隨順此方成語，漢人治經之解説，多稱章句，此二字，指上文所説之道理而言。實信，非悠悠泛泛之信，即能了解如是言説章句之真實義也。須菩提此問，重在實信，即開示吾人對如此言説章句，必生真實信方可。上來世尊所説，甚深甚深，一切衆生，聞者當然生信，然能生實信者，多耶，否耶？恐怕不多。蓋道理如此之深，生實信者，非上根利智不辦，然此等根器是不多見。究竟須上根利智耶，抑不必上根利智耶？

（癸）次，答，又二。（子）初，揀能信之機。

佛告須菩提：莫作是説。如來滅後，後五百歲，有持戒、修福者，於此章句能生信心，以此爲實。

補　結經者安佛告須菩提，示所言重要之意。莫作是説一語，世尊直堵塞須菩提之口，令其不可作是説。不但現在大衆能生實信，即如來滅度以後，至後五百年，有能持戒、修福者，即於此章句能生信心。其能生信心，即以此章句爲真實義也。惟持戒、修福之兩種人，於此章句能生信心，其他即不能。以此之此，亦指言説章句。爲實者，言能明瞭此《經》道理，從此用功，所以能生信心，全恃以此爲實。古來許多大文人，看過三藏不止一徧，問其修行則毫無，即坐不以此爲實之病。以此爲實，正答須菩提生實信不之問。○須菩提之問，一是令人須生實信，一是慮甚深之理，非大根器不能實信，用意亦是。佛何以堵塞其口？此含有三要義，從下文可以看出。（一）是不可輕視衆生，後五百歲尚有其人，何況現在？（二）不可阻人善念，使生退屈心，觀下文「於無量千萬佛所種諸善根」可知。（三）不必上根利智，祇須持戒、修福之兩種人，便能生信。一二兩義，即從第三義生出。蓋持戒、修福之兩種人，智慧均不見高也。持戒、修福，皆求福報者，彼對甚深法門原有退縮之意，故佛戒以莫作是說。以上尚是淺言之，其中更含有深意。莫作是說一語，正對宏揚大乘佛法之人而言，不但對當時，并對後來宏揚大乘佛法之人而言。不但戒須菩提不可作是說，現在吾人亦不可作是說。佛之本意，是要竭力宏揚般若法門。本《經》是須菩提啓請，前八會彼尚代佛宣説，可見須菩提是宏揚般若之人。下文屢説有能受持讀誦，爲他人説，佛之希望宏揚般若，於此可見。倘作是説，豈宏揚之本意耶？然宏揚般若，正是不易。如我國自宋以來古德，見般若法門難修，多不願講。以爲衆生業深障重，種種著相，不易領會。又恐人聞此法門，反墮偏空，甚至成惡取空，不如不講。世尊早見及此，故以莫作是説爲戒。講般若所以反墮偏空等病，乃是講者不善宏揚，非聞者之過。須知般若正是佛種，本《經》云，一切諸佛及諸佛阿耨多羅三藐三菩提法，皆從此《經》出，苟不講，則般若道理永不能明，豈非斷佛種耶？故不得不竭力宏揚，下文所以有荷擔如來三藐三菩提之語也。○近代大德多不講般若，而講三諦圓融，實不易了解。佛言三諦，在法華會上，正在宣説般若之後。故佛預戒莫作是説，要須菩提宏揚此法門。意謂汝不宏揚，如何能令人了解，生實信？汝但慮及衆生不易生信，而妄卻宏揚般若之大事，其奚可哉？不但此也，汝不宏揚，即阻人善念，故宜竭力宏揚。然宏揚如不慎重，卻又不可。佛講般若，已是晚年。

初成道時，先説《華嚴》。蓋賢劫之中，釋迦牟尼已是第四佛，去佛久遠，不能不將佛境界完全説出。然即回頭講《阿含》，是令人躬行實踐。迨人根漸熟，即講方等，將大乘之理説明，令人回小向大。繼此方講般若，可見此法門須慎重。既要宏揚，又要慎重，故必揀擇持戒、修福之根基。佛意謂，汝恐人不易生實信，又慮生實信者不多，祇須依我所説宏揚，從實踐上用功，則聽者不致貽誤，但看宏揚者之方法如何，何慮聞者不生實信耶？莫作是説一句最要緊，盡未來際之宏揚佛法者，皆當如此。○如來滅後，滅即滅度，滅度有二義。根本義即指不生滅之心，所謂生滅滅已，寂滅現前，名之曰涅槃。後來借用，凡一切佛菩薩圓寂，亦名入滅。滅後者，指佛之一切生滅相既滅之後也。當是應化身滅，如來是法身，何故説滅？此有精奧之道理。佛要吾人了解，特説如來滅者，有三要義。

（一）報身、應化身皆是相，滅者，是報身、應身之滅。如世尊之穿衣吃飯、示現凡夫相之滅，是應化身滅也。報身亦從法身顯現，既有顯現，亦即有滅。此不説應身、報身滅者，即明示如來不復再現應身、報身，要吾人警覺，須知如來所顯之應身、報身尚是生滅，所謂凡所有相，皆是虛妄，何況吾人之臭皮囊乎？又吾人身相，生不知其所以生，滅不知其所以滅，完全爲業力所牽，自己不能作主。佛則不然，雖應身、報身是生滅，然如來自己作主，要生即生，要滅即滅。吾人皆有如來藏，應從速回到本來面目。（二）證得本性名如來，然法身無相，如何可見？可見者即相，即菩薩所見，不過法身所現起之報身，凡夫所見，是法身所現起之應化身。然倘能見應身、報身之非相者，則見如來。故要見性，即從非相而見，不可入於斷滅。故警告吾人，見如來已不容易，須勇猛精進，以證得之。吾人要見如來，當從性上求。說到性，則我與如來自他不二，能在自己性體上理會一些，即是見如來之機。（三）如來之報身、應身還是入滅，還是相，但不是永遠滅，還要示現。須知報身、應身仍是法身之影子，吾人知法身不滅，即報身、應身又有示現之機會。古來有見丈六金身者，有勇猛精進，如羅漢之見千尺佛身者，有見如須彌山之大身者，即菩薩所見之報身。又如智者大師注《法華經》畢，親見靈山會上儼然未散，皆此證也。故第一義，說如來不再示現報身、應身，令吾人警覺。第二義，令人知要見如來，須在自身上用功。第三義，說如來不滅，祇要用功，尚能見到。〇後五百歲句，自來有三種解釋。（一）以後對如來滅後之後講，即指如來滅後之五百年。（二）以如來滅後第一五百年爲前，第二五百年爲中，第三五百年爲後。（三）說如來滅後第五個五百年。蓋正法、像法各一千年，末法一萬年，此正指末世之初五百年。如來滅後正法千年，初五百年，解脫堅固，次五百年，禪定堅固。所謂解脫，即證得般若波羅蜜，度一切苦厄。堅固者，衆生根器堅固也。次五百年，根器稍差，然能住於禪定。此解脫與禪定正是定慧，故稱正法。像法千年之初五百年，雖亦有解脫、禪定者，然已甚少，專事講理，不重實行，故云多聞堅固。須知看經重在作觀，徒事多聞，如數他家寶，自家無半點分，又名說食不飽。世尊對阿難說，多劫以前，與我同修，至今仍爲佛之侍者，其病即在專務多聞。次五百年，雖多聞者亦少，衆生祇知修寺造塔，故云塔寺堅固。此一千年，佛法形式尚是，已失佛之本意，不過相像而已，故稱像法。至末法之初五百年，佛法更衰，衆生祇知鬭爭，即新名詞所說之奮鬭。印度佛法之早滅，其原因在像法時已多鬭爭。我國亦然，在唐朝中葉，禪宗、淨宗、相宗均起門户之爭。故云鬭爭堅固。本《經》後五百歲，正指此時。現在則又在末法之更後五百年矣。故佛説此時若有人能看經，是真不可多得者也。○以此爲實，正是能持戒、修福者，此有四義。（一）般若是正智慧，慧由定生，定由戒生。故欲起般若正智，須從戒用功，否則末由生定生智。凡夫能持戒，方能離外染，如不持戒，則心不清淨，不能攝心一處，不能作觀，如何能生般若？倘不由持戒而欲生智，則墮入惡取空亦不可知。故福慧雙修，如車兩輪，缺一不可，修行者能如此，方能成兩足尊。且兩者須平等，不可輕重。有人説衹要智慧，殊不知重慧輕福，即缺少大悲，不萬萬可。故諸佛教人發大悲心，本《經》開口即説布施，足見修慧不能不修福。若不修福，則與衆生無緣。不但無緣，即修行者之相好亦不能具足。宏揚佛法者，相好亦關重要，故佛經中處處説佛菩薩之相好，羅漢之相即不如佛，此有道理。前説證得體後要現相，均爲衆生，衆生見相好者，易於親近也。般若法門是令人成佛，持戒、修福是成佛根基。（二）須知持戒之人，必少欲知足，貪欲較少。此類人修般若，方不出毛病。蓋修般若須離相，貪欲多者，決不能離也。修福者必深信因果，世人要得名利，依照世法去求，此類人則照佛法去求，故深信因果者，決不致偏於斷滅相。不住於相，則持戒者最宜。不入斷滅相，則修福者最宜。如貪欲多者，一聞般若，毛病甚多。有曲解不住相，以爲爲惡不妨，放言高論，無所不爲，反自以爲深得般若之理，甚至殺生淫亂，而皆以爲不住相。故佛不取此類人，必揀少欲知足之人。（三）前文説發心行般若，應行布施，布施即捨，此兩種人即能捨者，持戒能捨於世間之欲，修福則捨自己之財産精神，以爲財、法、無畏施之於人，此正合般若道理。（四）

修此法門，宜先將非法相一門堵塞。持戒、修福正是堵塞非法相，祇要再在法相上久久觀照，於法相不取著，即可成就，故佛揀此兩種人。可見持戒、修福，無異於正指學般若法門之人。又即是對吾人言，若要學般若，須諸惡莫作，衆善奉行。不作惡是戒，行善是福，切實履行，將基礎築固方可。此兩種人是謹小慎微，能放捨一切，否則不能入般若。能生信心者，以信爲入道之門也。必如此實行，方能入門，否則單是講説，不能入門。○有人説，持戒、修福是修般若之根本，先堵住偏空，此固然矣，然尚有疑。《經》中明明説以此爲實，此兩種人畢竟智識不足，何能明了本《經》之真實要義耶？此有緊要道理在，何以故？蒙佛加被故。此類人是佛所揀定之根機，若能依佛説，持戒、修福而行，必蒙佛加被，即能以此爲實。學佛者定須行住坐臥、時時刻刻，求三寶加被，無論修何門功夫均如此。即講經時亦須將平時知見抛開，求三寶加被，若離此觀念，即是未起信心。即如念佛，於念時，非將平時知見一切抛棄，心中一無所有，專意求彌陀加被不可。然又有人説，如此則學愚夫愚婦即可，何以佛又説須讀誦大乘經典耶？此有二義。（一）明瞭經典，則功夫加勝，將道理藴於八識田中，一旦相應，則三明六通能一時發生。（二）果真能信，應學愚夫愚婦之信心堅定。無奈世間中等人多，不肯自居於愚，故定須令之明理。○古德著書，開端多有求三寶加被之語。大菩薩作論，論前亦有承佛威神力故。此是真實不虛，非依賴性，亦非迷信。倘無此等觀念，則有一我見存在，將自己性靈障住，著書作論，如何能澈底？故非將我見完全抛開不可。世間法如孔子動輒歸之於天，亦得此意，漢以後學者即不之知。

（子）次，示夙根之厚。

當知是人不於一佛二佛三四五佛而種善根，已於無量千萬佛所種諸善根。

補　上科持戒、修福至以此爲實，此科正爲之作注解。是人即指持戒、修福者，指明是人，不説人等，可見持戒、修福雖説兩事，實是一事，二者均不可缺。一佛至二佛，時間已極長遠，不知多少劫數，何況三四五佛？可見是人善根種得極遠。而世尊又説尚不止此，已於千萬佛所種諸善根，且千萬之上再加無量二字，則時間乃是不可説不可説之長遠。是人不但修一善，并修諸善，諸善指六度萬行而言，可見是人於般若已修得極其長遠矣。種根正對持戒、修福言，是人種根已極深，是諸善合成之根，真所謂難能可貴。○世尊於過去無量之事均悉知之，此説是真實不虚。就吾人凡夫眼光觀之，是人持戒、修福已合道妙，何以故？上文世尊對須菩提一開口，即説所有一切衆生之類皆令入無餘涅槃而滅度之，如是滅度無量無數無邊衆生，實無衆生得滅度者，是發大心，先應度生，即不落空，次實無衆生得度，不住於相。次説大行，應無所住，先説不住相，次説行於布施，倘住而不行，即是落空。此二段文，世尊叮嚀告誡，必不落空，方可發心修行。是人下手即持戒、修福，豈非與世尊所説先不落空暗合乎？又發起序中，世尊欲説般若，先示現凡夫著衣持鉢等，即持戒，又令衆生生慚愧心，即修福。是人持戒、修福，豈非又與世尊本意暗合乎？可見非久遠以來種善根者，不能如此暗合道妙也。觀世尊語氣，似乎是極力讚歎是人，其實是鼓勵吾人，使聞此言説章句者，即當實行，故對須菩提有莫作是説之誡詞。以爲若如須菩提之説，後之人必以般若爲難修，寖至高推聖境，其實不難，即在持戒、修福下手。此是世尊之大慈大悲，須菩提豈不知發心修行？須不落空，不過代衆生請問耳，亦是大慈大悲也。〇吾儕苦惱衆生，如今得聞此言説章句，亦是希有，亦是無量千萬佛所種諸善根者。倘不如此，則於甚深微妙之般若不可得聞，即聞亦等於不聞。吾儕已在又後之五百歲中，鬬爭更爲堅固，竟能來此地讀誦受持，必是不願競爭、少欲知足、有持戒之資格者，如此吾儕即不宜妄自菲薄。已持戒者，更宜用功，再求堅固。未持戒者，應照佛説去持，則諸佛必大歡喜，以爲種得善根，於此發芽。吾儕有此資格，又有世尊加被，可不自勉乎？〇以此爲實，既明真實義，又能修行。六度之中，無論何度，皆歸於修福。布施不必定要破産，但量力捨少數財，與人有益，即是財施。爲人説法，或送人經典，即法施，並非難事。又勸人學佛，必勸之持戒、修福，見不持戒者更要勸。又見已持戒、尚未知般若者，更要勸之使明般若。此福德之大，不可思量，何以故？以是紹隆佛種故。又要勸人從速修習淨土，求生西方。須知般若與淨土關係至深。前説學般若者須先不住相，不住相方能就文字般若起觀照，觀照功深，而現實相般若，此即是性。修行下手先觀照，最後要現實相，此甚不容易。在娑婆世界中，種種惡誘，如何能即現實相？故大菩薩修行，發願修三阿僧祇劫，不知經過多少輪迴。是人善根固厚，然至千萬佛無量劫之長時間，尚是能生信心，可見業障深重，故必發願求生西方方可。又如上文發大心，所有一切衆生之類，皆令入無餘涅槃而滅度之。此等度生，上至非非想天，下至地獄，吾人即發此大心，如何能去度？此實令吾人先觀照緣生平等之理。若欲滿願，非先證性不可。欲證性，不可不先求生西方。生西不是爲自了，原爲度衆生，方與彌陀本願相合，爲滿大願，可證性故。故《普賢行願品》説，虛空無盡，世界無盡，衆生無盡，我願無盡。

此非與本《經》廣度衆生之願完全相同耶？可見般若法門與淨土法門，是一非二，必有此大願，彌陀方來接引往生，不爲自了。有往生法門，方能成就般若法門。○是人持戒、修福亦極不容易，已親近過許多佛，但種善根。可見成就般若法門，應親近彌陀，實相般若方能現前。永明禪師云：但得見彌陀，何愁不開悟？故學般若者，須速修念佛法門。修淨土者，亦須速修般若法門。如不明瞭此第一義，徒念佛者，恐祇生下品。故提倡淨土法門者，不可僅説念佛爲止。須知修淨土，正爲滿大願，僅僅念佛下生，不能滿也。永明禪師之「無禪有淨土，萬修萬人去，但得見彌陀，何愁不開悟？」此偈祇可勸愚人，不可勸利根人。世人忽略得見句，祇注意萬修萬人去句，以爲不必依照《十六觀經》之修觀，此是錯誤。《觀經》明第一義，正是般若。若祇生下品，不能見佛也。

（壬）次，明其福德，分二。（癸）初，正明其福。

聞是章句，乃至一念生淨信者，須菩提，如來悉知悉見，是諸衆生得如是無量福德。

補　聞是章句，是指定持戒、修福之人。此聞字與上文「得聞如是言説章句」之聞字相應。聞得如是言説章句，以此爲實，方能生信。淨信二字，正指實信。何謂淨？即後文之「信心清淨，則生實相」。是人切實用功觀照，久久如此修行，一點不著，淨信即生，亦即實相。此淨字非對染而言，是絶對之淨，空有二邊皆不著，故是實相。乃至者，超略之詞。生淨信，有淨念相繼者，有多念者，最少限度，是一念生淨信，不能多念，亦不能念念相繼。此乃至二字，包括許多功夫不同之人，故下文稱是諸衆生。然無論功夫淺深，如來悉知悉見。一念，即起心動念。生者，即龍樹所説，一切法不生而般若生。可見非十分用功，不能得生。且一念相應即淨念相繼之根，淨念相繼，即從一念相應而來。此一念清淨，無人得知，惟有如來能知能見，蓋淨心是無相，非肉眼、天眼所可見也。然此說尚非根本義，須知此句正是生淨信之注解。如來是法身，是人一念相應，即與如來心心相印，光光相照。故如來悉知，是性中知，正是悟徹佛性。如來悉見，是性光照，正是初開佛眼。此功夫是了不得，故古人云，一念相應，一念是佛。既是佛，福德詎可思量耶？〇此二小科，正爲「能生信心，以此爲實」作注解。「當知是人」起，至「已於無量千萬佛所種諸善根」，是說明持戒、修福之因。「聞是章句」起，至「得如是無量福德」，是說明持戒、修福之果。世尊極力讚歎是人，正是鼓勵吾人發無上心，發大願，起大行，而得無量福德。〇又「須菩提，莫作是說」起，至「得如是無量福德」，正爲前明示科「應如是降伏其心」至「則見如來」作注解。上文是說其理，此則舉出是人以證實之。須知惟持戒、修福之人方能如是生信，如是生淨信，如是得無量福德。本《經》文義處處相應，脈絡貫通如此。

（癸）次，釋顯其故，分二。（子）初，正釋。

何以故？是諸衆生無復我相、人相、衆生相、壽者相，無法相，亦無非法相。

補 此是正面釋生信得福之故。何以能生淨信，何以能得無量福德。須是除卻分別心方可。分別既除，正信自現，即龍樹所說，一切法不生，惟般若生。是人雖未能般若完全現前，然已生淨信，與如來心心相印，光光相照，即得無量福德，此正不容易。由分別妄想既除，乃能無復我相、人相、衆生相、壽者相。是諸衆生句，包括甚廣。上文一念生淨信者，指程度最低者言，尚有多念相應、淨念相繼者，故云諸衆生。無復二字之復字，應注意。言是人我執已空，不復再有。無法相二句，言是人無法執也。○四相由執我相而起。佛經説四相者，意義甚多，今舉其與本《經》契合者，有廣狹二義。狹義，即指執五蘊色身，此即我相。凡夫同病此執，一切忘不了，不但現在，還計及未來，死後或升天，或升大梵天，所謂補特加羅，因此起種種妄想，相宗稱爲偏計所執。未來與現在是對待的，在對待一方面看，是人相。由此身起盛衰苦樂種種等，是衆生相。再計五蘊色身命根不斷，是壽者相。此皆就自已五蘊上種種計度分别者也。廣義，計我種種分别，對待即人，不止一人，即衆生，此計相續不斷，即壽者。一起執著，即有能執所執，能即我，所即人，種種分别，即衆生相，能執所執不斷，即壽者相。要知四相即從我見開出，開即四相，合即我相。世尊何以開出而説？有妙義在。我見即分别，執我即七識，起分别即六識，般若是正智，如要實相般若現前，非將六、七識轉移不可。六、七識轉，五識、八識同轉，故世尊屢説四相。四相空，即我執空，又名人空。○我相是從身上起執，法相是從法上起執。無法相，即法執空，亦名法空。非法即是無，即是空。亦無非法相，是空亦空，又名重空，又名俱空。般若顯三空之理，以遣執爲主，人我空後，又執法空，還是不可，故必重重遣之，連空亦要空，古人稱爲窮空到底，此與偏空大不同，故名勝義空，又名第一義空。○此釋上科已生淨信者，即能到三空。三空包含許多道理，其廣無量，其深無底，《普賢行願》所謂甚深教海也。依三空説，無四相是我空，無法相是法空，無非法相是空空。其實即是除我法二執。無法相是空法執，無非法相亦是除法執，非法本無法，然卻執不得，一執亦成非法執。故無法相之法執空，是第一重，亦無非法相之執亦空，是第二重，二者合來，皆是法執。與上文四相，卻是我法二執對説。是人生淨信，是我法二執俱遣。然我法二執由分别而起者，是粗執。尚有俱生我法二執，從起心動念而來之細執，此名隨眠，又名住地無明。是人但能除分别我法二執，未能除俱生我法二執也。〇又含一種要義。分説是三空，合説是空我法二執。然又可以從空有二邊説，非法相是空，屬空邊，我法可並説，屬有邊。是人生淨信，又能二邊不著。有邊名俗諦，空邊名真諦，此中又含二諦。他經中佛説三諦，有第一義諦，般若遣執，衹説二諦。要知遮照同時，即合中道，説二諦實含三諦也。遣二邊即雙遮，雙遮即雙照，還須遮照同時。是人尚未至此程度，僅能二邊不著，細玩經文可知。凡佛之説，皆徹首徹尾，徹始徹終，不可忽看。即上文生淨信，得無量福德，亦有淺有深。總而言之，是人但除粗執，未除細執。佛故愈説愈深，以明是人除執，尚是初步，更須加功。然是人至此，卻不容易，衹一念相應，已了不得。凡用功之人，常有此種境界，覺得心中空空洞洞，乾乾淨淨，有時至半月，或半年，皆是此種景象。須知此種功夫所差尚遠，不可自足。否則生二病，對於經義則以深爲淺，對於自己卻又以淺爲深，殊不知尚遠尚遠。如本《經》所指是人，分别我執已除，貪瞋癡雖未去盡，已經很薄，還須再加功。吾人用功，即可自己審量，究竟與經上所説合否。説至此，因想古代有一段因緣。唐肅宗、代宗父子平定安禄山之亂，代宗極力宏揚佛法，密宗不空三藏亦於是時來中國，佛教盛極一時。代宗有一日與宗國師談佛法，魚朝恩在旁，即攙問：佛説一切衆生皆是佛，則無明如何而起？國師即云：汝不配此問。朝恩愠甚，然代宗在座，不敢作聲，但怒形於色。宗國師即説：無明從此而起。吾人於此可以試驗。假如遇人來謗毀我，能否不生瞋？如遇色、聲、香、味、觸、法等，能否不起念？如遇貧乏時，今日飯亦無著，心中能否不愁？必行所無事方可，否則即著我相、人相、衆生相、壽者相矣。但若空空洞洞固亦甚好，然不止於此，應當去行布施，六度萬行均要去做。若以空空洞洞了事，即著非法相。若自己有度生之心，即著法相。故知是人生淨信，除卻分別心，正是不易。所以如來悉知悉見，許其明同佛心，開了佛眼，得如是無量福德也。○此不但釋上科，又回應明示一大科，因前文未説明，此處乃點醒之。「所有一切衆生之類」至「我皆令入涅槃而滅度之」，正合法相。「實無衆生得滅度」者，正合非法相。「若菩薩有我相、人相、衆生相、壽者相，即非菩薩」，即是無復我相、人相、衆生相、壽者相。「菩薩應無所住行於布施」，即是捨，即破我，要吾人先空我相。「不住於相」，即不住種種相，即無法相。又以虛空四方上下爲喻，即無非法相。「若見諸相非相，則見如來」，是二邊雙融。蓋但見諸相即著有，但見非相即著空，見諸相非相，即二邊雙融，即無相無不相，得見實相，故云則見如來。見如來故，得如是無量福德，即上文福德不可思量。佛意謂，是人能明了我上文所説之法，持戒、修福，能生淨信，且以此爲實，當然無我等四相，得如是無量福德。亦是鼓勵吾人，欲修般若，應如是下手，不可落空，先將非法一面堵住，脚踏實地，躬行實踐。法相、非法相皆不著，是用功之要訣。以下皆江居士親筆。

（子）次，反顯。

何以故？是諸衆生若心取相，則爲著我、人、衆生、壽者。若取法相，即著我、人、衆生、壽者。何以故？若取非法相，即著我、人、衆生、壽者。

上科名正釋者，是從正面釋明何以爲淨信，及何以得無量福德，因其已見三空之理故也。無我人等相，人空也。一名我執空。無法相，法空也。一名法執空。無非法相，并空亦空也。一名俱空。是謂三空。由見三空，從此精進，淨念相繼，便證清淨法身，故曰得無量福德。

○此一科名曰反顯者，是更從反面顯其必應三空之故，以明絲毫著相，便是分別心，便非清淨性。何以故？凡所有相，皆是虚妄故。所以著相便是逐妄，逐妄便迷卻真性，真性既迷，依然是起惑造業、苦報輪迴的凡夫，何能得無量福德耶？○由此可知，既已正釋，更加反顯的用意，無非欲令衆生速速覺悟，依此《經》無住之旨，一面勤行六度，一面觀照無相，發生淨信，以期證得三空性體，超凡入聖耳。此是必須反顯之總義。○然尚有別義，蓋防讀上文者起疑也。云何起疑？（一）我人等相從身見起，身爲苦本，不應著相，其理易明。法則不然，自度度他，必有其法。如布施六度，豈不明明有法？有法便有其法之相，今云無法相，法而無相，是法亦在若有若無之間矣，然則法相云何可無耶？（二）若有身見，勢必分別人我。一有分別，勢必造業受報。是故不應有身見，不應分別人我。而法本非身，其中那有人我？即令於法上起分別，那便是分別人我，至於非法二字，無異空之別名，既名空，那有相乎？然則何故將法與非法與由身見而起之我人四相相提並論，一概云無耶？爲欲斷此種種疑故，所以須從反面加以顯明的說明也。

○是諸衆生，即指上來生淨信、見三空的衆生。若心取相的心字要緊。須知心本無相，相字不必專指色身言，乃徧指一切境界相也。心本無相，若有一種相，便取著了境界。若取著境界之相，豈不是已經迷了自己的心麽？這正是背覺合塵樣子，所以成爲凡夫者。因此更須知取著境相，是誰取之乎。并非他人，我也。可見心若取相，便成我相。而所取的相，是由能取的我而有，猶之人相是由我相而生，故所取之境便成人相。所取之相疊起叢生，便成衆相。其相不斷，便成壽相。由是言之，無論取著何相，便有能取、所取、叢生、不斷，故曰，若心取相，則爲著我、人、衆生、壽者也。則爲者，猶言便是，言一取便著了。所以若取法相，亦即著在我、人、衆、壽四相之上，何云法不同身，其中無我耶？一取便有能所的分別，何得云法上分別不是人我分別？且由此可知，上科所云無法相者，謂其不取著耳，非畢竟無法無相也。若畢竟無，是斷滅相矣。至若非法固是空之别名，空原非相，然既取之，便有能取之我、所取之人、叢生、不斷，四相宛在，故曰，若取非法相，即著我、人、衆生、壽者。嘗見一種刻本，不知被誰删去若取非法相之上的何以故三字，

以爲本是一直説下，義意明顯，有此三字，反令語氣曲折，其義不明。嘉慶間有一刻本，雖不敢徑删，但注其下云，某某注釋及各正本俱定爲衍文云云。所云某某者，大都明清間人也。由此可證，此《經》字句多與古本不同者，雖不無傳抄之誤，亦實不免被淺見者妄加增删，真是可歎。幸而近今經本，又經明眼人將此句補入，然偏遠處經本尚有删去此句者，萬不可從。○蓋用此三字，含有精意，關係緊要，萬不可少。有人云，是以何以故三字跌起上義，使知若取非法，尚著四相，況取於法？此意尚淺。因若心取相則爲云云，已釋明其故了，何必更須跌起。然則其意云何？蓋防不得意者，雖聞若取法相，即著我、人、衆、壽，然尚未明何以方爲不取，見地未真，或致誤取非法，而尚自以爲是不取法也。因用何以故三字警問，使深思其故，不可誤會。即接云，若取非法相，即著我、人、

衆生、壽者，則知倘取非法，依然著相，無異乎取法者，將勿所謂不取法，并非畢竟不取耶？既非不取，而取又著相，可見不取者，乃令不取著相，會歸於性耳。此意云何？便是廣修六度萬行，而心中若無其事，湛然凝寂，不爲所動，即此便是不取法相的真實義。如此而行，既不著法，亦不著非法，便是二邊不著，合乎中道矣。然則有此何以故一句，下文若取非法相兩句，無異爲上文若取法相兩句作了注解。説法之妙，如是如是。若删去此三字，則語氣平列，便不能顯出此義矣。

○須知有是即空而有，空非離有之空。故《心經》云：色即是空，空即是色。所以此《經》處處説不取著，卻處處説不斷滅。不斷滅之言雖在最末後點出，其實開首所説，無不含有不應斷滅意在。如度生無度相，初不僅言實無衆生得滅度者一句也。應無所住行於布施，其意尤顯。而若見諸相非相，則見如來，更是結晶語。諸相非相，即明不取，取則只見相而不見性矣。惟其不取，故見相即非相，而會歸於如來藏性，故曰見如來也。總之，相原無過，過在於取耳。所以若捨相而取無相，捨無相而取能無之無，取便成相，便障自性。可知但能不取，雖有相而無妨，苟或有取，雖無相而成障，初何必滅相見性哉？因是之故，所以獨揀持戒、修福爲能信機。蓋持戒、修福，已不著空，以般若熏習之，慧解一開，於法不執，自然能不著有，而又不復著空，易合中道，視彼狂慧，相去天壤。故經論有言，寧可著有如須彌山，不可著空如芥子許。此明著有者易爲功，著空者難施救耳。此中取字，正與下文捨字緊對。此中是明不取法者，非謂可取非法也。約意言之。下文則明法應捨者，非謂非法不應捨也。上下語意正同，皆含有不可離有談空意。總之，二邊皆不應取，即皆應捨。故下文即結以「是故不應取法，不應取非法」，仍指歸中道也。○又用此何以故三字，更有一義。因上科無復我相乃至亦無非法相，是一直説下，以明三空，已如前説。此科於若取法、若取非法之間，用何以故隔開者，便是別明空有二邊不著義，以引起下文是故兩句也。若心取相兩句，本是總論。不可取相，即謂兼指身相。而身相屬有邊，與法相同，非法相則屬空邊，其間若不隔開，而仍如前一直説下，則此義不顯，而下文是故二字便無著落，而承接不上矣，足見秦譯之妙。

（壬）三，結顯中道，分二。（癸）初，以雙離結成。

是故不應取法，不應取非法。

是故之故，正承上文。因若取法、非法相，即著我、人、衆、壽，故兩邊皆不應取也。亦與上無復云云相應。以不取則無相，無相方生淨信，爲如來知見，得無量福德耳。總之，佛之言此，正示以下手方法，先令二邊不取，漸能空相，心地清淨，由是而信而解而行，至於究竟，亦不過兩邊不著耳。蓋由觀照般若證實相般若，實相者，無相無不相，非兩邊不著乎？此之謂因該果海，果徹因源。

（癸）次，引筏喻顯義。

以是義故，如來常説，汝等比丘，知我説法如筏喻者。法尚應捨，何況非法？

以是之是，正承上文不應取法兩句，亦遠與無法相以下諸句相呼應。○筏喻者，如來常説之法也。蓋説船筏原爲過渡，既渡則捨筏，以喻佛法爲度生死，生死未度，不可無法，既達彼岸，法亦無用，此以示法不可執之意。蓋《阿含經》中，爲弟子等常説者也。○法尚應捨句，即躡筏喻來。亦兼指上文不應取法，即以引起下文何況非法。何況非法者，明其非法更應捨也。捨即不取，然捨意更深，不但不取而已。前已取者，今亦須捨，究竟言之，即不取二字亦應捨也。○所以引常說之筏喻者，一面用今義顯常說，復一面借常說顯今義也。蓋謂以此法與非法皆不應取之義，所以如來常爲比丘說的筏喻，雖只說了捨法，須知是連非法一併捨的。何以故？法尚應捨，何況非法？其更應捨也，何待言哉？此顯無小非大，是法平等，即是用今義顯常說也。且以顯明今義之兩邊不取，語雖平列，須知非法更應不取，方不致於著空，此是借常說顯今義也。○此段經文義蘊深微，不止如上所說。當知今義與常說有最衝突的一點，必應了然者。蓋常說是令法不需要了則捨，而今爲初發大心者說，乃是令於正需要時捨法是也。○有此大衝突，世尊防人執常說疑今義，或執今義疑常說，故萬不能不引來，使學人因之洞明雖異而實同耳。○其疑云何？疑云，正需要時捨法，法捨豈非無法？無法將何以度，這不與常說相反了麽？乃又言，

不應取非法，究竟有法乎，無法乎？未度者需要法乎，不需要法乎？○當知今說之義，乃是有無二邊俱不可著，所謂中道第一義。當知二邊不著，便是二邊雙照。二邊不著，固無所謂有法。而二邊雙照，則亦無所謂無法。且不著便是雙照，可知正當無所謂有時，即復無所謂無。正當無所謂無時，何妨無所謂有。汝思之，深思之，究竟有法乎，無法乎？抑有即無，無即有乎？知此，則知今義與常說雖異實同矣。○雖然，佛引筏喻，專爲常說、今義的異同釋疑乎？非也。其深意所在，實爲防人執今義疑今義。其疑云何？諸君看出了麽？請看是故不應取法兩句，雖是結束上文，而與上文所說大有淺深。世尊恐人不明，生出障礙，所以引常說筏喻來顯明耳。不然，是故兩句已結束了，原可不必又引筏喻也。至於上面所說的二邊不著云云，乃至究竟有法乎無法乎一段，正是借常說顯今義，以免

於今義之淺深起疑生障耳。然則，當先明其淺深何在。○請看第一段說的，「無復我相」乃至「亦無非法相」，是說的無相。第二段，「若心取相」乃至「若取非法相」等，亦是說的不取相。至第三段，是故兩句，乃是法與非法一併不取，不止是不取相。此即與前兩段大大不同的所在，防人起疑生障者正在於此。○你看第一段說了無相，因欲斷人法相不可無，及非法本無相之疑，故說第二段取則著相，使知所謂無者，乃是令人不取，并非無法無相，且既取便有相，故非法相亦不應取。復點醒不取法相，是以不取非法相爲界限，俾得明了不是絶對不取法，乃是雖取六度等法修行，而心無其相。然後學人纔不致於或偏空或偏有，纔有正確的下手處。○須知般若妙法，下手便應徹底。云何徹底？直須法與非法影子也不留纔對。蓋名曰法相、非法相，可知其是法之相，是非法之相。若取法、取非法，取則有相，尚得曰不取相乎？所以前後所說，理原一致，但語有淺深次第耳。所以必須說第三段是故兩句，應當如是徹底不取，方爲不取相。然後因心清淨，纔能證入清淨法身之果。○問：如此說來，法是應捨的了，且又說了一句不應取非法，我也明了，這亦是用來爲不應取法作界限的，使知法雖不取，斷不可取了非法。但是如此一說，即依六度法修行而心無其相的辦法，便不能適用了。何以故？此中不是說不取法相，明明說不應取法故，然則從何措手耶？答：世尊正爲此故，所以要說第四句，顯明出一個絶妙的辦法也。○你看第四段中兩句要緊的話，「法尚應捨，何況非法」這兩句，無異於爲是故兩句作注解的。這正是指示學人曰，我不是叫你單不取法，是叫你連非法一起不取的啊。止不取法，那就變成無法，無法云何修行得度？若法與非法一齊不取，這就是妙法啊。

蓋引筏喻來説者，因筏喻即是法也。所以一方面便是叫人領會常説之捨法，是連捨非法在内的，使知一併捨卻，便是如來常説的筏喻之法。則今明明説是法與非法一齊不取，豈非即是所説之法乎？而一方面，又是叫人領會常説的筏喻，是説未度時不可無法，已度則捨之，使知今尚未度，何可無法？便不致誤會不應取法是無法。況明明又説不應取非法，則更足證明法與非法一齊不取，正是開示我們的妙法了。所以引筏喻者，正爲顯此。〇問：如何一齊不取，正是妙法？這又把人弄胡塗了，如何便是妙法呢？當知第一義中，法與非法本不可説，且無所謂生死，無所謂涅槃，更無所謂度。即二邊不著，二邊雙照，皆成剩語。直須剿絶情識，斬斷葛籐。正當剿絶斬斷時，㘞的一聲，直下言語道斷，心行處滅，則生滅滅已，便偏虚空皆成不動道場，偏虚空皆是淨光明綱，便與十方諸佛覿面了也。至此雖曰無所謂度，卻已飛行絶跡的如是而度了。然後恍然，即此無所謂度一句，亦是引人得度的妙法。敢問這剿絶斬斷的工夫，雖欲不謂之法，何可得乎？而法、非法皆不取，非即剿絶斬斷乎？兩邊逼得緊緊的，起心動念，非著此即著彼，直使分别妄想無存身處，譬如剿匪，兩面包抄，逼得匪無立足點，自然降伏矣。此是快刀斬亂麻的手段，故曰：剿絶情識，斬斷葛籐。這正是龍樹菩薩説的，一切法不生而般若生。般若正宗是無住，而兩邊不取，即是無住的鐵板注脚。即此便是無上甚深微妙法，即《經》中所謂阿耨菩提法也。以此爲本修因故，證阿耨菩提果，當可恍然，正與筏喻一樣，不是無法可度，更不是未度捨法矣。汝乃疑將云何度，究竟度時有法無法，豈非夢囈？〇問：佛何不説明不取便是法，而使人自領耶？答：此亦具有深旨。（一）不取本不是法，無以名之，假名爲無法之法耳。如布施、般若等皆是假名，無以名之，姑名爲法，豈實有其物乎？世、出世法莫不皆然。（二）正爲衆生處處著，故説兩邊不取，以治其病，倘以爲此即妙法，便又住著了，此又不説明之苦心也。然世尊猶恐學人起心動念，不知不覺住著於此而起分別，則無明猶在，更須遣除，所以又説第二周即後半部。者，正爲此事也。（三）雖不説明，防人徬徨無措，故引筏喻透些消息，俾真修者亦得藉以自領。當知凡事由自己領悟得來者有受用，何則？當其領悟時，即其得受用時也，比從外面由見聞得來的有益。所以古德説法，每不盡情吐露者因此，蓋防塞人悟門也。鄙人今番講出，未免有違古訓，深知罪過。然不得不講者，亦有區區微意。因佛法久衰，一般人怕聞般若。一般談般若的，往往走入歧途。而諸君又如此熱心求法，若絶對不與稍稍點醒，亦復不能啓人的真實悟門。且更有所恃而不恐者，有後半部經，很深切的對治此病，不必怕其聞而住之矣。且先在此處點醒，説至後半部方有張本。此下應勸一座不可缺席，以免前後不接。○説至此處，還有一事不能不供獻。凡欲領悟經中的真實之義，惟在至誠恭敬的讀。讀熟了，常常觀照其一段兩段，或一句兩句。觀照即是思惟，然此思惟與平常所謂研究大異其趣。平常的研究一種學問，是專以凡情推測。此則不然，雖亦不離文字，然切不可在文字上推敲，即推敲亦推敲不出。必須掃盡一切雜念，澄心靜慮的，將一個心全注在其上。不在文字上推敲，便是不取法。卻將全神注在這經上，便是不取非法。這個便是修定。久而久之，忽於一念不生時，性光發現，經中真實道理自然湧現，這個就是思惟修，纔是受持，纔能領悟。所以説，領悟時即是得有受用時。讀經要這樣讀法，定慧二學便一齊修了。還要多多懺悔，求三寶加被。不然，恐或障重，不但不能領悟，即觀照亦做不好了。此下須説兩邊不取，不是不行布施等度。

〇問：兩邊不取即是般若法門，則布施等法將可不行乎？誤矣，不行布施等，是取非法矣。須知般若是布施五度之母，般若生則五度即隨之而益生，其行之也愈妙。以般若觀智行五度，則五度皆是波羅蜜矣。〇凡舉一法，皆有四句差別，或曰有，或曰無，即是空。或曰亦有亦無，或曰非有非無。甚深般若，四句俱遣，所謂離四句，絶百非是也。百非不外四句。因自性清淨，不染纖塵，故應一切俱非。而此中四段，正是離四句也。〇第一段，是以無遣有。著有則成凡夫，故須以無遣之。第二段，是説亦有亦無，以遣偏無。行六度法，存有也。心無其相，存無也。偏無，防墮斷滅。第三段，是説非有非無，以遣亦有亦無。因亦有亦無不免存有二邊，故以二邊皆不應取，即是取有亦非，取無亦非，則二邊不致隔別，而相融矣。至第四段，

法尚應捨之法，指六度等法言。何況非法之非法，指非有非無之法言。蓋以一切法不生而般若生之義，所謂二邊不取，是貫徹到底。故正度時，先從亦有亦無入手，以達非有非無。既得滅度，則不但亦有亦無法捨了，當然併非有非無法一齊捨卻，方成諸法一如之如來。此固諸佛如來所常説也。如我世尊然，穿衣吃飯，示同凡夫，聲音相好，儼然具足，至此則生死、涅槃二皆不住。有乎，無乎，亦有亦無乎，非有非無乎？四句皆不可説矣。

〇不應取法，不應取非法兩句，爲最要語。上面諸説皆是兩邊不取也，故此兩句無異爲上文之結詞。筏喻一段，亦是顯明此兩句即是妙法，所謂阿耨菩提法也。（應詳説之。）

〇如上説法，所謂無可説中方便而説的第一義悉檀也。此《經》所説皆第一義悉檀，故講者亦不得不如是而説。然佛圓音一演，無義不賅，無論作何種説皆得。上説甚高，亦

無妨依爲人悉檀説之。爲人者，對機是也。《經》云，此《經》爲發大乘者説，爲發最上乘者説。如是之機，所以爲之頓説。如云，無我人四相，此説我空法，爲度我執。又云，無法相，不應取法，法尚應捨，此説法空之法，爲度法執也。又云，亦無非法相，不應取非法，何况非法，此説空空之法，爲度空執也。説法甚多，云何疑其無法，將云何度耶？須知是説無我人等相，非無我人等也；是説無法相，無非法相，非畢竟無法與非法也。總之，曰無，曰不取，曰捨，但爲遣執，非捨其法。三執既遣，則三空齊朗，三障圓銷，方且生死、涅槃兩皆不住，尚何此岸之不度，彼岸之不登乎？更依對治悉檀説之。對治者，對症下藥，醫其病也。《經》云，衆生病在處處著。故佛對有説空，對空説有，無非爲對衆生治其偏著之病。一有偏著，便與性體不應，便是背覺合塵，便致業障叢生，受苦無盡，故須對治也。如此中云應捨法，復云更應捨非法，捨即不取，亦即無相。取意而言，不盡依文。則知所謂捨法者，乃捨其著有之病耳。又如既云捨非法，卻并云捨法，則知所謂捨非法者，亦捨其著空之病耳。病除則有成妙有，空是真空。須知云妙有者，明其有而不有，故妙有即是真空。云真空者，明其空而不空，故真空即是妙有。由是言之，可知下手便令二邊不取者，正爲令得二邊雙照。雙照者，便是惺惺寂寂，寂寂惺惺，所謂寂照同時。同時者，即是寂而常照，照而常寂，便是寂照真如三昧，便是佛境界。到此地位，豈但滅煩惱障，亦滅所知障了，豈但度分段生死，亦度變易生死了，此之謂皆令入無餘涅槃而滅度之。可知此中所説，皆是極圓極頓、直令成佛的無上妙法。無論修何行門，如能領會此中義意而行，成就必速且高，且其法直捷了當，説難亦並不難。諸位善知識，佛法難聞竟得聞，佛恩難報終須報，惟在吾人直下承當耳。

（壬）四，問釋證成，分三。（癸）初，舉如來果德問。

須菩提，於意云何？如來得阿耨多羅三藐三菩提耶，如來有所說法耶？

此問釋證成一段，又是釋明不應取兩句之所以然。如何爲兩邊不取，及爲何須兩邊不取？而舉果地證成因地，以明須因果一致也。故世尊舉極果問須菩提，釋明之後，復舉一切賢聖證也。一切賢聖望極果爲因，而望初發心人則爲果也。分三小段。《經》中語句，往往言在此而意在彼，眼光四射，八面玲瓏。即如此中問語，觀兩耶字，明明言中含有無得無說，然而若曰無得說，則取非法了也，若曰有得說，又取法了也。今舉此問，即是試探聞法者，究竟於兩邊不取之真實義能否領解耳。

補 本《經》凡安於意云何四字，淺言之，則是試探聽法之人，對以上所說能否明瞭。深言之，即指示我們讀誦之人，莫要錯會佛意，於以下所說之話要深深體會，方是正知正見，否則不合佛意。佛問語稱如來，須菩提答中卻有一切賢聖，可見此不應取法，不應取非法，無論成賢成聖成如來，皆非從此法門不可。如來兩句，緊跟不應取法二句而來。驟看之，得字似乎有得，有所說似乎有說，佛意明明謂，如來對於他所說之法，心中有所說否？此法正指阿耨多羅三藐三菩提。如來爲何說法？即爲一切衆生證得無上菩提，方成如來，當然有得。問中兩耶字，表面是法，內中即含有非法在，蓋恐粗心者有所誤會，要須菩提來解釋。不但試探聽衆對於二邊不著之義能明與否，且指示我們用功，非從二邊不著下手不可。○粗心者即疑佛在菩提樹下成道，豈不是得果？四十九年說法，豈不是法？如何叫我們初發心人不應取法？一經須菩提解釋，世尊無得而得，無說而說，此疑即解。

進一層言，不説世尊得阿耨多羅三藐三菩提，亦不説佛，而説如來。如來是法身，是性德。佛性人人有之，特凡夫藏在無明殼耳。故説此二句，是叫我們證性。性上豈有所得耶，豈有所説耶？

（癸）次，以法不可執釋，分二。（子）初，明無定法。

須菩提言：如我解佛所説義，無有定法名阿耨多羅三藐三菩提，亦無有定法，如來可説。

補　此答極圓極妙。看似所答非所問，世尊就能得之人、能説之人一邊問，長老卻就所得、所説一邊答。問是一邊，答是一邊，最爲圓妙。意謂你老人家問如來有所得、有所説，我尚未成佛，那裏知道？故我不過就所説之法一邊，且依佛向來所説之義略解之。如此一來，佔住身分，我既未證得佛，當然不能知道。但就世尊教導之理去領會之，當不致誤也。長老此説，一方面爲自己設想，一方面開示我們。世尊説此二句，極爲緊要，應依照長老之旨，前去領會。○長老答中，不説如來而説佛，大有深意。蓋謂善男子、善女人等欲證無上菩提，應依照已證得果位之佛去做也。無有定法，即法無有定。簡單言之，即法不可執著。亦無有定法，即爲法不可執作註解。○阿耨多羅三藐三菩提，尚無有一定之法可名，答上文所問之有所得、有所説之意已明。法尚無定名，何況有得，更何況有所説？佛對發菩提心之善男子、善女人，何以不説無上菩提，而説應行於布施？可見一切法外，無有阿耨多羅三藐三菩提，故無有定法，説法皆是方便，故亦無定法可説。

（子）次，釋應雙非。

何以故？如來所説法皆不可取，不可説，非法，非非法。

補　雙非者，即非法非非法，即雙離，亦即雙遮，謂皆非也。長老此數語，圓妙之極，可作種種解釋。佛經文句應作面面觀，佛自言我説法窮劫不盡，何況我們凡夫，可不從多方面去領會耶？無定法，亦無定法可説，即就上文阿耨多羅三藐三菩提悟得。長老自謂，我何以悟得無定法，亦無定法可説耶？因爲如來所説之法，即無上覺，即究竟覺。究竟覺即無念，何以故？經中説離微細念故，照見心性，名究竟覺，可見究竟覺即無念。無念如何可取？心中一動方可取故。能取、所取皆要不得，故云皆不可取。世尊要指示我們修行，故旁敲側擊，勉强而説，而般若心性離言説相，了無能説、所説，故云皆不可説。我們若執爲真有阿耨多羅三藐三菩提可證，是錯了，故云非法。然若執爲没有阿耨多羅三藐三菩提，那又錯了，故云非非法。○又如來所説法之法字，乃指一切法而言，蓋一切法即阿耨多羅三藐三菩提也。如來所説法，叫我們不可取，然明明又説許多法，叫我們不可取非法。所以我們聽法的人，法與非法皆不可取。是知説法之人，亦不得已而説，對機而説。既然法無有定，可見執法不是。但是明明説法，可見執非法亦不是。非法、非非法二句，正是不應取法、不應取非法之註解。何以不應取法？因非法故。何以不應取非法？因非非法故。非法、非非法，又可倒轉觀之，若云如來所説非法、非非法，皆不可取、不可説。○長老謂，亦無有定法，如來可説，特提如來二字者，如來是法身，法身無相，那有可説？含應化身有相可説之意，故云無有定法。無有定法者，既不可執定有法可説，亦不可執定無法可説之謂也。法身是性，性是大圓覺海，無量無邊。一切衆生及諸菩薩等，就性上説，皆是一真法界。故世尊之説法，自大圓覺海中自在流出。我們要證到大圓覺海，應先離心緣相，如何可取？又要離言説相，如何可説？離言説相，正是言語道斷。離心緣相，正是心行處滅。既然心行處滅，言語道斷，如何可去分別？故云非法、非非法。〇前説無念，正要離分別心。故云，不應取法，不應取非法。世尊證得法身如來，雖有所得，並無所得，雖有所説，並無所説。要雙照，先得雙離。世尊所問二語，即含有此意，若謂，法身尚有所得耶，法身尚有所説耶？如來之所以稱如來，是先離分別。汝等在因地修行，亦應先離分別，何可存有所得、有所説之見耶？

（癸）三，引一切無爲證。

所以者何？一切賢聖，皆以無爲法而有差別。

補　所以者何，即指出爲何兩邊皆要非之所以然。一切賢聖皆用此雙非之法，我們凡夫何可不用？十住、十行、十回向、四加行爲賢，初地至等覺爲聖，如來極聖，故云一切。無爲即涅槃，涅槃，梵語具足曰般涅槃，譯爲寂滅，或不生不滅。羅什就中國舊名，譯作無爲。唐玄奘三藏不贊成用舊名，以舊名與梵語原意不盡同，故彼所譯名詞皆係新造，以免讀者誤會。此處無爲是不生不滅，與老子純順自然不造作之無爲不同，用新譯固宜。但玄奘於不至誤會者，亦新造許多名詞，吾人亦不贊成。〇無爲者，指自性清淨之心原來具足，無造作相。佛經上無修無證，即指此而言。祇要把生滅心滅了，此寂滅即現前。至修行下手，即上文非法、非非法，兩邊不取。必兩邊不取，將分別妄想除盡方可，故成賢成聖，皆用此法。賢聖大有差別，望於如來是因地，望於凡夫即果位，又後後望於前前皆是果，前前望於後後皆是因，故云一切。賢聖由此無爲取證，故云皆以。如來亦然，如來凡有所説，皆依自證無爲，不可謂其非法。然賢聖有差別，淺深地位不同，是知如來凡有所説，皆隨順機宜，方便非真，不可謂其非非法。〇世尊所説法，無淺非深，無深非淺。故教初下手者，即從不應取法、不應取非法用功，到感果時，功候極深，亦是此法。我們應在起心動念上下手，先觀無念。能在念一動時便知道，立即返觀，即能照住，念即無，然此非用功久者不能。故初步須觀察，觀察不可不深思惟。深思惟，則觀此許多念頭從那裏起的，一觀即起無所起，本來虚妄。再起再觀，反覆用功，即能照住，即能無念。此一科，達天法師判爲生信，深爲確當。蓋經文中能生信心，以此爲實，及一念生淨信，明明講信也。如來依此法成如來，一切賢聖皆依此法而成，則我們非如此能生信心，以此爲實不可。

（辛）三，校勝，分四。（壬）初，布施福多，分二。（癸）初，舉事設問。

須菩提，於意云何？若人滿三千大千世界七寶以用布施，是人所得福德寧爲多不？

補　校是比校，勝是殊勝，即就福德，以智慧來比校。有人説，此《經》佛教人不住相，又何以處處以福德比校？此有四種要義。一，要人明瞭福慧應雙修，專修慧不修福卻不可。假如講經説法，原爲度生，而衆生偏不喜聽汝之説，即缺少福德之故，故福德甚要緊。福慧雙修，即是要人悲智具足，智即慧，悲即福。諸佛如來皆以大悲心爲體，因於衆生而起大悲，故大乘佛法建立在衆生分上。觀《普賢行願品》，即知普賢之願是大悲所發。中有一段云：或復有人，以深信心，於此大願受持讀誦，乃至書寫一四句偈，速能滅除五無間業。又説：速得成就微妙色身，具三十二大丈夫相。是知衆生如能圓滿普賢功德，即能滅罪得福，而修普賢行願，先要發大悲心，故悲即是福。本《經》所説福德，皆由大悲而發，並非令人求人天福報也。二，福德如此重要，宜發大悲心。然若無智慧，則菩薩道不能行，故大智尤爲重要。

古人云福慧二輪，可見如來必有兩輪，方能行化。然兩輪之力，如左右手，以右方爲重。福德固要，而智慧尤要，故滿三千大千世界七寶布施，不如受持四句偈，爲他人説也。三，借此校勝，即將前文收束。佛説法雖一往之談，中間必處處收束，此《經》校勝處，即章句收束處。四，本《經》校勝多次，每次必加勝，愈校愈勝。並非後文深於前文，相差如此之遠，乃就衆生而言，指其功行愈勝，福德愈多也。○若者，設問之詞，不必真有此事此人。滿三千大千世界七寶布施，在經上，是大梵天王宿世因中，即如此布施。不是一世，乃多生多世布施，積聚起來，有此之多。佛言倘若有此人，則當時並無此人可知。佛經上説，世界上極大之山曰須彌山，亦稱須彌樓，譯言妙高。此山入海八萬由旬，出海八萬由旬（一由旬合中國四十里），故極高。此山非土石所成，乃金、銀、瑠璃、玻璨四寶所成，故曰妙。圈繞此山有大海，名香水海。周圍又有海有山，共七重，曰七香海、七金山。此外又有大海，曰鹹水海。外圍有大山，曰大鐵圍山。山外更有四大洲，四大洲之一即我們所居之南瞻部洲。世人以地球之四洲當佛經之四洲，誤也。此四大洲亦稱四天下，在須彌山之半。欲天六重，與人道最近者，爲四天王天，其宫殿即在須彌山半。四天王統領人道、鬼道，稽察人間善惡，即其責任。其上爲忉利天，此天亦不在虚空，即在須彌山頂。道教之玉皇、儒教之昊天上帝即此天，自四天王以及六道，均歸此天所管。再上四重天，即在虚空。欲界以上之色界，有十八重天，分初禪、二禪、三禪、四禪。升此天者，不僅是福德，須具有定力。已無淫欲，但尚有色質，故稱色界。升初禪者，不必修佛門之定，即外道之定亦能升此天，如道教之大羅天，亦是初禪，佛教之修定未出三界者，亦寄於此天，故統名曰禪。初禪之大梵天王，其權高於釋提桓因，釋提管一四天下，大梵王則管三千大千世界。釋迦所化之娑婆世界亦如此之大，每佛所管之世界均如是，不過有淨穢之不同，即極樂世界亦如是之大，但其土是平，是七寶所成，與此土人心險惡所感之凹凸不平懸殊。衆生所修福德大，即感七寶多，所修福德小，即感七寶隱。此金、銀、瑠璃、玻瓈、硨磲、瑪瑙、赤珠，皆非現在人工所造。此人以滿三千大千世界七寶施給衆生，亦非人力所及。寧爲，猶言可謂。世尊問語，極其善巧，不但試探須菩提，并探我等，蓋恐我們誤會上文不住相之意，以爲既不住相，何必要福德？須知此人滿三千大千世界之布施，即是救度衆生，故祇可不住相，不可不行布施，否則即不是大悲心。

（癸）次，答釋所以。

須菩提言：甚多，世尊。何以故？是福德即非福德性，是故如來説福德多。

補 此答意味深長。須菩提明瞭世尊之意，故云甚多。又恐人不了解前此明明説不住相，此忽云甚多，斤斤較量，豈非住相耶？何以故下，即自己釋明答曰甚多之所以然。本《經》是名、即非之文句頗多，此處乃是第一次見，故語意較詳。特舉出性字，使人了解以後凡説即非，皆指性言。是故説，猶言是名，使人了解以後凡説是名，皆指相言。就相上説，名是名字相，言是言説相，凡物之大小、長短、高低、遠近、表裏，有對待者皆是相。相有變動，是虛妄，性則不動，是空寂，故就性上言，一切不可説。須菩提意謂，若是福德之相，可以説多，即非福德之性。若是福德之性，空空寂寂，即福德二字亦安不上，那裏有多少可説？以下凡遇即非、是名，皆如此解。此處特加如來二字，如來是性體之稱，説福德多，是就相言，何故舉如來？此含要義。蓋性是裏，相是表，性是本，相是末，有裏方有表，有本方有末。意謂有如來之性，方有福德可説，若無性，則有何福德可言？是福德即非福德性，表面説是福德，實指示我們不可著相。是故如來説福德多，就是説有是性方有是相，令我們會相歸性。

（壬）次，信經殊勝。

若復有人，於此《經》中受持乃至四句偈等，爲他人説，其福勝彼。

補　此科是佛語，應有佛言或須菩提字樣，今略之。若復之復字，再也。讀者或致誤會，以爲讀誦《金剛經》，其福即勝過大梵天王。實則應注意受持二字，是人能受持此《經》，又能布施，方勝過於彼。受是領納，是指真能領會經義，而得受用者，比解字更進一層。持即拳拳服膺，一刻不放鬆之意，比受字又進一層。既受持，無有不讀誦者，故衹用受持二字。乃至者，超略之詞，謂或全部受持，或一部分受持，最少則四句，故置等字。偈，字書本音傑，古德改讀去聲，與解字一例。此本是印度之詩，因韻文難翻，故翻譯時，或有韻，或無韻，特改稱爲偈誦。印度原文，每四句爲一章。此四句偈，不指定經中某處四句，任何四句均可稱之。以上是自利，下文爲他人説，是利他。其字即指持説之福。勝彼者，超過前人，彼衹做到布施，且是財施，是福德相。是人既能受持以修慧，又能爲法施以修福，福慧雙修，悲智具足，乃是福德性，故勝過於彼也。

（壬）三，釋成經功。

何以故？須菩提，一切諸佛及諸佛阿耨多羅三藐三菩提法，皆從此《經》出。

補　佛在《大般若經》説過，無論一切法，皆在般若中攝盡，故般若在諸經中爲最要。而《金剛經》尤般若中之最要，凡《大般若經》中要義，此《經》皆備。可見讀此《經》，無異讀《大般若經》，且無異讀三藏十二部經。此一部《經》所説，即無上正等之法，故云，一切諸佛及諸佛阿耨多羅三藐三菩提法，皆從此《經》出。一切諸佛者，能證人也。阿耨菩提者，所證法也。照此看來，成佛法門在此《經》，成佛亦在此《經》，是人能受持此成佛法門，布施此成佛法門，故福德窮劫説之不盡，豈三千大千世界七寶之布施可以比擬？此是本《經》第一次比較，舉出大梵天王故事，正是銖兩悉稱。蓋彼是成大梵天王之布施，此是成佛之布施。佛所管領亦是三千大千世界，以彼比此，可爲恰當。然大梵天王猶是凡夫，佛是聖人，是教主，焉能爲比？況大梵天王尚不能免大三災耶。○尚有要義，本《經》處處教人不住相，就要人證性。可見此《經》中所説者皆是性，皆從此《經》出者，實無異説，此《經》從

性體而出也。從性體出，故教人不可住相。凡人之病，是處處著，不著於此，即著於彼。本《經》處處教人見性，然《經》中性字，除即非福德性之性字外，別處不見，蓋要人善自體會，連性字亦不可執著也。一切諸佛皆從此《經》出，又是指點我們學佛要從此《經》入。

此校勝收束的示無住以生信一科，最爲適當，蓋信心是入道之門也。

（壬）四，結歸離相。

須菩提，所謂佛法者，即非佛法。

補　清初有人在即非佛法下，加是名佛法一句，是大錯。不用是名，單説即非，乃有深意，何可妄加？此處不加是名句，是爲上文作註解。若加此句，文體既不合，意義亦不對。凡加是名一句，是開下文。此處所謂佛法，佛即指上文一切諸佛，法即指上文諸佛阿耨多羅三藐三菩提法。佛意謂，我上

面所説一切諸佛，及諸佛阿耨多羅三藐三菩提法，是就名相上説佛與法，即非就性上説佛與法。本《經》明明教人不要住相，即上文所説一切諸佛二句，亦不可著相。若一著相，即非諸佛阿耨多羅三藐三菩提法。如此結束，於上文不住相行於布施，不取法，不取非法之意義，皆圓滿矣。以下是江居士親筆。

上來的示無住以生信一科，開口便令廣度衆生成佛，入無餘涅槃，即成佛也。是開示吾人應無住我人等相也。復曰，實無衆生得滅度者，是應無住法相也。更曰，於一切法無住而行布施等法，是應無住非法相也。因以不住於相四字總結之，不住於相者，無住之真詮也。所以應無住者，降伏其妄心也。妄心即是識，亦即分別。妄心非他，分别著相之謂耳。然問中先住後降，答中卻先降伏後住。而答住時，卻曰應無所住。又曰，但應如所教住。而所教乃是無住，豈非應住於無所住乎？此又的示以但須除妄，莫更覓真耳，蓋妄除則真自現矣。且真如之性如如平等，若住於真，便成執異。執則成妄，何真之有？異非平等，何如之有？故但應以無住降妄，即此便是正住，豈可别求住處？妄除一分，真便現一分，何須别覓真耶？故接而言曰，凡所有相，皆是虚妄。此明住相之過，苟住於相，便是逐妄，此所以首言降伏也。又曰，若見諸相非相，則見如來。此明不住相之益，若能不住法、非法相，便見真性，此所以但言降不言住，而降伏即是正住也。如此開示，的然顯然，故以上諸文俱歸一小科，標名曰明示者，以此。〇明示若此者，所以令人生信也，故接以生信一小科。此中獨揀持戒、修福爲能生信，尤具精深義趣，略言之有三。（一）般若，此云正智慧，而慧從定生，定由戒成，今欲開其正智，必應持戒。不然，正智不生，反成狂慧，走入邪路，危險已極。福慧二輪，不可缺一，二輪並運，方成兩足之尊。若慧多福少，則缺少大悲，不能攝化衆生矣。故修般若正智，不能離布施等度而别修。故經中開首即云廣度衆生，又云於法無住而行布施。以離福修慧，既與衆生無緣，相好亦不具足，欲化衆生，衆生亦不聽其教化也。此吾人必應知之者。（二）持戒則少欲知足，修福必深信因果。今修觀照般若，若貪欲多，何能離相？若因果不明，又易偏入斷滅相。《經》曰，持戒、修福者能生信心，即是的示吾人應持戒、修福，乃能入般若之門耳。信爲入道之門故。其警誡之意，深矣切矣。此更吾人必應知之者。總之，持戒、修福，已無非法相矣。故依經觀照人空、法空，決不致走入歧途。果能一念相應，便契三空之理，所謂無我人等相，無法相，亦無非法相是也。所謂無者，並非頑空，乃不取相之謂。不取二字，又是不住於相之真詮。而欲不取相，應不取法、不取非法。取法便成法相，即著於有矣。取非法便成非法相，又著於空矣。空有不著，便是中道第一義，便是阿耨多羅三藐三菩提法。譬如船筏，度時仗此法，度了還應捨。是故雖已成佛，雖如佛之説法度生，亦得而不有其所得，説而不有其所説，不能定執爲有法，定執爲無法，故曰，無有定法。此四字又是不取法、不取非法之真詮也。以明因其無定，故不應取。所謂不取者，不執云耳。總之，佛所説法，本來皆不可取，皆不可説，須於心行處滅、言語道斷時契入。故取法説法，取非法説非法，皆非也。是之謂無爲校：爲，舊版作餘，原稿作爲。涅槃，希賢希聖，無不由之。明得此真實義，便爲實信。一念相應，便得無量福德，以一念相應是淨念相繼之根也。〇云何福德無量？復以校勝一小科明其所以然，所謂諸佛及諸佛無上菩提皆從此《經》出，是也。此是説明一切佛，一切佛法，皆不外此《經》無住之理。若實信此理，一念清淨，便可直至阿耨多羅三藐三菩提，福德豈非無量乎？然不可因聞此語，向文字中求之，須依經中所明之理，返照自性。自性空寂，並無佛字法字。果能久久觀照，證入空寂之性，便是成就了無上菩提，便是成佛。然佛雖成佛，終不自以爲有少法可得，無少法可得者，不自以爲成佛也。故曰，所謂佛法者，即非佛法。徹始徹終，一以貫之，曰無住而已矣。因賅果海，果徹因源，如是如是。○以上爲第一科之要旨，開示無住，亦既詳且盡矣。我世尊大慈大悲，欲人大開圓解，復將無住的義趣，層層推進而闡明之。以期解慧開，則信根成就，修功亦因而增長，庶幾乎由觀行而相似，而分證，以達究竟耳。

金剛般若波羅[四]蜜經講義卷二終

校勘記

〔一〕「問」，底本作「間」，據文意改。

〔二〕「味」，底本作「昧」，據文意改。

〔三〕「迴」，底本作「迴」，據文意改。

〔四〕「波羅」，底本作「羅波」，據文意改。

金剛般若波羅蜜經講義卷三

震旦清信士勝觀江妙煦遺箸

（庚）次，推闡無住以開解，分五。

（辛）初，約果廣明。次，約因詳顯。三，請示名持。四，成就解慧。五，極顯經功。

此推闡無住以開解一科，又分五小科。

初爲約果廣明，即自第九分至第十分前三行是也。約果廣明，蓋承上一切賢聖皆以無爲法而有差別，而舉事證明也。亦與不應取法、不應取非法，不可取、不可說，佛法即非佛法遥相呼應。得而無得，不取法也，所謂即非佛法也。無得而得，不取非法也，所謂佛法也。

得而無所得，無得即是得，心行滅，言語斷，何可取，何可説哉？總以明其兩邊無住之意。果地如此，因地可知。小乘如此，大乘更可知矣。

（辛）初分二。（壬）初，泛論四果。次，師資證成。（壬）初又四。（癸）初，明初果離相。

須菩提，於意云何？須陀洹能作是念，我得須陀洹果不？須菩提言：不也，世尊。何以故？須陀洹名爲入流，而無所入，不入色聲香味觸法，是名須陀洹。

初果斷盡三界八十八使，已見真空之理，而知無我亦無我所矣。若作我能得果之念，是我見依然，何云得果乎？二果以上例此。須菩提皆就四果名相辨釋，令著果相者當下可以爽然自失，此説法之善巧也。不也，是活句，猶言不是無得，亦不能作念。是名之名，謂假名也，不可坐實。坐實既是作念，著於有所得矣。○梵語須陀洹，此云入流，謂已涉入涅槃末流，由此循流溯源，可達涅槃彼岸也。然而雖稱入流，實無所入，不入句正釋其故。蓋根塵相對，名爲六入，謂根塵相入也。如眼對色，則若有色入眼，眼即爲色所轉，是亦可曰眼入於色矣。餘仿此。所以相入者，識爲分別故。今曰不入，明其能空情識矣。因其不入六塵，無以名之，名曰入流。亦因其不入六塵，情識能空，故雖名入流，而實無所入，是特假名入流耳。故曰，是名須陀洹。名者，假名也，名相也。下是名句皆仿此。意中若曰，倘作我能入流之念，是明明有所入矣。若有所入，情識依然，何云得初果耶？總之，得果正由無念，作念便非得果。

（癸）次，明二果離相。

須菩提，於意云何？斯陀含能作是念，我得斯陀含果不？須菩提言：不也，世尊。何以故？斯陀含名一往來，而實無往來，是名斯陀含。

梵語斯陀含，此云一往來。證初果已，

進斷欲界思惑上上乃至中下，共六品，尚餘下三品，欲界思惑共九品。斷五品已，即斷至中中品，名二果向。斷至六品，名得二果。須一往天上，一來人間斷之，故稱一往來。然其心中實并往來之相亦無之，因其無往來相，方能一往來。亦因其尚無往來相，豈有一次往來、兩次往來之别？是亦假名爲一往來耳。意若曰，倘作一往來之念，是明明著往來相矣。既已著相，儼然分别，初果尚不能得，何云得二果耶？

（癸）三，明三果離相。

須菩提，於意云何？阿那含能作是念，我得阿那含果不？須菩提言：不也，世尊。何以故？阿那含名爲不來，而實無來，是故名阿那含。

梵語阿那含，此云不來。證二果已，進斷欲界下三品思惑盡，寄居色界四禪天，不來人間矣，故稱不來。然其心中實無所謂來，因其來意已無，故能不來。亦因其尚且無所謂來，豈有所謂不來？是亦假名不來耳。意若曰，倘作不來之念，是明明來與不來猶未能淡焉忘懷也。若未全忘，情識尚在，尚非初果所應有，何云得三果耶？

（癸）四，明四果離相。

須菩提，於意云何？阿羅漢能作是念，我得阿羅漢道不？須菩提言：不也，世尊。何以故？實無有法名阿羅漢。世尊，若阿羅漢作是念，我得阿羅漢道，即爲著我、人、衆生、壽者。

梵語阿羅漢，此云無生。證三果已，在四禪天斷上二界七十二品思惑盡，便證無生法忍，不受後有，生死從此了矣，故稱無生。然其心中實并法而亦無之，因其無法，則生滅心息，故曰無生。亦因其尚且無有無生之法，豈有所謂無生？是亦假名無生耳。意若曰，倘作無生之念，是明明有法矣。既有法相，即著我、人、衆、壽，生心動念，依然凡夫，何云得四果，證無生法忍耶？

（壬）次，師資證成，分二。（癸）

初，約當機無得證。次，約往因無得證。

（癸）初又三。（子）初，引佛說。

世尊，佛說我得無諍三昧，人中最爲第一，是第一離欲阿羅漢。

無諍者，不與物競，一切平等之意。由不自是，故能無諍，無諍則不惱他，意在守護他心，令不生惱。修此三昧，豈非大慈？然此三昧之所以成者，則由於人我是非之相皆空。《涅槃》云，須菩提住虛空地，若有衆生嫌我立者，我當終日端坐不起，嫌我坐者，我當終日立不移處。可見由其住於虛空，乃能如此。長老解空第一，故能入此三昧耳。（十大弟子各有特長，皆稱第一。大迦葉以頭陀稱，阿難以多聞稱，他如舍利弗智慧，目犍連神通，羅睺羅密行，阿那律天眼，富樓那說法，迦旃延論義，優波離持律，以及須菩提解空，皆第一也。）三昧者，此云正受，亦曰正定。不受諸受，名正受。一切不受，則不爲一切所動，是爲正定。人謂凡夫，凡夫喜諍，豈能無諍？故曰人中最爲第一。欲字廣義，徧指思惑。斷盡三界貪等煩惱，方真離欲。凡成阿羅漢，無不離欲，離欲亦必不與物競，但未得無諍三昧，乃讓長老亦得第一之稱。偈頌云：依彼善吉者，說離二種障。《新眼疏》以見思惑當二種障，義狹。古注謂，離欲是離煩惱障，爲一切阿羅漢所共有。見惑、思惑通爲煩惱。雖得無諍三昧，而不存有所得，即是自忘其無諍。是自忘其在定矣。此爲離三昧障，乃真得無諍，真得三昧，故稱第一離欲阿羅漢。合上句言之，謂不但於一切人最爲第一，即以阿羅漢之離欲言，亦稱第一也。此是世尊平日稱讚長老之詞，故曰佛說。長老既自忘在定，諸弟子又不能及，唯究竟覺者能知其入此三昧，故惟佛能說。佛者，究竟覺之稱也。此一科正標舉其功行事相，非談離相，次科方陳離相也。故不曰如來說，而曰佛說。以如來是性德之稱，約性而言，則無諍及第一等等名相皆不可説矣。本《經》中即一稱謂，無不含有妙義，如是如是。

（子）次，陳離相。

我不作是念，我是離欲阿羅漢。

流通本有世尊二字，寫經及古本無之，可省也。此中兩句經文易解。今當説者，長老但云離欲阿羅漢，而不云無諍三昧者，亦有妙義，蓋正明其自忘在定也。且普通之離欲尚不存有所得，其不自以爲得無諍三昧可知矣。

（子）三，釋所以，分二。（丑）初，反顯。

世尊，我若作是念，我得阿羅漢道，世尊則不説須菩提是樂阿蘭那行者。

我若作是念句，惟肇注本無此我字。按下句有我字，此原可省，今本既一依寫經，故仍之。阿羅漢道，即謂離欲。阿蘭那，此云寂靜，亦云無事。謂事相。相盡於外，心息於内，内外俱寂，無時不靜也。即無諍三昧之別名。行者，功行。樂者，好也，心與契合之意。蓋好之至極曰樂，有性命以之之意。樂阿蘭那行，謂心之與行契合無間，即證得之意。上句不言離欲而换言阿羅漢道，下句不言無諍三昧而换言樂阿蘭那行者，取兩名含義正同。阿羅漢爲無生，謂一心不生也。阿蘭那，内外俱寂，亦一心不生意。則存有所得便非真得之意，更爲顯然易明也。得此反顯，則上來所云，有我等相，即非菩薩，以及取相則爲著我等相之義，乃益闡明。何以著我便非菩薩？以其功行全失故也。心念若起，必有取著，著則成相，其相便爲我、人、衆、壽。蓋其所以起念者無他，未忘情於能得所得故也。能得便是我相，所得便爲人相，誰爲能得？我也，故能屬我。對能爲所，猶之對我爲人，故所爲人相也。能所不一爲衆相，執持不斷爲壽相也。作一得念，便不能得，可知作一布施等念，便不能布施矣。則發大心、行大行者，萬不可住相也明矣。因布施者若存有所施，最易志得意滿，尚能廣行布施乎？餘可例知。

（丑）次，正明。

以須菩提實無所行，而名須菩提是樂阿蘭那行。

正明中，實無所行句，作實無其所行解，謂行而無其所行也。無所得義亦如此。不可誤會爲一無所行，一無所得。○此科承上科來，應言實無所得，而今曰實無所行者，有深意焉。蓋謂因修行此行時，無其所行，方名樂阿蘭那行。換言之，即是因無其所行，然後乃能證得也。使一切因地之人聞而悚然，倘不能無住而離相，則虛此修行矣。上舉果位爲言者，正爲因地人作對照。今言小乘果位已畢，故特言實無所行以點醒之。不曰以我實無所行，而曰以須菩提，亦合深意。蓋表明所謂實無所行者，乃自旁觀者見得，而本人并忘其爲實無所行也。意顯即實無所行，亦不能存於心中，存之便是住相。何則？心存便是心取，若心取相，則爲著我、人、衆、壽矣。又玩其語氣，若代世尊言者，意明世尊説須菩提是樂阿蘭那行者無他，正因須菩提實無所行耳。而名之名，亦有義，使知樂阿蘭那行，亦屬名相，性中著不得此語。○綜觀上數科之義，凡以明必得而無其所得，乃爲真得，若有所得，便爲非得。使因人知必行而無其所行，乃爲正行，若有所行，便非行矣。云何無其所得，無其所行？不作念是也。不作念，正指示不取不住之方針。知此，然後無住始有入處。此皆所欲闡明者也。

（癸）次，約往因無得證。

佛告須菩提：於意云何？如來昔在然燈佛所，於法有所得不？世尊，如來在然燈佛所，於法實無所得。

此世尊往昔行菩薩道，初登第八地時之事也。望於後成正覺，仍爲因地，而望於初發心人，則爲果位。今引此事，是爲發無上菩提心者而説，故將此往因一科，併判入約果廣明中。○然燈佛事及爲世尊授記本師事，見《本行集經》及《瑞應經》。然燈未出家時，本名錠光，（有足爲錠，無足者爲燈。）以生時一切身邊如燈光故。世尊時爲七地菩薩，名曰儒童，又曰善慧。正修行第二阿僧祇劫將滿之際，遇佛聞法，證無生法忍而登八地。（遂入第三僧祇。）然燈爲之授記云：是後九十一劫，名曰賢劫，當得作佛，號釋迦牟尼也。無生法，即謂真如實相。忍者，通達無礙不退之意，所謂理智相冥，忍可印持也。大乘證無生法忍有種種説。《智論》謂登地約別教言。便得，《仁王》等經得在七、八、九地。須知圓初住上即已分證，所謂破一分無明，證一分法身。至於八地則證圓滿，故稱無學。直至等覺，見性猶如隔羅望月，唯究竟覺乃證得究竟耳。○於法之法，諸疏皆約授記語言説，欠妥。唯蕅益約無生法忍説，甚是。（諸疏蓋泥於彌勒頌耳。頌云：佛於然燈語，不取理實智，以是真實義，成彼無取説。按偈頌中之語字，並非剋指授記語言。世尊昔因聞法而證無生，故爲授記。則頌中語字，似指然燈所説之法言。頌意蓋謂，聞法語而不取著於理體及實智，別於權智，故曰實智。以是之故，真實義得成。由此可證，彼謂世尊。決無取著於然燈所説也。此句是頌長老實無所得句意。總之，由其不著於理智，故能理智相冥而證無生。真實義指無生言，無生法爲真如實相，故曰真實義也。）或指在然燈佛所所聞之法説，亦可。有所得者，有其所得也。有其所得，便是取著，便是住相。問意謂，彼時聞法，能不住相否？若約證得無生忍説，則得字更易明了，問，昔得無生法時，心中有一個所得之無生法否？此中不言作念者，以有其所得，便是作念，故省略之。世尊雖是探問，實已暗度金針。開口便曰如來，約性而言，法且無形，得從何有？世尊以下爲長老語，於世尊二字可見矣。宋後經本，世尊上有不也，大誤。凡不也下有文字者，皆爲活句。觀下文所答，乃決定義，何需此活句爲也？長老開口亦稱如來，正與問語針鋒相對，其爲無所得，已無待煩言矣。長老何以知於法實無所得，作此決定之詞耶？以聞法住相，則心中生滅未息，何能便證無生？故知彼時得聞説法，而實無其所得也。此約聞法釋。若約證無生法釋者，既是證得無生法，豈能存有所得？若有一所得之無生法在，仍然是生滅心，尚能謂之證無生法乎？故知雖得無生法，而於此法實無其所得也。○以上依文解義已竟。而此科總義尤含妙藴，不可不知。何云總義，即何以又説此科是也？今略分三節説之。上來諸科，於得果無住之義，業已闡發盡致。因地之人當可了然，必應無住矣。然猶防人以爲雖因果必須一如，果既如是，因亦應如是，然而小乘果位與大乘因行，或者有不盡同歟？故小乘説畢，特又舉大乘果位亦是得而無得、不可住相之義以明之，使凡修大乘者，於無住之旨毫無疑藴也。此其一。説大乘果位，不舉佛而舉菩薩者，防疑佛乃究竟覺，豈可相擬？而菩薩地位則界於因果之間，本《經》下文又引此事而申言之曰，彼時若於法有所得，則不授記，以無所得，乃得授記，使知菩薩住相，便不能成佛。則發心修大乘者，若其住相，豈能成菩薩，又豈是菩薩行？故上科有言，若有我人等相，即非菩薩也。如此一説，因果一如之理及無住之要，更得恍然。此其二。引菩薩果位固已然，不舉别地菩薩，獨舉第八地者，何故？因前説小乘果位，以得無生者爲證道，爲無學。故今舉大乘，亦引第八地得無生，至無學者爲言。無學即證道之意，蓋八地以前，雖證而未圓滿，故稱有學。若論究竟證，則在佛位。大小乘所證皆同，令聞者於無住之理不致絲毫有疑。且本《經》開章便説當發心，令入無餘涅槃，後又曰賢聖皆以無爲法。涅槃也，無爲也，皆無生無滅義也。故大小乘皆舉證無生者言之，正與前言相應，使知既發心欲入無生，心不生滅。云何心能不生？必當無住於相。一有所住，是生滅心，那能證入無生耶？故無住正是無生之唯一入手方法。此其三也。觀此三義，可知本《經》義理之細密，綫索之嚴整矣。結經者冠以佛告二字，正指示我們此中含有奧義，不可僅向文字中求也。

（辛）次，約因詳顯，分二。（壬）初，約因心正顯。次，約經功校顯。（壬）初又三。（癸）初，先明嚴土不住。

須菩提，於意云何？菩薩莊嚴佛土不？不也，世尊。何以故？莊嚴佛土者，則非莊嚴，是名莊嚴。

菩薩修因時，六度萬行，一一功行回向淨土，甲年講此，並詳談佛土之義。佛者報身之相，土者依報之相也。此之謂莊嚴。所謂願以此功德，莊嚴佛淨土，是也。然則菩薩豈有不莊嚴佛土者？舉此爲問，正欲修行者明了莊嚴之道耳。不得其道，則所莊嚴者皆在相上，與自性無涉，便成有漏功德矣。此舉問之深意也。須知莊嚴佛淨土，淨字最要緊。土云何淨？由心淨耳。既須心淨，所以莊嚴不能著相，若心取相，便不清淨矣。此意云何？必須明了上文不應取法兩句之意，方爲真實莊嚴之道耳。何則？莊嚴而著相，是取法也。若誤會不著相之意，而絶不莊嚴，是取非法也。舉此以問，正是探試果能領會得兩邊不取之真實義否耳。○復次，上來疊舉果德無住問答者，原爲闡明因行亦當無住，至此正説到因行上矣。莊嚴佛土之菩薩，即發無上菩提之菩薩也。明得嚴土之道，便明得布施等之道矣。不也，活句，猶言非有所莊嚴，非不莊嚴。何以故下，正釋其義。莊嚴佛土者句，標舉之詞。則非句，明其不著有，即是不應取法。是名句，明其不著空也，即是不應取非法。蓋約心性言，性體空寂，空寂，即所謂真諦。真諦者，明其非虛相。欲證真諦，必應離相，故曰則非也。非，有離意。豈有所謂莊嚴？故曰非也。而約事相言，可聞可見，可聞可見，即所謂俗諦。俗諦者，世間相也，假有不實，故曰名也。明明具足莊嚴，故曰是也。意若曰，因其名相是有，故不應著空而取非法，菩薩應勤修六度萬行以莊嚴之。因其心性本空，故不應著有而取於法，菩薩雖精進莊嚴，而心中若無其事也。如此一心清淨，則土自淨，此之謂莊嚴佛土，方得莊嚴之道。須知修因剋果，而得勝妙之報身、清淨之佛土，皆由心現。且皆由心淨，乃能現之。譬如磨鏡，塵盡而後像顯。故《唯識論》云，大圓鏡智能現能生身土智影。總之，莊嚴佛土，應不取著，不斷滅。則非者，明其不取著相也。是名者，明其非斷滅相也。又甫言則非，即接言是名者，明其雖非而亦是。性必現相，性相從來不離。若知其非而不取著時，何妨莊嚴其相也？欲言是名，而先言則非者，明其雖是而卻非。因相本以性爲體，相從性生。故於行其是而不斷滅時，仍應會歸於性也。此是佛與須菩提問答闡明之要旨，吾人必應領解此旨，依教奉行者也。○則非、是名兩句，即開念佛法要也。則非者，明自性清淨，本無有念也。是名者，明妄念繁興，必須執持名號以除妄念也。必應念至無念而念，念而無念，妄盡情空，一心清淨而後可。是之謂一心不亂，不亂即所謂清淨也。如其心淨，即佛土淨矣。

（癸）次，顯成發無住心。

是故，須菩提，諸菩薩摩訶薩應如是生清淨心，不應住色生心，不應住聲、香、味、觸、法生心，應無所住而生其心。

此科經文不多，卻是結束前文，爲自開口說起，說至現在，千言萬語之點睛結穴處，故其中義趣甚細甚深。若只依文解義，等閒看過，則孤負佛恩矣。今欲說明云何點睛結穴，先當依文釋義。而寥寥兩行餘之文，七穿八透，妙義環生，即依文釋義亦復不易也。○是故者，所謂承上起下之詞也。既是通貫前來諸說，則不但上承嚴土，亦不但上承約果廣明，且不但上承詳談中生信一科，直是緊與開經處總示數語呼應相通也。且先就近脈言之。上來先明四果各各得果無住，次須菩提自陳得果亦無所住，此皆小乘也。次世尊復就自身往事以明於法實無所住，《經》云，於法實無所得，即是於所得之法不住也。此言大乘矣，然猶界於因果之間。最後更就菩薩修六度時，於莊嚴佛土亦無所住，則非句，不住法相也，是名句，不住非法相也，則專說大乘因地矣。如此不憚苦口，層遞說之，愈說愈近，無非欲闡明此科中之應生清淨心，應無所住而生其心耳。因即以是故二字承上起下，以明上來所說，皆是爲生心無住、無住生心作張本，亦即爲善男子、善女人發阿耨菩提心者指示方針耳。約果廣明，原承一切賢聖皆以無爲法句來，而彼句又是結以前所說者，所以此科與開口處善男子善女人等句呼應相通。諸菩薩摩訶薩，即開經處所說之菩薩摩訶薩，亦即發阿耨多羅三藐三菩提心，應云何住，云何降伏之善男子、善女人也。應者，決定之詞。無論小乘、大乘，果位、因地，皆當無住，可知發大心者，決定亦當無住，非此不可，故曰應也。此科之文既是承上起下，則如是二字即並指上下文，只說一邊，義便欠圓。且先約指下文說，蓋正指應無所住而生其心句，而不應兩句亦兼指在內。須知不應住色兩句，乃應無所住句之前提，故說到應無所住而生其心句，則不應兩句之義便全攝在内矣。總之，不應住色乃至而生其心三句，皆是應生清淨心句之注脚。如是則淨，不如是則不淨，故曰，應如是生清淨心也。○此科之文，是教導發菩提，校：提下，舊版有心字。原稿無。者應當如是。何以不曰發心，而曰生心？請問發心、生心同耶，異耶？曰：同而不同。生即是發，何異之有？故曰同也。生之取義，比發字深，何以言之？發者，但約其已經表著，爲人所知者言。生者，不但言其表著，且有推究其本源之意。因凡言生，必有其根，若無有根，云何得生？故發心之義，謂其先無而今發起，而生心之義，乃謂其本具而能現前，故生心比發心義深，此其不同也。何以得知生心之義乃是如此？觀清淨心三字，便可了然。蓋清淨心即是本具之性，所謂自性清淨心是也。清者不濁，淨者不染。譬如真金，辱在泥塗，用功洗滌，真金宛在。性亦如是，雖一向爲無明煩惱塵垢所障，但能依法修行，清淨本性依然現前矣。故此句之意，是説凡發無上正等覺心之人，應令清淨本性現前，故曰，應生清淨心，言下有回頭是岸意，其警人也深矣。不但此也，蓋指示前來千言萬語，言不應住相者，無非欲令見性耳。清淨即無相之意。凡夫著相，因之障性，今欲見性，相何可著？蓋凡夫著相，故不清淨，心不清淨，所以障性也。今欲見性，故應清淨，清淨其心，故應離相也。且説一生清淨心，無異説明發菩提心之所以然。何謂發菩提心？曰一心清淨是已。若心不清淨，則所發者尚得謂之無上菩提乎？何則？菩提者，覺也。覺者，覺照本性也。且本性又名大圓覺海也。當知本性一塵不染，清淨無比。既曰發覺，而又著相，則與覺字正相背馳，所謂背覺合塵之凡夫是也。故發覺心，必應合覺。云何合覺？必應背塵。背塵者，不住於相之謂也。由此觀之，此一句中，具有無數提撕警策之意。○初發菩提心，云何便能清淨心現前？須知正因其不能，故令如是而修。云何修？下文所謂應無所住是也。云何無所住？下文所謂不應住色、聲、香、味、觸、法，是也。此正的示無住之用功方法。不應住色兩句，義趣深廣，若只略略看過，僅明其一義，真是孤負。且義藴既未窮究，用功又豈能扼要，豈能切實，豈能入細？既是在浮面上做，則相何能離，性又何能見乎？故曰孤負也。不但孤負佛恩，直孤負自性矣。（一）此色、聲、香、味、觸、法，名爲六塵。舉此爲言者，令明若著其一，便是塵心，正與清淨心相反。此發正覺之心者，所以必應背塵，背塵而後合覺也。不應住六塵者，猶言不應合塵，合塵則背覺矣。其中消息，間不容髮，真所謂人心惟危，道心惟微。（二）色、聲、香、味、觸、法，所謂器世間也，亦謂之境界相。今云不應住此六者，即不應住相之意。色、聲、香、味、觸五字，包括世間一切可見、可聞之境界。法之一字，包括世間一切不可見、不可聞，而爲心思所能及者之境界。舉此六字，一切境界相攝盡，亦即世間一切境界皆不可著。不但可見、可聞者不應著，即不可見、不可聞者亦不可著。此是教誡學人，世間一切皆應不著。（三）不應著者，豈止境界而已。蓋表面雖只言一六塵，實則連六根、六識一併説在内矣。若但就表面觀，即前所云但在浮面上做，則不住二字功夫不能徹底，亦復不能扼要，雖欲不住而不可得也。須知色是外境，本無交涉，交涉發生，生之於住。是誰住之？曰眼也。眼云何住？曰眼識也。乃至法是呆物，若不住著，毫無關係，其發生關係，固由於意，而實由於意中慣於攀緣分别之意識。由是可知，《經》云不應住者，令學人應於識上覺照，不起攀緣分别耳。《經》不但云不應住色，不應住聲、香、味、觸、法，而其下綴有生心二字者，正指示學人欲不住相，應在心上覺照，即是應在起心動念時，微密用功，如是乃爲切實。（四）在起心動念時用功，此是初學者下手處，還須斷其思惑。云何斷？發大悲心，廣修六度是也。布施、持戒度貪，持戒、忍辱度瞋，亦復度慢，般若則度癡，禪定既度瞋，而定能生慧，亦復度癡，而以精進之精神貫注之。且六度皆自大悲心出，則度度皆爲利益衆生，此又除我之利器也。蓋因我見而起貪、瞋、癡、慢，故易起心動念。今欲不爲色、聲、香、味、觸、法起心動念，必須在大悲心、六度行上加功，乃爲扼要也。（五）如上所説，仍未究竟。必須戒定堅固，生起般若正智，無明破得一分，識乃轉得一分，待得八識皆轉，乃爲徹底。初學必須多讀大乘經典，《般若》尤不可須臾離，依文字起觀照，令其解慧漸漸增明，正是釜底抽薪之法。而解慧增明，更可以增長戒定之力。蓋戒、定、慧雖稱三學，實是一事，有互相資助生起之妙。而定、慧尤不能離，定固生慧，慧亦生定也。此義不可不知。（六）生心二字，不但是令應在起心動念時用功，尤有深意存焉。蓋防（不得意者，不明用功方法。）誤會不應住之意者，一味遏捺意識不令生起。校：上括弧中語，舊版在後不令生起下，兹從原稿。如此行之，其急躁者必致發狂嘔血。即或不然，亦是禪宗呵爲坐在黑山鬼窟裏作活計者，與外道之無想定何異？既然道理不明，（不知本性活潑潑地，無相無不相，是謂道理不明。）則慧不能生，惑不能除，業苦當然亦不能消，甚或轉爲草木土石無知之物。須知小乘之滅盡定並非由遏捺意識而得，乃由證性，想自不起。且到此地位，亦不應住，住則墮無爲坑，焦芽敗種，亦爲世尊所呵。故《經》文既曰不住色等，又曰生心，以示發菩提心者，不應住於塵相，非令心如死水也。此意正與下文「應無所住而生其心」互相叫應，指示學人既明且切矣。（七）不住六塵生心，更有一義。蓋合上句言之，是令發菩提修六度者，當揀别真心、妄心。上句清淨心是真心，此二句住塵是攀緣心，即是妄心。《楞嚴》云：「一切衆生從無始來種種顛倒，諸修行人不能得成無上菩提，乃至别成聲聞、緣覺及外道等，皆由不知二種根本，錯亂修習。一者，無始生死根本，則汝今者與諸衆生用攀緣心爲自性者。二者，無始菩提涅槃元清淨體，則汝今者識精元明，能生諸緣，緣所遺者。」此中上句曰應，下二句曰不應，正親切指示不可錯亂修習也。須知住塵之心是識，因其攀緣，名之曰妄。而此之妄心，原是真心之所變現。云何變？由其不達一真法界，分别人我故也。故發大心之人，首須揀别真妄，不應以住塵著相之心爲真心也。所以本《經》專重破我，不應住六塵生心，即謂不應著我也。何以著塵即是著我？譬如行六度者，若意在人知，便是住色，乃至著法，如此等等，無非我見之故也。説此兩句，原爲叫起下句。應無所住，亦有多義。（一）即謂於六塵無所住。（二）謂根、塵、識，一切不住。不論住著者爲何，心便染污，便是塵相。（三）無所住者，一無所住之意。（四）無所住者，無其所住也。所住爲色、聲、香、味、觸、法。今云應於心中無其所住，非謂無有色、聲、香、味、觸、法也，含有不執著、亦不斷滅兩意。復次，所住之無，由於能住之空。所住指境言，能住指識言。故應無所住，猶言應令情識盡空。而生其心之而字，有兩義。（一）而者，而又之意。應無所住，而又生其心。此承前説無所住，兼有不斷滅意而説。即是説明上文所言不應住六塵生心者，乃是應心中無其所住之色聲等相，非謂斷滅相。不斷滅者，以心不可斷滅故。上言不應住塵生心者，是令應無所住而生其心耳。其字可指菩提，以及六度。如是則所發修行六度之心方爲菩提心，以其背塵離相，合於自性清淨心故。（二）而者，而後之意。此承前説應無所住，猶言應令情識俱空來，則其心即指清淨。謂無所住，令其妄盡情空，而後方能現其清淨心耳。生者，現前之意。蓋應生清淨心句，是標舉之詞。不應兩句，是修行方法。應無所住句，是功效。必須如是作種種釋，庶幾經義稍覺顯豁圓備，然亦不過大海一滴而已。上來依文解義竟。

〇以上依文釋義已竟。云何是上來諸説之點睛結穴處乎？且逐層逆説而上。前科不云則非是名乎？四字之所以然，前科原未顯發，故此緊承其意而闡明之。然則如是二字，可説是正承則非是名來矣。謂發大道心者，莊嚴佛土，應觀照則非是名之義趣，生清淨心也。蓋則非句是明應無所住，何則？性本無相，莊嚴者，其心應於六塵等相一無所住，故曰則非。知得則非，則心淨矣。所謂欲淨佛土，當淨其心是也。是名句，是明應生其心也。何則？但應心不住相，並非斷滅其相，故曰是名。是名者，名正言順，不能廢其事也。須知莊嚴之事相不能斷滅，即是莊嚴之心初未嘗息。心未嘗息，便是生其心也。總之，莊嚴而心不住相，則熾然莊嚴時，其心卻湛湛寂寂，不染纖塵。雖曰生心，實則生而無生，一心清淨。故曰，應如是生清淨心。心淨土淨，所謂隨其心淨，即佛土淨是也。菩薩莊嚴佛土，如是如是。此是發大道心，修六度萬行，莊嚴佛土者之模範也。〇上生信一科，有兩要句，曰不應取法，不應取非法。此兩句不但攝上科意盡，亦復攝全部意盡，前已屢言之矣。而此中之應生清淨心，應無所住而生其心，又是不應取法兩句之點睛處。蓋上科兩句是分開説，至此則將兩句之意合而爲一以説之矣。何以言之？應無所住，不應取法也。生其心，不應取非法也。今云，應無所住而生其心，豈不是説，雖不應取法，而亦不應取非法乎？前言不取法應以不取非法爲界，正是從此處悟得者。所以獨揀持戒、修福者能生信心，亦因其決不致於取非法相，方堪修此不著相之般若耳。可見吾輩必應先將非法相一面關得緊緊，絶對不取，然後修習不取法相，方合佛旨，而生般若正智，以證般若理體。不但此也，試觀應生清淨心句。清淨即是無所住，應生清淨心，猶言應生無所住心也。而無所住是不取法，生心是不取非法，應生清淨心，是言清淨要在生心中顯現。（但清淨，不生心，便是死水，佛法所不許。）豈不是説，不取法，要在不取非法中做出乎？换言之，不取法，空也，不取非法，有也。無所住而生心，是明空不離有。生清淨心，是明空在有中。空不離有，猶言色不異空，空不異色，不離不異漸合矣。然而空還是空，有還是有，是猶一而二也。若空在有中顯現，則色即是空，空即是色，空有相即，則二而一矣，此之謂空有同時。必能如是，方爲兩邊不著。何以故？尚無所謂兩，從何著邊耶？不但此也，既曰無所住，又曰生其心，豈非無所住亦應無住乎？而應生清淨心之清淨二字，即所謂無所住也。然則生清淨心，無異言生無住心。雖生而無住，是明其生即無生，即是不住於生心也。不住生心，即是不住不取非法，而不住無所住，亦即不住不取法，豈非兩邊不取亦應不取乎？故上科於兩邊不取之下，即引筏喻，以明兩邊皆捨也。上言空有同時，明其尚無有兩，邊無從著，然而猶妨著於一也。（著一即所謂但中。）今則空有俱空，一且不存，著於何有？無礙自在，是真清淨矣。不應取法兩句之真實義，至此闡發深透，故曰點睛也。他如無法相亦無非法相，即是應無所住而生其心。非法非非法，即是空有俱空之清淨心，亦即無爲法。空有俱空，則心行處滅，言語道斷，故曰，不可取，不可說。此皆顯而易見，可無煩言矣。○上科又有要句曰，若見諸相非相，則見如來。其所以然，亦在此中闡明。諸相非相，云何能見？若其心被塵染而背於覺，方且迷相爲真，何能見得諸相非相乎？必須於六塵等相一無所住，而心清淨，庶幾其可。何以故？如來是已究竟證得清淨心者，不住六塵之人雖未能云證得，而渣滓漸淨，清光現前，譬如清淨水，能現清淨月，故曰則見如來也。蓋如來是性體之稱，必須不著相而照體，方能見之耳。○上科開首不云乎，菩薩於法應無住，行於布施？雖曾說明不住色、聲、香、味、觸、法，便是布施不住於相，然而必須發心布施時，其心本不是住在六塵上生起的，然後行時方能不住於相。若其心不淨，行時豈能不著相？可知此中所說，正是說在本源上。雖上科所說，未嘗不含有心字意在，其後亦曾點明之曰，若心取相云云，實則至此乃爲闡發顯明。若無此段發揮，則布施不住相便未易得手。故曰，此科是上來諸義的點睛結穴。睛既點，則全身俱活。穴既結，則萬脈朝宗。然後千言萬語，一一都有個著落。而依教奉行，事事纔有個把握矣。○總而言之，明得無所住而生心之真實義，則所謂生者，乃是任運而生，所謂無住者，無妨隨緣而住。隨緣而住者，無心於住，雖住而實無所住也。任運而生者，法爾顯現，曰生而實無所生也。果能如是，則法法都顯無住真心，物物莫非般若實相，正古德所謂塵塵是寶，處處逢渠也。所以我須菩提前於世尊著衣乞食、行坐往還時，薦得無住的妙諦，即於大衆從座而起，頂禮讚歎曰，希有，世尊，善護念，善付囑，而請問發大心者應云何住，云何降伏。我世尊即逗其機而印許之曰，應如汝所説之善護念、付囑者，如是而住，如是而降也。以下復詳哉言之，譬如千巖萬壑，蜿蜒迤邐。直至此處而結之曰，應如是生清淨心，應無所住而生其心。應生清淨心者，所謂應如是住也。應無所住而生其心者，所謂如是降伏其心也。得此中一個如是點醒，然後開口總示中所説的兩個如是纔有個著落。即是上面兩個如是，得這一個如是，其義乃更親切，更透徹。謂之遥相呼應，尚隔一層，直是融成一味矣。所以此科兩行餘文，是從開經至此的一個大結穴。如堪輿家然，千山萬水，處處提龍，若找不出個正穴來，難免在旁枝上著脚，不得要領，若尋得正穴，則砂也，水也，青龍也，白虎也，處處皆爲我用矣。學佛亦然，學佛必須依教奉行，教義幽深，必應得其綱要所在，而此段乃前來所説諸義之綱要也。應於不應住色生心，不應住聲、香、味、觸、法生心上，如是知，如是見，如是信，如是解。無論修行何法，行住坐臥，不離這個，庶於無住之旨纔有個入處，而自性清淨心纔能漸漸透露出些消息來，其所修之法亦可望有個成就之期也。千萬千萬！又此段既是上來諸義之綱要，解得此綱要，以行布施等法，則頭頭是道。所以下科約經功校顯中，其福德大於生信者不知若干倍也。

（癸）三，證以報身不住。

須菩提，譬如有人，身如須彌山王。於意云何？是身爲大不？須菩提言：甚大，世尊。何以故？佛説非身，是名大身。

譬如者，比喻也。凡是喻説，皆以證明法説。上之法説雖已闡發無遺，今復證以喻説者，無非欲聞者更得明了耳。有人，暗指發大道心之人。大心爲因，大身爲果也。須彌山王，喻勝妙報身。此身微妙，雖有形相，然非地上菩薩不能見，正是多劫勤修六度萬行，福慧雙嚴，功行圓滿，方能證得，所謂無邊相好身也。若疑勝妙果報身相不同凡相，此若不取，則修六度萬行何爲？殊不知無論果位因地，相與非相，皆不可取。若於此理少有未明，則修因時，便於應無所住而生其心不能深契，此佛舉問之微意也。須菩提深領佛旨，故開口即答甚大。言甚大者，明其此身不無，無異先與懷疑者以定心丸，使知發大願，修大行，必獲勝妙大身，固真實不虛也。何以故者，謂以何原故，獲此大身耶？佛是果德之稱。非身有兩意。（一）約證果說，所證乃清淨法身之體，非此報身之相也。則非身指報身言。（二）約證果說，既是法身體，而此法身周含沙界，（其大無外。）徧入微塵，（其小無內。）無形相，無數量。故淨名云：佛身無爲，不墮諸數。意顯約體言，故說非身，則非身指法身言。是名大身，指報身言，以明勝妙高大之報身，意顯約相言，故說甚大。是名者，名相也。意若曰，約證法身說，實爲無形相之非身，豈有大小可說？今云甚大，乃就報身名相言之。得果者雖不無此高大之相，而實不存有所得。存有所得，便是住於身相。若住身相，何云證清淨無相法身？法身未證，亦無甚大之報身矣。若明此理，則知不應取身相，然亦非無此勝報。能修六度萬行而不取著，則證清淨法身，而一切勝相自然顯現矣。不必著有，不必著無，然後修因時，便能不取我相，不住六塵，而生清淨心矣。

（壬）次，約經功校顯，分二。（癸）初，顯福德勝。次，顯勝所以。（癸）初又三。

（子）初，引河沙喻。

須菩提，如恒河中所有沙數，如是沙等恒河，於意云何？是諸恒河沙寧爲多不？須菩提言：甚多，世尊。但諸恒河尚多無數，何況其沙？

天竺有一大河，名曰恒河。恒字音少訛，

應云殑伽河，此翻福河。印度此河，譬如中國之黄河長江，灌溉全國，於交通種植商務文化上利益甚大，故曰福河。又古時印度人視爲聖水，得見此河，或入河沐浴，其福無量。故亦翻天堂來，以其出處高也，中國亦有黄河之水天上來之句。佛經云，瞻洲北向有九黑山，次有大雪山，更有香醉山。香南雪北，有池名阿耨達，此云無熱惱。池之縱廣五十由旬，八功德水充滿其中。池有四口，口出一河，湍流入海，各分二萬五千道大河，統灌四大洲。東口所出，即殑伽河也，入東南海。南口出信度河，入西南海。西口出縛芻河，入西北海。北口出徙多河，入東北海。○恆河之沙極細，細則其數益以見多，故佛經中凡言極多之數不可計算者，則以恆河沙喻之。又因天竺人人知有此河，知河中沙數不可計算，舉河沙爲喻者，以其爲大衆所共曉也。如恆河之如字，譬如之意，其口氣貫注下文如是沙等恆河句。沙等恆河者，將現在恆河中所有之沙，一沙化成一新河，原來之沙數無量，則新恆河與之相等，其數亦復如是無量，故曰如是沙等恆河。猶言譬如將現在恆河中所有的無量沙數，化爲與如是無量沙數相等的無量新恆河也。是諸恆河者，是者，此也，諸謂無量。問此無量新恆河中之沙，可爲多否？答曰甚多者，明其多至不可説也。但諸下數句，謂但就新恆河言之，已多得無數可計，何況其中之沙，其數更是無邊，無可形容，只得儱侗説一個甚多耳。

（子）次，明寶施福。

須菩提，我今實言告汝，若有善男子、善女人，以七寶滿爾所恆河沙數三千大千世界以用布施，得福多不？須菩提言：甚多，世尊。

實言告汝，説在此而意注下科，使知下文所説持説之福更多於此，是真實語，不可不信。古文中之爾所，即今人行文所諸如許。

如許者，指點之詞，即滬諺之格許多，北諺之這默些格也。○恆河無量，河沙無邊，爾所恆河沙數，猶言無量無邊也。須菩提深領佛旨，知上來所説，無非借有爲法之極大福德作一比例，以顯持説之無爲法，福德更大於此。意原不在於此，故但答曰甚多，不加别語。

（子）三，顯持經勝。

佛告須菩提：若善男子、善女人，於此《經》中，乃至受持四句偈等，爲他人説，而此福德勝前福德。

受持及四句偈之義，前已具説。四句偈等，極言持説極少之經，尚且福德勝前，則持説全經，其福更勝，不待言矣。受持則能自度，爲他人説則能度他，自度度他是菩薩行，故福德極大也。持經説法，福德勝過布施，其義有通有别。通者，無論持何經，説何法，莫不皆然。别者，專就此《經》説也。今先明通義。約自度言，布施若不知離相，福德大至極處，亦不過生天而已，故名爲有漏功德，即是言其尚漏落在生死輪迴道中，説不上自度也。若能受持經義，能開智慧，能知輪迴可畏而求脱離。行布施時，亦知離相，則是福慧雙修，能達彼岸，了生死，證聖果，視彼但能生天，仍不免入輪迴，相去天淵。所以雖僅受持一四句偈等，其福便勝於充滿無量無邊大千世界之寶施，何況受持全經者耶？約度他言，財施不及法施，具含多義，茲略明之。（一）財施，施者、受者未必有智。法施，非有智不能施，亦非有智不能受。（二）財施，施者得大福，受者只得眼前小益。法施，則施與受者皆得大福。（三）財施但益人生命，法施則益人慧命。（四）財施伏貪，法施斷惑。（五）財施雙方不出輪迴，法施雙方可了生死。（六）財施雙方之受用有盡，法施雙方之受用無窮。（七）財施施小則所益者小，法施可以少施獲大益。問：然則但行法施，不行財施，可乎？曰：否。菩薩攝受衆生，財施亦不可無，但宗旨在行法施，不以財施爲究竟耳。以上爲通明持説一切經法二利之益也。下科正别明持説此《經》之益。須知《金剛般若》直指本性，若能見性，便可成佛，豈但自己了生脱死，令衆生了生死而已，直可度無量無邊衆生皆令成佛。紹隆佛種，莫過此《經》。其福德之大，不可思議，又豈止勝前滿無量無邊大千世界寶施之福德已哉？

（癸）次，顯勝所以，分二。（子）初，明隨説福。

復次，須菩提，隨説是《經》，乃至四句偈等，當知此處，一切世間天人阿修羅皆應供養，如佛塔廟。

凡言復次，雖是别舉他義，實以成就前義，前已詳言之矣。隨者，不限定之意，略言之有五。曰隨人，無論僧俗聖凡。曰隨機，無論利根鈍根。（此即淺深互説意，或説第一義，或説對治。）曰隨文，無論多少廣略。曰隨處，無論城鄉勝劣。曰隨時，無論晝夜長短。曰隨衆，無論多人一人。如遇宜説機緣，即爲説之，此之謂隨説。當知者，警誡不可輕忽之意。此處即指説經之處，説經處如此，説經人可知矣。下科云，當知是人云云。故知言處，兼言人也。總之，聞經者不可不存恭敬心，何以故？尊重法故，不忘所自故。而説經者卻不可存此心，何以故？遠離名利恭敬故，不應著相故。此則雙方皆應知之者。又如《大般若經》云，帝釋每於善法堂爲天衆説般若波羅蜜法，有時不在，天衆若來，亦向空座作禮供養而去。此即諸天遵依佛説，恭敬説經處之事實也。又《大品》云，諸天日作三時禮敬，六齋日彌多。經所在處，四面皆令清淨。○世間猶言世界。間者，間隔之義。如言一間屋，是明屋之界限，若其無界，何名一間？故説世間，無異乎説世界也。世是豎義，三十年爲一世也。界是横義，各方各處各有其界也。今曰一切世間，明其豎窮未來，横偏十方，即是盡未來、偏法界義。〇言天言人，意即賅攝三界所有衆生。而言天言修羅，意即賅攝天龍八部也。故名雖舉三，意包一切。皆應二字，正與當知相呼應。云何當知？以皆應也。應者，非如此不可，故當知也。供養有二。（一）事供養，略説十事，即香、花、瓔珞、末香、塗香、燒香、幡蓋、衣服、伎樂、合掌禮拜是也。説經之處，乃是道場，故應如是莊嚴恭敬。（二）法供養，即是如法修行，利益衆生，如聞而展轉爲他人説，或以經贈送等。攝受衆生，如勸人來聽，分座與人等。乃至不捨菩薩業，如遇阻難，亦必來聽，即是不捨。不離菩提心如發起大願大行，不違般若正智。不離者，不與經旨相違也。等是也。〇如佛塔廟者，言皆應如供養佛塔佛廟一般的供養。供養塔廟，人所共知，説經之處，或忽視之，故舉塔廟爲例，以明説經即是道場，便與塔廟一般無二，故皆應供養也。（何以便是道場？下文更鄭重明之。）總以發明説法人是佛所遣，所説法本是佛説，故代佛宣揚，即同佛在。《法華》云：「能爲一人説《法華經》，乃至一句，是人則爲如來所遣，行如來事。」《法華》然，一切經皆然，《金剛般若》更無不然。上文曰當知者，指此。若其知是人爲佛遣，法是佛説，自知皆應恭敬供養矣。〇塔是梵語，具云塔婆，其音少訛，實是窣堵波也。義云高顯處，亦翻方墳圓塚。塔必高顯者，所以表勝也。佛塔多種，今且明四，所謂生處塔、成道塔、轉法輪塔、般涅槃塔是也。今教供養如塔，即攝此四種塔之義也。何以言之？此《經》是明實相，實相者，佛之法身也。又曰，一切諸佛從此《經》出，則此處豈非佛生處之塔乎？聞法而後知修因證果，而此《經》生福無量，夙罪皆消，當得無上菩提，故此處便同佛成道處之塔也。代佛宣揚大乘最上乘法，是此處正爲佛轉法輪處之塔矣。般涅槃者，義云無爲，亦爲生滅滅已，理事究竟之義。而此《經》所説皆無爲法，令聞者滅生滅心，證究竟果，所謂令入無餘涅槃而滅度之，謂此處即是佛般涅槃處之塔，不亦可乎？○廟者，貌也。意明供佛像處，梵語爲支提。凡是佛塔，必供佛舍利，舍利即佛真身。凡供佛像之廟，必有經法，必有僧衆。言一廟字，即是住持三寶所聚之處。今云如佛塔廟，是明説經人代佛宣揚，便同真佛在此，説此大法，紹隆佛種，便是住持三寶。故曰，如佛塔廟，皆應供養。上文曰，爲他人説，福德勝前者，因此之故。由此可證，《經》雖説處，意實在人。然而尊重説經人若此，倘説經人非法説法，法説非法，妄談般若，誤法誤人，其罪業之大，亦不可言喻。從《經》之正面，即可看到反面。此又説經人所當知，應兢兢自審，不可少忽者也。故下文又曰，何況盡能受持云云。受者，謂領納真實義也。持者，謂依義修持也。然則不能修持，便是能説不能行，如數他家寶，自無半錢分矣。且不能修持，亦必不能領納，因甚深微妙真實義，決非能從文字上領會得的。不能領會而説，勢必至於妄談般若，淺説般若矣。警戒説經人，可不謂之深切著明乎哉？

（子）次，明盡持福，分二。（丑）

初，正明盡持。

何況有人盡能受持讀誦？

言受持復言讀誦者，明其必能領納修持，方爲真能讀誦。不然，讀誦之益小矣。且既能受持，還須讀誦，以經中義藴無窮，時時讀誦，更能熏習增長，則受持之力日益進步也。上言説，此言受持，一不同也。上言隨説四句偈等，此言盡能受持讀誦，二不同也。而言有人，一若另是一人，初未指定即是説經之人者言。何況，亦是顯明盡能受持讀誦之人，更勝於隨説之人。然而世尊如此分而説之者，一以明其受持功大，使人皆知趨重此點。二以明其能説必由能受持來，隨説必由盡能受持來，若非盡受盡持，豈能頭頭是道，爲大衆隨時隨處隨機隨文而説耶？三以明盡能受持，必應遇有宜説之機會，即須爲人説之，非但盡能受持，便是更勝也。故上文與此科之文相雖別，義實互相彰顯。則如來之意，實欲人人既能説，又能受持，既能受持，又能説，不可分而爲二，各行其一。此意云何知之？於下言成就二字上，便可了然。蓋世尊説此經法，原望人人成就。而成就必須自度度他，二利圓滿方可。若但知説，或但知受持，是於利他與自利偏在一邊，尚有成就之望乎？故知經文話雖分説，義實一貫。讀經聞法，不應執著文字相，必應如是領會真實義，此之謂依義不依文。又先言隨説一段，與《經》初先言度盡所有一切衆生之意正同，意明菩薩發願，未能度己，先欲度他，度他即是度己也。次言何況盡能受持，亦與《經》初言復次菩薩應無住法而行六度之意正同，意明度他還要自度，而自度原爲度他也。若不領會得自他不二之義，尚能謂之能受乎，尚安有成就可期乎？世尊説法，如牟尼珠，面面俱圓。若不如此領會，豈不辜負此文？須知各經之文無不説得極其周到詳密，特恐人粗枝大葉，一知半解，不能盡空諸見，静心體會，必致取著片面，昧其全體，自誤誤他。所謂依義者，是教人必須融會貫通，明其真義所在。而不依文者，即是不可聞得一言半語，便斷章取義耳。

（丑）次，正明所以，分二。（寅）初，約成就正顯。

須菩提，當知是人成就最上第一希有之法。

最上第一希有之法，何法乎？即阿耨多羅三藐三菩提法也。此法爲究竟覺自證之法，成就此法，亦即成佛之意。《彌陀經》云，釋迦牟尼能爲甚難希有之事，能於五濁惡世中得阿耨菩提。甚難希有，即第一希有也。更無在佛之上者，故曰最上。若分言之，阿耨菩提，義爲無上正等正覺。正覺者，從來不覺，而今能背塵合覺，非希有乎？正等者，等是平等之義，今不但自覺，而能覺他，自他不二，空有不著，平等法界，是第一義，故曰第一。無上者，徑達寶所，證究竟覺，所謂無上菩提，無上即最上義也。古注渾簡，現爲確鑿言之，使知其義。至後人所注，或以三身釋，或以三般若釋，則義欠親切圓滿矣。成就者，言有成就此法之可能也。是人，即通指隨説是經，盡能受持，及聞經而能受持，能隨説之人。當知二字，統貫下文。若就本句説，謂如是之人福慧并修，自他兩度，便得直趨寶所，大有成就，不可輕視。如知得是人成就不可思議，便知其福德遠勝於以充滿無邊無量大千世界之七寶布施者，一有漏有爲，一無漏無爲，所以致異者在此，奚足怪乎？

（寅）次，約熏習結成。

若是經典所在之處，則爲有佛，若尊重弟子。

中國經字，本有路徑之義。典者，軌則之義。是《經》所明，皆是發菩提心者不易之正軌，共遵之覺路。行此路，依此軌，自然直達寶所。故此《經》所在之處，便是寶所。既成寶所，故佛及一切賢聖莫不在此。若尊重弟子，猶言，以及一切賢聖。若者，及也。尊重弟子，或曰指迦葉、目連諸大弟子，或曰指文殊、普賢諸大菩薩。總之，佛所在處，便有大衆圍繞而爲説法，譬如衆星捧月。故尊重弟子是統謂一切賢聖，菩薩、羅漢盡攝在内，不必分别專指也。《大般若》云，《般若》所在之處，十方諸佛常在其中。故欲供養佛，當知供養《般若》，《般若》與佛無二無別。知十方諸佛皆在於此，則知徧虚空盡法界之一切菩薩、羅漢，無不盡在於此矣。總以明此《經》殊勝，在處處貴，在人人尊而已。〇綜上來數科觀之，初顯説經之處，次顯受持之人。至此，則知所以顯處顯人，實爲顯此《經》之功。經功非他，即是般若正智。則所以顯《經》，又復實爲動人供養此《經》，讀誦此《經》，受持此《經》，廣爲人人説此《經》，以期由文字起觀照，證實相耳。佛之説法，眼光四射，面面俱圓如此。〇又初顯處時，説皆應供養，如佛塔廟，是明説《經》即是住持三寶也。今則言，凡經之所在處，便爲有佛及一切賢聖，是明常住三寶也。而中間乃曰，是人成就最上第一希有之法，是明其成就自性三寶也。合而言之，便是因住持三寶，證自性三寶，成常住三寶。

亦即因常住故住持，因住持故常住。且云何住持，云何常住？全仗自性以成就之耳。〇又上言成就殊勝，以顯福德殊勝之所以然。今更言熏習殊勝，以顯成就殊勝之所以然。何以故？以經典所在，既是佛菩薩等所在，則持説之者，便是親近諸佛菩薩等大善知識，如此時時熏習自性，豈有不大獲成就者乎？〇又初言如佛塔廟，云何説經之處如佛塔廟乎？今則曰，經所在處，佛及賢聖皆在，豈非顯明上文如佛塔廟之所以然乎？總之，既曰如佛塔廟，又曰佛及賢聖皆在，皆明此《經》是三寶命脈所關，故不憚詳言，至再至三，使一切衆生尊重此《經》耳。〇又上言成就，即接言，經典在處，則爲有佛，若尊重弟子。此又顯明是人之成就，最上則如佛，次亦如一切賢聖，而爲第一希有。何以故？發無住心者，當證無爲果，故一切賢聖皆以無爲法而有差別，故持説無爲實相之經，豈不成就此法乎？○此數科經文，文字無多，妙義無窮，發揮難盡，兹不過略略言之，已如上述，是在人人善於領會之矣。○又前次校量顯經，以一大千世界寶施比較顯其福德，今則以無量無邊大千世界寶施比較顯其福德，何以前後相差若此，其義云何？蓋前次顯勝，是説在能生信心之後，且曰，一切諸佛及諸佛無上正等正覺法，皆從此《經》出。是明其如能聞是章句，信心清淨，便是趨向佛智，故有如是福德。然不過初發淨信之心，未能深入，所以只以一大千世界寶施顯勝。今則不然，乃是説在開解之後。云何開解？所謂生清淨心，無所住而生其心是也。且曰，當知是人成就最上第一希有之法，復曰，則爲有佛，若尊重弟子。是明其如能領解無住生心、生心無住之真實義，便有大大成就的可能。因解得經義，便得綱要，以視前之但具信心，未得綱要者，相去天淵，故以無量無邊大千世界寶施比較顯勝，是明此人之福德，超過前人無量無邊倍矣。何以故？一是初發信心，粗知名字，一是深解經義，漸能入觀故。須知此《經》專明實相，直指本心。受持之者，果能直下承當，依經起觀，則生福滅罪，徑證菩提，功德何可稱量？而前半部五次校顯，若經功有大小者，實因持誦者功行之淺深，成此差別，非經功有差别也。

（辛）三，請示名持，分二。（壬）初，請。

爾時，須菩提白佛言：世尊，當何名此《經》？我等云何奉持？

向下文義皆細，應當諦聽。因文相關涉前後，須合前後統觀而互説之，其義乃徹。既是綜合前後而説，故義意繁密，恍惚聽之，便難領會。○爾時者，前言已竟之時，意顯領會得綱要時，便當行持，不容稍懈，所謂解時即是行時是也。結經家特標爾時，意在於斯。〇又本《經》中凡標爾時須菩提白佛言句，皆表更端之意，（俗云另行起頭。）以示本科所説，更進於前，令人注意也。然語雖另起，意亦躡前。因上來屢顯此《經》福德殊勝，乃至經所在處，佛與賢聖同在其處，殊勝如此，不知其名可乎？屢言受持此《經》，即一四句偈等，皆有極大福德，乃至盡能受持，成就無上菩提之法，然則應云何持乎？此皆學人所急當知者。故問，當何名此《經》，我等云何奉持？〇他經請問經名，多説在全部之末，今獨説在中間，何故？須知此《經》後半部之義，是從前半部開出，其義前半部中已有，不過説之未詳耳。若非長老再爲請問，則説了前半部，便可終止。以是之故，此《經》經名雖似説在中間，卻實是説於前半部之末，仍與他經無別也。〇當何名此《經》者，當以何名名此《經》也。亦可倒其句曰，此《經》當何名。義既殊勝，其名亦必殊勝，言下便有名必副實，若知其名，益可顧名思義之意。奉者，遵依，持即修持、行持，請示持法，以便大衆遵依，故曰，我等奉持。奉持，猶之乎奉行也。凡言及行，便具二義，（一）自行，（二）勸他行。故古人釋持字義曰任弘。任者，擔任，指自行而言也。弘者，弘揚，指勸他人行而言也。説到行持，便牽及上來所説矣。試觀上來自詳談起，開口便説，應降伏其心。云何降伏？即是發大願，行大行，不住六塵境界，廣行六度，度盡無邊衆生成佛，而不取度生之相，乃至法與非法皆不應取。如是層層披剥，愈剥愈細，結歸到不住六塵，生清淨心。此八字，即應生清淨心及不住六塵生心縮語，亦即應無所住而生其心注脚。凡此所説種種義門，皆觀門也，皆行門也，即皆應奉持也。然則我世尊開示大衆云何奉持，亦已至詳至晰，何以須菩提長老復於此處請問云何奉持耶？豈上來所説諸義，但令領解，非令奉持乎？抑奉持上來所說，猶有未盡，故今重請乎？頃言必須前後統觀綜合說之者，正在於此。此等處若未徹了，其奉持必不得力，不但容易發生如上所說之誤會而已。須知長老今之請問云何奉持者，別有深意。（一）佛所說法，無不理事圓融。圓融者，說理即攝有事，說事即含有理，所謂理外無事，事外無理是也。故學佛之人亦必解行並進，解屬理邊，行屬事邊，必須並進，始與圓融相應。但衆生根性千差萬別，自有人即解即行，亦自有人雖解而未能行，或雖行而未能相應。須知解而未行、行而未應者，實未真解。真能領解，將不待勸而自行，行亦自能相應。長老欲爲此輩人更進一解，故復請問，此之謂婆心太切。（二）請問經名，即是請求開示上來種種言說章句之總題，則請問云何奉持，亦原是請求開示上來所說諸義有無總持之法，若得總持，持此總題，豈不更爲扼要麽？此之謂聞法無厭。明得此中第一層道理，便知上來雖未請問云何奉持，并非專令領解，已攝有奉持在内。今雖請問奉持，亦仍攝有更求領解之意在内。明得第二層道理，則知前既奉持，今亦何妨更請？然則前後豈但不衝突，不重複，且更可顯發前義矣。○說至此處，恐人復生他疑，今當徹底更一言之。問：上來所說既一一皆應奉持，今又明明請問云何奉持，何以第一大科判爲生信，今第二大科判爲開解，至第三大科方判爲進修耶？詳說中，先判爲兩總科，初約境明無住，次約心明無住。再將此兩總科判分爲四，即一生信，二開解，三進修，四成證。答：開經以來，實皆可起修，然修持之究竟法則在第三大科，故但予第三大科以進修之名耳。且此乃依《經》而判，非敢臆說。如第一大科中，明明點出持戒、修福能生信心，是明信心之初起也，故判爲生信。第二大科，於請示名持之後，點明深解義趣，是明不但生信，且開解矣，故判曰開解。至第三大科將完，又明明點出以無我、人、衆、壽，修一切善法，則得阿耨菩提，且曰，如來説善法非善法，是名善法，則并善法之相亦復不取，此之謂究竟修法，如此而修謂之究竟者，以其合於諸法如義故也，故判之曰進修。須知不曰起修，而曰進修，具有深義，蓋明其乃深進之修持，兼明上來諸義并非只是生信開解，不是起修耳。更有一義，不可不知者，信解行三事，不能定説無次第，不能定説有次第。人必具有信心，而後研求佛法，亦必明得佛法真實之義，而後方知真實修行，此固明明有前後之次第也。然剋實而論，若其毫無功行，則障深慧淺，決不能領會甚深佛法。必須功行愈進，解理乃隨之而愈深。且若非有解有行，其信心亦若有若無，不能説是信根成就。由是言之，信解行乃是同時並進，豈有前後次第之可言？間遇有人無端而能信佛，或初不學佛，一聞甚深佛法，便得明了，并有佛法一毫不明，而能發心精進勇猛修行者，此皆夙世本有功行，今遇因緣，遂爾發現，非偶然也。即以證説，證者憑證，凡親眼見得，親身做到之事，則謂之證。故必真實如法做到，始名曰行。真實見到佛理，始名爲解。真實知得皈依三寶之益，始名曰信。然則一言信解行，皆已含有證的意義，但向不名之爲證，惟證法身始予以證字之名耳。可見是名義上之分別，若論實際，無往而非證也。即以證法身言，云何爲證？亦不過解行二事之功效，解行做到究竟，名之曰究竟證得，除解行外，無證可説。不但此也，本《經》云，信心清淨，則生實相。實相即是法身，換言之，法身顯現，亦不過信心清淨而已。由是言之，豈但信、解、行、證并無前後次第，實則名相上似乎有四事差別，而實際上毫無差別，四事化爲一事，此之謂平等。即此四字，便可悟由平等見差别，由差别見平等之理。再進一步言之，實相顯現時，惟一清淨，并信心二字亦無痕迹矣，則真究竟平等，如如不動矣。是故若明佛理，隨拈一事，皆能窮其究竟，歸於平等。即如生信文中，一念生淨信一語，就生信之事相言，故謂之一念相應，尚未淨念相繼耳。若言其究竟，則此一語可深至無底，廣至無邊。何以言之？生淨信便同生清淨心，亦與信心清淨同一義味。一念者，惟此一念，此念非他，乃是信心清淨。生者便是顯現，則生淨信便是淨心顯現。如此而説，是此一語，便是證得如如不動之性體矣。其他言句皆可如是領會。所以聞得一言半偈，皆可證道也。此理不可不知。然而講經説法，有時又不能不隨順其文相而説。若開首即説此深義，反令聞者無可依循，此理又不可不知也。前説此句時，不能驟明此理者，因此。兹已説至漸深，無妨順便拈出，

使知佛法無淺非深，深亦可淺，直無淺深次第可説，故不可取著其相，而曰則非也。然爲接引衆生，啓導進步，又不能不假設一淺深次第，以及種種莊嚴之事，故不可斷滅其相，而曰是名也。○且住，今不説經文，而擲筆題外，將信解行證囉唆如許言語，何爲乎？當知非説閒話，乃是發明上文所説無有定法四字之義，通貫一切，俾大衆領會此義，庶幾頭頭是道，姑就信解行證發揮之，以示凡事皆然，不但佛法然也。且自此以往，義趣愈入深微，若不於此義薦得少許，則心中不能活潑潑地，於深微義趣便不易領會。當知下文般若非般若四段，正明無有定法，我今如是而説者，正預爲下文寫照耳。須知因爲無有定法，所以不可執有，不可執無。經中凡言則非，皆明不可執有也。不可執有者，是令會歸性體也。何以故？性本無相，如太虚空故，安可以名字語言求？必須離相返照，

庶幾證入也。凡曰是名者，乃示不可執無也。不可執無者，是令雖會歸於性，而亦不壞假有之名相也。何以故？性本無相而無不相故，相即性體之用，有體必有用故。如太虛空體，固空空如也，而萬象森羅，一切依正果報之相，皆由其中現出。若無萬象，便成頑空，亦不足以顯其是太虛空矣。但不取著其相，與太虛空何損？何得曰絶對無相，且亦何須滅其相耶？持此義以修行，則知欲見本性，必應離名絶相，破其我見。我見不除，便生分别心，而起念即著相矣。而此我見是無始以來病根，不易破除，必應依照佛所説法，一面返觀内照，息其攀緣妄想，而一面又應遵依各種儀軌事相，禮拜、懺悔以及布施、持戒等等，求消業障，開發本智，俾得信心增長，解行成就，以期障除性顯。而行時又應心不取著色、聲、香、味、觸、法，體會此一念心之性，與諸佛、衆生本是一體，且體本空寂，然後感應神速，

成就自易。夫修因時，既能不取相、不滅相，空有兩邊不著，合於中道，所以感應大，成就亦大。所以成就以後，便能不動道場而身徧十方，現各種莊嚴之土，以普度無量無邊之衆生。是之謂無相而無不相，無不爲而無爲。

○推而言之，持此義以爲人，則能胸襟曠達，不惹煩惱而得自在矣，亦知謹言慎行，不錯因果而無罣礙矣。持此義以處世，則知萬事皆空，與我何涉？任他風浪起，穩坐釣魚船可也，亦知人情世態，紛紜往復，安危苦樂，隨遇而安可也。持此義以當大任，作大事，以不著相故，雖事來即應，而天君泰然，不爲所動，以相非斷滅故，雖心不著相，而條理秩然，毫無廢事。如此豈不是則非、是名，頭頭是道乎？真所謂道不遠人，人自遠之耳。我佛原爲度世而來，故所説法，無不世出世間一切攝盡。惟須融會貫通如是真實之義，則事事皆可奉持，時時皆是修行，在在皆得

受用，而處處皆是佛法矣。所以佛法稱爲法寶，此《經》尤是無上法寶。且收拾起閒言語，宣揚此無上法寶。

（壬）次，示，分三。（癸）初，總示名持。次，詳明所以。三，結顯持福。

癸初又二。（子）初，示能斷之名。

佛告須菩提：是《經》名爲金剛般若波羅蜜。

此七字爲全經之總題，於開題時已詳釋其義矣。茲略言之。般若，此云智慧，約因曰慧，約果曰智，因果一如，故總譯其義曰智慧。波羅蜜，此云到彼岸。有此智慧，乃能了生死，入涅槃。如此作釋，則波羅蜜非他，即般若是。又此之智慧，非同世智辨聰，乃佛智佛慧，所謂佛之知見，是到彼岸之智慧。如此作釋，則般若非他，波羅蜜是。金剛是喻。金剛爲物，最堅最利，能斷一切，以其堅故，一切物不能壞，以其利故，能壞一切物也。以喻般若波羅蜜如大火聚，四面不可觸，能斷一切煩惱也。何謂煩惱？見思惑是。見惑爲身、邊、邪、二取，最要者，身見、邊見。身見即我見，小乘專指四大五蘊假合之色身言，大乘則通於法我。若取法相、非法相，即著我、人、衆、壽，故曰法我。人、衆、壽三皆由著我而起，言我則攝其餘矣。邊見者，小乘專就由身見而起之斷見、常見言，大乘兼指一切法空有二邊。執有便取法，乃常見也，執空便取非法，乃斷見也。思惑即貪、瞋、癡、慢、疑，此爲根本，由此生起慳、嫉等等。此之根本煩惱皆無始病根積習深痼，遂致流轉六道，受苦無窮，今欲脫離此苦，非斷此病根不可。云何而斷？非仗此金剛慧劍不可也。又此部是《大般若經》第九會所説，諸會皆説般若，則皆能斷，今獨於此部加金剛名，可見此部之義尤爲精要，更堅更利，更爲能斷耳。

（子）次，示持經之法。

以是名字，汝當奉持。

此八字，是令顧名思義，因名會體的奉持，非謂持此名字。恐人誤會，故次復自釋其所以。要知本《經》所明之義，皆是應無所住。而衆生之病，在處處著，著即住義。因衆生此病甚深，故開口便言降伏。凡言不應取，不應住，皆降伏之意。至此復云，以是名字，汝當奉持。無異言，汝等當奉能斷之義以行持，且無異言，汝等當奉《金剛般若》以降伏也。見思惑中，我見爲本，所以處處著者，因此，所以生種種惑，造種種業，受種種苦者，因此。所以急當斷除者，亦即在此。我見除則煩惱即惑。障除，而業障、報障亦隨之而皆除矣。三障清除，則法、報、應三身圓現。故如是奉持，是從根本解決，能得究竟勝果，豈第了生脱死而已？所以此《經》在處則處貴，在人則人尊，吾輩何幸得聞此無上經法，其必已於無量千萬佛所種諸善根可知，何勝慶幸，何可妄自菲薄？然而善根如此，卻仍拖此臭皮囊，浮沈苦海，其必多生以來，或輕忽視之，未嘗讀誦，或雖讀誦而未能受持，或雖受持而未能如法也，亦可知矣。一思及此，又何勝慚愧？今幸佛光加被，又聞此法，又讀此《經》，若仍如前怠忽，前路茫茫，又不知要輪迴若干次數，自討苦吃？一思及此，又不勝其悚懼。古德云，此身不向今生度，更向何生度此身？可怕可怕。此中斷持二字尤有要義，蓋斷者，決斷之義，持者，堅持之義。如上文説，應不住六塵生心，無如凡夫力不從心，明知不應住，而不知不覺心粘其上，心既粘上，便被其縛，擺脱不了。必須將不住六塵生心放在心中，時時觀照起心動念，倘於六塵少有觸著，便當機立斷。立斷者，不可畏難，不可苟安，即勇猛之意。更須堅持不懈。堅持者，精進之意。精進者，所謂精審而進，密密内照，不使一毫放鬆也；

精細而進，澄心靜慮，審察隱微也；精誠而進，至誠懇切，求三寶哀憐攝受，放光加被，助我之力也。念佛不得力，全由未在此中用功。吾輩修行，必須於一切染緣，所謂六塵者，依照此《經》能斷、奉持二義，而當機立斷，堅持不懈。若不如此豎起脊梁，立定脚跟，何能降伏得多生背覺合塵的習氣？我不降伏他，就被他降伏我，此心既被塵染，便不清淨，一句佛當然念不好。果能當機立斷，堅持不懈，庶幾有一心不亂之可能，而往生極樂，徑登不退不難矣。努力努力。○總而言之，上來所言降伏，及不住六塵，生清淨心等，種種觀門行門，必領會此中所説能斷之義而奉持之，乃更有力。然則此中所明之義，甚爲緊要可知矣。故向後之校量經功，亦迥不同前也。

（癸）次，詳明所以，分二。（子）

初，總標。

所以者何？

所以者何四字，標詞。此下將具釋奉持、能斷之所以然，故先標舉之，使人注意也。向來注釋家但以此句屬於佛説般若一段，今謂乃是統貫下文兩科。蓋下兩科皆是開示修持之法，則皆是説明「以是名字，汝當奉持」之所以然，何得但以屬於一段，使其餘經文皆成散沙？則校顯經功更勝於前之義，亦無著落矣。大大不可。故今特將此四字另作校：作下，舊版有爲字，茲從原稿删。一科，判曰總標，以明其統貫下之兩科，非止屬於兩科中之一段也。綜合下兩科義趣觀之，可知此一句中含有三義，（一）如何而斷，（二）從何斷起，（三）因何須斷，今順序説之。何謂如何而斷耶？斷者，斷我見也。我見隨處發現，不扼其要，云何能斷？且我見者，妄想之別名。而妄想原是真心所變，本不能斷，所謂斷者，破之而已。然則云何能破？明理而已，開解而已。試觀經名金剛般若波羅蜜七字，金剛堅利，所謂能斷也，然原是用以喻下五字。般若波羅蜜者，般若者，智慧也，波羅蜜者，到彼岸也。到彼岸之智慧，猶言徹底之智慧。由是可見，斷我見并無別法，惟在徹底明理，亦即徹底開解而已耳。然則所謂徹底明理者，明何理耶？當知衆生處處執著者，無他，由其不知四大五蘊以及一切法皆是緣生，如幻如化，而本其先入爲主之見，視以爲一定不移，遂致執著而不肯捨，是之謂我見。故欲破此見，首當明了一切法本無有定。如是久久觀照，則知法既無定，云何可執？且既無有定，執之何益？若能於一切法而不執，則我見自化矣，此真破見惑之金剛也。所謂明理者，明此理也。明得此理，可破我見，所謂徹底也。故曰，以是名字，汝當奉持。遵奉《金剛般若波羅蜜》以爲修持，即謂遵奉此之名義以作觀照也。當知此部經法，正是般若波羅蜜，而曰則非般若波羅蜜，世尊時時說法，而曰無所說，乃至微塵、世界、三十二相，皆說其非，不過是名而已，皆所以顯示無有定法之義也。此其一。何謂從何斷起耶？當先從與自己最密切之法上，精勤觀照，以破其惑也。般若波羅蜜，爲行人所當修持者，尚應知其則非，而離名字相。世尊言說，爲行人所當遵奉者，尚應知其無所說，而離言說相。大千世界爲佛教化之境，三十二相爲佛所現之身，皆應不著，則其餘可知矣。此所謂高處落墨也。推之，凡是自己所修之法、所爲之事，以及依報、正報等等，皆當奉此義以爲觀照也。此其二。何謂因何須斷耶？觀下文曰佛說，曰如來說，便知倘不如是觀照，斷其我見，便違佛旨，而不能見如來矣。此其三。明此三義，則知當如是奉持之所以然矣。

（子）次，別詳，分二。（丑）初，示會歸性體。次，示不壞假名。（丑）初又二。（寅）初，示應離名字相持。

須菩提，佛説般若波羅蜜，則非般若波羅蜜。

流通本有是名般若波羅蜜一句，爲後人所加，大誤。須知此科及下科，正明會歸性體，故皆遣相以明性。至大千世界、三十二相兩科，乃兼明不壞假名。章義分明。乃無知妄作，一味濫加，可歎。不但唐人寫經無是名句，智者、嘉祥、圭峯三大師注疏中皆無是名句意，當從古本。〇言則非者，令離相也。離相者，所以會性也，故標科曰會歸性體。照上來語例，應曰如來説，今不曰如來説而曰佛説者，義趣更深，略言其二。（一）佛者，究竟覺果之稱。人皆知證得究竟覺果而成佛，由於修般若，而不知實由修般若則非般若也。使修般若而未離名字相，則爲著我、人、衆生、壽者，尚能稱究竟覺耶，尚何成佛之可能？故今特曰佛説者，所以示證果者由此而證，則修因者當如是而修也。（二）既證性矣，亦復現相，則稱之爲佛。故佛之一稱，乃性相全彰之名，非同如來但屬性德之稱也。故今曰佛説者，乃指示般若則非般若，不可打成兩橛，則非般若波羅蜜，當從般若波羅蜜中做出，所以開示當即名字以離名字也。故上文曰，以是名字，汝當奉持。此與應生清淨心句同一意味，所謂空在有中，非滅有以明空也。世尊因正令明性，既不能不遣相，而一味遣蕩，又慮人誤會而偏空，故不曰如來説，而曰佛説以示意。此與不壞假名説是名某某時，不曰佛説，而曰如來説者，用意皆極深密。蓋不壞假名而曰如來説者，明其雖不壞相，仍應會歸於性也。今遣蕩時，不曰如來説，而曰佛説者，明其雖應會性，而亦并非壞相也。然則此中已含有不壞假名意在，何須濫加是名一句，方顯其不壞假名耶？總由未明經意，所以無知妄作。總之，佛説般若，是如其自證之理智而説，令一切衆生開佛知見耳。開佛知見者，令知性本無相，須離相修持，而後可以見性也。故曰，般若則非般若。若不明此理，心中有一般若波羅蜜名字相，便取法相，尚得曰奉持般若波羅蜜哉？何以故？若取法相，即著我、人、衆生、壽者故。此中但云般若波羅蜜則非般若波羅蜜，不連金剛二字説者，正明上文所云以是名字奉持者，乃謂當奉金剛能斷之名，以行金剛能斷之實，而斷其取著法相耳。般若無上之法，尚應離名字相，何況其他一切法？又當知佛之説此，正令不取法相，以修持一切法，則法法莫非般若，乃爲般若波羅蜜耳，此上來所以言無有定法如來可説也。總而言之，佛説般若則非般若，是令領會法法皆般若，不可著般若之名字相。此以是名字奉持之所以然，非謂在名字上奉持。又所以二字，便是真實義。上云汝當奉持，即謂當奉真實義而行持也。

（寅）次，示應離言説相持。

須菩提，於意云何？如來有所説法不？須菩提白佛言：世尊，如來無所説。

此問躡上文來。或問：不應住般若波羅蜜法相，而此法原是佛説，説此法時，豈無法相？若無法相，又云何説？防有此疑，故發此問。有所説法否者，謂心中存有所説之般若波羅蜜法相否也。世尊問意，已含無字，何以故？如來是性德之稱，性體空寂，豈有所説之法相耶？不曰佛説，而曰如來説，意在明此。又佛之現相，正爲説法。若曰佛説，則與無所説義抵觸。故此科只能曰如來説，不能言佛説也。凡標須菩提白佛言句，明其言甚要，不可忽也。答語更進一步，言不但無所説之法，且無所説。無所説者，無其所説也，非謂無説。無所行、無所得等句，意同。蓋性體自證，名爲如來。如來者，即明其證得平等性體。平等者，理智一如，能所一如也。故後文曰諸法如義。既證一如，故其言説名爲如説。故後文曰，如來是如語者。如説者，明其是由平等如如之性海中自在流出，初未起心動念，雖終日説，熾然説，刹説，塵説，實無言説之相。尚無説相，安有所説之法相耶？故曰，如來無所説也。此番問答，不但遮疑，且意在令奉持者體會性體非但無名字相，并無言説相。亦復知得如來熾然説而無其説相，則知得奉持所説之法者，應熾然修而無其法相也。○然則名言究應云何而後可離乎？若不知之，合此兩科觀之，欲證性體，必當離名言之相，是但知其當然而不知其所以然。須知此兩科義趣，我世尊實令奉持者離念也。念不離，則名言之相終不能離也。何以知之？《起信論》心真如門中有一段文，可以證明。《論》云：「若離心念，則無一切境界之相。」又云：「離言説相，離名字相，離心緣相，畢竟平等，乃至唯是一心，故名真如。」此文中真如，即性體之别名也。離言説相三句，歸重於離心緣相一句，此句即是離念之意。蓋緣者，

攀緣。心緣，即是起心動念。心念若動，必有所攀緣，便落於名字相矣。而言説者，心之聲也。心必先緣於所欲言者，而後達諸言詞。故心念若動，又落於言説相矣。故三句中，離心緣相句是總，心緣相離，然後名字、言説之相皆離。此與《論》文上句「若離心念，則無一切境界之相」句相應。離心念，便無一切境界相，所以離心緣相，便畢竟平等，唯是一心，而名真如也。由此《論》義以證《經》義，則此中令離名言相持，非即是令離心念修持乎？《論》中又引他經云：「能觀無念者，則爲向佛智。」佛智即是般若波羅蜜。故此《金剛般若波羅蜜經》，當如是斷其著名字、言説之攀緣妄想而奉持也。此「以是名字，汝當奉持」之所以然也。○《起信論》又云：「當知染法、淨法皆悉相待，無有自相可説。是故一切法，從本以來，非色非心，非智非識，非有非無，畢竟不可説相。而有言説者，

當知如來善巧方便，假以言説引導衆生。其旨趣者，皆爲離念，歸於真如。以念一切法，令心生滅，不入實智故。」此節《論》文，更好引來爲此兩科《經》文作注脚。此請示名持一大科，關係緊要，今當再依此節《論》文詳細説之，以期徹了，必道理洞明，乃能觀照用功，想爲諸公所願聞也。先説非色非心，非智非識，非有非無三句。非色色字，賅有表色、無表色言。有表色者，謂有形可指之法。無表色，謂無形可指之法。此種種法，無論有表、無表，本無自體，體唯是心，故曰非色。然不過唯心所現而已，實非心也，故又曰非心。非智之智，即謂性智。性體平等空寂，豈有諸法？故曰非智。然則諸法是識乎？須知不過識心現起耳，不能謂諸法便是識也，故又曰非識。非有非無者，因緣聚合，似有諸法發生，非無也。既爲緣生，乃是幻相，非有也。此三句總謂一切諸法不過彼此對待相形，雖似有而實無，當體即空，以説明其上文「當知染法、淨法皆悉相待，無有自相可説」之意而已。當知般若亦是與彼諸法相形，名爲般若耳。以一切法緣生幻有，本無自相，豈有自相可説，安可執著名字相？故曰，般若則非般若。且佛證真如實智故，雖熾然而説，實無言説之相，故曰，如來無所説。但爲衆生故，假以言説引導，令其離念證性。由是可知，《經》中曰般若非般若，令離名字相，又曰無所説，令離言説相者，其宗旨非爲欲令大衆離念，歸於真如乎？然則所謂奉持者，謂當奉持《金剛》，斷除妄念，亦可知矣。前云，明了無有定法，是清我見之源。今云，破除攀緣妄想，是截我見之流也。試觀上引《論》文最後數句云：「以念一切法，令心生滅，不入實智故。」實智，即謂性體。可見性本無念，欲證性體，非斷念不可矣。又可見，起念即是生滅心，因有生滅之心，遂招生死之果，若不斷念，又何能了生死乎？然而一切衆生，從本以來，念念相續，未曾離念，謂之無始無明。無明者，不覺也，因不覺故起念。云何不覺？所謂不達一法界故。謂不了達十法界理事唯一真如，同體平等，此之謂不覺。既不覺知平等同體，遂爾動念。念動，而能見、所見隨之以起，故有人我差別之相。由此而分別不斷，取著計校，造種種業，招種種苦。又復展轉熏習，果還爲因，因更受果，愈迷愈深，沈淪不返矣。今欲返本還源，故必須從根本解決，以斷其念。難哉難哉。因其難也，故我世尊爲説種種方便法門，令其隨順得入。如上所引「能觀無念者，則爲入佛智」，亦方便之一也。此是吾輩生死關頭，至要至急之事，亦是本《經》所令奉持者。不敢憚煩，更爲説其方便。○須知觀無念三字固是方便，而云何觀法，仍須得有方便，乃能起觀。其作觀之方便云何？《起信論》曾言之矣。《論》云：「當知一切法不可説、不可念故，名爲真如。問曰：若如是義者，諸衆生等云何隨順而能得入？答曰：若知一切法，雖説無有能説可説，雖念無有能念可念，是名隨順。若離於念，名爲得入。」一切法不可説、不可念故，名爲真如，此是就一切法而明真如也。意謂一切法無體，體惟淨性。淨性，即真如之别名。既是一切法體惟淨性，所以諸法一如，所以稱爲一真法界。蓋心雖無法，而法從心生，故十法界之法不離乎惟一真心，曰一如，曰一真，所以本性名爲真如者，因此。就諸法以明真如，則一如一真之義極易明了，此説法之善巧也。因其諸法一如，故不可説。因其真心無念，故不可念。故曰，一切法不可説、不可念，名爲真如也。問中如是義，即指不可説、不可念言。以諸衆生莫不有説有念，故問云何隨順得入。隨順，即方便之意。問意以爲，有説有念之衆生，而欲其無説無念，若無方便，何得證入？答中，雖説念并舉，然能無念，自能無説，兹約念義明之，則説義自了。當知雖念亦無能念可念一句，正指示修觀之方便也。故下即接云，是名隨順。何以此句是觀無念之方便？當知此中具有二義。（初約性體言。）當知念是業識，而性體中并無是事，所謂從本以來，離一切法差別之相，以無虛妄心念故。此明雖業識紛動，而性淨自若，猶之虛空中萬象森羅，而虛空仍自若也。此是要義，不可不知。知此，則知性之與念本來相離，便不致認賊爲子。（次約念之本身言。）當知念之爲物，當處起，當處滅，刹那不停。病在於前念滅，後念又起，念念相續，但未有靜功者，不覺其是相續，誤以爲前後只是一念耳。若前後只是一念者，修行人便無辦法矣。正因其生滅不停，故曰，不怕念起，只怕覺遲也。此明念乃隨起隨滅，并無實物，猶之空花，幻有實無也。此亦要義，不可不知者。知此，則知念之本身當下即空，便不致執虛爲實。二義既明，便隨時隨處，順此二義，密密觀照。當一念起時，即提起精神自呵自責曰，性本無念，適從何來。如此一照，其念自息。初心人未有定力，一刹那間，第二念又忽然起，便又如是呵責、覺照，久久，念頭可日見減少，即起，力亦漸弱矣。問曰：提起覺照，此不又是起念乎？答曰：是起念也。當知自無始念動以來，積習深固，逆而折之，甚難甚難。惟有隨其習慣，不加强制，卻轉換一個念頭，以打斷原念，令不相續。此正因其生滅不停，故能得手。更須知觀照雖亦是念，乃順體起用之念，便可順此用以入體，與彼昧失本性所起之念，大異其趣。蓋起念同，而起念之作用大不相同。因是知得性本無念，及念亦本空，爲欲除其妄念，故起觀照之用，此用乃順性體而起，故與昧性而起者大異其趣。

此之謂隨順，此之謂方便。然應知起此觀照之念，亦復是幻，亦是緣生無性，今不過借以除他念耳。若執此念爲真，便又成病。般若波羅蜜原是用以對治取著之病，故般若亦不可取著，曰般若則非般若者，明其不應取著也。般若原含三義，所謂文字般若、觀照般若、實相般若，因文字，起觀照，證實相也。而此三般若皆不應著。約文字言，若但執文字，不修觀行，固完全是名字相。約觀照言，若心中存有能觀照、所觀照之念，亦未離名字相。乃至證得實相般若，實亦無所證，無所得。若有證有得，仍然未離名字相，即非實相，亦不名般若波羅蜜矣。故此中般若則非般若，是徹始徹終者。○歸源無二路，方便有多門。念佛一法，尤爲斷念方便之方便也。不令他念而念佛，亦是轉换一個念頭，而念佛更視作觀親切。蓋作觀可説是智念，念佛則是淨念，换一個清淨念，以治向來染濁之念，并令一心念之，又是以純一之念，治向來雜亂之念。且佛者，覺也，念念是佛，即念念是覺，覺者，覺其性本無念也，故曰更親切也。所以但能勤懇一心，便能做到念而無念。當知念佛目的，必須歸於念而無念，歸於無念，便是歸於真如，則不説斷而自斷，不期證而自證矣，其方便爲何如哉？故曰方便之方便也。○頃所言不期證而自證，最初只證得一分，因其時但無粗念耳，其細念尚多也。《起信論》云：「若離於念，名爲得入。」得入即是證入，而此語一深無底。當知由觀行而相似，然後方到分證。分證者，分分證也。最初只入得一分，由是經歷四十一個位次，而至妙覺以成佛，念頭方爲離盡，離盡方爲完全證入真如之性，然實無以名之，假名爲得入耳。何以故？以雖得而實無所得，雖入而實無所入故。如此方是真離念，方是真得入。至於念佛功夫，雖未能做到念而無念，但能行願真切，仗彌陀悲願力，亦蒙接引往生，便同阿鞞跋致，此云不退，即是初住地位。如修他法，至此地位須經久遠劫數，今一生即令辦到，其爲方便之方便，更何待言？須知便同阿鞞跋致者，明其資格本來未到，但蒙佛力攝受而得不退耳。吾輩幸聞此法，豈可蹉跎，交臂失之？然行願真切，必須一心在念佛求生上，方能謂之真切。若一面念佛，一面又起塵濁之想，則行願不真切矣。所以念佛人於斷念一層縱令未易辦到，而不應住色生心，不應住聲、香、味、觸、法生心兩句，務必要做到。不然，則願不切，行不真，何能蒙佛接引乎？何以故？塵濁氣重，與清淨二字太不相應，則佛亦未如之何也已矣。○總之，妄想紛飛，是衆生無始來病根，萬不可强制，如其强制，反傷元氣。因妄想非他，即是本心之作用，不過錯用了，所以成病耳。只要依照佛法，將其轉换過來，歸到智念或淨念上，久久自歸無念，便是平等性智、妙觀察智矣。今曰斷除，當知是除其病，非除其法。斷之一字，當知是斷其妄，使歸於真。若能歸真，便恍然大覺，了達萬法一如，本是一真法界，本無人我差别，則萬念冰銷，所以只能用轉换念頭之法者，因此。由是可知，轉换念頭名爲方便者，猶是權巧之詞，實在是根本挽救之法，除此之外，并無别法，此理更不可不知。即以斷妄歸真言，亦須逐漸進步。凡初機者，猶未可驟語及此。因衆生無始便迷真逐妄，流而忘返。譬如世間浪子，久已流蕩忘歸，今欲挽其回頭，必須善爲勸導以引誘之，乃有希望，不然，家庭間反增煩惱。此亦如是，必須多多讀誦大乘經典，唤醒癡迷，且多多親近善知識，開其蒙蔽，指示修途，而用功時復當由淺而深，乃能漸入佳境，不然，心中反不安寧。此又不可不知者也。即如本《經》，前面已說了千言萬語，直至此處，前半部將了，方顯然令其離念，其不可躐等，驟語及此，大可恍然矣。然又當知，自詳談以來，所説種種觀門、行門，卻皆是由淺入深，爲離念作方便者。以修功必須修至無念，方能證性，方爲究竟故也。今依此義，再將前文總結一次，逐層點醒，以便融會貫通，開其圓解。○所謂開解者，開智慧是也。依據各種經論，開解有三個步驟。第一步，當令開知境虛智。一切衆生因不知一切塵境原皆虛幻不實，遂致處處取著，我見橫生，故先令了達六塵等境惟虛無實。若其知之，始能不爲所迷，不迷即是智，故名曰知境虛智。第二步，當令開無塵智。塵即謂六塵等境。無者，謂一切惟心，心外無法。必須通達乎此，又得遣蕩塵境之方便，漸漸乃能胸無點塵。若能無塵，則慧光愈明矣，是謂無塵智。此智既明，縱有念頭，亦極微薄，然後乃能斷之。斷念亦須有方便之智，則名曰金剛智，此是第三步矣。金剛者，能斷之義也。試觀上來一開口便令發廣大心，普度衆生。若忘卻自己者，此最初之第一方便也。因一切衆生以不達一法界故，不覺念起，而有無明，遂致人我界限分得極清，著得極緊。今令捨己度他，發廣大心，是令通達一真法界本無人我之别，以化其膠固分别之積習，乃是從最初所以不覺念起之根上下手，故曰最初第一方便。迨説出不應住色、聲、香、味、觸、法布施之後，即就身相説明之曰，凡所有相，皆是虛妄。此便是令觀察根身、器界莫非塵境，莫非虛相，以開其知境虛之智也。當知衆生所以分别人我，牢不可破者，無非爲境所縛，放不下耳。其所以放不下者，無非誤認種種境相爲真實耳。今唤醒之曰，皆是虛妄，真是冷水澆背，令人毛骨俱聳。此第二方便也。其下接以持戒、修福能生信心，以此爲實。是令信此實義以起修，蓋以持戒、修福爲起修之最初方便也。

果能一念生淨信，則是已於上來所説一一能解能行矣。何以故？若無解行，不能一念相應故。至此便得無量福德，何以故？既能一念相應，是已得了知境虛智，住相之心、人我之見便能減少故。因進一步，告以若心取相，則爲著我、人、衆生、壽者，以及法與非法，皆不應取。取即是起念。説心不應取法，不應取非法，已含有不能起心動念之意在。復告以法本無定，故不可取、不可説，乃至一切賢聖皆以無爲法云云。無爲即是無生滅心，生滅心即是念頭。是又獎誘之曰，汝既能實信，希賢希聖，并能一念相應，須更令息生滅心纔好。以下更説福德之大，以欣動之。及至約果廣明，方顯然點出念字。得果時不能作念，則修因時不應動念可知矣。遂結之以應生清淨心。何謂生清淨心？應於塵境一無所住而生其心是也。是則比前又進一步，由知境虛智而開其無塵智矣。前但知之，今令無之，豈非更進乎？然開無塵智，實爲最後開金剛智之前方便也。若論修功，由知境虛智修到無塵智，須經數劫，前是觀行位，今是相似位也。此智爲轉凡入聖之樞紐，若不得無塵智，便不能更進而開金剛智，亦即不能登初住位。若不登初住，便不能由相似位入分證位而成聖也。故得無塵智之福德，比前勝過無量無邊倍也。何以福德有如是大？當知是人成就最上第一希有之法故。成就者，即謂成就無塵智也。心中果能無有塵境，縱然起念，比前更少，力亦更薄。修功至此，方能夠得上斷念，故此請示名持一科，遂告以斷念之法。淺深次第，步驟嚴整，佛之教化，如是如是。須知自開口一句曰，應如是降伏其心，乃至説到不應住色等生心，皆是伏惑。必須能伏，而後方能斷也。此中明明曰，以是名字奉持，而名字乃是金剛般若，故此中所明義趣，皆是開其金剛智也。金剛者，能斷之義。離名言者，離念之義。若金剛智不開，念何能斷乎？當知位登初住，便須具有此智。若無此智，便不能斷無明。無明者，不覺也，因不覺故念起，故斷無明即是斷念。必須斷得一分無明，乃證一分法身而登初住。自初住以上，無非此智逐步增長，使無明分分斷，法身分分證，位次亦分分增高，經歷四十位次，而至第十地後心，此智更堅更利，名曰金剛道，而登等覺。第四十一位。登等覺後，復用此智以斷最後一分極細無明，乃登妙覺而成佛。通常專以等覺之智爲金剛智，等覺以下仍名無塵智。實則此智之名顯其能斷耳，若不具此智，便不能斷一分無明，證一分法身，而登初住。故初住以上，實皆具有此智。不過位位增勝，至於等覺，此智圓滿，遂致等覺之智獨彰此名耳。此理不可不知。由上來所説觀之，必到相當程度，始能斷念，而念若不斷，便不能證法身，而轉凡成聖，以及斷念之前，必須先修種種前方便，其義昭昭明矣。○本《經》自詳談至此，已經將經義數次總結，而每結各明一義。所以如此者，無非欲聞者融會貫通，多得點受用。且以明經中義藴無窮，發揮難盡。上來種種宣説，亦不過大海之一滴耳。○此離名字、離言説兩科經旨，茲將上來所明者概括之，以便記憶。即（一）先須了徹無有定法，以清妄念之源，此是智慧。（二）更須破除攀緣心想，以截妄念之流，此是能斷。此以是金剛般若波羅蜜名字奉持之所以然也。至於作觀、念佛，乃能斷之方便。此之方便，仍爲兩科經旨中所具有，并非外來。能觀無念者，則爲向佛智。佛智者，般若波羅蜜則非般若波羅蜜也。佛説《般若》，是令依文字起觀照，奉持即是令大衆作觀照功夫，而離名言即是令離念，豈非明明令觀無念乎？奉持有拳拳服膺之意，即是應念念不忘佛説，念念不違如來。念念不忘佛説，即是一心念佛也。念念不違如來，則不但念應化身佛，且令念法身實相佛矣。又不覺故念起，令了徹無有定法，便是令其覺，故曰清源，以不覺是起念之源也。次令破除妄想是離念，故曰截流，以起念是從不覺而出也。而不覺念起之後，遂有能見、所見之分，而成人我差别之相。今則全在對治不覺念起上用功，即是在我見的根本上下手，根本既拔，我見自無矣。此奉持以斷我見之所以然也。○又此兩科，是明空如來藏也。空有二義，（一）性體本空，（二）空其妄念。此中曰般若則非般若，曰如來無所説，説性體本空也。而離名字相，離言説相者，空其妄念也。故此兩科正明空如來藏義。下兩科則是明不空如來藏。空明體，不空則明用。下兩科不壞假名，所以明用也。蓋根身、器界皆是性德所現之用，故是不空如來藏義。

（丑）次，示不壞假名，分二。（寅）初，示不著境相持。次，示不著身相持。（寅）初又二。（卯）初，問答。

須菩提，於意云何？三千大千世界所有微塵，是爲多不？須菩提言：甚多，世尊。

名者，名字。凡一切法，皆有差别之相，就其差别安立名字，故名字之言，是就相説。相是幻有，則名爲假名。幻有者，明其非有而有，有即非有之意。不壞者，不斷滅意。相是體起之用，何可斷滅？雖不斷滅，然而相實非體，故仍不應取著。因體是不變，相常變動，體是本，相是末，不應捨本逐末，迷相忘體，故不應著也。離與不著，乍聆似同，細審不同。各不相涉曰離，於顯用時而不爲其所縛，是曰不著。上兩科曰離者，是明修行人重在證體。而體之與相，本來渉不相涉也。此下兩科曰不著者，又明修行人先應證體，體明必須達用，故不可壞相。然雖達用，終應會歸於體，故又不可著相也。此中所説，莫但作解釋標科會，般若妙旨已盡在裏許矣。適纔是明離與不著命意不同，又須知意雖不同，而宗旨則同，其同爲何？斷念是也。何以故？上兩科言離名字、言説者，是離攀緣心，其義前已廣説。離心緣者，所以斷念也。此兩科明境身，亦即依正二報，皆不可著者，著則又起念矣。雖不壞，卻不著，亦所以斷念也。其餘要義甚多，入後逐層説之。○上科之般若波羅蜜，乃六度之一，固是佛法之名，然亦爲性具理智之稱。性體空寂，名字、言説本來無從安立。上科既就此性具理智上立説，固應遣一切相，所以只説則非，説無可説，而不説是名。即復性本非相，本來與相無涉，故説離也。此下兩科，境之與身，本是依正二報，幻相儼然，就此立説，於顯明不壞假名之義便。故微塵、世界、三十二相，皆説是名。然而究是幻相，虛妄不實，故皆説非而不應著也。○此問亦躡上文來。蓋著相者聞無所説，將曰，若無所説，何以教化三千大千？且言説本來無相，縱可云説無所説，而世界之大，其相宛在，豈得曰世界無世界乎？爲遮此疑，故發此問。問語甚妙，不問世界，而問所有微塵多否，意明世界是由衆多微塵集合，而現三千大千之幻相耳。彼執大千世界之相爲實有者，亦可以恍然悟矣。答亦妙，長老深領佛旨，故答甚多，意明世界所有，無非衆多微塵耳，然則除多數微塵外，豈別有一世界哉？會得但是塵多，便知大千世界有即非有矣。

（卯）次，正示，分二。（辰）初，不著微細相。

須菩提，諸微塵，如來説非微塵，是名微塵。

此意比前問意更進，謂不但世界，并且微塵非微塵，此意是明微塵亦是假名也。《楞嚴》有云：「汝觀地性，粗爲大地，細爲微塵，至隣虛塵。」何謂微塵，何謂隣虛塵？

若如《俱舍論》《正理論》所說，則微塵之量，已爲目力能見之最細者。蓋七倍微塵爲一金塵，七倍金塵爲一水塵。金塵、水塵者，謂能在五金之空隙，或水之空隙中往來也。則微塵之細可想。又七倍水塵爲一兔毛塵，謂其細等於兔毛之尖，由此可悟微塵之細矣。殊不知此細極之微塵，仍可析之爲七個極微塵，則非肉眼所見，惟天眼以上能察之耳。至此已是色相之邊際，無可再析。然而若以慧眼觀察，更可析之爲隣虛塵。隣虛者，謂其隣近於虛空矣，此語猶今言之等於零也。由是可知，微塵亦是七個極微塵集合而現，并非實物。故曰，微塵非微塵也。如此說法，乃是小乘之析空觀。析空觀者，謂須一一分析而觀之，方知其是空也。大乘則不然，惟就性體上觀察，便知無論大相、小相，皆是緣生幻有，當下即空，何待分析方知？如是觀者，名爲體空觀。本《經》是爲發大乘，發最上乘者說，故曰如來說。如來者，性德之稱。如來說者，明其是依性體本空而觀，所謂體空觀是也。蓋約性而說，微塵本非實體，但不無幻相耳。本非實體，故曰非也。不無幻相，故曰是名也。

（辰）次，不著廣大相。

如來說世界，非世界，是名世界。

知得微塵非微塵，但是假名，則世界非世界，但是假名，不待煩言而可解，此說法之善巧也。合此兩小科觀之，是令修持般若者，無論何種境界，或細如微塵之事，或大如世界之事，皆應不壞不著。細如微塵，尚不應壞，大於此者可知矣。大如世界，尚不應著，細於此者可知矣。

（寅）次，示不著身相持。

須菩提，於意云何？可以三十二相見如來不？不也，世尊。何以故？如來說三十二相，即是非相，是名三十二相。

此問亦是由上文生起。蓋不得意者，聞世界非世界，而是假名者，將謂佛之隨感斯應，現種種身，原爲教化大千世界衆生，若如上言，是世界有即非有，非有而有矣，然則佛現三十二相之應化身何爲乎？豈應身亦爲有即非有，非有而有乎？爲遮此疑，故發此問。須知如來既已證性，而又現三十二相之身者，因衆生各各以此如來藏爲體，惜其迷相，竟不自知，故由性體顯現應身之相，以教化大千世界，爲衆生開此寶藏，皆令迴光返照，不著一切相，而自見本性耳。衆生此性，原與諸佛同體，所謂一真法界是也。故若能自見本性，便是得見如來。若著於相，則所見乃是應身之相，非法身之體，何能謂之見如來哉？明得如來應云何見，則知三十二相亦由緣會而生，當下是空。當下是空，有即非有也。緣會而生，非有而有也。有即非有，故曰，即是非相。非有而有，故曰，是名三十二相也。〇此處問語，與前第一大科中「可以身相見如來否」語氣同，而語意不盡同。蓋前舉身相問，是佛與衆生並攝在內。今舉三十二相問，則專約佛言也。〇答語不也，是活句，與前答「可以身相見如來否」中之「不也」意同，言不可相見，亦得相見也。流通本不也下，有不可以三十二相得見如來句，古本無之，是也。當知前科下文但曰身相即非身相，故曰不可，又曰以身相得見如來，以明上之不也，下之身相即非身相，皆是活句，意思雙關。而此處下文既曰即是非相，又曰是名三十二相，已足表明不也是雙關之意，何須更贅一句曰，不可以三十二相得見如來乎？應從古本。〇舉如來說，明約性而說也。約性而說，即是非相，此明性體本非相也。若知體之非相，則三十二相何可見如來耶？今云約性而說，即是非相，是名三十二相，此明名者實之賓，三十二相既但是名，可悟其體是性也。若知此理而能不著於相，則因相便可會體，何必滅相以見性哉？知此，則三十二相本由性起，故不應壞，而性本非相，故不應著之義，亦得洞明矣。○何謂大千世界？前已廣談。何謂三十二相？亦不可不知其義。（一）足安平相。謂足裏（裏，邊也。）無凹，悉皆平滿。（二）千輻輪相。足下之紋，圓如輪狀，輪中具有千輻，狀其衆相圓備。（三）手指纖長相。謂手指端直，纖細圓長。（四）手足柔軟相。手與足皆軟如棉。（五）手足縵網相。手足指與指如有網然，交互連絡，有若鵝鴨指間之形。（六）足跟滿足相。跟，足踵也，（俗名脚後跟。）圓滿無凹。（七）足趺高好相。趺，足背也，高隆圓滿。（八）腨（音市兖切，如陝。又尺兖切，爲喘。）如鹿王相。腨，腿肚也，古又謂之曰腓。（音飛。）鹿王，鹿中之王，謂大鹿也。謂股肉匀稱圓滿，不同凡夫腿肚忽然而粗。（九）手過膝相。兩手垂下，其長過膝也。（十）馬陰藏相。謂男根密藏不露。（十一）身縱廣相等相。自頭至足，其高與張兩手之長相齊。（十二）毛孔生青色相。一一毛孔只生青色之一毛，而不雜亂。（十三）身毛上靡相。身上每一汗毛皆右旋而頭向上也。（十四）身金色相。身色如紫金光聚。（十五）常光一丈相。身放光明，四面各一丈。（十六）皮膚細滑相。謂皮膚細膩光潤，不受塵水，不停蚊蚋。（十七）七處平滿相。兩足下、兩掌、兩肩（此謂肩窩。）及項中，七處皆平滿，毫無缺陷也。（十八）兩腋滿相。兩腋之下充滿。（不凹。）（十九）身如獅子相。謂威儀嚴肅也。（二十）身端直相。身形端正無傴曲。（廿一）肩圓滿相。此謂兩肩之全形，不聳不削，圓厚豐滿，與上七處平滿不同。（廿二）四十齒相。具足四十齒。（常人至多三十六齒。）（廿三）齒白齊密相。四十齒皆白淨、齊整、堅密。（廿四）四牙白淨相。四大牙最白而鮮淨。（廿五）頰車如獅子相。兩頰隆滿，如獅子頰。（廿六）得上味相。咽喉中有津液，無論食何物，皆成無上妙味。（廿七）廣長舌相。舌廣而長，柔軟紅薄，展之廣可覆面，長可至髮際。（廿八）梵音深遠相。梵者，清淨之意。音聲清淨，近不覺大，遠處亦聞。（廿九）眼色紺青相。目睛色如紺青，極清淨而光明，有如金精。（卅）睫如牛王相。眼毛分疏勝妙，有如牛王。（卅一）眉間白毫相。兩眉之間有毫，白色清淨，柔軟宛轉，右旋而放光明。（卅二）肉髻相。頂上有肉，隆起如髻。此三十二相又名大丈夫相，又名大人相。亦名百福莊嚴相，謂以百種福德莊嚴一相。修成三十二，須經百大劫，故曰百劫修相好。福德即是普賢行願，故《行願品》云，此善男子善得人身，圓滿普賢所有功德，不久當如普賢菩薩，速得成就微妙色身，具三十二大丈夫相。當知相好皆大悲大願之所成就者也。何故修此相好？

以一切有情無不著相，若見相好，乃生歡喜心，生恭敬心，方肯聞法，方能生信故。又梵王、帝釋、輪王亦有此相，菩薩亦往往有之，但以好不具足，遂不如佛。相好者，非謂其相甚好，蓋大相名相，細相名好耳。而大與細，亦非謂大小。大相者，到眼便見。細相者，細心觀之，乃知其好耳。細相即所以莊嚴其大相者，故佛有三十二相，便有八十種好，又稱爲八十隨形好。隨形，即謂其隨三十二形相也。菩薩雖亦有好，但不及佛之具足。八十，即（一）無見頂，（二）鼻不現孔，（三）眉如初月，（四）耳輪垂埵，（五）身堅實如那羅延，（六）骨如鈎鎖，（七）身一時迴旋如象王，（八）行時足去地四寸而有印文，（九）爪如赤銅色，薄而潤澤，（十）膝骨堅圓，乃至（八十）手足皆現有德之相。恐繁不具，詳見《大乘義章》。若三十二相之名，是依《大智度論》而說，他書或有異同。以上三十二相、八十種好，是應化身所現。若佛之報身，則不止此數，蓋身有八萬四千乃至無量之相與好也。〇此大千世界、三十二相兩科，合而觀之，妙義無窮。蓋我世尊就此兩事上説非，説是名，最爲親切有味。聞法者果能於此悉心體會，可於般若要旨涣然洞然也。概括之，可分四節以明其義，即一約衆生以明，二約因果以明，三約空有同時并具以明，四約究竟了義以明是也。〇第一約衆生以明者，换言之，即是世尊所以於大千世界、三十二相兩事上説非、説是名之意，皆是就衆生分上親切指點也。何以言之？世界爲一切衆生依託之境，若無世界，云何安身立命耶？又若如來倘不現三十二應身之相，一切衆生從何聞法乎，從何起信乎？由是言之，此兩事皆於衆生分上關係最爲緊要可知矣。故約性而言，雖本皆緣生幻有之假名，然謂之假名則可，謂之非是則大不可，故曰是名，明其雖假名而甚是也，故不可壞。然而當知世界終爲塵境，倘一切衆生取著此塵相，則心不清淨，心不淨則土不淨，豈能了生死出輪迴乎？更須知佛之應身是法身如來所現之相，即是證了法身，方能現應身。何故現應身？不現此相，衆生無從聞法。而如來現應身以説法，原爲欲令衆生皆證本具之法身。倘衆生取著此應身之相，便不能見性矣。何以故？以其既不能返照本性，雖覿面對此三十二相之佛，亦不能見如來故。豈不大違佛現三十二相之本旨乎？故皆曰非，明其約相雖是，約性卻非，故不應著也。如此指點，何等親切。〇第二約因果以明者，换言之，是明世尊就此二事立説者，欲令衆生明了因果之真實義故也。何以言之？此塵凡之大千世界何來乎？衆生同業所感也。此勝妙之三十二相何來乎？世尊多劫熏修所成也。然則此二皆不外因果法，可以了然矣。因果者，所謂緣會而生也。

緣生故是幻有，幻有故是假名。然雖爲假名，而有因必有果，永永不壞者也，故曰是名。言是名者，爲令衆生懍然於因果雖性空而相有，絲毫不爽，不可逃也。若知因果性空相有而不可逃，便應修無相無不相之殊勝淨因，以證無相無不相之殊勝妙果。何謂無相無不相？即是體會因緣所生法，即空即假，即假即空，而二邊不著，以合中道第一義諦是也。須知無相無不相，中道第一義諦者，性之實相，本來如是。故如是修持，便是般若波羅蜜也。所以修此勝因，必剋勝果。故於大千世界、三十二相皆説曰非。皆説非者，爲令衆生既不壞因果之相，而復會歸於性，便是空有不著，合乎中道也。

〇第三約空有同時并具以明者，是明世尊就此立説，爲令藉聞此法，而得了然於空有同時并具之所以然也。何以言之？説一非字，是令不著有也。説一是字，是令不著空也。而曰非曰是，二者并説，是令二邊皆不可著。何故皆不可著？因內而此身，外而世界，依正二報，無非因緣和合而生。當緣會而生之時，儼然現依正二報名相，豈可著空？當緣散則滅之時，此身何在，此世界何在？豈可著有？不但此也，依正二報，當其緣生之際，既是因緣和合，謂之爲生，可見除因緣外，別無實法。故現是名時，即爲非有時，故曰有即非有。亦復當非有時，即現是名時，故曰非有而有。合而觀之，豈非空有同時并具乎？既爲同時并具，故著空著有皆非。故令是非同説，即是令聞法者體會空有并具皆不可著之意。而依正二報爲名相顯然、衆所共見之事，此既空有同時并具，則其餘可以恍然矣。復爲衆生關係最密最要之事，此既空有皆不可著，則其餘可以了然矣。上兩科離名字、言説，尚是專遣有邊。此兩科空有二邊俱遣，乃爲斷除妄念之極致。

〇第四約究竟義以明者，乃是説明世尊説此

兩科，是令衆生徹底領悟言語道斷、心行處滅之性體耳。何以言之？依正二報既皆緣生，可知惟是因緣聚合之相，故經中謂之是名。是名者，明其假名爲生也。既是假名爲生，可見實未嘗生，故經中説之曰非。説非者，明其本來無生也。既無所謂生，則亦無所謂滅。然則諸法本不生不滅，而凡夫不知，迷爲實有生滅，隨之而妄念紛起，是故世尊説爲可憐憫者。更須知身心世界本無生滅，而見有生滅相，安立生滅名者，無他，實是癡迷可憐之凡夫妄念變現之虚相，妄念强立之名言耳。經云是名者，如是如是，此是名之究竟了義也。是故若離於念，身心世界之名字言説尚且無存，那有生滅之名字，又那有生滅可説？如此則泯一切相而入真實體矣。何以故？真如性體從本以來平等如如，非有非無，非亦有無，非非有無，乃至非一切法，非非一切法。總而言之，起念即非，并起念之非亦非，所謂離四句、絶百非者是也。經云則非者，如是如是，此則非之究竟了義也。此究竟了義，前面凡言則非、是名處，皆具此義，而先皆不説，至此乃説者，有深意焉。下文云深解義趣，可知經文至此，當明深義。故上來暫緩，所謂由淺入深，引人入勝也。又復此義，就身心世界上説最便。又復此請示名持中經義，正明斷念以證性。欲斷念證性，非奉持究竟了義則不能也。故曰，經文至此，當明深義。知此，便知此義惟宜於此處發之，移前嫌早，移後又嫌遲。講經説法，當令文義無謬。蓋義有淺深，文有次第，若當説時不説，不當説時便説，是謂於文有謬。縱令其義無謬，亦爲妄談，亦有罪過。此義，凡有弘法之願者所不可不知也。又上來説則非，只是説則非，説是名，只是説是名。而第四層之義不然，説是名時，攝有則非意在，而説則非時，亦攝有是名意在，此亦究竟了義也，豈止遣相談性之爲究竟了義？須知但遮無照，但泯無存，則所説者便非究竟了義。遮中便有照，泯中寓有存，方爲究竟了義。蓋非遮非泯，則不能見性，而呆遮呆泯，又豈能見性？聞此究竟了義，當悉心體會，差之毫釐，謬以千里，至要至要。○再將此不壞假名兩科，與前之會歸性體兩科合而觀之，更有要義，急當明之。須知前就般若之名字言説令離，復就大千世界、三十二相令不著者，無他，以性體絶待，一落名字語言，便有能名所名、能言所言，既有能所，儼成對待，少有對待之相，便非絶對之體矣。佛説般若，是令見性，以般若波羅蜜原由真如之理體正智而出生者也。故約此而令離名言，以明證性必應遣相之意。即復因其體之絶待，故能融攝一切世間出世間法。如《起信論》所謂，如來藏具足無量性功德故，此句是明相大。能生一切世出世因果故。此句是明用大。可見相用不能離體，即是因其體大，所攝之相用亦大。而此不壞假名兩科所言大千世界、三十二相，正明相大，以其皆由性體顯現故，所謂無量性功德故。又大千世界爲衆生同業所感，是世法因果也。三十二相爲佛多劫熏修所成，是出世法因果也。可見此二又即兼明用大。而且舉大千世界爲言，則攝盡世法一切因果。舉佛之三十二相爲言，又攝盡出世法一切因果。又復言世界，則攝一切廣大相。言微塵，則攝一切微細相。然則於此而明不著，則一切皆不應著可知矣。於此而明不壞，則一切皆不應壞亦可想矣。何以皆不應著？以相用應融入性體故。何以皆不應壞？以體必具足相用故。且由先説會歸性體，後説不壞假名之次第觀之，是明明開示學人，最初宜用遣蕩功夫，以除其舊染之污，使此心漸得清淨，乃有見性之望。并名字、言説之相尚須遣蕩，則心中不可有絲毫之相可知。何以故？性本非相故。然而但用此功，防墮偏空，故更當圓融。圓融者，性相圓融無礙自在也。故接説不壞假名，所以明圓融無礙之義也。蓋欲言是名而先言非者，是明幻有不離真空，相非性而不融也。故雖不壞相，亦不可著相，而後乃能圓融而無礙。無礙者，相不障性也。又復既言非，又言是名者，是明真空不妨幻有，性非相而不彰也。故雖不著相，亦不應壞相，而後乃爲無礙而圓融。圓融者，性不拒相也。如是之義，乃此四科最精最要之義，般若波羅蜜宗旨徹底宣露矣，正《金剛般若波羅蜜》云何奉持之所以然也。若未明乎此，則對於經義，縱令不無道著一二，終是不關痛癢，則所謂解者便非真解。既未真解，如何奉持乎？則所謂行者，實乃盲行而已。如此雖勤苦學佛，必不能得大受用，甚至走入歧途而不自知。反之則一日千里，受用無盡也。般若爲佛法中根本之義，亦爲究竟了義。若學佛者於此根本義、究竟義未明，終是在枝葉上尋求，既未見道，又何足云修道？故不能得受用也。從來所謂三教同源之説，無非就佛法枝葉上牽引附會，若根本究竟之義便無從比擬矣。當知佛法所以超勝一切者在此，若學佛而不明此義，終在門外。故上云，一切諸佛及諸佛阿耨多羅三藐三菩提法，皆從此《經》出。是明明開示佛法當從此門入也。〇儒家往往剽竊佛法之義以談儒，而又毁謗佛法，真是罪過。然所剽竊者，只是一知半解，不但非了義，且非全義，因此生謗，可乎？其所從剽竊之路，無非禪家語録耳。禪家修持，雖宗般若，然以不立文字故，遂不根據教義發揮，而其所説又一味高渾，容易爲人剽竊附會者在此。而根本究竟了義不致被人撏扯擾亂者，亦幸而有此。何以故？儒家克己修身，循規蹈矩，豈非君子？然眼孔短淺，心量狹隘，大都少有所得，便沾沾自喜，知其一，便非其二。故自漢以來，號稱尊孔，除漢儒訓詁之學尚於儒書有所裨益外，其他或拉扯讖緯之言，或捃扯黃老之説，或剽竊禪家緒餘之與儒書近似者，附會而裝皇之，實於儒家真義并未夢見，而門户之爭卻甚囂塵上。以如是我見甚深之人，雖聞佛法根本究竟了義，其不能領解也，亦可決矣。試觀程朱皆親近禪宗大德多年，而所得不過如此，反而操戈相向，亦足以證余言之非謬矣。然則彼輩若聞究竟了義教，縱令不致操戈，其必亦如談儒理然，牽枝引葉，似是而非，反令正義因之不彰而已。此又不幸中之大幸也。○又此四科更有一要義，亦不可不明者。其義云何？則以頭一科爲主，餘三科釋其所以然是也。頭科云何爲主？般若波羅蜜則非般若波羅蜜是也。當知般若是人人本具之智，即是清淨心，此清淨心住處無方所，用時無痕迹，本是把不住、取不得的，所謂心月孤圓，光吞萬象。何以故？以其絶待清淨故。《圓覺經》不云乎：有照有覺，俱名障礙。佛説般若，本令人依文字，起觀照，證實相，但恐人存有照覺之智，其下者甚至向名言中覓般若，故特於説明奉持之所以時，不嫌自説自翻，而曰般若則非般若。如此一説，直使奉持者心中不留一個字脚，不能沾一絲迹相，真所謂快刀斬亂麻手段，即此便是《金剛般若》迥異乎相似般若矣。（般若之理見不徹底，經論中名爲相似般若，謂其似是而非也。）一切行人當如是奉持也。上云以是名字者，當以是金剛名字也。故此《金剛般若》，持以破惑，惑無不盡，持以照理，理無不顯。故能即一切法，離一切相，即復離一切相，行一切法。果能如是奉持，方於世出世法究竟達其本末邊際，謂之波羅蜜者因此。此佛説般若則非般若之真實義也。復恐學人不能通達，故更説下三科以明其義，俾得洞然明白耳。○有所說法否一科，是明般若無言無說也。上云般若非般若，正顯其非言說所可及，故以有所說法否試其見地。答曰無所說，正與問意針鋒相對。若知得雖終日說，熾然說，而實無言無說，是不於言說中求也。如是奉持者，是爲般若波羅蜜也。○三千大千世界一科，是明般若境智一如也。般若非般若，正顯般若非實有一法，而法法皆般若之意，以明諸法一如。恐未能解，故借微塵、世界發個問端。答言甚多者，就相而言相也。而如來說非，說是假名者，即相而無相也。若悟得細而微塵，大而世界，緣生無性，當體即非，皆是假名，則塵塵刹刹莫非般若。所謂坐微塵裏轉大法輪，於一毫端建寶王刹，所謂盡十方世界是自己光明，又曰，山河及大地，全露法王身，皆境智一如之義也。境智一如，則是無能無所，而絶待清淨矣。如是持者，乃般若波羅蜜也。○三十二相一科，是明般若無智無得也。般若非般若，正顯般若正智覺性圓明，無能覺，無所覺。而凡夫則曰，若無能證之智、所證之果，爲何現三十二相？故以得見如來否發問。答曰不也，乃的示法身無爲，原非色相，但如來以無智無得故，所以大悲隨緣現起無邊相好，或三十二相，乃至隨形六道。可知種種相好，不過隨緣現起耳。既是緣起法門，所以相即非相，而是假名，故曰非，曰是名也。若會得非相是名，則如來隨處可見，即三十二相而見如來可也。若或未然，著於三十二相，終不得見如來也。奉持般若，如是如是。總而言之，般若法門，本如來說。今示以尚無所說，何況般若之法，其不應執著，不待言矣。遣其法執者，以清淨心中，不可有境界相也。故復示以塵非塵，界非界，使知法法頭頭，莫非般若，豈別有境界？然而人之不忘乎般若境者，以佛即證此故也。故更示不以相見如來，若知三十二相爲非相，而是假名者，則是能見諸相非相矣。若見諸相非相，則見如來矣。知此，則般若非般若之旨可以洞明。即云何奉持，亦可洞明，蓋總以開示當即相離相以奉持而已。○若照此義趣分科，則第二、第三、第四三科，應攝在第一科之下。今不如是而平列者，以平列分科，則空有二邊不著，以及遣蕩、圓融諸義彰顯明白，易於領會故也。然以般若非般若一科爲主之義，經中明有，亦不可漏，故補說之。○此外尚有別義，亦甚緊要，不可不知者。此請示名持一科，已由伏惑說至斷惑，然而當知惑有粗細，此中是斷分別粗惑，乃俱生細惑，故其總判曰，約心明無住也。問：故前半部總判曰，約境明無住。至後半部所斷，此中已明離念，豈非已是約心明乎？答：此有二義，前後不同。（一）此中雖已約心明，然尚屬於詮理。即謂尚屬於開解。入後乃是詮修，更於修中顯義，以補此中所未及。此前後不同處也。（二）此中先離粗念，即起心分別之念。入後是離細念，即不待分別、與心俱生之念。此又前後不同處也。上來詳明所以已竟。

初約命施校。

（癸）三，結顯持福，分二。（子）

須菩提，若有善男子、善女人，以恆河沙等身命布施。

寶施尚是外財，今則乃以身命施，佛經中名爲內財，重於外財遠矣。衆生最愛者身，最重者命，身指四肢等言，猶未損及於命，已屬難能，況爲衆生捨命乎？且不止一個身命，乃如恆河沙數。人之一生，只有一個身命，今云以恆河沙等身命布施，其爲生生世世常以身命布施可知，其爲難能也何如，其福德之多也何如。然若施相未忘，仍屬有漏，如世之殺身成仁者，初未聞其有成佛事也。

（子）次，明持福多。

若復有人，於此《經》中，乃至受持四句偈等，爲他人說，其福甚多。

受持一四句偈等，勝過恆河沙身命施，此何理也？且前兩次皆以寶施校勝，此更以身命施校勝，又何說也？當知第一次顯勝，因甫生淨信故，但以一個大千世界寶施福德比較，以顯其殊勝。第二次顯勝，因解慧增長，不但知境虛，并知心中本無塵境，故以無量無邊大千世界寶施福德比較，以顯其殊勝。至此則解義更深，已開金剛智矣。此智既開，便知斷其妄念，而捨生死根株，其功行視前更爲入裏，故不以外財校顯，而以內財校顯。因其持說一四句偈等，若校：若，舊版作如，原稿作若。能開金剛智，奉《金剛般若》以修持，便能斷念。斷念便捨生死根株，而超凡入聖。視彼但能多生多劫捨其身命，而未能捨生死根株者，相去不可以道里計。故持說此《經》一四句偈等之福德，多於以恆河沙身命布施之福德，以此開金剛智，可望超凡入聖。彼不知持說此《經》，金剛智便無從開，而仍未能脫生死輪迴苦惱之凡夫故也。

（辛）四，成就解慧，分二。（壬）初，當機讚勸。次，如來印闡。（壬）初又三。

（癸）初，標領解。

爾時，須菩提聞說是《經》，深解義趣，涕淚悲泣，而白佛言：

從開經至此，所有伏斷分別我法二執之理事，由淺而深，逐層闡發，至詳至晰，故此一科接明深解。當機之如是自陳者，無非望大衆皆得如是，故既讚且勸也。何以故？佛與長老不辭苦口，反覆闡明無住之旨者，原欲聞者大開圓解。蓋經旨是甚深微妙中道第一義，若不通達其深微，則見地未圓，何能二邊不著，合乎中道？《經》云，深解義趣，正明其見地已圓，不同向之偏空矣。此其所以自陳非慧眼得聞，至於涕淚悲泣也。此中雖説解義，其實已攝有行。蓋解行從來不能分開，故曰解行並進。並進者，以其必行到，方能解到，必解圓，而後行圓故也。當知修行不外聞思修三慧，如此中之聞説是《經》，便是聞慧，何以此聞乃是聞慧？至下當説。而深解便是思慧、修慧，何以故？若不思惟修觀，便不能深解故。故曰，説解便攝有行。不但此也，所謂深解義趣者，是何義趣乎？即是深領會得上文所説，當云何生信，當云何奉持之所以然也。然則説一解字，不止攝行，亦攝有信。且下文云，信心清淨，則生實相。生實相便是證性。下文又云，「『得聞是《經》，信解受持，則爲第一希有』，乃至『何以故？離一切諸相，則名諸佛』」，名之爲佛者，明其證性也。然則説一深解，不止攝信攝修，并證亦攝在内矣。而且信心清淨則生實相之意，又是説實相之生，便是信心清淨。觀此，則前次所説，信、解、行、證雖説爲四事，其實乃是一而四，四而一，其理益可證明矣。

○此成就解慧經文，乃是開經以來之歸結處。何以故？上來師資種種問答，苦口婆心，以發明甚深義趣者，目的何在？無非望聞法者能開深解而已。豈非上來千言萬語，得此一科，始有個著落乎？故曰歸結處也。不但此也，從次科如來印闡以下，凡世尊所説，又無非就上來所已説之緊要處，加以發揮，加以證明，令人對於上來所説要旨，更加一層信解，則受持更爲得力而已。故此第四科成就解慧，及下第五科極顯經功，乃是前半部總結之文也。此皆經中之脈絡眼目，故預爲提出，預爲點醒，以便臨文易於領會。○本《經》之例，結經者凡標一爾時云云，皆是表示更端之意。此中深解義趣四字，約義趣言，則皆上文所有，而約深解言，則是上文所無，至此方始自陳，故曰更端也。爾時二字，與上請示名持中之爾時，正相呼應。蓋請示名持以前，所明之義是開知境虛智，開無塵智。至請示名持時，乃開金剛智。此智甚深，不易領悟。此智若開，便斷惑證真，乃修功之所歸趣。今云深解義趣，便是自陳其得開金剛之智矣。若但開得知境虛智、無塵智，不過是觀行位、相似位，不得曰深解也。不但此也，此中之爾時，乃直與經初「爾時，長老須菩提在大衆中，即從座起時」之爾時相應，何以故？若無彼時之請法，何來此時之深解乎？若深觀之，此時之深解，已伏於彼時之請法。何以故？因長老能於大衆瞶瞶之時，獨能窺破佛不住相，因而請法，所以聞法即解耳。若在他人，決不能聞説是《經》，便得深解義趣，此下文所以云不足爲難也。是經文中，已明明點出前後關係矣。不但此也，彼一時開口即讚希有，此一時亦開口即讚希有，皆點明前後相應之眼目處。又觀彼時長老即從座起，願樂欲聞，何等歡欣踴躍，而此時之長老卻涕淚悲泣矣。前後映帶，大有理致。蓋彼時之歡欣，正此時悲泣之根也。爾時二字，若約當下説，便是開示所以奉持之理已竟之時，亦即聞而深解，悲從中來之時也。聞説是《經》之聞，與經初願樂欲聞，此兩聞字正相呼應。聞所欲聞，且復深解，真乃萬千之幸，此所以喜極而悲也。深解與最初之諦聽相應，若不諦聽，斷難深解。故聞説是《經》之聞，非泛泛而聞，所謂聞慧是也。然此亦是就長老説，因其本是第一離欲阿羅漢，早能無念，既具慧眼，又復解空第一，故於未聞是《經》之先，便能洞了無住之旨，而見如來，所以諦聽之效甚偉，聞便深解耳。若在凡夫，縱能諦聽，決不能一悟徹底，能開知境虛智，已難能而可貴矣，若聞經便爾無塵，千古能有幾人？至如金剛智，更無論矣。即如禪宗六祖大師，聞應無所住而生其心，而得頓悟，古今無第二人。然而傳授衣鉢以後，尚爲獵人羈絆十餘年，此正佛祖加被，磨煉其金剛慧劍耳。若在末世，尤難之難。故下文云，後五百歲，得聞是《經》，信解受持，是人希有也。此理不可不知。然亦不可因難自阻，佛說，後五百歲持戒、修福，能生信心，便能一念相應。信爲道源功德母，果能聞經實信，便入般若之門矣。果能入門，何嘗不可頓悟頓斷？何以故？諸佛加被故，夙慧甚深故。然則何謂入門？實信塵境皆虛，不爲所縛，便是般若之初門也。此理尤不可不知。〇義者，義理，即上來所說觀門行門、若伏若斷之真實義是也。趣者，歸趣，亦云趣向，即下文所謂，信心清淨，則生實相是也。蓋義理千端，歸趣則一。佛説文字般若，無非令依之起觀照，證實相耳。若不了解義之歸趣，則如入海算沙，毫無歸結。亦如行舟無舵，將何趣向？則亦無利益功效之可言矣。故但解義，不解趣，非深解也。且以歸趣言之，若但解歸結所在，而不解如何趣向，仍是如數他家寶，自無半錢分，亦非深解。必須既了解義之歸結所在，更復了解此之所在應如何而趣向，是真能深解者矣。此深解義趣四字，是結經者所加。蓋從下文自陳中，得知其能深領解也，故特爲標出。其標出蓋有二意。（一）使讀經者知下文自陳中所説，乃開經以來種種妙義之歸趣，宜悉心體會之。（二）若不標出，則涕淚悲泣，從何而來？且使知以解空第一之長老，乃因深解此《經》而悲泣，可見《經》中所説之空，非尋常空有對待之空矣。又使知以長老親依座下之大弟子，乃因聞解此《經》，至於悲泣，可見此《經》真是難遭難遇，豈可輕視，更豈可不悉心體會？又使知以長老之悲泣，由於深解，可見久讀此《經》，而漠然無動於中，甚至怕談般若者，無他，由於《經》中義趣未能領解故耳。由是言之，結經者特標此句，其爲警策也至矣切矣。○涕淚而泣，正明其悲。涕淚者，悲泣之容也。泣與哭异，有淚有聲爲哭，有淚無聲爲泣。人之所以哭者，忽遭意外大損，如刀割心，懊喪之極，不覺失聲而慟，此之謂哭。人之所以泣者，深幸未得今得，喜愧交并，感荷之至，不覺垂涕而悲，此之謂泣。長老興悲，不外此理。即由其撫今而喜，追往而愧，既愧且喜，因之愈感佛恩。合此三種心理，遂現悲泣之相矣。何以見之？此中云聞説，合之下文佛説如是甚深經典，昔日未曾得聞，則今日之感謝佛爲之説，深喜何幸得聞可知矣。而昔日雖得慧眼，不聞此《經》，其深抱慚愧之意顯然若揭。須知當其慨歎往昔處，正其慶幸今日處。故曰，長老興悲，是由且喜、且愧、且感三種心理所發現也。至如下之三勸信解文中所言，是長老不但自慶，更爲一切衆生喜得無上法寶，此其所以廣勸信解受持也。然則既如此喜愧交并，能不感激涕零乎？凡人大夢初醒，回憶從前，莫非如蠶作繭，自纏自縛，如蛾赴火，自焚自燒。撫今思昔，往往涕不自禁。古德有云，大事未明，如喪考妣，大事已明，更如喪考妣，皆此理也。而白佛言者，因聞説是《經》而得深解義趣，因深解義趣至於涕淚悲泣，於是自陳見地，求佛印證，此必然之理也。將涕淚悲泣而白佛言八字連讀之，便是垂涕泣而道。觀經初長老爲大衆請法，及下之廣勸信解，可見長老向世尊垂涕泣而道，便是向徧法界盡未來一切衆生垂涕泣而道也。即次科所説昔來慧眼未曾得聞，亦是普告一切衆生者，我長老大慈大悲，意在警策一切衆生，當速發無上菩提心，奉持般若，方爲紹隆佛種，方爲不負己靈。若學小法，雖開慧眼，得無諍三昧，成第一離欲阿羅漢如我者，尚不免今昔之感，慎勿如我之聞道恨晚也。而佛説此《經》萬劫難逢，且義趣甚深，若得聞之，便當如法奉持，以求深解，始知佛恩難報，而慶快生平耳。總之，長老之喜爲衆生喜，長老之感爲衆生感，其慚愧往昔，悲泣陳辭，皆爲激發衆生。須知我輩得聞此甚深經典，不但佛恩難報，長老之恩亦復難報。何以故？佛説此《經》，是由長老爲衆生而請説故。

（癸）次，陳讚慶。

希有，世尊，佛説如是甚深經典，我從昔來所得慧眼，未曾得聞如是之經。

希有兩見，然讚語同，讚意則不同。前因乍悟本地風光，如人忽覩難得之寶，故讚希有。今則深解真實義趣，如人已獲望外之財，昔未得聞，而今得聞，故是望外。慶快萬分，故讚希有。蓋前是外覩宏規，今是内窺堂奥也。○此希有二字，不止讚佛，兼及讚法，并有自慶之意。下文云佛説如是之經，可知是讚佛説之希有也。此中又含有四意。（一）難説能説。甚深般若，唯佛與佛究竟證得故，亦唯佛與佛能究竟説，而一佛出世，必經多劫，故曰希有。（二）時至方説。此《金剛經》説在《般若》之第九會，若無當機之長老，將向誰説？以説必當機，機緣未熟，説亦無益故，故曰希有。（三）無説而説。如來無所説，佛之説此，原令衆生見如來。且般若本非言説所可及，故今雖熾然而説，當知實爲無説之説，説而無説也，故曰希有。（四）大悲故説。佛視衆生本來是佛，因其昧卻本來，遂成衆生，是故説爲可憐憫者。故此無爲之法雖不可説，而假設種種方便説之，皆令入無餘涅槃而滅度之，豈非希有？○兼讚法者，下文云佛説如是甚深經典，甚深二字，便是讚辭。經典而曰甚深，明其超過其他經典也。無上甚深微妙法，百千萬劫難遭遇。如本《經》上文所云，一切諸佛及諸佛阿耨多羅三藐三菩提法，皆從此《經》出，以及持説一四句偈等，勝過恒河沙身命布施，乃至經典所在之處，即爲有佛，若尊重弟子等句，其法之希有可知。至若向後所云，是經義不可思議，以及爲發最上乘者説等句，莫非明其爲希有之法。以其均在後文，此中姑不引釋。○云何含有自慶之意？如下文言，昔之慧眼不聞此語，正是自慶其今得聞而深解也。然則昔何道眼不開，今何見地深入，豈非希有之事乎？○何云甚深經典？此《經》所説，是佛法根本義，是究竟了義，是大智大悲大願大行之中道第一義，是第一義空之義，是令信解受持者成佛之義。且一言一字含義無窮，其深無底，故曰甚深。以第一離欲阿羅漢之慧眼而未曾聞，正明其甚深也。又般若波羅蜜深矣，而此《經》乃是金剛般若波羅蜜，故甚深也。其他如上來所引佛及佛法皆從此《經》出等等言句，其甚深可知矣。○昔來者，謂自證阿羅漢果、得慧眼以來也。何謂慧眼？眼者，見地之意。佛經説有五眼。（一）肉眼，凡夫見地也。（二）天眼，天人之見地也。天人亦是凡夫，然其所見，超過人道以下，故名之曰天眼。（三）慧眼，見人空理，謂之慧眼，阿羅漢之見地也。（四）法眼，既見人空，更見法空，故名法眼，此菩薩見地也。（五）佛眼，謂佛之知見也，則超勝一切矣。今略説其概，待説至下文明五眼時再詳。昔來但空人我，而此《經》是空法我，故向於此理未曾契入，故曰，昔來慧眼未曾得聞。此中含義甚多甚要，茲當分晰説之。（一）上言眼，下言聞，眼與聞毫無交涉，便可證明所謂眼者，乃謂見地，不能作眼耳之眼會，亦不能作眼見之見會。（二）眼之與聞既無交涉，則所謂聞者，亦不能呆作耳聞會，乃是返聞聞自性之聞，所謂聞慧是也。（三）既是聞慧，則説聞便是説解。然則昔未曾聞者，非謂一徑不聞，乃謂雖聞而未得解，等於未曾聞耳。（四）愧其昔未得聞，正是幸其今已得聞。今何以聞？由其深解。故上云，佛說如是甚深經典，何以故？若非深解，便不知此《經》有如是之甚深故。此結經者所以標之曰深解義趣也。（五）長老嗟昔未聞，大有聞道恨晚之概，此適纔所以悲泣也。然則今者何以聞而深解？以其觀見如來，於法無住，其不取著向學之法可知。又復爲衆請此大法，其發大智大行大悲大願之心可知。是其見地迥異乎前，故於此甚深之經遂能契入耳。（六）此《經》說在《大般若經》之第九會，何云昔未曾聞？又前八會中，長老且轉教菩薩，亦不得云昔未開解。須知長老今如此說者，無非勸導衆生，急起讀誦此《經》，信解受持耳。（七）昔之八會雖已得聞，其轉教菩薩，雖已開解，而《金剛般若》卻是至此乃說，故曰甚深，故曰昔未曾聞。（八）由是言之，上文所言深解，乃是甚深之解。因般若已是深經，前會已教菩薩，是已早開深解矣。而此會之《經》，則爲甚深之經，故今日之解，乃是甚深之解。故不禁撫今思昔，而知必能如是了解，方爲徹底。此其所以聞道恨晚也，此其所以涕淚悲泣，此其所以廣勸信解也。（九）長老如是自陳者，復有微意。其意云何？開示大衆，如是甚深經典，切不可執著文字，切不可向外馳求，當攝耳會心，返照自性，乃得開其見地，了解經中甚深之義趣耳。（十）不但此也，更有深意存焉。既是人空眼不能見法空理，可見人之學道，淺深次第，絲毫勉强不得。而長老道眼必至第九會始開，又可見時節因緣，亦絲毫勉强不得。不但此也，世尊出世，原爲令衆生證般若智，到涅槃岸，乃遲之久而説《般若》，又遲之久而説《金剛般若》，可見發大悲心者，亦復性急不得，以機教必須相扣故。而有一慧眼之見，便不得聞，更可見看經聞法，必應將其往昔成見一掃而空，始有契入之望，以一有成見，便障道眼故。

（癸）三，勸信解，分二。（子）初，約現前勸。次，約當來勸。（子）初又二。

（丑）初，明成就。

世尊，若復有人得聞是《經》，信心清淨，則生實相，當知是人成就第一希有功德。

長老大慈，自得法樂，普願現前當來一切衆生同得法樂，故盛陳成就之希有，令大衆聞之，發心信解。雖文中未明言勸，而勸意殷殷矣。此正大悲大願之阿耨多羅三藐三菩提心也。若復有人，蓋深望有如是之人也。得聞是《經》，含有不易得，何幸而得，不可錯過此一得之意。清淨即是無相。如前以不住六塵生心爲生清淨心，正明住塵便是著相，少著相便非清淨矣。而既曰不住，又曰生心，又明所謂無相者，非對有説無，乃絶對之無，即是有無等四句皆無，方是無相真詮。若徹底言之，并此絶對之無亦無，乃爲究竟清淨。所以位登初住，只證得一分清淨心，由是而功行增進，愈進愈細，歷四十階級，至於等覺，尚有一分極微細無明。換言之，便是清淨心尚有微欠，故曰，等覺見性，猶如隔羅望月。更須以金剛智除之，乃成究竟覺，則清淨心完全顯現矣。何云信心清淨？謂由信此文字般若，起觀照般若，而得一心清淨也。故此信心清淨一句，雖只説一信字，而解、行、證并攝在内。若非觀慧，執情何遣？若非遣之又遣，至於絶對之無，信心何能清淨？所謂觀慧者，即是奉持《金剛般若》，離名字言説，不著一切微細廣大境界，并希望勝果亦復不著，但驀直如法行去，一念不起，果能斷得一分虛妄相想，即是生滅心，亦即是念。清淨心便現一分。現得一分，便是證得一分法身，而登初住，轉凡成聖矣。從此加功至究竟覺，而後生滅滅已，寂滅現前，則自性清淨心圓滿顯現，名曰妙覺，亦名成佛，亦名入無餘涅槃。又可見所謂信爲入道之門一語，其門字是廣義，非專指大門而言，堂門室門賅括無遺。又可見解、行、證三皆信字之别名，换言之，便是所謂解、行、證非他，不過信心逐漸增長而光明，至於究竟堅固而圓滿耳。何以故？曰解、曰行、曰證，必信心具足，而後乃能解足、行足、證足故。若其信心少欠，尚何能解、能行、能證之可説？故曰，信爲道源功德母也。故前云，信、解、行、證，當圓融觀之，不能呆板看作四橛也。故本《經》中，開解、進修、成證三科，皆兼説及信也。此理不可不知。〇實相是性體之别名。下文「是實相者，即是非相，是故如來説名實相」三句，即是自釋此義。何以性體名爲實相？至下當説，今暫從略。性是本具，無生不生，今言生者，現前之義。此與前文生清淨心意同。向因在纏而不顯現，今奉持《金剛般若》，迷雲漸散，光明漸露，有如皓月初生，蓋無以名之，假名曰生，《大智度論》所謂無生生是也。無生生者，無生而生也。《論》又云，諸法不生，而般若生。蓋謂若解得諸法不生，便是無生觀智現前，是爲無生而生。此義甚深，猶恐未能了解，兹更釋之曰，無生觀智即是般若，般若、實相皆是法名，既是諸法不生而般若生，而般若亦諸法之一，何得曰生？不過明其無生觀智現前耳。蓋法本無生，假名曰生，故曰，是爲無生而生也。般若生之義明，則實相生之義可了然矣。更當知，般若、實相固是法名，而此法非他，即指本性是。故本《經》實相生一語，便是性光顯現。而《大論》中般若生一語，便是無生觀智現前也。性本無生，故無生觀智一語，猶言性智。性智者，性光也。言觀智者何義？明其智由觀現耳。猶之本《經》之言信心清淨，信心清淨者，明其心清淨，由於信成就耳。《經》言則生者，則者，便也。信心清淨，便生實相，猶言信心清净，便是實相現前。因其信成就，便心清淨，而清淨心也，實相也，皆是本性，故信心清净，便是實相現前也。此正顯其生即無生之義。當知説爲清淨，正因諸法不生，然則少有所生，便非清淨心可知。而又名之曰生者，以其是無生而生，生即無生故耳。既然信心清淨，便是實相現前，可知實相現前，亦復便是信心清淨而已。然則所謂證得者，可知亦是假名，實無所證，無所得也。不但此也，所謂信心清淨者，亦他人云然，是人心中初不自以爲信成就，初不自以爲心清淨。何以故？少有一絲影子在，便是法相，便是取著，便非諸法不生，尚得謂之信成就、心清淨乎？然則經文何必定要説一生字，何不徑曰，信心清淨則實相現前，豈不直捷？當知説一生字，又復含有要義。（一）説之爲生者，是明信心清淨，乃迴脱根塵，性光明耀，非同死水也。此與前言生清淨心同一意味。蓋表其所謂清淨者，是寂照同時，非止有寂而無照也。而説一信字，又是表其功行，前所謂解、行、證三事并攝在内是也。（二）説之爲生者，是明其剛得現前之意也。因實相須分分現，非驟能圓滿，若徑曰實相現前，太儱侗矣。故説一生字，使人領會得如月之初從東方現起耳。（三）説之爲生者，又明其初得轉凡入聖也。因爲實相剛剛現前，便是現得一分。而現一分實相，便是證一分法身，而位登初住，即分證位之第一步，此是初成菩薩之位。故説一生字，表明其初入聖位。所以下文緊接曰，當知是人成就第一希有功德。○前釋最上第一希有，不云乎，最上即是無上，第一即是正等。菩薩自度度他，自他平等，又復悲智雙運，福慧雙修，定慧等持，此皆菩薩修功也，皆平等義也。正等者，言其既正覺，復平等也。佛座下菩薩位在第一，小乘位在第二，故第一是指正等之菩薩。

希有者，正覺也。凡夫迷而不覺，外道覺亦不正，故正覺是指小乘羅漢，明其能以正法自覺也。能以正法自覺，故曰希有。希有者，對凡夫、外道言也。若菩薩不但自覺，兼能覺他，故曰正等。具足稱之，則云正等正覺，亦即第一希有。佛則自覺、覺他、覺行圓滿，故稱無上正等正覺，亦即最上第一希有。今此中曰成就第一希有功德，不曰最上者，是明其已成菩薩，即初住位菩薩也。以其實相剛生，故由此中文義觀之，益足證明前來最上第一希有，應作無上正等覺釋，不能作他釋也。又此中第一，雖亦可作是成初生第一位菩薩釋，然而不妥者，以與上來最上第一希有不一貫，不如仍作正等釋之。言功德者，功者修功，德者性德。蓋明其既已成聖，則照覺增明，約破自他惑言，則功用平等，是爲成就第一希有之功，約自覺覺他言，則性德初彰，是爲成就第一希有之德。福德與功德，同乎異乎？答：不能定説同，亦不能定説異也。何以故？福德專約福言，功德賅福慧言。福德約感來之果報言，功德約顯出之體用言。福德多就有爲言，功德每就無爲言。此所以不能定説同也。然若修功德而著相，則功德成爲福德。若修福德而不著相，則福德即是功德。此所以不能定説異也。上來校顯處皆説福德，此處則言功德，何也？答：凡校顯處皆言福德，不言功德者，此有三義。（一）持説此《經》，本是功德，而非福德。然因其是引著相布施之福德來比較，故順文便，亦姑名之爲福德。（二）兼以顯明修無住行者，雖不應著相，亦不應壞相，故皆言福德，以示修慧應兼修福之義。（三）持説此《經》，所以勝彼著相布施者，無他，即因其通達不著相之理故也。所以皆言福德，以明若不著相，則福德即是功德之義也。又須知七寶施、身命施之人，本是發大心者，即本是修功德者，不然決不能如是布施，然但説爲福德者，無他，正因其不持説此《經》，不能通達應不著相之理耳。是其中又含有若其著相，則功德成爲福德之意在也。至於此處，原非引著相福德校顯，乃是發明信心清淨，便成就第一希有。須知因其能不著相，乃能清淨而得如是成就也。故不能言福德，只能言功德。

○上科是自陳其已能深解，若非深解，何知經典之甚深？此義前已詳談。然但明深解，尚是總冒。此科以下至則名諸佛，方陳明其所深解之義趣。若專就此科説，則信心清淨句，是深解義，亦兼深解趣意，則生實相，當知是人成就第一希有功德，正明深解趣也。當知者，謂當知實相之生，便是成就。又當知信心清净，便生實相也。當知二字，雖説在中間，而意貫兩頭。言當知者，正因其自得深解，故勸人亦當如是深解也。○何謂信心清淨爲深解義耶？因前生信文中，世尊言，持戒、修福能生信心，以此爲實，接云，聞是章句，乃至一念生淨信，而開解文中，復云，應生清淨心，故長老今云信心清淨，正與前文針對。長老以爲，世尊開口便令發心度衆，度無邊衆生而實無衆生得滅度者，乃至有我人相便非菩薩，此義便是令不取相。其下又令不住六塵布施，不住六塵生心，無非令不取相而已。何以不能取相？爲生清淨心也。所謂一念生淨信者，信何以淨？心清淨也。可見生淨信，便是生清淨心。又可見心之清淨，全由於信。試觀一念生淨信一語，意在明其已得一念相應。何謂相應？謂其一念而與自性清淨心相應也。相應之義便是證，而不修何證，不解又何修？而解、行、證一概不提，但云一念生淨信，可見一個信字已貫徹到底，即是令人體會果能實信爲因，必得淨信之果也。簡言之，信心增長，至於圓滿，便心清淨矣。由是觀之，長老信心清淨一語，無異爲上來世尊所説諸義之結晶。若非深解其義，便道不出。〇前文又云，一念生淨信者，如來悉知悉見，是諸衆生得無量福德。而於應生清淨心之下，復云，當知是人成就最上第一希有之法。故長老今云，則生實相，當知是人成就第一希有功德，亦正與前文針對。長老以爲，世尊所以云應不取相，應生清淨心者，以必須遠離根塵識之虚相，乃能生起清淨心之實相也。所謂得無量福德者，以其成就最上第一希有之法故也。最上第一希有，唯佛堪稱，其下綴一法字，上又曰當知，皆是防人誤會而告之曰，當知是生清淨心之人，雖未成佛，卻已成就成佛之法矣。其法云何？即所謂離根塵識虚相，生清淨心實相是也。當知是人由實信故，而能離虚顯實，一念相應，其功德已成就第一希有之菩薩。至此地位，是已超凡入聖，始有成佛之可能。蓋必先成菩薩，而後方可成佛。此處之當知，正與前文之當知相應。

故必成就第一希有功德，乃爲成就最上第一希有之法也。此非長老深解義之歸趣乎？且知信心清淨，便生實相而得成就，又非長老深解義之趣向乎？〇由上來長老所解之義趣觀之，吾人亦可悟得既然證性，便是信心清淨，則吾人必須開解者，無他，在令信心增明而已。而必須進修者，亦無他，在令信心增長而已。蓋以信爲主幹，解、行、證則爲信之助力也。復由此可悟信爲主幹，故曰信爲入道之門，故曰信爲道源功德母，故學佛必當首具信心。而此《經》全部，是以生信、開解、進修、成證明其義趣。故吾人聞得此《經》，對經中所明之如何爲生信，如何爲得解，如何爲修無上菩提，如何爲成忍，首當一一信入之，然後方爲實信，乃能開解精修而得證也。經中處處兼説信字，即是點眼處，吾人當如是領會也。更有一義，不可不知者，信爲主幹者，意在令初發心菩薩得以入門也。然而當知，一即一切，一切即一，《華嚴》明此義。故約信解行證言之，若以信爲主，則一切皆趨於信，若以解爲主，則一切又皆趨於解矣，其他類推。故聞法當深會其用意之所在，若執著名言，死在句下，爲學佛之大忌，亦非圓融無礙之佛法矣。即如信字固要緊，解字亦要緊，簡明言之，即是信、解、行、證四事，無一不關緊要，而四字中尤以信、解爲最緊要，以此二事最密切故也。何謂最緊要？學人若能實信、深解，則自能精修而得，否則那有修證之可言？故曰最緊要也。何謂最密切？解因信有，信從解生故也。信字居首，此《經》亦先説生信，次説開解，且信字貫徹到底，如上所説，則解因信有，自不待言。而曰信從解生者，即如前云，能生信心，以此爲實，此中便含有信從解出之意。云何生信？以此爲實故也。若非了解得經中真實義，何能以此爲實？又此中長老自陳其深解之義

趣時，開口乃云，信心清淨，則生實相，亦是顯明若非深解，便不知信心關係有如是之巨也。則信從解生，愈得了然矣。其他本《經》中語，可引而證明者尚多，兹不具述。〇前云，成就第一希有功德，是初住位。云何知其是初住耶？答：此有二點。（一）是從上文生字看出。（二）有《大智度論》爲證也。當知實相現前，便是證無生忍。《大論》卷五十曰：「於無生滅諸法實相中信受通達無礙不退，名無生忍。」按《論》中所言通達無礙自在一語，即是證義。然則證無生忍，是因其通達實相，則實相現前，便是證無生忍也可知，而實相現前之位次，便是證無生忍之位次，亦可知矣。證無生忍位次，經論有種種説，前已談過，今無妨重言之。如《大論》七十三云：「得無生法忍菩薩，是名阿鞞拔致。」阿鞞拔致者，不退之義，即初住是，是説初住得無生忍也。而《華嚴經》則謂八

地證無生忍，《仁王護國》等經則在七八九地。以上諸説雖别，其義皆通。蓋初住便得分證，至八地以上，得無功用道，即是無學。而後圓滿耳。故言初住證者，是謂分證，言八地等證者，明其圓證也。須知即約圓證言，若細分之，亦有次第。八地、九地、十地所證，譬如十三夜月，雖圓而未盡圓。等覺所證圓矣，尚不無微欠。至於佛地，始如月望之月，究竟圓滿。而初住之分證，不過證得一分，則如上弦之月，清光甫生而已。故本《經》曰生實相者，正明其清光甫生，位登初住也。又須知龍樹菩薩《大智度論》説初住便得無生忍者，乃謂圓初住，非别初住。圓者，言其見地圓融。别者，言其見地無論於理於事雖極精深，而成隔别，隔别即不圓融之意。更須知見地圓融者，位雖甫登初住，其見地卻等於别初地。故《大乘義章》卷十二曰，龍樹説初地以上得無生忍也。龍樹本説初住，乃曰龍樹是説初地者，此語正顯龍樹所説之初住，是圓初住，而等於别初地耳。天台祖師《觀經疏》亦曰，「無生忍是初地、初住」。地住並説者，因其所謂初地，是指别教，所謂初住，是説圓教故也。即此一語，可見别初地、圓初住，見地相等。又可見見地不圓者，必至登地乃圓。又可見所謂證一分法身者，亦大有出入。何以故？别初住之人，亦必證得一分法身，方能位登初住。然則雖與圓初住，同曰證得一分法身，而此一分之大小則懸殊矣。何以故？以圓初住見地等於别初地故。當知自初住至初地，有三十個階級，豈非圓初住證得之一分，比别初住所證之一分，大三十倍乎？所以圓初住人修至初地，其中間三十個階級，雖皆須一一經過，而經過甚速，不比别教人之難。然則别教人，即見地未圓者。當其由十信修至初住時，其必難於圓人，亦可想矣。上來所説種種道理，皆不可不知者。

知此，愈知大開圓解之要矣。按《大乘義章》《觀經疏》，同以別初地、圓初住證無生忍。夫證無生者，證法身之謂也。圓初住祇證一分，則別初地亦爲證一分也可知。如是而言，豈非別初住并無所證乎？然不證一分，不得名爲初住，其義云何通耶？當知別初地、圓初住之一分，極其光明，別初住雖亦證得一分，而猶恍惚，譬如上弦之月，雖現而被雲遮。何以故？以其素來見理見事皆隔別而不融，遂致性雖見而仍隔，證如未證，故至初地見圓，始彰證得一分之名耳。當如是知，其義乃圓。以是義故，別初住雖曰分證，不過差勝於相似耳。當知名爲相似者，因其所見非真月，乃月影。名爲分證者，因其所見非月影，是真月，故勝。然而真月猶隱於濃雲之中，故差。以其所見雖真，而仍模糊，其不同於月影也幾希，此所以勝而曰差也。然雖相去幾希，一則所見縱極光輝，而爲水月，是向對面間接窺之，故名相似；一則所見縱極模糊，而爲真月，是從性天直接觀之，故差而仍勝也。當如是知，其義始徹。

（丑）次，明實相。

世尊，是實相者，則是非相，是故如來說名實相。

此科是釋明實相爲何，及何以名爲實相之義。是實相者，猶言此所謂實相。則是非相，言不可誤會是說相。既名實相，又曰非相，正明其所說乃性耳。如來者，性德之稱。如來說，謂約性而說。名者，假名。既是非相，何名實相？故又釋明之曰，正以其是非相之故，乃約性而說，假名爲實相耳。意謂性不同相之虛妄，所以名之曰實相也。〇經文含義無窮，只好逐層而說。茲先如上說其一義，以便了其大旨。若但作如是說，則不徹底矣。何以言之？性本非相，何故假名爲實相耶？此義須分四層說之。（一）實字有二義，一是質實義，二是真實義。質實者，質礙結實也。譬杯中盛滿一物，甚爲堅結，則有質有礙，何以故？再不能容受他物故，此之謂質實。然而性體虛靈，正與質實相反，虛則非實，靈則非礙故。故知實相之實，非質實義，乃真實義。真實者，明其非虛妄也。虛妄亦有二義。一者，虛是空義，妄是邪義。二者，虛是假義，妄是幻義。初義則爲没有，爲不好。次義不但非不好，并非没有，乃是假有幻相之義。前云，凡所有相，皆是虛妄。所謂虛妄者，乃次義，而非初義，此義正與真實義對待。然則相是虛妄，性是真實，明明是對待之物，而且性又明明非相，何以又名之曰相耶？須知佛經中一言一名無不善巧，何謂善巧？能使人藉此名言，可以從此面而達彼面，不致取著一面也。須知正以性本非相之故，而又能現起一切相，空而不空，此性之所以爲真實也。經文是故如來説名實相句，正顯此義。是故承上非相言，如來指性言。非相是性，名曰實相者，蓋約性而説名爲實，以明性非虛妄，而是真實之義也；復約性而説名爲相，以明性雖非相，而能現相之義也。且由此經文觀之，即此實相之名，并能令人領會得性體絶待之義。蓋性相對待之説，從表面觀之云然耳。若察其實際而深觀之，離如來性體，并無相之可説，可知性體之爲絶待矣。經文如來説名實相，猶言由如來而説名實相也。正顯非性不能説實，非性不能現相之義也。此假名性爲實相之所以然，一也。

（二）此科之義，正與前云「若見諸相非相，則見如來」之義互相發明。蓋前文意明，若只見得相一面，則偏於有，若只見得非相一面，則又偏於空，皆不能見如來性。何以故？性是空有同時并具故。《起信論》明如來藏具足空不空義，豈非空有同時乎？故必應能見相即非相，方見如來也。須知應見相而非相，亦應見非相而相。相而非相，色即是空也。非相而相，空即是色也。前文既明色即是空義，此中復明空即是色義，令人統前後而合觀之，則於空有同時并具之義更可瞭然。經文初云，是實相者，則是非相，明其相即非相也。復云，是故如來説名實相，是故承上非相，而非相而相，正是如來藏真實義，故曰如來説。接云説名實相，明其非相而相也。相即非相，故先云，是實相者，則是非相，重讀實字。後云，説名實相也。重讀實字。此假名性爲實相之所以然，二也。前文見相即非相，便含有非相而相義在，但未顯説。故此中藉明何爲實相之義，而顯明道破以補足之。先説相即非相，後説非相而相，正明承相即非相而爲之補足之義。又須知相即非相、非相而相二義，本互攝而并具。故於説相即非相之下，用是故二字承接説之，既以明補足前文之義，兼明二義本相聯貫之意也。（三）佛經中常云，性體空寂。

因防人誤會性體之空爲空無，性體之寂爲枯寂，故復名性體爲實相也。實者，真實有之，非空無也。相者，熾然顯現，非枯寂也。此中正明此義。非相二字，言其空寂也。何以故？是相皆非，豈非空寂？殊不知正因是相皆非之故，乃約如來性體，説名曰實相。説名爲實，顯其妙湛總持，常恆不變，雖空而非無也。説名爲相，顯其胡來胡現，漢來漢現，雖寂而常照也。此又性名實相之所以然，三也。（四）古德説實相之義，爲無相無不相，此説甚妙，極爲簡明。無相無不相，應以二義説之，始爲圓滿。一，性體本不是相，故曰無相。然雖不是相，而一切相皆緣性而起，故又曰無不相。二，雖能現起一切相，而與一切相仍然無涉，故曰無相，此明其即相離相也。性固不是相，然不自起一念曰，不是相也，故曰無不相，此明其即不相而離不相也。次義深於前義，總以明性體離念而已。無念則無所謂相不相，故念離則相不相一切皆離矣。然則以性體無相故，雖名之曰相，與彼仍無涉也。以性體無不相故，則名之曰相，於彼又何妨哉？況相有二義。一謂外相，即境相之意。一謂相狀，乃摹擬之辭。名性爲相，當然不能呆作境相會，故實相一語，猶言真實相狀耳。無相無不相，正性體之真實相狀也，故名之曰實相。如此釋無相無不相，義固圓滿，而如此釋實相，亦頗善巧。而此無相無不相一語，古德原從此科經文中領悟得來，故無相無不相既具如上所説之二義，此科經文亦復具此二義。約初義言，以性體本不是相，故經文曰，是實相者，則是非相。然雖不是相，而一切相皆緣性起，故經文曰，是故如來説名實相也。約次義言，以相不相一切皆離，故經文曰，是實相者，則是非相。非有離意也，實相便是非相，豈非相不相俱離乎？相不相俱離，如來藏之真實相狀，如是如是，故經文申明之曰，以是相不相俱離故，約如來性體説，得名之爲真實相狀也。此性名實相之第四義也。校：上三四兩義，舊版在下此科復有要義一段之前，與原稿同。今案原稿於佛説本性一段前，自注云：是日講時，將三四兩義提前先講畢，接講此段。茲依江居士講時次第，將三四兩義移前，俾與上一二兩義相銜接。○佛説本性，加以各種名稱，乃至一切法亦無不用種種語式，安種種名詞者，此義甚要，而亦從來無人説及，今爲諸君略説之。當知佛之説法，原爲破衆生之執。因偏私故執，因執而愈偏私，衆生所以造業受苦，輪迴不已，生死不休者，全由於此。而世間所以多煩惱，多鬬爭，乃至殺人盈城，殺人盈野，亦莫不由此。世尊出而救世度苦，故首須破此。須知衆生所以偏私成執者，無他，由其智慧短淺，凡事只見一面，遂以爲法皆固定，彼之所見，必不可易，而不知其是偏也，而不知其是執也。故佛爲之頂門一針曰，無有定法，以破其偏執之病根。

而凡說一法，必用種種語式，安種種名詞者，正表其法無有定也。此法字是廣義，通攝世法、出世法而言，若但以爲出世法如此，違佛旨矣。○更當知人之要學佛，學佛之要修觀者，無他，以觀照圓融之佛理，便能轉其向來所有之觀念，以化其偏執之病耳。故學佛而不修觀，其益至小。何以故？必修觀乃能明其理故。因觀深，而後見理深。因觀圓，而後見理圓。亦復見理深，則觀愈深。見理圓，則觀愈圓。如是展轉修習，智慧即展轉增明，已於不知不覺間，執情漸化，而妄念潛消矣。故所謂遣執者，其妙用在此，非硬遣也。所謂斷念者，其妙用亦在此，非强斷也。然則所謂在此者，果何所在？當知佛之說法，從不說煞一句，從不說煞一字，且每說一法，必用種種語式，必安種種名詞者，無他，爲令聞法者必須作面面觀，乃明其中之義趣也，此即妙用之所在。何以故？借此便已除其向來只看一面偏執之惡習故。而此《經》所說，尤圓尤妙，真乃金剛慧劍。何以故？果能由面面觀而達於深觀、圓觀，便無惑而不破故。且既須作面面觀，方明義趣，自不能不多讀大乘以廣其聞見，更不能不靜意覺照以領其精微，而定慧在其中矣。果能如是，不但修各種功行皆得自在受用，對一切世法皆得進退裕如，而轉凡入聖，已建基於此矣。何以故？定慧日增，妄念日少故。此是聞法的緊要關鍵，入佛的最妙訣竅，急當著眼。鄙人敬本此旨，每說一義，亦必作種種說，反覆周密，不厭其詳者，無非希望聞者開豁心胸，多得作觀方便而已。蓋本來面目固非言說所可及，且衆生久已忘卻，若不於無可言說中，多設方便以說之，云何修觀耶？上來是明面面觀、深觀、圓觀之益大，如其反之，其病亦極大。即如信解二字，每見有人一味主張，但辦信心，老實念佛足矣，一切經典不許讀誦，大乘法寶更置之高閣，苟有研求教義，喜赴法會者，輒呵之曰不老實。須知老實念佛，須有程度，念佛的義趣一毫未明，何能老實？如此主張太過，豈止鈍置學人，且復違背佛旨。以《十六觀經》明言，求生淨土，應讀誦大乘，明第一義，其次亦須聞第一義，心不驚動也。所以凡依其方法而學者，非不能振作，半途而廢，便走入歧路而不自知，此不知信從解生之過也。又見有人手不釋卷，博學多聞，一部全藏，翻閱不止一徧，卻從不曾燒一炷香，頂一次禮，對於三寶不知恭敬，修行一層固談不到，即其口中滚滚，筆下滔滔，亦復似是而非，誤法誤人，此又不知解因信出之過也。此前次所以不憚煩言耳。○上來所説世尊説法，從不説煞一字云云，須知佛非有意如此，乃是智慧圓滿融通，其出辭吐語，自然如此。不但佛然，菩薩亦然，大德祖師皆莫不然。故吾人對於一切經論、古德一切言句，即極不要緊處，亦不可忽略看過。不可忽略者，謂當一一作面面觀，深深領會也。更須知佛菩薩見地，豈吾輩凡夫所能望見？縱能深解，亦不過見到千萬分之一，縱令善説，亦不過説得千萬分之一，雖窮劫説之，亦説不盡也。即如上科當知之義，前次已説了三四層，然其中尚含多義，今無妨再説數種，以示説不能盡。（一）當知是《經》不可不聞也。何以故？是人之生實信、成功德，由於得聞是《經》故。且是《經》不可不聞，換言之，即是般若不可不學。（二）當知信心最要也。何以故？實相之生，由於信心清淨故。由是可知，前來所説，持戒、修福，於此章句能生信心，以此爲實之語，應三致意。質言之，欲學般若，當生實信。欲生實信，先當持戒、修福也。（三）當知轉凡成聖，不退菩提，非離相見性不可也。成就句，是明其位登初住，超凡入聖。名爲住者，是明其至此地位，菩提心方能不退，即是信成就也。而心清淨，是明離相。生實相，是明見性。此所以先説當知般若不可不學，何以故？不學般若，不能離相見性故。所以又次説當知先當持戒、修福，何以故？不持戒、修福，便非實信故。不實信，便不能信心清淨故。此皆學人所急應遵行，不如是行，便不能成就，故曰當知。當知者，明其不可不知也。又推而言之，由陳讚慶一科之義而觀，若其大心不發，此《經》不聞，至高只能開慧眼，成四果羅漢。由明成就一科之義以觀，若其得聞此《經》，信心清淨，至低便能生實相，成初住菩薩。此亦學人所當知者。由是言之，可見經義實在無窮，實在説之不盡，可見聞法必應作面面觀。即如我以種種義説明實相，若聞者但作此是説明本性何以名爲實相領會者，則非鄙人反覆詳説之意也。且若但解得性名實相之故者，亦與聞者無大益也。何以言之？實相是大家主人翁的本來面目，如此真面，本來唯證方知。然則云何得證？無他，唯有在返照上用功而已。不但聞時便當返照，更當於清夜平旦時，對境隨緣時，依此次所説諸義，深深觀照，或單舉一義，或融會諸義皆可。清夜平旦者，是向自心中觀照也。對境隨緣者，是向一切法上觀照也。果能如是，則受用無邊矣。當知佛於本性安立各種名稱者，便於人之因名會體也。而各種名稱中，實相一名，於二邊不著、空有同時較易領會，此又長老獨舉此名爲言之一意也。鄙人復就此名開種種義而説之者，意在便於聞者返照用功時，多得領會之方便，非但爲解釋名義也。由是可知開種種義説之之關係矣。校：此下舊版及原稿均有「前次已聲明分四層説明，然前但説其二，今當繼續説之」，凡二十二字，其下接解實相三四兩義。兹依江居士講時次第，將三四兩義提前，與一二兩義相聯屬，仍附識備考。〇此科復有要義。因長老説此，固是釋明實相爲何，以及何以名爲實相等道理，實兼以指示用功方法也。何以知之？此中既明相不相俱離，則與下文所說，離一切諸相，則名諸佛，正相呼應。離字大有功夫，無功夫何能離，何能名爲佛耶？故知此中説有修功在内也。當知説一非字，便是絶百非，亦即是四句皆離，所謂有亦離，無亦離，亦有亦無亦離，非有非無亦離是也。由是可知，古德釋實相爲無相無不相，此一無字，亦是絶待之無，非對有説無也。蓋相與不相本是對待之辭，有對待，便有變動，有變動，便是有生滅，有生滅，便非堅固。而性體確是萬古常恆，究竟堅固，堅固則無生滅，無生滅則無變動，無變動則無對待，無對待便是絶待。絶待者，相不相雖皆不離乎心性，而心性則超然於相不相之外是也。質言之，相，有也，不相，無也，超乎其外，豈非超乎有無之外？則無相無不相一語，是説絶對無，而非對有説無之理，可以恍然矣。

然則云何能絶對無之乎？有無四句皆離是也。故經文曰，是實相者，則是非相。説一非字，便是指示修功也。是令學人欲見實相者，當靜心於一切皆非上領會。若領會得實相便是非相，便領會得倘使心中少有相不相的影子，便非實相矣。故是實相者則是非相一語，異常鋒利，不得少觸，觸著便喪失慧命。質言之，是令學人須於一毫端上契入也。今欲諸君有下手處，再依此理，説一方便。方便云何？即是須於未起心動念時精密觀照，苟一念起而偏於有，即呵之曰非也。或偏於無，亦呵之曰非也。乃至念亦有無，念非有無，皆以非字呵而遣之。此是最妙觀門。當知念頭不起則已，起則於四句中必有所著，今一切非之，便是離念之快刀利斧也，豈非最妙觀門？至若出世法之六度萬行，一一如法精進修行，而曾無芥蔕於其胸中。一一精進，不壞也，無不相也。而心中若無其事，不著也，無相也。

而一切世間法，事來即應，事過便休，雖應而能休，雖休而能應，所謂提得起，放得下。無論世出世法，少有所偏，皆以非字遣之。如是久久體會四句皆離之義趣行去，便能做到應時便是休時，休時便能應時，自然二邊不著，合乎中道，而相不相、有無四句皆離矣，此又是最妙行門也。經中明明曰，是故如來說名實相，便是開示學人既非之而又說者，但明其不必壞耳。須知雖說而是假名，如來性體仍宜離名字言說以自證也。而離名字言說，便是離念。離念方便，又莫過於向未起心動念時觀照，一念苟起，便一切非而驅除之，豈非的示修功？當知自上科信心清淨則生實相以下，正長老之深解義趣也，故聞經者當如是深解也。〇世尊於本性安種種名，長老又獨舉實相一名而言，皆爲令學人便於體認本性，故實相義宜多發揮。《大論》說實相有四句偈，最精最詳，最宜知之，以便時常覺照。實相即是性的本來面目，正因昧卻本性，故成衆生，今欲轉凡成聖，不真切體認得乎？偈云：「一切實一切非實，及一切實亦非實，一切非實非不實，是名諸法之實相。」即此可見菩薩說法善巧。不就相字說，而就實字說，一也。不就性說，而就諸法說，二也。須知說爲相者乃是假名，不過使人明了本性之狀況耳，故不就相說，便是點醒不宜將相字看呆，若其看呆，便已著相矣。其就實字說者，又有深意。以人之著相，由於誤認爲實耳。若知一切法實亦非實，非實而實，便知一切法相即非相，非相而相矣。如此說法，豈非善巧？其就諸法說者，須以三義明之。（一）使人得知心外無法也。佛說一切法但是幻相而無實體，體唯淨心，故曰萬法唯心，又曰心外無法。故可就諸法以明實相，因諸法之實相即是性故，就法而說，無異就性而說也。（二）使人易於體會也。衆生既久忘本來，而一切法則爲衆生共知共見，不如就諸法説，俾得因諸法而悟心性。（三）使人明了一真法界也。《起信論》云：因不知一法界故，不覺念起而有無明，遂成衆生。一法界者，一真法界也。十法界萬象森羅，而真如則是一也，即一切同體之意。若知得一切法之真實狀況，莫不空有同時，則上自十方諸佛，下至一切衆生，以及山河大地、情與無情，莫不皆以淨心爲體，可了然矣。以淨心之實相本是空有同時故，是之謂一真法界，亦曰諸法一如。須知一切法皆由心現，心性既空有同時，故一切法無不空有同時耳。此善巧之二也。龍樹以馬鳴爲師，故《起信論》已約諸法以明真如，真是衣鉢相傳。一切實者，一切法儼然在望也，此語是破執無。一切非實者，一切法當體即空也，此語乃破執有。又防人聞而執爲亦有亦無、非有非無，故又説下二三兩句。及者，連及之意。謂不可但看第一句，須連第二三句而體會之。其意若曰，頃所言一切法實與非實者，非隔別而不融也，當知乃是實即非實，非實即非不實耳。實即非實，所謂有即非有也，色即是空也。非實即非不實，所謂非有而有也，空即是色也。如是則四句俱遣。諸法之真實狀況如是，亦即性體之真實狀況如是。而結之曰，是名諸法之實相者，又明法性本不可説，説爲實相，亦是假名，而不可著耳。常有人聞四句俱遣，及空有同時，不免懷疑，以爲亦有亦無、非有非無，與空有同時義味無別，何以故？謂之空有同時者，豈非明其説有亦可，説無亦可乎？又豈非明其但説有便非，但説無便非乎？然則何以説亦有亦無，或説非有非無，皆謂其偏執而遣之耶？此人如是説來，誤矣，大誤矣！以其不但未明亦有無、非有無之語意，并未明空有同時之語意故也。當知亦有無、非有無兩句，是承其上文有句、無句而來，故謂之四句。説亦有亦無者之用意，以爲第一人單説有，第二人單説無，各偏一邊，誠然有病，我則不如是，我説一切法乃是亦是有亦是無，既二邊之俱是，則偏於一邊之病除矣。殊不知説有便不能説無，説無便不能説有，而曰亦有亦無，自語相違。況看成有亦是，無亦是，語既模稜兩可，義復隔別不融，故應遣也。説非有非無者之用意，以爲第三人所説，誠哉有病，我則異乎是，我説一切法乃非是有非是無，既二邊之俱遣，則第三人執著二邊之病除矣。殊不知非有便是無，何又云非無？非無便是有，何又曰非有？豈非戲論？且仍是看成有是有，無是無，其隔別不融，亦與第三人病同，故應遣也。又復第三人見地，既説有無雙是，則仍是偏在有邊，而第四人見地，是説有無雙非，則依然偏於空邊，豈不應遣乎？雙亦似是雙照，雙非似是雙遮，然實際仍大不同，以雙照雙遮之言明其得中，而雙亦雙非之説只知二邊故也。若空有同時之義，是明空時即是有時，有時即是空時，空有圓融，既然非二，便是無邊，邊尚且無，更何從著？與亦有亦無、非有非無義味天淵，何云無別？尤有進者，衆生若知得空有同時，可見空有俱不可説。若知得空有尚不可説，則何所用其分別哉？此佛説空有同時之微意也。蓋既以除衆生分別情見，且令離名言而自證耳。故無論説有，説無，説亦有無，説非有無，一切俱遣。以上是約對治義説。若約究竟義徹底説之，言遣則一切遣，言不遣則一切不遣。須知凡言遣者，因執故遣，若無所執，則無所遣。故空有同時亦不可執，執亦應遣。何以明其然耶？試觀《心經》，先言色即是空，空即是色，以明空有同時，使人悟此，得入般若正智也。而其下又曰，無智亦無得，此即開示空有同時亦不應執之意。本《經》亦明明言之，如曰般若非般若是也。即如此科亦然。先言則生實相，成就功德矣。而此科又曰，實相則是非相，說名實相，亦因防人執著實相，故說非，說是假名，以遣之耳。實相即是空有同時也。當知空有同時何以不可執？因少有所執，便偏著於有邊，而非空有同時矣，故應遣也。若聞吾此言，而於空有同時之義趣絶不體會觀照，則又偏著於空邊，而非空有同時矣，亦應遣也。當如是領會，至要至要。總之，情見若空，說空有同時也可，即說四句又何嘗不可。若其未也，說四句固不可，即說空有同時亦未見其可也。著眼著眼。如上所說實相之第二義中有曰，此科是與前文「若見諸相非相，則見如來」互相發明。由是言之，長老之深解義趣，亦可見矣。然而長老之所深解者，猶不止此。須知性之別名甚多，今不舉他名，而獨舉實相一名以言之者，又是發明上來說法與非法皆不應取，說非法非非法，說則非、是名等等之義趣也。上來世尊如此說者，皆是令不著於空有二邊以圓融之。以著於二邊，便非性而是相故。若取法相，即是著我，若取非法相，亦即是著我故。今長老乃於空有同時之實相，亦說則非、是名，此正針對上來世尊所說，爲之發明二義，以便令領會者。二義云何？（一）性本空有圓融，同時者，圓融之義。若著於二邊，便與本性不相應故。（二）空有圓融尚不應著，以少有所著，便非空有圓融故，何況二邊？其不應著更何待言。此獨舉實相爲言之深意，亦即長老之所以深解義趣也。〇又如上所說，此科非字有離字意，是說修功，是與下科「離一切諸相，則名諸佛」相應。當知此約現前、當來勸兩科之文，實無處而不相應，以兩科所說，本是互相發明者。此義至下當說。

（子）次，約當來勸，分二。（丑）初，慶今勸後。次，釋顯其故。（丑）初又二。

（寅）初，自慶。

世尊，我今得聞如是經典，信解受持，不足

爲難。

我今得聞如是經典，信解受持，此一語，正是說明昔來所得慧眼未曾得聞之所以然。何則？若知今之得聞而信解受持，便知昔之未曾得聞者，非他，以心中有一所得之慧眼，便於此深經自生障礙矣。縱令得聞，亦必不能信解受持，則聞如不聞矣。故曰，所得慧眼未曾得聞也。此言正是說明其障礙全在慧眼，慧眼何能生障？則全由於有一所得在耳。何以故？有一所得，便是法執，便是智慧淺短，則於此三空勝義豈能相契？且有一所得，便是自覺已足，便是悲願不宏，則於此捨己度他且度無度相之妙行更難相契，此其所以昔來未曾得聞也。今則窺見世尊一切無住而道眼開，爲衆請求說此深經而大心發，故得聞而信解受持也。○解者，了解。受者，領納，亦即領會。故解之與受，其義相近。既言解，復言受者，受持二字乃是合說。蓋受持合說，以明當解行並進也。又持字復有執持不失之義，故信解受持一語，是明其不但能信能解，且能解行並進而不退也。不足爲難，是說不十分難，非謂絶對不難。不十分難，此其所以自慶也。若絶對不難，不得云昔來慧眼未曾得聞，亦不致涕淚悲泣，讚嘆希有矣。何以不足爲難耶？蓋有三義。（一）身值佛時也，耳提面命，獲益自易。況以如來光明攝受，見聞隨喜，便得莫大之福，便生莫大之慧，初不必開示也。而生逢盛會，福慧夙根一定深厚。如是因緣具足，所以佛每說法，現座證果者不可數計。而生在佛前佛後者，爲八難之一。長老躬爲大弟子，故曰不足爲難，此自慶之一也。（二）已證聖果也。如《大品》云：「般若甚深，誰爲能信？答曰：正見成就人，漏盡阿羅漢能信。」今長老既證阿羅漢果，所以不足爲難，此自慶之二也。（三）能解空義也。般若一部皆明第一義空，而長老於十大弟子中解空第一，是其根性最利，易於契入。故前八會皆是長老爲當機，今説甚深經典，亦是長老發起，故曰不足爲難，此自慶之三也。綜觀下文，亦具上説諸義。何以故？長老自言不足爲難，正以顯末世之十分爲難，以其生不逢佛也。而自己慶幸處，亦即加意獎勵後進處。意謂，我今幸遇世尊，既證阿羅漢，又解空義，故得信解受持耳。以彼末世衆生既不遇佛，甚難得聞，難難信解受持者，而竟得聞，竟能信解受持，彼真難能可貴，其根性必遠勝我，菩薩種性遠勝羅漢。我今何足爲奇？故曰不足爲難也。數行之中，詞意反覆勤懇，其鼓舞後進之心，拳拳極矣。

（寅）次，廣勸。

若當來世後五百歲，其有衆生得聞是《經》，信解受持，是人則爲第一希有。

來世，泛言佛後。五百歲，則指佛入寂後第五個五百歲，即末法之初。今則將滿三千年，已在第六個五百歲之末矣。經中凡言後五百歲，亦不限定在第五，總以明其是末法時代而已。《楞嚴經》言，此時衆生鬬諍堅固，入道甚難。鬬諍者，己是人非，爭强鬬勝也。堅固者，一味鬬諍，牢不可破也。試觀中國自宋以來，宋初至今將千年，彼時正入末法之初。講求道德學問者，門户之爭，遠過漢唐，於是有宋學排斥漢學之風，有儒家謗毁佛教之習。迨後所謂道學者流，又自起鬬諍，如程朱與陸王兩派是也。總不外乎獨樹己幟，打倒他人。有因必有果，卒之反被他人打倒，遂有新學將舊學一齊推翻之事，連孔子亦受其累。殊不知孔子之真實義，自漢以來，學者并未夢見。即以佛門而論，入宋以後，亦染此風，各宗各派鬬諍甚烈，莫不己宗獨是，別宗盡非。愈趨愈下，至於近今，竟有欲推翻《起信論》者矣，實可痛心。佛門尚且如此，道德學問中人尚且如此，其他更何待言？所以奮鬬二字，成爲格言。殊不知古人曰努力，曰奮勉，曰自强，即佛教中亦曰勇猛，曰精進，此等言句，皆就己身説，有利無病。今曰奮鬬，雖亦是自强，而含有排除其他意在。此蓋鬬諍習氣愈深所致，世道所以愈苦也。鬬諍云何起？起於執著，執著由分別，分别由我見，而佛法專治此病。今世尊與長老皆特特就末法時代鼓勵，可知今日欲補救人心，挽回世運，惟有宏揚佛法，以其正是對症良方故也。然而正以對病之故，恰與人情相反。以鬬諍堅固之人，其障深業重，内因不具可知。加以去聖時遥，善知識少，則外緣亦復不足。因緣兩缺，於此深經不但受持難，信解難，即得聞亦已甚難。非竟無聞法之機會也，其如不願聞何？然則倘有無此三難者，非久植善根，定爲佛遺可知，故曰，則爲第一希有。明其若非菩薩示現，即是具有菩薩種性之人也。〇則爲者，便是之意，意中含有成就在。

或曰，菩薩示現無論已，其具菩薩種性者，何便成就？當知經中先言得聞，又言信解受持，是明其三慧具足也，豈不能成就耶？（聞是聞慧，信解是思慧，受持是修慧。）蓋居末世而得聞深經，實非易事。必其夙有般若種子，所謂不於一佛二佛三四五佛而種善根者，具有如是勝因，方能得遇勝緣也。故得聞便能生信開解。間或亦有雖得聞而别遇障緣，信心遽難發足，解亦未能大開者，只要遵依佛勑，持戒、修福，必能信解受持。蓋持戒是斷絶染緣，此自利之基也。修福是發展性德，性中本具無量淨功德故。亦利他之功也。如是背塵合覺，絶染緣爲背塵，展性德爲合覺。自他兩利，必蒙諸佛攝受，自於此《經》能生信心，以此爲實。以此爲實者，謂解真實義也。既信且解，自亦如法受持矣。如是三慧齊修，何患其不成就乎？又觀是人便是第一希有之言，意中含有不可自暴自棄在，此長老諄諄勸勉之意也。此句與上文當知是人成就第一希有功德，及下文則名諸佛句，正相呼應。

（丑）次，釋顯其故，分三。（寅）初，正顯不著有。

何以故？此人無我相、人相、衆生相、壽者相。

上言是人便是第一希有，何以便得如是？此下三科正釋明其所以然也。流通本每相皆加一無字，唐人寫經，即以無我相一直貫下，故下三無字可省也。○何以故者，假設問曰，何故謂此人便是第一希有耶？答曰，以此人我、人、衆、壽四相皆無故。既已皆無，是不著有也。觀文相表面，似但説其空人我相，亦似但明其不著有。然觀下文之轉顯，則此人不但空人我，且并空法我。不但不著有，且不著空。然標科但曰不著有者，順文相故。以不著空意，非得下科之轉顯，不知也。○當知此《經》專明實相。實相者，絶對無外，本非一切相，所謂我法俱遣，空有不著是也。我法俱遣者，謂人我、法我等四相一切遣盡。空有不著者，我法等相不著，是不著有也，亦名我空、法空。非法相亦不著，是不著空也，亦名空空。并我法二空言，謂之三空。末世衆生，必其具有般若根性，我法等執較薄，方能於濁惡世中得聞此法，方能超出常流，信解受持也。既能信解受持，則我法空有之執自遣，此其所以便是第一希有菩薩之故也。故上言則爲二字中，含有成就意在者，因此。

（寅）次，轉顯不著空。

所以者何？我相即是非相，人相、衆生相、壽者相即是非相。

所以者何，自問上文無字之所以然也。我相下，自答自釋。意謂，適所言無，非對有説無也，乃絶對之無，所謂四句皆無，亦即一空到底。何以言之？因此人非是見得我、人、衆、壽實有而能無之也，尤非滅卻我、人、衆、壽而後無之也，乃能見到我本緣生幻有，當其現幻相時，即是非有，故曰，我相即是非相，此句明其非於我相外別取空也。其人相、衆生相、壽者相即是非相，理亦如是。則不可離。以所著處無如毛髮許有，故可離《大論》云：「衆生所著，若有一毫末可有，也。」此意是説，一切皆是幻相，本無毫末許是真實有者，正明其有即是空也，所以可離。譬如翳眼見空花，花處即是空處，何必滅花而別取空？翳淨則花自無。此亦如是，約性而言，若解得一真法界，則本無差別，本來常恒，那有我、人、衆、壽諸相？約相而言，若解得五蘊本空，則知當其現我相時，便是空時，故我相即是非相也。而人相及一切衆生之相，亦莫非五蘊假合，本來皆空，故人相、衆生相亦即是非相。所謂壽者相者，因其相續未斷，故成此相，其實既曰相續，可見是念念遷流，刹那生滅，非壽者相即是非相乎？

此人信解受持而能如是，便具三空之慧矣，亦復四句俱離矣。何則？若未能洞徹我、人、衆、壽本是幻相，非有現有者，雖能不著，乃是勉强抑制，亦即對有之無，見地既未真，不但用功費力，而根株猶在，斷靠不住。且縱能抑制不懈，亦是法執，如《楞嚴》所云，縱合内守幽閒，亦是法塵分别影事是也。其病在一守字，有所守，便有所執矣。何故如是？見未徹底故。今此人既徹見我、人等相即是非相，是能洞明一切相有即非有也。有即非有，故見如不見，雖萬象紛紜，而胸次泰然，則不待抑制而彼自無，何所用其守哉？無所守，則無所執，是無法相也。且不但法空而已，我相即是非相，可見其非於相外而别取空，是亦無非法相也，豈非并空亦空乎？人空、法空、空空，是爲慧徹三空，故此科標題曰不著空也。此人真是大根器，以其能一空到底，不是枝枝節節用功的。○前又謂之四句俱離者，何謂也？如上科不著有，此科不著空，是明離有離無也。而曰我、人四相即是非相，既曰即是，可見此人并非將有無看成亦有亦無、非有非無，隔别不融，乃是見到有即是無，則其智慧已徹，空有同時，豈非四句俱離乎？自性清淨心本離四句，無相不相，絶待圓融。此人今既超乎四句，不空而空，空而不空，圓融無礙，便是契入實相性體矣，故曰，則爲第一希有之菩薩也。下科正結顯此義。

（寅）三，結顯名諸佛。

何以故？離一切諸相，則名諸佛。

何以故者，問：我、人四相即是非相，何故稱爲第一希有耶？離一切諸相兩句，釋明其故也。諸相即是我、人、衆、壽，相不止一，故曰諸也。而又曰一切者，因不但由身見而起我、人等四相已也。前云，若取法相，若取非法相，即著我、人、衆生、壽者。可見凡有所取，便成四相，故曰一切也。若約四句説之，或執有，或執無，或執亦有無，或執非有無。執則便有能執、所執，能所便是對待，對待便成彼我之相。執既不一，便成衆生相。執情不斷，便成壽者相。故曰一切諸相也。實相之性，本是相不相俱離，故若能離一切諸相，便證法身，故曰則名諸佛。諸佛有二義。（一）十方三世諸佛也。（二）初住以上，極果以前，名分證覺，亦名分證佛，以能分證法身故。初住至究竟覺共四十二位，故名諸佛。約初義言，意謂十方三世諸佛，皆因離一切諸相而得佛名。此人已絶四句，徹三空，是離一切諸相矣。雖未遽至究竟佛位，而成菩薩無疑，故但曰第一希有，不曰最上第一希有。約次義言，自分證位初住菩薩以上，以至究竟覺，皆須離一切諸相以證法身。此人能離一切諸相，是已證得法身矣。雖未知其所證深淺，至少亦是初住菩薩而爲分證佛，亦即是信心清淨，則生實相，成就第一希有功德，故曰，則爲第一希有也。○此中所説我相即是非相云云，便是空有不二，性相圓融，亦即是上來世尊所説諸義之總匯。何以故？以離一切諸相，則名諸佛，正與生信文中所云，若見諸相非相，則見如來，遥遥相應。故足證此人能離一切諸相，已見得如來性體，豈非第一希有？長老所陳見地，確與世尊心心相印，此之謂深解義趣，故下文世尊即印定之。○前云，此約當來勸三科，與上約現前勸兩科，其義互相發明者。試觀前文但説一信字，此中則云信解受持，正以發明前雖但説信，已攝有解與受持意在。因信是道源功德之母故，説一信字，便貫到底也。此中言無一切相，又是發明前文信心清淨之所以然也。而相即非相，二邊不著，空有圓融，正是實相之真詮。此中言則爲第一希有，則名諸佛，亦即前文成就第一希有功德之意也。此中言離，上則言非，正相呼應。以相不相俱非，故應離也。前云生實相，又云如來説名實相，此中則云則名諸佛，意亦一貫。蓋現一分如來實相，爲分證佛，圓滿顯現，爲究竟佛。而前後皆曰名者，又明所謂實相也，諸佛也，皆是假名，即皆不可執，故應一切非，一切離耳。由是觀之，前後只是一義，故説前文時，應攝後義説之，説後文時，亦應攝前義説之。而一約現前言，一約當來言，互相彰顯，此又説法之善巧處。如斯體例，經中常常遇之。

（壬）次，如來印闡，分三。（癸）初，印可。

佛告須菩提：如是如是，若復有人得聞是《經》，不驚不怖不畏，當知是人甚爲希有。

印者，印可長老之説。闡者，就長老所説，更爲闡明上來未盡之義也。○凡標佛告須菩提句，鄭重之意。因下文多補前義所未發，故結經者特標此句，令注意也。如是如是重言之者，印其言之極當。若分配説，即謂上來讚慶、廣勸，兩皆不謬。長老前云若復有人句，原未指明何時，但以對次科之勸當來而言，故判爲約現前勸。今世尊亦但云若復有人，亦未剋指何時，然於下文結成時，卻歸到當來，可知此語乃是通指現前乃至未來而言也。○驚者，乍然愕怪。怖者，惶惑不安。畏者，怯退自阻。天親《論》曰：「驚謂懼此經典非正道行故，怖謂不能斷疑故，畏謂由於驚怖，不肯修學故。」智者《疏》曰：「初聞經不驚，次思義不怖，後修行不畏。」合《論》《疏》觀之，則不驚即是信，以初聞經時，不懼其爲非正道而驚，是能信也。不怖即是解，以次而思義，毫無疑惑而生怖，是能解也。不畏即是受持，以不畏而自阻，則肯修學，是能受持也。而變其詞者，蓋有深意。誠以著有之凡夫聞說相皆虛妄，法執之二乘聞說法不應取，一類偏空之輩聞說非法亦不應取，必致驚怖，怕談般若，信解尚無，遑論受持？則何能同登覺路，不阻化城乎？故一一道破其不能信解受持之故，令一切聞者當知法本無定，佛不欺人，何必驚怖疑畏？庶幾得有信解受持之望耳。故下文第一波羅蜜云云，正明法無定相。五語云云，正明佛不欺人。可見今說不驚不怖不畏者，正爲說下文張本。而說下文之用意，又正爲斷衆生之驚怖疑畏。前後語意，緊相呼應也。○希有而曰甚，亦即第一希有之意。觀若復以下語氣，亦是印可長老所說者。上言如是如是，已經印定，而復說此數語者，無他，意在說出衆生不能信解受持者之病根，以勸勉之耳。

（癸）次，闡義，分二。（子）初，闡明觀行離相義。次，闡明說法真實義。

（子）初又二。（丑）初，約般若明。

何以故？須菩提，如來說第一波羅蜜非第一波羅蜜，是名第一波羅蜜。

何以故句，統貫下文忍辱一科。第一波

羅蜜，第一二字，指般若言。如來說者，表其是約性而說也。約性而說，故曰第一非第一。因性體空寂，那有此第一波羅蜜之相？故曰非也。曰非者，明其性本非相，故不應著相也。即復約性而說，故曰是名第一波羅蜜。因性體雖無相，而亦無不相，一切相皆緣性起，此第一波羅蜜亦是緣性而起者，不無第一之名相也，故曰是名。曰是名者，明其相不離性，仍應會歸於性也。〇如此說法，是此科經文之本義。謂之本義者，因本《經》中凡曰非曰、是名，皆是發明此義，此乃根本義，爲學人所不可不明者也。然而此科之義深極要極，若但說此本義，便非佛旨。因此科以下皆是闡義，謂之闡義者，即是於本義之外更有所推闡而發明之義在也。其義云何？試思開口即曰何以故，此三字是承上文「不驚不怖不畏，當知是人甚爲希有」而來，可知第一波羅蜜三句，正是說明不驚乃至希有之故者。若只說本義，而不將此中所以然之理發揮明白，則何以故三字及上文不驚云云，皆無著落。上曰當知，此正學人所當知，萬不可不深解其故者。不但此也，上文不說信解受持，而變其詞曰不驚不怖不畏者，以末世衆生有怕談般若，不能信解受持之病故也。此中不說般若波羅蜜，而變其詞曰第一波羅蜜者，乃藉以闡發般若之精理，俾一切衆生得以明了，庶可恍然般若是不必怕，不能怕的，然後方算得是學無上菩提法之人，方有轉凡成聖之希望故也。何以故？前不云乎，一切諸佛及諸佛阿耨多羅三藐三菩提法，皆從此《經》出，即是明白開示般若萬不可不信解受持，且當從此入門。若不入此《經》之門，便是自與阿耨多羅三藐三菩提法隔絶，亦復自與一切諸佛隔絶矣。何以故？諸佛及無上法，既皆從此《經》出，則欲學無上法，欲轉凡成聖者，若不從此《經》入，豈非自絶其路乎？豈是怕得的？所以若但說本義，但說前一層之義，而不將如是之深義徹底發揮，則世尊變詞而說之深旨便爾埋没矣。上文曰當知，此尤學人所當知，萬不能不深解其故者也。如上種種道理，皆包含在此三句經文之内，其義之異常精深可想矣，而其義之關係重要亦可知矣。○欲說明之，必須巧設方便，使之言少而義明。須知般若義趣千古隱晦，今欲除其怕病，便不能不揭穿其致怕之由，有時不能不涉及古人，亦不能爲賢者諱矣。蓋不將隱晦之義趣徹底說明，則驚疑怖畏之病根仍在，便仍不能信解，不肯受持，豈不孤負佛恩乎？深望諸君靜心諦聽，若不將此中義趣徹底明了，亦未免孤負佛恩也。○道理既如是精深，雖今欲言少義明，然幾句話亦萬說不明，一口氣亦萬聽不明，我今先就第一二字發揮一個大概，讓聽衆心中先有一個底子，然後再步步深入，此亦方便之意也。○般若波羅蜜稱爲第一波羅蜜者，因般若爲諸度之母故也。般若爲母，則諸度爲子，子不能離母，故修諸度行者，若缺般若行，約因則不能破惑，約果則難證法身。當知諸度皆稱波羅蜜者，正因其有般若在内，若無般若，不能稱波羅蜜也。何以故？不能破惑，便不能證法身而到彼岸故。所以般若有第一波羅蜜之名者，因此。由是觀之，既是諸度不能離般若，則般若亦非離諸度而别有存在可知，故第二句曰，非第一波羅蜜。此一非字，是明不可執般若爲别有其相也。然而雖不别有，非無第一之名，故第三句又曰，是名第一波羅蜜。此是名二字，是明諸度離般若不爲波羅蜜，則般若不無領袖之假名也。以上是說明般若名爲第一之所以然，并說明約第一說非、說是名之所以然。此義須記牢，乃破人驚疑怖畏之根據也。此下便當說之。○上文長老以我、人四相即是非相，明是人之空有圓融，以釋成其所以爲第一希有，世尊既已印許之矣。然世尊每説一法，非爲一事，非爲一人，遂因是人之希有，而鑒及一切衆生所以有我相者，無他，取法故也。故於印許之後，復約六度等法闡明其義，以開示一切有分别法執之衆生。先説般若者，正以衆生怕般若故也。衆生何以怕？以有分别法執，不達般若之真實義故也。所以爲之闡明者，因此。蓋衆生驟聞般若是第一義空，以爲高而難行，故驚；又不明第一義空之所以然，故怖；覺得與其學般若，不如學他種圓經圓法之妥，故畏。總由佛理未能貫通，誤生分别法執耳，此真自失善利，深可憐憫。故世尊説明是人甚爲希有之故曰，我何以謂是人甚爲希有耶？以此般若法門，衆生驚疑怖畏，而是人獨否故也。夫此法誠高，何怪其驚畏；然而此法甚要，又何可自阻？我今將諸波羅蜜中稱爲第一之般若，更爲大衆闡明其真實義，俾得了然。我説般若者，爲令衆生到彼岸耳。不到彼岸，便沈苦海。而非般若，又不能到彼岸。可見此法極爲重要，斷不可疑畏自阻，必須信解受持矣。何謂彼岸？諸法實相是也。當知實相者，無相也。故般若雖稱第一，而非第一。何以故？第一本無相故。因其本無定相，故説爲非也。説爲非者，是令衆生明了佛所説法，無有一法能離般若，則般若非可於諸度外而獨矜第一也。又當知實相者，亦無不相也。故般若雖非第一，而是名第一。何以故？第一不無假名故。因其不無假有之名相，故曰是名也。説是名者，是令衆生明了既法法不離般若，是法法可名第一，則般若之稱第一，乃是假名也。我今將般若精義如是闡明，則一切衆生當可由此悟得，凡我説非，固是令人空相，而又説是名，以顯其不無假有之名相，然則所謂空相者，是令空其著相之病，并非壞其相也，大可恍然矣。不壞其相，是并偏執之空亦空之矣，此之謂第一義空。若能通達此義，則知因相是假名，故不可著，非謂無相；因法無有定，故不可執，非謂無法。然則此法雖空，豈同豁達頑空？此法雖高，亦非無下手處，尚復何驚何怖何畏之有？今則是人既能信解受持，便是不驚不怖不畏，便是通達第一義空，正所謂於第一義心不驚動者，非甚爲希有乎？以上所説，不但説明上文不驚乃至希有之所以然，并將一切衆生不必驚畏、不可驚畏之道理亦一併徹底説明之矣，庶幾此科義趣圓滿顯出。〇然而尚有要義，不能不説。其義云何？即前所云千古隱晦者是也。當知怕般若之病，深矣久矣，若不一一揭穿其故，何能除千古來先入爲主之病？尤當詳説般若義趣極其圓融，與所謂中道第一義無二無別，毫無可怕之處，庶幾不致自失善利。此雖推廣而言，然仍是本科經旨，意在破其分別法執，以除怕談般若之病根耳。〇經言二乘怖空，即謂怖般若之第一義空也。可見佛時已然，不但後世矣。然佛時只是二乘生怖，大乘尚無此病。迨後玄奘西渡，得遇彼土相宗諸師，乃將性宗之空與相宗之有封舉，第一義空是絶對空，何能與有對舉？此點既誤，故謂相宗方是了義，所謂三時判教是也。是彼時印土大乘中人，已未能深解義趣，誤認般若爲偏空矣。至於我國隋唐時之判教者，亦從不列般若於圓教。未嘗不知是第一義空，然終以爲專説空，不如中道第一義之圓融。古人如此而判者，意在推崇其所宗，不無故示抑揚。然而抑揚太過，未免取著文字相。後人因是古人所判，更加執著，更加望而生畏，故從來無人肯學般若，肯談般若者，真可悲也，真可惜也。禪宗雖宗般若，然只宗其遺蕩意味以用功，而不談教義，所以般若義趣千古不彰。陳隋時雖有三論宗，然是宗論而非宗經，三論所明，固是般若，而三論家既專在論的文字上研求，遂於經中義趣不免隔膜。何以故？未曾直接觀照故。質言之，仍是不免取著三論之文字相耳。所以三論家發揮論義甚精，而經旨卻弗曾搔著癢處者，因此。當知般若既爲諸度之母，本《經》且明明云，諸佛及無上正等覺法，皆從此《經》出，然則若於般若義趣未明，雖讀其他圓融經論，既未在根本義上用功，其見地何能徹底？見若未徹，又何能圓？今世尊就第一波羅蜜之名而闡其義，使知般若義趣是空而不空，不空而空，極其圓融，以免衆生驚怖疑畏，坐失法寶，難到彼岸。無異預知後人怕怖之病根所在，而懸示之者，真大慈大悲也。〇上來鄙人每說則非、是名，多約二邊不著說，亦即是約圓融中道說。此次則兼約第一義空說，亦即是約遣蕩說。如此說之，實具苦心。苦心云何？使知中道之與遣蕩，語雖不同，義實無別也。何以言之？名爲第一義空者，因其一空到底故也。一空到底者，有亦空，空亦空也。換言之，便是有亦遣，空亦遣。遣有，所謂不著有也。遣空，非所謂不著空乎？然則遣蕩之第一義空，與二邊不著之圓融中道，請問又有何別？由是言之，判教者之說，不可執爲定論也，可以了然明白矣。而怕談般若者，亦大可以翻然悔悟矣。且由是言之，凡判某經爲純圓、某經爲非純圓諸說，亦未可執爲定相。何以故？既法法皆般若，則法法皆圓，所謂圓人說法，無法不圓，何必苦苦分別？〇前言遣蕩之與圓融中道無二無別，凡誤認爲有別者，無他，由其看呆中道故也。我今更約中道發揮其義，俾得徹底明了，則分別之執庶幾無自而生乎？〇一切法既皆假名，則中道亦是假名。以假名故，則亦無有定相，則亦不可著。著則亦落四相，尚得謂之圓融中道乎哉？當知中之一言，是因二邊相形而有者也。若離二邊，中無覓處，所以中無定相。相既無定，豈可看呆？看呆便成法執矣。更當知中之所以無定相者，因二邊亦是假名，亦是相形而有，亦本無定相故也。二邊既不可著，那得有中可著耶？故真解中義者，無往非中，即空、假而皆中也。譬如就空言之，空則不著有矣，并空亦空，便是不著空，所以一空到底，便歸中道，如上所明是也。以是之故，《般若》與《華嚴》《法華》，其義趣所以無别。不但此也，一假到底，亦復如是。譬如知一切法不無假名，是不著空矣，即復能知其名是假，豈非不著有乎？則亦宛然中道矣。所以密宗、淨土皆從有門入道，而皆是圓頓大法者，因此。即以相宗言，亦本是大乘圓義。他不具論，觀其發明徧計、依他、圓成三性之理，何等圓妙。無奈學之者不向此等處觀照用功，專在瑣瑣名相上剖析，愈剖析，愈分别，遂愈執著，於是大者小，圓者偏矣，可謂不善學者矣。不知用以去凡情，反因而增長凡情，豈佛説法相之本旨哉？其修學密淨之人，若不明自他不二、心土不二之義趣，則令大者變小，圓者變偏也亦然。由此可知，佛所説法，本來法法皆圓，其有見以爲非圓者，實由衆生偏見，非關於法。故學佛者首須大開圓解，觀照無往非中之理，以修一切法，則法法皆圓矣，皆中道第一義矣，皆第一波羅蜜矣，即皆得證實相、到彼岸矣。此之謂圓中，學人所萬不可不知者。頃言大開圓解四字，極當注意。凡我所説無往非中云云，不過可爲聞者之一助耳。必當時時以此圓義，於自心上，於一切法上，微密觀照，精進用功，以去其偏執之凡情，然後自己之圓解庶幾可開。若非然者，則所謂圓解仍是他人的，而非自己的，雖知無往非中，而對於一切法，必仍然觸途成滯，不能無往非中矣。此層極關緊要，千萬勿忽。不但此一義然，所説諸義莫不皆然。總之，聞思修缺一不可。〇又當知本《經》之説則非，説是名，是明性之與相非一非異，雖圓融而行布，雖行布而圓融也。行布者，如是如是之意，即是一而二。圓融，則二而一矣。上來説遣蕩即中道，明其與《法華》義趣同，今則明其與《華嚴》義趣同也。何以故？凡言則非，是約性説。約性而説，則不應著相，故非之。應不著相而非之者，是明性相非一也。凡言是名，是約相説。約相而説，則不應壞相，故是之。應不壞相而是之者，是明性相非異也。何以故？性是體，相是用，迥然各別，故非一，所謂行布是也。然而用從體生，離體無用，由此可知相乃性之作用耳。明得此理而不著，則見相便是見性，故非異，所謂圓融是也。然則性相既然非一非異，則是一而二，二而一矣。一而二，故既應不壞，又應不著。因其雖非異而已非一，故須於圓融中見行布，又須於行布中得圓融也。二而一，故雖熾然現相，而依然會歸於性。因其雖非一而實非異，當令圓融而不礙行布，行布而不礙圓融也。我今如是發揮，則與《華嚴》義趣亦宛然無別，宗《華嚴》者可以不必怕矣。如前來所説遣蕩與中道無二，若明其義，則宗《法華》者亦可以不必怕矣。〇本《經》中如云，若見諸相非相，則見如來，應生清淨心，應無所住而生其心，以及實相二字，并此中我相即是非相等等，皆可以此義説之。即如開經時，説種種衆生，説無餘涅槃，亦圓融之行布也。而又説實無衆生得滅度者，則行布而圓融矣。茲不過姑約則非、是名以發揮之，使宗《華嚴》者不必歧視耳。如執定只有則非、是名可明此義，則又非也。總之，得其要而會其通，則無説而不可，即此可悟法無定相矣。〇更有極要之義，必須一説者。既是遣蕩法門與圓融法門無二無別，何以前云必須從此《經》入耶？當知此二法門理雖無別，而用功則大有利鈍。所以當從此《經》入者，以一切凡夫無不偏執病深，必得極力遣蕩，而後乃能圓融也。否則偏執之凡情未去分毫，便觀圓融經論，何能領會，那得受用？至多不過學得一二教相，作爲清談之助而已。試觀自唐以來，禪宗以外諸大德，其道德見地最令後人欽服者，考其得力所在，幾無一非經過禪門煅煉者。正以禪門用功，是宗般若空之又空，極力遣蕩學人之偏執故也。故吾常謂，自唐以後中國佛法端賴禪宗者，因此。由是可知遣蕩功夫之要矣，亦即般若三空之義趣不可不明矣。但遣蕩時，應深觀圓觀經中圓融義諦，不然便不知何者爲偏，何者爲執，何者應遣，甚或自以爲是遣，其實反增偏執。此禪門所以雖不談教義，而必須有嚴明師友，時時爲之痛下鉗錘也。所謂痛下鉗錘者，即是遣之又遣，所謂百尺竿頭還須更進一步是也。今既未逢嚴明師友，只有自觀自照，精密體會經中之明二邊不取，性相圓融，或説一空到底，乃至愈説愈深，如後半部之諸法一如，一切皆是，無聖無凡，本來無生等等。學人當審量自己程度之所堪，由淺而深，或拈一句，或合數句，以之觀照自心。倘自己習氣，以及起心動念，於經中意旨少有未合，便是偏著，便即自棒自喝，遣而去之。此用功最妙之方，實不慧經驗之談，敢爲諸君告。其他圓融經教，如喜研究，無妨並觀，然宜以《般若》爲主。何以故？《華嚴》《法華》等是表詮。表詮者，用彰顯圓融之語以明性體是也。故其辭句義味，一一皆趨圓融，即説遣蕩之法，亦寓在圓融之中。故必已有遣蕩功夫之人，即是執見已薄之人，方能徹底領會。不然，便只知其是説圓融，而不知其是説遣蕩。所以從此入手者，往往學之多年，而偏執之病依然。雖或依據教相，説得圓融，而於本分上并無交涉。況執情未化，其所説者不過表面文章，有時看似精深，而細按之，不清不醒。或以爲但是某經如此，其他則否，仍未見其真能圓融也。而《般若》則是遮詮。遮詮者，用遣蕩偏執之語以明性體是也。故其辭句義味，一一皆趨遣蕩，雖説圓融之理，亦寓在遣蕩之内。所以怕談般若者因此，所以不將般若列入圓教者亦因此，由其但看文字之一面故也。即此一點，便可證明，未在《般若》中用功，雖學其他圓經，其見地仍是隔别，而未能圓融矣。以上所説，《般若》與他種圓經立言之不同，及學之者利鈍所關之微細處，今爲扶持正法計，爲人人得受用計，故不辭反覆詳晰，爲諸君縷縷言之。由是可知般若之妙矣，必當先學矣。何以故？執情遣蕩得一分，性相便圓融得一分，遣蕩至極處，亦即圓融至極處矣。慧徹三空，便是圓融中道，妙哉妙哉。足見般若不但是學佛的坦途，且是學佛的徑路，若不從此門入，豈非不識途徑？此所以學佛者多，得自在者少也。凡此所説，是一個字一滴血，皆從千辛萬苦中得來者也，皆是摳出心肝以示人者也。而此闡義諸經文，是一個字一顆珠，透圓透圓，務當真切領會，不可忽略。○頃言中國自唐以後，佛法端賴禪宗，不可誤會是勸人不念佛，去參禪也。蓋我之讚嘆禪宗處，乃讚嘆般若處，是勸人學般若，非勸人參禪。要知參禪當審時機。機是機，時是時，非一事也。所謂機者，根機也，故先當問自己能受棒喝否。根器利鈍，關係尚小，非具有敢死隊精神，毋庸談此。又機者，機緣也，故又當問遇有良師否。參禪不能離師，師不但要明，且要辣，更要有殺活手段，三者不備，便非良師。若其根機、機緣兩皆具足，參禪甚好，苟缺其一，而言參禪，未見其益，或反有害，此亦我之實驗談也。所謂時者，如南北朝時，北魏、南梁無不大宏佛法，講席極盛，然不無取著文字相。故達摩東來，乃不立文字，直指本心，正對時病。今則大都未明佛理，正當廣勸讀經，藥其空疏。不立文字，今猶非宜也。故不如發起大悲大願，修福持戒，一心念佛，親近釋迦、彌陀兩位大善知識。一面依我前説，以此《經》義理觀照自心，遣其凡情。一面懇切持名，求與衆生同生淨土，滿菩提願。現世修行，無逾此法。此是不慧近二十年勉力奉行者，敬以供養諸善知識。又我自開請以來，所説修行方法多矣，不可執著誰是最好，宜擇其所善者行之。或一一試行，行之覺有效益者，便是對機之最好者，此亦用功之竅要也。并爲諸君告。○上來所説怕談般若之重大原因，是由其既未明了經義，又有先入爲主之言，遂致愈加怖畏，愈不修學。然此外尚有一重大原因，亦不可不知者，則以妄談般若者之多故也。妄談之病，古即有之，於今尤烈。此輩雖曾學佛，而夙業甚重，佛法又不明，忽若發狂，大破其戒，不敬三寶，縱意行惡，實行其貪瞋癡，自以爲戒定慧，且曰，此般若之不著相也。於是怕者引爲口實，更相戒不敢道般若一字，幾有談虎色變之勢矣。嗟乎！因噎廢食，何計之左耶？須知既有妄談之怪狀，更應發心修學，發心宣揚，然後般若之真義方得大明。真實義明，妄談之怪狀何自而生？不知出此，一味深閉固拒，其病狀雖與妄談者異，而病根則同，蓋皆誤認爲偏空者也。以因果論，妄談之罪誠重，然除魔眷外，人皆能知而遠之。而怕談者，人且奉以爲準繩，并不知其錯謬，坐令超勝一切法而爲佛法命脈所關之般若無人過問，其誤法誤人之惡因，恐其所招之惡果未必能輕幾許也。我世尊洞知一切衆生之病，故前言，持戒、修福者能生信心，以此爲實，是對妄談者痛下針砭也。而今此數科，則又爲怕談者痛下針砭。觀前面所言，是屏妄談者於門外也。何以故？信爲入道之門，既是持戒、修福方爲入門，則妄談者破戒造罪，其揮諸門外也決矣。觀此數科所言，又是警告怕談者決不能轉凡成聖也。何以故？不驚不怖不畏，方許其爲希有，則怕談者之仍爲凡愚也明矣。而前云以此爲實，此中又爲闡義，則是明明開示，欲除免妄談、怕談之病，唯有信解受持，務求明了經中之真實義耳。又怕者有恆言曰，我豈不知般若之應學哉？誠以末世衆生障深業重，未易幾及，不如不談，免增罪過。此又誤矣。世尊不明明曰，如來滅後後五百歲，有持戒、修福者能生信心，以此爲實，乃至得無量福德乎？故謂末世希有則可，竟以爲絶無其人，且相戒塞路，不但輕視衆生，且顯違佛旨矣。世尊戒長老莫作是説，無異戒怕者莫作是説也。以及此數科中，佛與長老皆特特向後世鼓舞勸導，是皆懸知怕者之過慮而開示之者，真親切有味也。〇又此中舉第一波羅蜜之名爲言，及説非與是名，更有一義，不可不明。蓋以般若一名，容易誤會，是專就般若一度而言。而第一之名，本是顯其貫徹餘五度而立者，就此明義，則不可執著，易得明了也。且曰第一非第一，則諸度總一般若，非離諸度而別有般若之義更明。其曰是名者，既諸度莫非般若，則第一之稱豈般若所得專有？既非專有，故雖是而爲假名，此明其不可執有也。而因般若之第一，遂令度度皆成第一，故雖爲假名而甚是，此明其不可執無也。總以明般若與諸度不能相離而已。故此科既約般若闡義，下科復約他度闡義也。説法之善巧也如是如是，明義之周密也如是如是。〇此科經文中要義，今再撮其最要者，歸納爲數句，以便記憶。曰，此科最要之義，是治怕般若者之病也。其病有二，一是怕空，二是怕高。今闡明般若非離餘五度而別有，而餘度皆是行門，可見般若雖明空義，而空義不能離實行，則般若之絶非偏空明矣，復何必怕哉？又闡明餘度離般若不爲波羅蜜，質言之，即不能到彼岸，可見般若誠高，然而非學不可，則般若之關係重要明矣，又豈可怕哉？警策之至，謹記勿忘。

（丑）次，約餘度明，分二。（寅）初，正明。

須菩提，忍辱波羅蜜，如來説非忍辱波羅蜜。

餘度者，除般若外，其餘之布施、持戒、忍辱、精進、禪定五度也。法法皆應離相，則法法不能離般若，今於餘五度中，獨舉忍辱爲言者，以忍辱最難離相，其不能離般若，更易領會，故特舉此度闡明其義，以概其他。故標科不標忍辱而標餘度，正以佛之説此，意在令衆生舉一隅而以三隅反也。如是標判，乃遵佛所説，依義不依文也。○上約般若明，是從正面闡明離相之真實義。蓋人但知般若是談空離相，著相者因而生怖，今闡明并般若之相亦當離，則是并空亦離也。且般若即在餘五度之内，不能獨存，而餘五度皆是實行之法，則所謂離相者，乃是法相非法相一齊離也。若明此義，則儘可放膽修學般若矣，何必怕哉？○此約忍辱明，是從反面闡明不可不離相之真實義。觀下文所説，若行忍辱法，而不離忍辱相，便生瞋恨，瞋恨正與忍辱相反。是闡明行忍辱法者，若不學般若，便不知離忍辱法相。不離法相，則瞋恨生。瞋恨一生，則忍辱之功行破矣，便成非法相矣。從此可悟所以必令離法相者，正是令離非法相耳，妙極妙極。若明此義，則定要用心修學般若矣，不能怕矣。如此闡發，般若之精義徹底呈露，則般若斷斷不可不學，更可恍然矣。○此闡義數科經文，將般若之理及應學般若之理闡發得精極，圓極，透極，亦復細極，務宜靜心領會，領會得一分，便得一分受用。且此數科，正上來所説諸義之結晶。

此處之義若能洞明，則上來諸義便一一雪亮於胸中矣。○上科之後接説此科，更有一意，意在以忍辱之不能離般若，證成上科般若非離餘度别有之義也。蓋餘度既皆須有般若，可見般若是與餘度共行之法，非别行之法也。總之，般若爲諸度母，是諸度乃般若子，若無子則無母可名，若無母亦無子可名，母子實互相助成，故般若與餘度必須互相助成，豈可離乎？般若，空也。餘度，有也。今説般若與餘五度不能離者，是令學人體會，空有本同時也，故不能離也。空有同時，所以當二邊不著，會歸中道也。尤有進者，以母子論，固應互相助成，然而子實從母而生，無母便無子，故互助之中，仍應以母爲主。六度亦然，餘五度無般若，不爲波羅蜜，故餘五波羅蜜實從第一波羅蜜而生，故於互助之中，亦仍以般若爲主也。以般若爲主者，以空爲主也。以空爲主，所以雖不應壞有，仍不應著有也。所以雖會歸中道，而中亦不著也。此佛菩薩所以以大空三昧爲究竟，以無智無得爲得阿耨多羅三藐三菩提也。蓋必能如此，然後可以隨形六道，現百千億化身，雖一切法熾然而生，而一心湛然，本無所生，此之謂大自在，此之謂大受用，能度一切苦厄者端賴乎此。此是般若究竟義，下半部正明此義，今乘便略露消息者，以示般若是佛法中的徹始徹終之義，非學此不能入門，且非學此不能究竟，奈何怕之耶？且由此可知，若專談二邊不著，圓融中道，尚非佛法之究竟義也。何以故？非空之又空，必有所著，不著邊，必著中，尚何圓融之有？況大空三昧中，并圓融二字亦不可得也。當知必不可得，乃得圓融也。何以故？不著圓融，乃得圓融，絲毫有相，便不圓而不融矣。然則般若之義究竟如此，豈止入道之初門，奈何判爲大乘始教乎？而般若貫通諸度，諸度離之，非波羅蜜，可見有一法離乎此者，便不能圓滿。則是般若之義圓滿之極，超過一切法門，亦可知矣，奈何不許其純圓而判爲别兼圓乎？○上言六度互助，尤有要義，不可不知。蓋般若者，理也，智也，所謂觀門也。諸度者，事也，境也，所謂行門也。於説第一波羅蜜後，更説餘度者，所以明理事從來不離，觀行要當並進，而境智尤須雙冥之義也。故據文似乎别起，考義實爲一貫。本《經》文相大都如是，所謂文不接而義接，若視爲各不相涉，則大謬矣。○流通本有是名忍辱波羅蜜一句，此是明清間人所加，見乾嘉時孫氏刻本。其注語云：古無此句，然據理應有。殊不知此處但説非者，正爲下文闡明忍辱若不離相，忍辱法門便破壞無存作張本，以顯必不能離般若之義。若忽加一是名句横梗其間，下文何以故句如何接得上？故著此一句，上下文氣便一齊鬆懈，反將經中旨趣一齊隱晦。自云據理應有，不解所據何理也？真無知妄作也。當知佛所説法，豈可濫自增減，膽何其大？即令流傳有誤，亦必須確有考證。且所考證者，更要義意實是完美精當，方可據以校正。豈可明知爲古本所無，而任意加之乎？凡欲刻印經書作功德者，不可不知此理。若此人所作，不但無功德，其罪過甚大。因自憑私臆，擅改佛説，誤法誤人故也。此事可爲千古炯戒，故不憚剴切言之。○梵語羼提，其義則爲安忍，亦曰忍辱。安忍是總名，忍辱是别名。忍者，忍可，謂一心正受也。安者，安住，謂其心不動也。辱者，毁辱，即虐待之意。今先説總名之義，則别義自見。人必能忍，而後其心安住不動。若爲所動，便不成忍。故一言及忍，便含有安住不動之意在。學道人在在處處，時時刻刻，皆應心安不動。故無論行何事，遇何境，修何法，皆應一心正受。約出世法言，凡修一種法，而能正受安住，即名爲忍。如修諸法本不生觀，而得妄念不起，是其心已正受此法而安住不動矣。故名之曰無生法忍，亦名證無生，或悟無生。證字是形容其忍可，悟字是形容其心安理得也。約世間法言亦然，如曰，富貴不能淫，威武不能屈，貧賤不能移，此即古人所謂堅忍。威武不屈，非謂頑强對抗，乃是身可殺，志不可奪之意。志不可奪，便是心安不動，此即所謂忍辱也。此與富貴不淫、貧賤不移，皆是表其心安於正，不爲所動也，故曰堅忍。由是觀之，可知安忍是統括一切之名，所謂無論行何事，遇何境，修何法，皆當正受安住是也。而忍辱則安忍中之一事耳。故曰，安忍是總，忍辱是别。要知凡舉忍辱爲言，是意在以偏概全，以别明總。何以故？世間最難忍者，莫過無端受辱，此尚須忍，其他可知故。經論中或用總名，或用别名，殊不一律。大約玄奘、義淨兩法師所譯，皆曰安忍，他人譯者，多用忍辱。每（校：每，舊版無，原稿有。）有人疑是兩法，或議其優劣，實則總别雖若不同，而用以顯明正受安住之義，則無不同，正不必於此等處分别優劣。兹乘便詳釋兩名之義，以便貫通。〇經文不曰忍辱，而曰忍辱波羅蜜，便是顯示忍辱時能行般若。何以故？若無般若，不稱波羅蜜故。而能行般若，便是能照性而離相，故曰，如來説非忍辱波羅蜜也。何故應離相？下文正釋其義。

（寅）次，引證，分二。（卯）初，引本劫事。

何以故？須菩提，如我昔爲歌利王割截身體，我於爾時，無我相，無人相，無衆生相，無壽者相。何以故？我於往昔節節支解時，若有我相、人相、衆生相、壽者相，應生瞋恨。

何以故者，自己設問忍辱應離相之故也。引事實者，欲以證明忍辱必應離相也。歌利王事，即在本劫。本劫名爲賢劫，以有千佛出世，一切賢聖甚多，故得此名。劫字有兩義，（一）謂極長時間，（二）謂劫難。今是初義。所謂本劫者，指大劫言。每一大劫分爲四中劫，名成、住、壞、空。世界之有成住壞空，猶衆生之有生老病死也。每一中劫又分爲二十小劫。每一小劫中，衆生壽命極短之時，大多數只有十歲，此時衆生惡極，生活苦極，養生之物幾皆不生，所生者皆害命之物，是皆惡業所感也。故此衆生之數亦復少極，經言，彼時南贍部洲人數，共不過一萬而已。苦極思善，漸漸回頭，壽命亦漸漸增長。然增長甚不易，以其回頭向善，並非猛晉，乃是漸漸趨向爲善之途耳。大約經過百年，始增一歲。由是逐漸增長，至普通壽命有二十歲時，已經過千年之久矣。衆生見爲善之能得善報也，於是爲善者日多，養生之物亦漸繁殖，人數亦漸漸加多，每百年增一歲。每百年增一歲，增至普通壽命有八萬四千歲時，增至極處矣，

亦快樂至極處矣。樂極又復生悲，因善心漸減故，於是每百年減一歲。每百年減一歲，減至十歲，減至極處矣，又復回頭向善而增，則入第二小劫矣。而其一增一減，仍復如是校：如是，舊版無，原稿有。循環，劫劫皆如是。照每百年增一歲，從十歲增至八萬四千歲，又每百年減一歲，減至十歲，依此推算，每一小劫之時間，爲一千六百七十九萬八千年。八十小劫爲一大劫，則一大劫之時間，爲十三萬四千二百八十四萬年。然驟視之，雖曰十三萬萬餘年，其實成劫時，世界尚未完成；壞劫時，世界已漸漸壞，其時世上縱有衆生，其苦可知；至空劫時，尚無此世界，安有衆生？經言，世界逢壞劫時，佛以神力，移此世衆生於他方世界中也。僅僅一個住劫，是完整之世界，然又除去減劫之一半，其壽命增長，衆生安樂之時間，不過住劫中之增劫，一萬六千七百九十八萬餘年耳。縱令高壽八

萬四千歲，終不免生老病死之苦，細思此世有何可戀？故今乘便，將此世狀態詳細一説，大衆速速覺悟爲妙。我世尊降生在住劫中之第九減劫，其時壽命，普通爲百歲至七八十歲，屈指至今，將三千年矣。故今時壽命，七十爲最高，四十五十最普通，此報紙上所常見者也。照經上所説，每百年減一歲計之，與事實實不相遠，足徵佛語非虛。間有過百歲者，稀少已極，此必有特别善因，方能致此，乃是例外。往後將更減矣，生活將更苦矣。故生當此際者，惟有勸導大衆同歸佛法，果能有大多數人持戒、修福，世界立見太平，能種善因，必得善果，雖在減劫，未嘗不可獲睹例外之盛。佛言一切唯心造，又言一切法莫非幻相，故壽命之或多或少，世事之或治或亂，雖有定數，實則定而不定，事在人爲而已。更當普勸發大悲心，一心念佛，求生淨土，得一個究竟，則世出世間皆有一個辦法矣。報佛恩在此，救一切苦在此，滿菩提願亦在此，願與諸君共勉之。〇昔者，往昔，明其爲夙世之事也。其時，世尊正現菩薩身，行菩薩道。爲者，被也。歌利，梵語，經中或曰迦羅富，或曰迦陵伽，或曰羯利，皆是此人。譯義則爲惡王，猶中國之稱昏君也。歌利時爲南天竺富單那城之王，爲人暴虐，好行慘毒之事，故得此惡名。彼時菩薩爲衆生故，在山坐禪。一日，王率采女野外遊覽，倦而少憩。諸女采花，因至坐禪之所。菩薩爲欲斷彼貪欲，而爲説法。王忽仗劍尋至，怒責曰：何將幻術誘我諸女？菩薩曰：我持淨戒，久無染心。王曰：汝得阿羅漢果耶？曰：不得。曰：汝得不還果耶？曰：不得。曰：汝今年少，既未得果，則具有貪欲，云何觀我女人？答曰：雖未斷貪欲結，然心實無貪。曰：仙人服氣食果者，見色尚貪，況汝盛年？答曰：見色不貪，不由服氣食果，皆由繫念無常不淨。曰：輕他誹謗，云何得名持戒？答曰：有妬爲謗，無妬非謗。王曰：云何名戒？曰：忍名爲戒。由此可知，非一心安住於戒，不名持戒矣。王即以劍斷其手足耳鼻，曰：忍否？答曰：假使大王分我殘質猶如微塵，我終能忍，不起瞋念。羣臣爭諫，王怒不息。時四天王雨金剛砂，王見恐怖，長跪懺謝。菩薩發願：若我實無瞋念，令我此身平復如故。作是誓已，身即還復。更發願言：我於來世先度大王。是故我今成佛，先度憍陳如。蓋此王乃憍陳如之前身也。此事見《大涅槃經》《毘婆沙論》，而詳略不同，今會而引之。本《經》所云割截身體，正指劍斷耳鼻手足言也。〇前言，若取法相，即著我、人、衆生、壽者，則今言無我相云云，即是顯其不著忍辱法相也。不曰無忍辱相，而曰無我、人等相者，因無我、人等相，方能不著忍辱相，以明分別我、人，是取相之病根也。無我、人等分別，便是心安不動，乃能任其割截，忍此奇辱。故曰，我於爾時無我相，無人相，無衆生相，無壽者相。爾時，猶言彼時，即昔被割截之時也。當知忍此奇辱，他人見之云然耳，菩薩爾時若無事然，無所謂辱不辱、忍不忍，此之謂忍辱非忍辱。見到忍辱非忍辱，正是般若正智，故能内不見能忍，而無我相，外不見所辱，而無人相。菩薩坐禪，本期證道以度衆生，今則任人割截，是并此事而忘懷，置生死於度外矣。故曰，無衆生相，無壽者相。此因菩薩具有般若正智，則通達一真法界。一真法界中，那有人我、生佛、生死等一切對待之相？故爾四相皆無。四相皆無，則萬念俱寂，何所謂辱，何所謂忍乎？夫而後方能忍此奇辱也。知此，則知一切行門非仗般若不能成就矣。知此，則知一切修行人非仗般若不能無罣礙，不能得自在，不能到彼岸矣。故曰，一切諸佛及無上正等覺法，皆從此《經》

出也。故曰，隨説之處，一切天人皆應供養，經所在處，即爲有佛，若尊重弟子也。故凡聞而信解受持，爲他人説，乃至一四句偈等，皆得成就希有，得無量福德也。世間之人，縱令未能人人如是成就，但能人我分别之見少少輕減，則鬬爭亦必減少，世界當下太平，安居樂業矣。所以般若是佛教的真精神，是無上法寶，一切衆生皆應頂戴恭敬，讀誦受持，不可須臾離者。〇第二何以故，是問何故應離四相。節節，猶言段段。支者，支離，解者，解剖，皆分析之意。段段分析，即指手足耳鼻一一被其割截而言。應生瞋恨，反顯其不能忍。試思爾時無故受此奇辱，若非毫無人我等分别，萬念俱空，焉有不生瞋恨之理？或曰，彼時發願平復，便能平復如故，必有神通，故能忍受苦痛耳，豈凡夫所能爲？此説大謬不然，乃是邪見，不可不辨。當知縱得神通，能受苦痛，假使瞋心一起，亦必不能忍受矣。何以故？神通與瞋心無涉故，雖具足貪瞋癡如邪魔者，亦能得通故。所以佛法不重神通者，因此。佛菩薩雖亦有時顯現神通，乃用以表法，或藉以感化頑强障蔽之衆生，不得已而偶一行之，修行時並不注重乎此。〇且本《經》引此故事，意在明無上菩提以大慈大悲爲根本，則必須離人我等分别之相，使其心一念不生，安住不動，然後乃得恩怨平等，成就大慈悲定。此定成已，然後乃得雖遇極大之逆境惡緣，不生瞋恨。瞋恨毫無，然後乃得普度衆生，滿菩提願也。何以故？衆生剛强難度故，故菩薩之修忍行，意在於此，豈但有神通力者所能夢見？不然，如下文所云，一日三時以恆沙身命布施，此人具有絶大神通可知矣，此人不懼苦難亦極難能矣，然而不如聞此經典信心不逆者，何耶？正明其若不信解受持般若法門，分别心必不能遣淨。分别心未淨，便是未達一真法界，證空寂之性體，則決不能成就無緣大慈、同體大悲，縱能捨無量無邊數身命，仍爲有漏，仍防遇緣而退。何以故？未達一真而空寂，便是無明未斷，則其信根尚未成就故。然則有神通力者，縱能忍辱，其與菩薩之所以能忍辱者，根本上完全不同，豈可相提並論？故此下更引多生之事，以證忍辱之非易，非久久修學般若，得大空三昧，正恐忽遇極大逆境惡緣，瞋心少動，盡棄前功。所以持説此《經》，其福過彼捨恆沙身命者，其理在此。總以明不修般若法門，不能離一切相，契第一義空，終不能成就大慈大悲之菩薩耳。如是知者，乃爲正知。如是見者，乃爲正見。○至於發願平復，便得平復如故，則有三義。一層深進一層。（一）佛加被故，所以有願必滿者，因此。（二）大慈悲故，所以蒙佛加被者，因此。試觀割截之後，乃發願來世成佛，先度大王。可見所以無一絲瞋恨者，由其已得大慈悲定耳。定云何得？無分別心故也。（三）心清淨故，所以無分別心，得慈悲定者，因此。蓋修學般若，觀照一真法界無相不相，功行深醇，一心清淨。心清淨故，法界清淨。此時悲願之力偉大無邊。有願即成，謂之諸佛加被也可，謂之唯心所現也可。何以故？已證心、佛、衆生三無差別故。如曰神通，此正佛門大神通，所謂漏盡通是也，豈彼有漏之通所可同日語哉？○前段即第一句何以故下云云。是明離相乃能成就所修之法，即是離法相，正所以成法相。後段第二句何以故下云云。是明不離相適足破壞所修之法，即是不離法相，反令其成非法相。前段是正明，後段是反顯，合反正之義觀之，豈非離法相正是離非法相乎？簡單言之，便是離相乃不墮空，不離相反而墮空。闡明此義，正是向怕者當頭一棒。因怕者無非懷疑離相必墮空耳，今乃知適得其反。如此破斥，鋒利無比。而般若離相之義，闡發至此，亦毫無遺蘊矣。然非世尊如是善巧以發明之，誰能洞曉？此義若未洞曉，則於離相義終未徹底，將終不免有發生疑問時。則彼聞經便能不驚不怖不畏之人，其必深解此義矣，真甚爲希有也。〇由是觀之，上文雖但說非忍辱波羅蜜，即含有是名忍辱波羅蜜之意在內。可見佛之說法，說在此面，意透彼面，面面俱圓也。又可悟得，凡則非、是名雙舉之處，語雖平列，意實側重則非邊。此義換言以明之，更可了然。前不云乎，則非是約性說，是名是約相說，然而性是本，相是末，有本方有末，因空乃現有，故知當側重則非邊也，故離法相正是離非法相也。此即前言，佛法以般若爲主者，以空爲主之意。何以故？性體本空寂故。此佛菩薩所以以大空三昧爲究竟也。所以無智無得，而得阿耨多羅三藐三菩提。雖得阿耨多羅三藐三菩提，而仍無智亦無得也。何以故？少有所得，是仍未得故。〇佛言應生瞋恨，不但爲闡明上來所說之義已也，尚有要義不可不明。當知瞋恨爲修行人之大忌，世尊爲欲警戒發菩提心者，無論在何時，遇何境，修何法，皆斷斷不可生瞋，姑就忍辱以說明之耳。其就忍辱說者，因忍辱極易生瞋，以及瞋心一生，忍行便破，此等事理，人所易曉之故。就易曉者說以爲例，俾得會通一切，此佛之微意也。不可誤會但是忍辱不可生瞋，其他便無妨也。〇何謂瞋恨爲修行之大忌耶？因瞋恨正與菩提衝突故也。菩提者，覺也，平等也，慈悲也。而瞋恨之生，由於事之不如己意，便是著我，尚何平等之有？世事莫非夢幻，如意不如意，何必認真？此而不知，尚何覺悟之有？其違反慈悲，更不待言。故瞋心一起，菩提種子便完全銷滅。修行人忘失菩提，輕則懈怠廢弛，重則道心全退。縱令未退，然以瞋心行之，決不能成正果。佛言，忘失菩提心而修諸善，魔所攝持。普賢菩薩説，菩薩過失，莫甚於瞋心者，以前所積功德，雖多如森林，瞋火若生，一齊燒盡。皆見《華嚴經》。可不懼哉，可不懼哉？當知貪瞋癡三毒，癡爲毒根，癡即無明也。因無明故起貪瞋，而貪瞋二毒，瞋毒之爲禍尤鉅。何以故？其性暴烈，不發則已，發則雖盡反以前所爲，亦不暇顧及，故修行人當痛戒之。佛説此《經》，爲開衆生正智，治癡也。開經便説布施，治貪也。而瞋猶未言，故特於此補發之。前曰行布施應無住法，今曰生瞋恨由有四相，皆所以顯明非開般若正智，藥其著相之癡，貪瞋無由可除也。應生者，勢所必至之意。一著相，勢必生瞋。一生瞋，勢必所修盡破。然則修行人非學般若，令其在在處處，時時刻刻，心如虛空不可矣。此佛説此科之本旨也，豈第忍辱應然哉？當知世間萬事，莫非對待。如因果、人我、男女、陰陽、生死、治亂，乃至染淨、盛衰、苦樂等等，無一事出對待外者。因對待故，極易生起分別計較。俗眼既認一切對待者爲實事，分別計較遂致牢不可破，此所以有貪瞋也。若能於對待中看出消長盈虛的道理，爲之消息而通變之，以治理一切世事，不能不服其爲世間聖人。然雖能利用對待，終不能跳出對待的圈兒之外。佛法則不然，既一切莫非對待，便於此中，看破其莫非彼此相形而有。既皆相形之事，則是一切虛幻不實，有即非有矣。然而不無虛幻顯現，非有而有也。故既超乎其表，而不爲所拘，仍復隨順其中，而不廢其事。超乎其表，是爲不著，不如是，不能證絶對之性體，此大智也。隨順其中，是爲不壞，不如是，不能救輪迴之衆生，此大悲也。一切大乘經典皆説如是道理，而《般若》説之尤詳，《金剛般若》説之尤精。學佛人能見及此者，曰開道眼。道眼若開，急當養其道心。云何養耶？當令心如虛空，超然塵表。如虛空者，不住相是也。經言，施不住相，福如虛空，其意正令離相，俾心如虛空耳。必須生空，法空，而後心空。生空者，非謂無我人衆生也，但不著其相。法空者，非謂無法，應行之法仍一一如法而行，但行若無事，行施而忘其爲施，行忍而忘其爲忍，乃至行六波羅蜜，忘其爲六波羅蜜。曰如無事，曰忘，謂不著能行所行之相也。是即我法雙空，并空亦空。初學固不易幾及，然不可畏難，須時時體會此義，令其心空空洞洞，是爲要著。超然塵表者，不與塵世上一切對待之事理廝混，心中常存一擺脱之意，勿令間斷，是爲要著。當知能不廝混，乃能漸漸心空也。復於此際，提起一句萬德洪名，一心而念，亦不分别誰是念，誰是佛，但令念即是佛，佛外無念。此心本已令如虛空，則此即佛之念亦復彌滿虛空，而上與十方如來，下與法界衆生息息相通矣。如此，謂之有念可，謂之無念可，謂之佛即念、念即佛也可，謂佛與衆生在此心也可，謂此心與佛以及衆生無異無相也可。更多多讀誦《金剛般若波羅蜜》，以熏習而長養之，令其道眼日益開，道心日益固，是爲般若、淨土同修之法。此法與一真法界相應，與實相相應，與空有不著、性相圓融相應，與第一義空相應，與心淨土淨之義亦復相應。諸君試之，當有受用處。蓋此是隨順對待之因果法，而修絶待殊勝之因，可證絶待殊勝之果也。○經中上來説無我人四相處甚多，然皆是約正面説，即是約得益説。其約反面受害説者，止有開經時所説，若有我相、人相、衆生相、壽者相，即非菩薩。然是言其當然，今曰應生瞋恨，則説其所以然矣。何以故？若生瞋恨，便非菩提心，亦即非覺，是依然迷途凡夫也，故曰，即非菩薩。由此可知，欲出迷途生淨土者，亦安可不於我法雙空加之意哉？因無論著我相或著法相，少有分别計較，便是住塵生心，心有塵染，那得清淨？淨心未能，淨土不生也。慎勿曰，淨土法門不必高談般若也。○佛之言説，固是圓妙，應作面面觀。而佛所説之法，亦無不圓妙，亦應作面面觀也。蓋佛所説之法，無不一法含攝多法，所以多法復能歸趣一法，此《華嚴》所以明一即一切，一切即一之義也。故本《經》曰，無有定法，故不可執。如前言布施統攝六度，須知忍辱亦統攝六度也。如曰，忍名爲戒，是忍度即戒度矣。聽其割截，與結來世度之之緣，是以忍辱爲布施也。瞋恨不生而忍可，便是禪定。何以故？忍可不動，豈非定乎？定故不起瞋也。而下文曰，五百世忍辱，則精進也。無我人等相之爲般若，更不待言。故舉忍度，攝餘度盡。推之諸度，度度皆然。故本《經》雖未明言精進、禪定，實已攝在布施、忍辱中矣。○當知戒、進、定三度，離捨、忍兩度，便難成就。何以故？

戒之能持，由於忍可於戒，捨去染緣。定之成就，亦由捨昏散，而正受不動。且若不能捨，不能忍，尚何精進之可言？故施、忍兩度，實一切行門之主要，此本《經》所以但舉布施、忍辱爲言也。○又布施，所謂捨也，若著相，則必不肯捨，猶之著相者必不能忍，其非學般若不可，甚爲明顯，故本《經》但約此兩度以明離相也。此兩度既爲行門之主要，若此兩度能離相，其餘行門自然能不著矣。○先言布施，後言忍辱，亦具深意。蓋捨有遣執之功、破我之能，最與般若密切。前云，持戒、修福者能生信心，以此爲實，亦是令學般若者首當學捨。蓋持戒便是捨一切染緣，捨向來惡習，修福便應施捨，先令學此捨行以遣執破我，乃能增長般若種子，此其所以於此章句能生信心，以此爲實也，此布施所以應先言也。而持戒，戒學也。能生信心，以此爲實，慧學也。以文相論，是已具戒慧二學矣。而定猶未言，定功惟忍方成，故於正明成就希有時，就忍度以示意，使知欲成菩薩，戒定慧三學必當完全具足，然而必能離相，方能成忍，此所以忍説在後也。由此可知，所謂六度者，約事相分説，雖有六種，而義則互相助成，關係密切，用功時必須一貫。何以言之？戒爲修行之基者，以其作用能捨舊染之污也。捨即布施義也。持戒之義，便是心能於戒忍可安住，故曰，忍名爲戒。而忍可安住，便是心定不動，必其一心忍可於所觀之法，而後慧生，故曰定生慧。然亦必具有遣執破我之慧，乃得成就安住不動之定也。蓋般若爲諸度母，一切行門皆由觀慧而生，故定亦不能外是理也。定慧蓋互相生起者耳。若於般若、布施、持戒、忍辱、禪定，一一不懈不退，是爲精進。何以能不懈不退？即是於法一心正受，安住不動也，亦即是於法隨得隨捨，絶不著相自滿也。可見法法互生互攝，苟缺其一，六皆不成，行人不可不明此理。〇一切行門中，捨、忍二度固爲主要，而捨尤爲主要中之主要。何以知其然耶？試觀本《經》説忍只一二處，（此處，及最後言得成於忍句。）而説布施最多。其義云何？以捨能遣執破我，則最能消業除障，最能彰顯般若正智故也。由此可知，佛法如海中，捨是先鋒，（如最初須持戒、修福以學捨是。）亦爲後勁。（如最後并無上菩提亦不住是。）且修忍亦非捨不成，任其割截，非捨而何？不但此也，法與非法不取，便是一切皆捨，捨之罄盡，則如如而不動矣，得成於忍矣。當如是知也。

（卯）次，引多生事。

須菩提，又念過去於五百世作忍辱仙人，於爾所世，無我相，無人相，無衆生相，無壽者相。

過去，通指歌利王以前之時。佛經中所云仙人，是通指一切修行人而言，并非專指外道，故佛亦譯稱金仙。前云，凡舉忍辱爲言，意在以别明總，故除指明有毀辱事實者，皆當作安忍義會。如此科所説忍辱，非必定謂五百世皆如歌利王之事也。且世尊行菩薩道時，布施身命不可數計，豈止五百世？兹不過略言之耳。如爲一句半偈之法，捨命亡軀，或燒身以供佛，或剜身以燃燈，以及割股救鴿，捐身飼虎等等，無非上爲佛法，下爲衆生。今云五百世作忍辱仙人，意在顯明多生多世布施生命，皆行所無事，其心安忍而不動也。爾所者，如許之意，指五百世言。如許世能安忍者，由於如許世修般若離相法門，故曰，於爾所世無我相云云。○引多生事，意在證明上來遇歌利王事之能安忍，由於久修般若，使發菩提心行菩薩道者，得所遵依也。總而言之，觀門之般若，行門之捨忍，爲學道要門。何以故？衆生之爲衆生，因有貪瞋癡三毒，而般若治癡也，捨則治貪，忍則治瞋。惟三毒之病根甚深，非多多修捨，貪何能破？非久久修忍，瞋豈能除？然而若非精修般若，具足三空之智，以去其著相分别之愚癡，則捨、忍亦終不能成，而戒、進、定三度亦有名而無實矣。故《金剛般若》獨舉捨、忍以明離相，使知著相便是三毒，故當離相捨忍以拔除之。若三毒拔，則戒定慧三學全，而法報應三身亦可顯矣。然則般若、布施、忍辱三波羅蜜，其六度萬行之主腦哉？行人當知所先務也。○上來第一波羅蜜一科，是説離法相即并離非法相，此闡明雖空而實不空之義也。忍辱一科，是説離法相正是離非法相，此闡明因空以成不空，亦即不空而空之義也。由此可悟，經中凡言非者，正以成其是，凡言是者，適以形其非，故曰無有定法，所以於法應無所住。當知一切世間法、出世間法，莫不如是，空而不空，不空而空也。所以一一宛然而有時，實一一當下即空，而一一當下即空時，正一一宛然而有，此之謂空有同時。故一一法皆不可執爲實無，亦不可執爲實有，故曰，凡所有相，皆是虛妄。何以故？莫非虛妄，非實有也。不無虛妄，非實無也。所以法與非法皆不可說，皆不可取。其有所取著者，非他，由其心中有人我等對待分別之相耳。故曰，若心取相，即爲著我、人、衆生、壽者。而心有分別，便是無明，便違平等一真法界。故發菩提心者，應無所住焉。然則上兩科闡明空而不空、不空而空之義，無異爲以前所説諸義作一匯總之説明，已將無住真詮發揮透徹矣。故此下即乘勢作一總結，而申明之曰，以前所有言説，所有法門，莫非真實，不誑不異。何以故？因真如實相本是空而不空，不空而空，故其顯現之一切法亦莫不如是。而如來所説之法，即是根據此理而説，故曰真實，故曰不誑不異也。故修行者之於一切法，皆應如是體會觀照，而一無所住，方能不違本性，而得心清淨，生實相焉。倘不能如是體會觀照，則無明不破，故曰，如人入暗。倘能如是體會觀照，必破無明，故曰，日光徧照。以示一切衆生於此《金剛般若》，不可不信解受持也。茲將次科之所以生起，及次科之要義，先説一概略，則臨文較易領會矣。

（子）次，闡明説法真實義，分三。（丑）初，總結前文。次，正明真實。三，重以喻明。（丑）初又二。（寅）初，結成無住發心。次，結成無住布施。（寅）初又三。（卯）初，標結。

是故，須菩提，菩薩應離一切相，發阿耨多羅三藐三菩提心。

觀上來概略中所説，可知總科標題中之説法，是兩件事。説者，言説也。法者，法門也。○是故者，承上起下之辭。離一切相，即上文長老所説，離一切諸相。所有我人、有無以及法與非法等等對待之相，無不皆離，故曰一切。應者，決定之辭，明其非離盡不可也。前長老言，離一切相，則名諸佛，是明離相乃得大有成就，是約證果説也，此長老所以深解義之所趣也。世尊印許之後，接説第一波羅蜜及忍辱兩科，是明應離一切相以修六度，是約修因説。此科即承其義，而結歸到應離一切相而發心，則更進一步矣。蓋修六度是成就之因，而發心又是起修之因也，是説到本源上矣。無論果位、修功、因心，而離相則始終一貫，故長老既深解其歸趣，世尊更闡明其由起，使知既離諸相方名諸佛，是故應離相以進修，應離相以發心，則般若爲貫徹始終之法門，離相是轉凡成聖之途徑，當可洞明矣。〇本科之結前義，不止如上所云，但結前來數科已也。當知應離一切相，發菩提心兩句，直是爲經初所言，發菩提心，應如是住，如是降伏其心諸義點睛。何以故？應離一切相發心，所以應降伏其住相之心也。

不但此也，且將經初答語中，所有一切衆生之類云云之義一併結成。何以故？度無邊衆生，令入無餘涅槃者，發阿耨多羅三藐三菩提心也。實無衆生得滅度者，應離一切相也。意若曰，前答所云，令度無度相者，因必應離一切相，然後所發者，方爲菩提心耳。何以故？未能離相，決不能度盡衆生，亦決不能令入無餘涅槃，則所發者便成虚願。此前所以又云，若有我人等相，即非菩薩也。故此中不曰，發菩提心，應離一切相，而曰，應離一切相，發菩提心，意甚警策。前不云乎，菩提者，覺也，平等也，慈悲也。若其著相，則其心便非覺，非平等，非無緣慈，非同體悲，雖曰發心，其所發者尚得謂之菩提心乎？故決定應離一切相，然後乃爲發菩提心也。〇下文不應住色、聲、香、味、觸、法生心，應生無所住心三句，是釋成此中應離一切相之義。對彼而言，則此中所云亦是標舉之詞，故科目曰標結。標者，明其起下。結者，明其承上也。

不應住色生心，不應住聲、香、味、觸、法生心，應生無所住心。

（卯）次，釋成。

此科是釋成上文應離一切相。然不作別説，即引前約因正顯中發無住心之文，略變其辭而説之者，此佛之説法，所以玲瓏剔透，面面俱圓也。蓋如此而説，不但可以釋明上科之義，兼可闡明發無住心一科之義，以免聞前説者諦理不融，即藉以回映前文，作一結束，善巧極矣。○生者，生起之意。發菩提心者，心固不應馳散，亦不應沈没。若其沉没，則六度萬行從何起修？故特特説一生字以示意。此科之意若曰，頃言應離一切相發菩提心，應離何等相耶，相應云何離耶？無他，既是發起平等慈悲之覺心，則心生起時，便當擺脱色聲等等對待之塵境，而不應住著，則一切相皆離矣。但應生起於所有對待的塵境一無所住之心，然後所發者，乃是阿耨多羅三藐三菩提心也。○前文云，應無所住而生其心，是分而説之，以顯空有二邊不著之義。今文云，應生無所住心，則合而説之矣。略變其詞，義則更精更透，迥不同前。蓋慮聞前説者，若將無住生心打成兩橛，必致或執無住而墮空，或執生心而滯有矣。即不如是，但令於無住生心未能圓融，則空有二邊不能雙冥，縱能二邊不著，合乎中道，而中邊之相儼然存在，如此則雖不著邊，卻仍執中，既有所執，便是分別，仍落四相矣。故今爲之融成一片曰，前云應無住而生心者，初非二事，乃是應生無所住心耳。此意是明生心時即是無住時，無住時即是生心時，如此則有即是空，空即是有，空有同時并具矣。若能空有同時，則既無所謂空有，便無所謂邊，亦無所謂中，而實在在處處，無一非中，所謂圓中是也。至於圓中，則我法雙空，四句俱遣，乃無相之極致，方爲發離一切相之無上菩提心。初發心人豈能如此？正因其不能如此，故曰應，謂應如是知，應如是學也。〇前約因正顯中發無住心一科，本是開經以後所説諸義之結穴。今此一科，既是結成前文無住發心之義，更加以下科結成前文無住布施之義，則其爲開經以來諸義之總結穴可知矣，故標科曰總結前文。〇前發無住心文中，諸菩薩摩訶薩，即指發菩提心者。清淨，即謂離一切相。當知清淨心即是本性，所謂本來面目是也。乃是十法界所共具者，故又名一真法界。但六凡衆生之清淨心，久爲分别人我等等對待之相所障，故不能顯現。若相離得一分，則清淨心便顯現一分。前所云，信心清淨，則生實相是也。實相亦本性之别名也。分分離時，名爲分證覺。最初離得一分時，便是分證覺之第一位，名爲初住菩薩，

是爲轉凡成聖之第一步，亦名正定聚。正定者，住義也。聚者，類義也。言其已入聖果之類，永不退轉阿耨多羅三藐三菩提，故名正定聚也。至此地位，方稱信根成就。因其信根成就，故得不退。因其初成不退之聖果，故名初住。由是歷盡四十一位，斷最後一分無明，則一切相方能離盡，清淨心乃圓滿現前，是名究竟覺，亦名妙覺，亦稱曰佛。可見由凡夫至究竟覺，其功行唯一離相而已。云何能離？依文字般若，起觀照般若而已。世尊惟恐學人於上來所説文字般若未能深解，則從何觀照？故説至此處，更爲融通前義，以便觀照用功耳。諸君當知，吾輩既受持此《經》，必應將佛所説義趣徹底領會，令心中了了洞明，然後修一切法時，遇一切境時，乃能運用以歷事而練心也。尤應於行住坐卧時，穿衣吃飯時，迎賓送客時，時時處處，常將所領會的義趣存養心中，優游涵詠，勿令間斷，

務將經義與此心融成一片，即此便是熏習，便是觀照，不必定要打坐觀照也。如此用功，便能使無明漸減漸薄，便有增長菩提之功、遣執破我之能。且必須如此存養有素，然後運用時纔湊泊得上，此即前所謂養道心也。如此培養，其道眼亦更得增明矣。此是最親切有味的修行方法，毫不費力費事，而能得大受用，千萬勿忽。〇前文、今文若聯接説之，其義更明。今再將前後文聯成一貫，爲諸君説説，以便徹底領會。曰，發阿耨多羅三藐三菩提者，應令本具之自性清淨心現前。云何得現？即是此心不應現起六塵境界，應不住塵境顯現其心，庶幾漸得清淨。由此可知，所云清淨，非謂沈空滯寂，令心不起，但應離一切相耳。離何等相？即是不應於有分別對待的六塵境相上住著生心。且不但應離境界相，并應離無住生心分爲二事之相，而生無所住心。何謂生無所住心？唐永嘉元覺禪師有一頌，正好移作注解。頌曰：「恰恰用心時，恰恰無心用，無心恰恰用，常用恰恰無。」第一句，生心也，有也，照也。第二句，無所住也，空也，遮也。合而觀之，便是生無所住心，亦即是空有相即，遮照同時。第三句，即無住而生心也，所謂即遮而照，即空而有。第四句，即生心而無住也，所謂即照而遮，即有而空。合三四兩句觀之，則是遮照、空有、無住生心俱不可説，而又恰恰是生無所住心，此即存冥自在之意。當知生無住心，即是生清淨心。生清淨心，即是生實相也。奉持《金剛般若》，應如是信解受持，應如是爲他人説，俾自他如是如是離一切相，便如是如是顯現共具之清淨心，如此方爲發阿耨多羅三藐三菩提心也。〇前發無住心一科，説在莊嚴佛土之後，今結成無住發心一科，則説在六度之後，此又點醒修六度正所以莊嚴佛土，故此中闡明應離一切相發心修六度，亦正所以結顯前義，應離相以莊嚴佛土也。菩薩所以莊嚴佛土者，意在上求下化，故上求下化皆應離一切相。佛經中有曰，上無佛道可成，下無衆生可度。此意即是成佛而不見成相，度生而不見度相也。○總之，生無所住心，是離一切相之真詮，所謂圓離是也。圓離者，一空到底之謂，亦即是離四句，絶百非，亦即是理無礙，事無礙，理事無礙，事事無礙，亦即是雙遮雙照，雙冥雙存，遮照同時，存冥自在，當如是領會也。又將無所住攝入生心中説，意極警策。蓋指示學人，倘於無所住外生心，則心即有住，亦生則成非，微乎危乎。下科反顯，正明此義。

（卯）三，反顯。

若心有住，則爲非住。

若心有住，正明若於無所住外生心，則生心便有所住矣。住者，取著之意。若於無所住外生心，便是其心有取，取則著相，故曰則爲非住，謂住則爲非也。何以故？住便有相，與上言應離一切相違反，故非也。將此兩句經文一氣讀之，義甚明顯。蓋若心有住則爲非住，猶言，心若有所住，便是非所應住，故曰住則爲非也。此義正與開經時所云「菩薩但應如所教住」一正一反，遥相呼應。心若有住，便非如所教住，故曰則爲非住也。前言應如教住，是緊躡其上文所云「應無所住」來，可見如所教住之言，不過因問者有「應云何住」之問，姑且隨順説住耳。其意實爲無住之住，換言之，即是應住於無所住。由此足證應一無所住，若心有住，住則爲非矣。○或曰，汝義不然。經義是説，若心於一切法有所住，則爲非住般若，蓋明一切法皆不應住，但應住般若耳。《大般若經》不云乎，不住一切法，即是住般若。若將兩處經文印證，可見此處是明應住般若。若住般若，非不住一切法不可，故曰，若心有住，則爲非住。

故知汝義不然也。或人之語，大錯大錯，由其未明經義故也。今恐或者有見《大般若經》所説而生誤會者，不得不引而徹底説明其義。當知本《經》上來特説第一波羅蜜及忍辱兩科，正明般若不離一切法，一切法不離般若，即此便可證明，則爲非住一語，斷不能作非住般若會。何以故？既是般若與一切法不能相離，則《大般若經》中所云不住一切法，即攝有不住般若在内。而又曰即是住般若者，應向不住即是四字上領會，蓋謂一切不住即是住耳，總以明般若應以不住爲住之義。此與本《經》所説，但應如所教住，語意正同。況《大般若經》此兩句外尚有兩句曰，不信一切法，是名信般若。當知一切法皆是佛説，豈可不信？若合四句而讀之，便可悟知，亦是顯明一切法不能離般若，一切行人不能離般若之義者。若看成不需一切法，但執一般若，則佛法掃地盡矣，有是理乎？至於本《經》上來明明説，般若非般若，又曰第一非第一，豈得曰應住般若乎哉？總之，凡讀佛經，欲明佛理，必應深解圓解，否則便恐誤法誤人。而般若法門尤應加意，因其理既甚深微，其語又甚圓活，斷斷不可以淺見窺，不可以偏見測也。又有疑非住之言，是説則爲非住菩提者，亦大謬誤。佛與長老爲明菩提心亦不應住，特特説後半部經，講至後半部，便明其旨，茲不贅。總而言之，住即是取，亦即是著，既一切不應取著，故一切皆不應住，而有住便非耳。〇或又曰，《經》云，不應住色、聲、香、味、觸、法生心，則離相似但約有邊説。不知説一法字，便攝非法。前不云乎，法尚應捨，何況非法？故説及法，即攝非法也。且明言應離一切相，若不將有無四句攝盡，不得曰一切也。凡此等處，若不深觀圓觀，便是淺説般若。無論妄説淺説，其罪甚大。故今乘便，爲剖析而詳説之。〇此結成無住發心、無住布施兩科，既是總結前文，故其中含義多而且要，若不逐層發揮透徹，義趣便不融貫，云何作觀？况住塵生心，正是凡夫積習，極不易除。而不應住塵生心，又正是對病發藥，極關緊要。則應云何乃能不住，萬不能不多説方便，使有下手處。若非然者，雖般若道理説得極是，亦爲空談，聽得極明，亦是白聽。故此等處，説者、聽者皆應極端注重，不應怕煩，不容少忽者也。○長老所問，發阿耨多羅三藐三菩提心，應云何住，云何降伏其心？是分開各問。蓋發心也，住也，降伏也，明明三事。然語雖分三，意亦一貫。何以故？長老問住，意在心得安住之方。恐不能安住，故又問云何降。而問云何住降，又正是問應云何發心也。故世尊答意，亦爲融答。試觀初答降中語意，便可悟知所謂降者無别，即是降其住相。故曰，若有四相，即非菩薩。於收結處特作此語，正是點醒此意也。次答云何住時，則曰，但應如所教住。而所教卻是應無所住。深觀其意，又可悟知，因衆生處處住著，故令無住。令無住者，正所以降伏之也，是已將住與降伏融成一片矣。其下所説，無非發明應無所住之義。説至此處，復引前之已説者，略變其詞而深透説之曰，應生無所住心。且曰，若心有住，則爲非住。由此更可悟知，無住二字，乃《金剛般若》之主旨。一部經千言萬語，可一言以蔽之曰無住而已。世尊何故要如是融答？讀經者何故要如是得其答中之主旨？以不如是，則用功不能扼要。不扼其要，云何著手耶？○復次，此中所説離一切相，便是無住之意。所説應離，便是降伏之意。而曰應離一切相發菩提心，是又將住、降與發心融成一片矣。意若曰，上來所説諸義，不可但以爲發菩提心後，應降伏其住相，當知發心時，便應離一切相而無所住，方爲發菩提心耳。得此一結，則上來諸説更加警策。聞法者明得此義，則知發心時，便不容含糊，因心既真，自不致招迂曲之果，所謂初發心時便成正覺者，如是如是。當如是信解受持也。〇不應住色生心，不應住聲、香、味、觸、法生心兩句，世尊重疊言之者，實具深意。因塵世衆生之環境不離此六，住塵生心，乃無始來之積習，而欲了生脱死，又必須背塵合覺，故特重疊一再言之，令塵境中衆生，須將不應住三字深深體會，時時觀照，勤勤遠離，庶幾漸能做到不住耳。〇色、聲、香、味、觸暫置，先言法字，將云何離乎？無論世間法，各有應盡之責，苟不盡責，又落因果，云何可離？況佛法亦法也，正要依法修行，更何能離？固知所謂離，所謂不住，乃不著之謂，非謂不行其法。然而既須盡心以行，將如何行去，始爲不著耶？所以非有方便不可也。今約行解兩面，再説方便。〇行之方

便云何？以世間法言，凡所當爲者，自應盡心竭力，不錯因果。然首當加意者，無論如何艱難困苦，決不可起勞怨之心。無論如何成績優長，決不可存居功之想。不幸失敗，亦決不可因之煩惱憂愁，慨歎忿恨。必須此層做到，方能達到前次所云，事來便應，事過即忘，得與不著相應耳。以出世法言，要在無論修得如何久，如何好，如何完備，而決不自是，決不自滿，如此乃能達到行所無事也。然而衆生所以處處著者，由有我相，我相則生於我見。是故欲根本解決，非破我見不可。而欲破我見，非明佛理不可。何以故？我見起於愚癡。而無我之理，破我之法，惟有佛典説之最精最詳。故非佛法，不能開其正智，消其障蔽，化愚癡而除我見也。故欲行爲上真能不著，必應了解佛理矣。然而了解殊不易也。試以我見言之，云何有我見耶？我見之害云何？云何能除我見？云何方爲無

我？已覺頭緒紛繁。況與此相關之事理甚多甚多，若知一而漏餘，必執偏以概全，偏執即是著也。故欲了解佛經中一事一理，必當先去此等偏執。要知必能融會衆義，乃能通達一義，此所以應作面面觀也。必面面觀，乃能漸入深觀圓觀，而得深解圓解也。然則解之方便云何？首當多讀多誦，最好徧讀一切經論。然泛泛看過，毫無益處，亦非盡人所能。茲姑舉必不可少中之極少數言之，如《圓覺》《楞嚴》《楞伽》《地藏》等經，皆應多讀。《華嚴》《法華》，若不能盡讀，或讀一種，若不能全讀，或讀數品皆可。《華嚴經》中之《普賢行願品》，尤當奉爲日課。至如本《經》之不可一日離，更不待言。論則《大乘起信論》《大乘止觀》兩種，亦當列入日課，輪流讀熟。而淨土三經一論，亦不可不讀者也。凡曰讀者，當至誠恭敬讀，悠游涵詠讀，其中緊要之句須時時存養於心中，令與自心冥合爲一，此最妙之觀門也。斷斷不可視同俗書，徒向文字中剖辨，愈剖辨則執愈重，障愈深矣。何以故？因其無非本其多生以來之我見凡情，推測卜度耳。如此不但增長偏執，更恐生出大邪見來。況佛菩薩所説之理，本超凡情之表，今以凡情揣度，如何能明？因不明故，甚至生大毀謗，墮無間獄，不止退失信心已也。所以向文字中探討，是學佛之大忌。故《圓覺經》云：「以輪迴見，測圓覺海，無有是處。」至若古德注疏，若欲研究，則應廣覽。因其各各有長有短，必須會通其義，切忌偏執。亦與讀經同，不可專向文字中剖辨尋求。惟有如上所説，至誠恭敬讀，悠游涵詠讀，存養觀照，斯爲最要。尤須以行持助之。首當持戒、修福，加以精勤懺悔，禮敬三寶，請求加被，消我夙障，開我正見，且發大悲大願，廣度衆生，則感應自速。更當懇切念佛持咒，仰仗加持之力，除其障蔽。如是解行並進，久久不懈，則障漸漸輕，心漸漸空，慧漸漸開，觀照之功隨之而漸深漸圓，我法二執亦隨之而漸化漸除，法與非法亦得漸漸不著，所謂水到渠成，有不期其然而然者矣，固不止佛理洞明已也。此以法言也。至若色之與聲，有目則有見，莫非色也，有耳則有聞，莫非聲也，香、味、觸例此可知。雖避至無人之境，而山間之明月，目遇之而成色，江上之清風，耳遇之而成聲，云何遠離乎？須知心不清淨，即令閉聰塞明，其意境中，正不知有多少色、聲、香、味、觸幻象顯現。必須如上所云，解行並進，久久熏習，令其道眼明，道心淨，而能反見反聞，則色聲等境方不於心中現起，然後對境遇緣，乃得見如不見，聞如不聞耳。〇更當知佛之說此二句，原是爲發菩提心、修菩薩行者說。因其既發大悲大願，紹隆佛種，欲度一一衆生盡成佛道，則生生世世不能捨衆生，若不離一切相，便畏生死流轉，而大道心退矣。且既不捨衆生，便不能捨塵境，而一言及境，便有順有逆，若未能生無住心，離一切相，一遇逆境，能不退乎？如舍利弗於六十劫發大心、修大行，因人乞眼，已剜一眼，復索一眼，遂致退大修小，是其明證。倘遇順境，或爲人王，爲天人，爲帝釋，亦須離相，乃能道心堅固，不致爲樂境所轉。況菩薩一面下化，一面仍當上求。如我世尊多劫以來，一句投火、半偈亡軀之事，不知經過幾許，皆是由能離相之功也。以是之故，必應不住六塵生心，而後乃離一切相，相離而後性顯，性顯而後乃能不動道場，現身塵刹，滿其上求下化之菩提本願。此世尊所以言之又言也。〇由是而談，發大心、修大行者，不亦難乎？雖然，有勝方便在，難而不難也。方便云何？念佛求生西方是也。當知念佛求生法門，正爲發大道心者說，兼爲餘衆耳。世人不知，乃小看之，大誤大誤。《起信論》曰：「衆生初學是法，指大心大行言。欲求正信，其心怯弱，以住於此娑婆世界，自畏不能常值諸佛，親承供養，懼謂信心難可成就，意欲退者，當知如來有勝方便攝護信心，謂以專意念佛因緣，隨願得生他方佛土，常見於佛，永離惡道。如修多羅説，若人專念西方極樂世界阿彌陀佛，所修善根，回向願求生彼世界，即得往生，常見佛故，終無有退。以上是不知離相者之方便，即是爲餘衆而説者。若觀彼佛真如法身，觀法身，正謂離相觀性。常勤修習，此修習二字，兼指離相及念佛二事言。畢竟得生，住正定故。住正定，即是信根成就。」觀此《論》文，足證念佛求生法門，正爲發大心者説矣。蓋欲免其怯退，故開此殊勝方便之法門耳。親近彌陀而住正定，則不但信根成就，且已分證法身，便能分身百界，此約初住言。初住以上，千界萬界，十界十倍增加也。廣度衆生，無論境緣順逆，遇之如無其事矣。有此勝方便，何必膽怯，而不發大心乎？其已發大心者，又何可不修此法乎？《論》中所言往生之相有二。（一）既念彼佛，復以所修各種善根回向求生者，即得往生，終無有退。此即未能離相見性，但以蒙佛攝護之力，故得不退。（二）既念彼佛，且能觀佛真如法身者，畢竟得生，而住正定。此是能離相觀性，故得生便住正定。住正定者，言其已登初住也。所謂上品往生，到即花開見佛，悟無生忍者是也。是故吾輩若離相與念佛同修，仰蒙本師及接引導師十方諸佛護念之力，則一推一挽，順風揚帆，有不速登彼岸者哉？然則前次所説般若、淨土同修之法，幸勿忽也。○《起信論》所説觀佛真如法身，不可局看。經言，心佛衆生，三無差別。既是離相而觀性，觀法身者，觀性之意也，亦離相之意也。則觀佛法身即是自觀本性，當如是知。細觀此結成無住發心一科，不但回映經初答降伏中之義，并亦回映答住中之義，即應如是降伏其心，及應無所住行於布施兩大科。語意甚明，毋庸繁述。○前答降伏中之義，是令發離相大願。答住中之義，是令修離相大行。合之，正是教令應如是發心。可見前文表面似但答降答住，實連發心之問并答在内矣。此義得此中應離一切相發菩提心一語爲之點醒，乃更明顯。又此結成無住發心一科，雖將開經以來所説者一併結成，卻止是結成觀門。故下科又將行門中統攝六度之布施特别説之，不但結成前文無住布施之義，且以示觀行二門並重，不能相離也。而先説觀，次説行者，又以示一切行持應以觀慧爲前導也。理既精嚴，説復善巧，當静意領會之。○前云，前之發無住心一科，爲開經後所説諸義之結穴。今此結成無住發心一科，又爲總結穴。何謂結穴、總結穴？其義雖已説明，然猶有未説到者，兹再補説之。因是要義不可不知，不然亦可不説矣。○前發無住心一科中，應生清淨心一語，爲開經後種種離相義之結穴也。何以故？離相原爲證性，令清淨心現前故，不現前便不能轉凡成聖故，故曰應生清淨心也。○應無所住而生其心一語，爲開經後所説空有不著義之結穴也。何以故？空有二邊不著，必須止觀並運故。蓋無所住，則心空而寂，此之謂止。生其心，則心朗而照，此之謂觀。即宗下所謂惺惺寂寂，寂寂惺惺。如此則定慧平等，方與如實空如實不空之本性相應，換言之，定慧平等，乃能空有不著。乃能證得寂照同時之妙果。佛菩薩證此妙果，所以徧界分身，而未嘗來往，不作心意，而妙應無方也。此種大用，實由修因時止觀並運、空有不著來。故發菩提心者，應無所住而生其心也。兩應字要緊，謂必須如此，乃得與本性相應，與妙果相應。兩不應字亦要緊，住塵生心，則合塵而背覺矣，性德果德皆不相應矣。（此科中兩應字，兩不應字，亦當作如是觀。）迤邐説來，説至此處，又爲前義之總結穴者，以其説到本源故也。此義前曾説過，然但説得修六度是證果之因，發心是起修之因，此不過本源之一義耳。當知所謂本源非止一義，故須補説。○上請示名持一科，已説到斷念。此科則是教以最親切最初步之斷念方法，故曰説到本源。○上第一波羅蜜一科，明法法皆般若，即是明法法皆應離相。忍辱波羅蜜一科，是明離相乃能成忍，然但説理。此科則又教以最親切最初步之離相方法，故曰説到本源。蓋斷念是見性之源，而離相又是斷念之源也。總之，此科及下科皆的示以用功要門，豈止道理精微圓妙而已。若但作道理會，豈不辜負經旨？明得此科之修行方法，下科便能應用，故今就此科言之。○曰發心，曰生心，發、生二字要緊，謂起心動念時也。心字更要緊，菩提心、無所住心，真心也，住塵生心，妄心也，一應一不應，是的示學人當於心源上領會，於起心動念時觀照，勿令錯亂修習也。故曰，最親切，最初步。蓋如此開示，是令運用般若正智以除妄念，俾昏擾擾相之心漸得安住之入手功夫，故曰最初步。且如此用功，甚爲切實，易得進步，何以故？知得成凡之由，成聖之路，從緊要關鍵上下手故，故曰最親切也。何謂成凡之由耶？當知一切衆生，由於無始末達一法界故，名曰不覺，亦名根本無明。以無明不覺故，遂爾動念。念起，便於心中顯現能所對待之相，於是人我等等分别計較從此繁興，愈著愈迷，愈迷愈著。此起惑造業受報之由，亦即成凡之由也。知此，則知成聖别無他路，唯有離相息念，以除其人我等分别計執而已。何以故？就地跌倒，須就地爬起故。○發菩提心，便是發覺初心。菩提者，覺義故。無始不覺，由於迷真著相。今若不知離相，何云發覺？知此，則應離一切相發菩提心之義洞明矣。可見此義亦高深，亦切近。約高深言，須至妙覺，相始離盡。然而因賅果海，果徹因源，故初發心時，便應如是而知，如是而學。約切近言，著相則背覺合塵，是成凡之由，離相則背塵合覺，乃成聖之路。故一切學人於起心動念時，便應在離相上切實用功，斷不容忽。○然而離一切相，包羅廣大，從何入手？不應住色生心兩句，即指示入手方法也。方法云何？要在不令心中有色、聲、香、味、觸、法幻相顯現。現即遣之，不令住著。須將不應二字微密提撕，一念起時，當提起正念曰：從無始來，由住塵生心故，貪瞋競起，有我無人，墮落惡道，不知次數，即生善道，旋復墮落，輪迴之苦，無量無邊，向苦不自知耳。今幸聞法，亦既知之，何仍於心現起，不畏苦耶？自尚如此，何能利他耶？是大不應。一也。又作念曰：迷相則成衆生，離相則名諸佛。一升一降，一聖一凡，

只在一轉移間，其間間不容髮。今學佛矣，於此間不容髮之際，全在當機立斷，斷斷不容此等幻相於心停住。稍縱即逝矣，何名學佛耶？是大不應。二也。復作念曰：自性清淨心中，本無一切相，今從何來，令心不淨？是大不應。三也。○當知有所便有能，心中所現之幻相非他，即生於能現之妄念耳。是故上來責所現之不應，加以遣除，無異責其起念之不應，加以遣除也。然則提起正念，便是斬斷妄念，如快刀之斬亂麻。何以故？同時不能有二念，正念提起時，妄念自除故。可知説此兩句爲離相之方便者，正爲離念之方便，親切極矣。知得如是提起正念，便是發覺初心，故曰初步也。○上作之三念，一層深一層。（一）是以沈淪之苦作警告。（二）是以力求上進爲鞭策。（三）是反照心源，令趨本寂。隨提一念，或兼提，可相機行之。起心動念時，如是綿密用功，庶幾對境遇緣

時較有把握耳。〇然欲起心動念時，正念提得起，必須平時（即未動念之時。）亦不放鬆，故復説應生無所住心，此句是令平時心於塵境一無所著也。此須用前次所説般若、淨土同修之法以爲方便。常令其心等虚空、偏法界，超然於一切有對待的塵境之外。即復提起一句佛號，令佛與念水乳交融，與虚空法界成一大光明海。但如是驀直念去，心少昏散，便振作而融攝之。〇常令其心等虚空、偏法界，超出塵外者，性體本如是故，虚空無相不相故。常作此觀，令此心空空洞洞，則念佛時便易得力。水乳交融者，即前所謂不分别誰是念，誰是佛，但令念即是佛，佛外無念是也。與虚空法界成一大光明海者，我與彌陀本與十方諸佛、法界衆生同一性海，無彼此，無差别，故今如此一念念佛，便念念上與諸佛菩薩光光相照，同生歡喜，下與一切衆生息息相通，同蒙攝受，則是念念上求，念念下化，故同成一大光明海也。又復我心、佛心既同一性海，則亦不分别極樂世界在虚空法界外，在虚空法界内，亦不分别極樂世界在心内，在心外，故同成一大光明海也。但驀直念去者，不分别有好相，無好相，得速效，不得速效，但如是所向無前，至誠念之而已。〇更須勤提應字以振作之，不令懈怠，常作念曰：所發何心耶？衆生待救方殷，諸佛相期甚切，若少懈怠，則所發心便成妄語，努力努力。以爲策勵，此是應門。若起他念，則依前不應門中所説三種正念自呵自責，並將若心有住，則爲非住二語懇切提撕，綿綿密密，不令間斷。〇須知起念即妄，念佛之念亦妄非真。何以故？真如之性本無念故。但因凡夫染念不停，不得已故借念佛之淨念，治其住塵之染念。蓋念佛之念雖非真如之本體，卻是趨向真如之妙用。何以故？真如是清淨心，佛念是清淨念，同是清淨，得相應故。所以念佛之念，念念不已，能至無念，故曰勝方便。此義前雖略説，以是要義，故復徹底説之。〇極樂世界亦是幻相，然而不可不求願往生者，淨幻非同染幻也。何以故？清淨土本由清淨心顯現故。所謂心淨則土淨也。當知淨土、淨心本來不二，但約攝受衆生言，無以名之，强名曰土耳。求生淨土，尚有多義，不可不明，今略説其最要者。（一）在凡夫位，應捨染趨淨故。凡夫分別心未除，若無趨捨，不能振作。此正前所謂隨順世間因果對待之理，令種絶待勝因，以剋絶待勝果，乃佛法之妙用也。至生淨土後，則供養他方諸佛，普度遍界衆生，何嘗住著淨土之相？可知修因時，令捨染以趨淨者，不過借爲出生死海，滿菩提願之過程耳。（二）親近彌陀，成就信根故。由凡夫修至正定聚，須經無數劫，若不親近於佛，誠恐退心，此求生淨土之重要原因也。（三）行菩薩道，應現起莊嚴妙相之清淨土，以救癡迷著相之苦衆生故。尚應現起，何礙求生？且今之求生，正爲速證無生，乃得現起無邊淨土也。（四）二邊皆不可著故。一切染幻尚應空有不著，何況淨幻？蓋知心淨則土淨，不著有也。求彌陀之接引，不著空也。何以故？非仗他佛之力，自佛不易現前故。（五）得體應起用故。二乘以有體無用被呵，故大乘修行，應體用具足。當知求生淨土之義，質言之，即是求證淨心之體，現起淨土之用耳。蓋一切衆生見其往生瑞相，自然發起信心。所以求生淨土，自利中便有利他之用。不但親近彌陀之後，能有現起無邊淨土之妙用已也。（六）性體空寂，無相無不相故。念佛須念至一心不亂，至此則念而無念，尚何心土、染淨之可説？無相也。而正當此際，阿彌陀佛與諸聖衆便現在其前，無不相也。由此可悟念佛義趣與般若毫無異致。（七）知一心作而無礙故。性相本來圓融，染幻尚無礙，淨幻豈復有礙？凡曰有礙者，以其不知一切心造，取著外相故。若其知之，則不著不壞，性相圓融，一切無礙矣。以上皆求生淨土極要之義，知此，則知淨土與般若、求生與離相，語别而義實無别。蓋般若從空門入道者，乃是即有之空。淨土從有門入道者，乃是即空之有。合而觀之，正是空而不空，不空而空。故兩門合修，正與如實空如實不空之本性相應，亦正是無相無不相之實相。舍此不圖，豈非自誤？〇觀上來所明離相離念之義，可知欲求不住六塵，其道無他，要在冥相忘懷而已。至於前云，將經中要句要義存養咏味，此是用以觀照遣執，所謂以幻除幻之法，與冥相忘懷初無有礙。當知不應住，無所住，是但除其病，不除其法也。即色、聲、香、味、觸，供佛度衆，乃至養此色身，皆不能廢而不用。若能不著，何礙之有？當如是領會也。〇上來所説提起正念，極有關係，恐或忽略，今再説明其理。當知提起正念，正是生心。而提正念，即所以息住相之妄念，正是生無所住心也。名爲正念者，以其是根據各大乘經所説之理而來。故提此正念，便是觀慧。具此正觀之慧光，不但能息妄念，并令心不沈没。不似用他法而無觀慧，縱令妄念暫息，而心中漆黑者，所可比擬也。或曰，念即是觀，故念佛、念咒皆能了生死，見本性。若如适纔所説，豈念佛、念咒皆不如提正念乎？曰，

君言似是而非，由於知一漏萬，以偏概全，於佛理未能融會貫通故也。當知密宗重在三密相應，意密便是作觀，若但念咒，不知作觀，衹能得小小益處，求了生死、見本性，則未能也。念佛亦然，上品生者，必須於第一義心不驚動，以其有觀慧也。否則只能仗彌陀攝受之力，令得不退，免入輪迴。此惟淨土法門有此特異方便，爲一切法門所無。若欲見本性，必須花開見佛而後可。而欲花開，必須明第一義，智慧發生而後可。此所以中下品生者，生淨土後，仍須勤修，動經塵劫。由此可悟觀慧之要矣。念即是觀，固然不錯，然必念中有觀，方可曰念即是觀也。即以觀言，復有理觀、境觀之不同。理觀者，依佛説道理而作觀也，如上所提正念是也。既是依據佛理，則觀之便能開其正智，故曰觀慧也。境觀者，依境作觀也。此又有二，（一）聖境，（二）塵境。觀聖境者，淨土如觀極樂、觀

佛身相好，及《十六觀經》中所説，密宗如道場觀、法界觀及觀本尊皆是。此等聖境，本由淨心現起，便與淨心不二，故觀之能令妄想息，真心現也。至密宗之觀阿𑖀字，此是觀本不生義，乃觀理，非觀境矣。若觀一切塵境，必須依佛所説，觀其無常不淨，遣而去之，乃是正觀，亦爲觀慧。否則名爲邪觀，質言之，即不應觀也。此等道理，不可不知也。以觀理、觀境之義相通，故修密宗、淨土，若不能依其本宗作觀，便應常提正念以補助之。更當多讀大乘，開其觀慧，如前次所説是也。此理尤不可不知也。〇至於平時修行，若但修般若，誠恐見理少有未圓，落於偏空而不知。尤慮其心怯弱，或致退失於不覺。若但修念佛，不但生品不高，且恐未能一心。何以故？不知離相，必住六塵。心有塵擾，豈能一心？故莫若離相與求生合而修之。念佛，生心也。離相，無所住也。此心雖空空洞洞，却提起一句佛號，正是生無所住心也。妙莫妙於此矣，穩莫穩於此矣。前言離相與求生語別義無別，無別之義，可片言而明之，曰，離相是并離非法相，求生原爲證無生，豈有別乎？但般若是開空門，以除著有之病，故但曰離相。淨土是開有門，以除偏空之病，故但曰求生。此語言上所以不無差別耳。離相、求生同修矣，而前説之行解方便，仍當同時并進。若解之一面得其方便，則可以增智慧，養道心。若行之一面得其方便，則喜怒哀樂或不致牽動主人翁，亦不致矜張急躁，自是自滿，不然，正念必提不起，千萬勿忽。〇以上所説一一做到，修行之能事盡矣乎？遠哉遠哉。以靜中雖有把握，動中或不免慌張。故平時修，起心動念時修之外，更須於對遇境緣時用功，以歷事而練心焉。且上來所説，祇是修慧，而未修福。當知慧是前導，福爲後盾，大白牛車須具福慧二輪，乃能運到彼岸也。若不修福，既未與衆生結緣，雖成菩薩，衆生不能攝受也。況福不具足，便是慈悲不具足。菩提心以大慈大悲、自覺覺他、平等不二爲本，若不廣修六度萬行，菩提心既已欠缺，般若正智亦未必能開。何以故？但修慧不修福，仍是我相未除，既不平等，又不慈悲，諸佛未必護念，勢必障礙叢生，欲修不得故。此所以又説下科，應不住以行布施也。

（寅）次，結成無住布施，分二。（卯）初，結不應。

是故佛説，菩薩心不應住色布施。

是故二字承上文來，其語氣緊躡若心有住，則爲非住。既是有住則非，所以心不應住。亦即結成經初不應住色聲等布施之義也。但引不應住色一句者，色者，色相，舉一色字，便賅攝一切境界事相，不必列舉矣。意若曰，由是有住便非之故，所以我前有「菩薩於法應無所住行於布施」，「不應住色等布施」之説也。蓋指示聞法者，須將若心有住則爲非住之義，以證經初所説，則其義自明。但舉不應住色布施一句，復有深意。蓋色即是相，舉此爲言，正與上文應離一切相發菩提心相呼應，使知所謂離相者，是應離其心中執著色聲香味觸法之相，并非應離布施六度之法也。經初説不應住色布施，其上原無心字，今特加一心字者，又是與上文數心字相呼應，使得了然，所謂發菩提心者，即是發六度心耳。且使了然，所以不應住六塵生心者，正爲行布施六度耳。然則心不住塵，并非沈空滯寂可知。所以前來既説不住，又説生心，且曰應無所住而生其心也。更可了然，既是心不住塵，正爲廣行六度，則當其行六度時，亦應心不住塵可知，所以今文又曰，應生無所住心也。得此一句，前説諸義彌復參伍錯綜，七穿八透。世尊如是而説，無非欲使聞法者得以融會貫通，深解義趣，以便觀照得益耳。

○總之，菩薩心不應住色布施，是緊承有住則非來。而有住則非一語，原是反顯應離相而發心。故說此科，亦是爲闡明離相發心之義者。蓋除布施六度外，既無菩提心之可發，若心於色塵等相一有所住，其心便已爲境所轉，則布施等功行必不能圓滿，尚得謂之發菩提心乎？故應不住六塵，離一切相，乃得廣行六度，利益一切衆生，圓滿其所發之菩提心耳。下科菩薩爲利益云云，正對此點暢發其義也。佛說二字，亦有深意。佛者，果德之稱。菩薩行滿，名爲成佛。欲知山下路，須問過來人。今曰佛說，使知心不應住色布施，乃經驗之談，非同理想，發大心者，應如是信解受持也。菩薩即指發菩提心者，經初菩薩摩訶薩是其前例。○說至此處，更有要義，不可不明。其義云何？長老問應云何住，世尊乃答以應無所住，其命意果何在耶？至於無住爲本《經》主要之旨，所謂無住則離相，離相則證性，此等道理，上來已詳哉言之。今曰命意何在，蓋就針對問意處說耳。

○長老之問意，在得一安住其心之方也。而世尊啓口便曰，應無所住，直是所答非所問，豈竟無其方耶？抑亦不應問耶？非也，非所答非所問也，乃不答之妙答耳。何以故？一切無住，正是安心之妙方故。何以明其然耶？法與非法，一切不住，即是離一切相。一切相離，即是不爲境轉。不爲境轉，則其心安住而不動矣。非不答而答之妙答乎？然雖不顯言以答，而前則曰，但應如所教住，今則曰，若心有住，則爲非住，一正一反，已將命意所在逗漏不少。我前釋如所教住之義，曾曰，是爲不住而住，亦即住於無所住。此兩語，正明其於相不住之時，即是其心安住之時，故曰，不住而住，住於無所住，非茫無邊際語也。前釋則爲非住之義，又曰，即是非如所教住。蓋因其不能如所教之無住，而住於六塵，則其心便非安住不動，故曰，則爲非住也。既爲非住，是其無住之觀已破矣，則所修之布施等行亦必不能廣大無邊，故此科緊承其義，而正言以明之曰，是故佛說，菩薩心不應住色布施也。異常警策，異常醒透，總以明上來於發心，於作觀，於修行，皆教以應無所住，離一切相者。以不如是，則心合於塵而不安住，其所發之心，所作之觀，所修之行，皆成虛語矣。此佛答應無所住之真實義也。今乘此處文便，徹底說之。上來未說者，遵佛密意故。當知必一切無住，而後得所安住，必始終無住，而後法身常住，且并法身亦不應住，故曰不住涅槃。小乘因住涅槃，名曰有餘涅槃。故必并涅槃而不住，乃是入無餘涅槃也。由是可知，若聞得所安住而生住想，則終不得安住矣，此佛之所以不顯答也。不然，前文何不曰，但應如所教而得安住，豈不明甚？然而只將住字微微一點，不肯說煞者，無他，以衆生處處著故，聞住必生住想故。所以說經者，於此等處，亦應遵佛密意，不可輕道。然此義又不可終祕，故世尊於答住時，雖不顯言，卻於他處爲之點出。前後共有三處，其中兩處語意最明。如上來云，離相乃能忍辱，及經末云，不取於相，如如不動。忍也，不動也，皆安住義，必離相而後可，豈非於相不住，心得安住之義乎？故今亦徹底一說，使知問答實是針鋒相對，當靜心領會佛說之深旨，一切無住，始終無住也。禪宗二祖問安心法，初祖曰：將心來，與汝安。曰：覓心了不可得。初祖曰：吾與汝安心竟。此與本《經》問答之意正同。當知應無所住者，因其了不可得也。會得了不可得，則安心竟矣。無著菩薩《金剛經論》中，曾點醒此意。如說，降伏其心一科之義，爲利益深心住，亦曰發心住。說應無所住行於布施一科之義，爲波羅蜜相應行住是也。此正菩薩深解義趣，故敢作如是説。《論》中不曰住發深心，住相應行，而將住字置於其下，其意甚精。正明因修無住，而後所發之深心、所修之相應行得所安住耳。茲亦乘便引而説之。如讀此《論》者，誤會爲住著發深心、相應行，則大違《經》旨矣，亦絶非《論》意也。由是可知，《大般若經》所説，不住一切法，即是住般若，亦是顯明一切法不住，即是般若正智安住不動之義。不然，不得曰一切不住即是住也。下文不信一切法，是名信般若之義更深。信者，不游移之謂。不游移者，安住之謂。此明并安住亦不住，是名安住也。此等處，差之毫釐，謬以千里，不可僅泥眼前文字，當統觀全旨，静心領會乃得。前云，必須融貫衆義，方能通達一義是也。

（卯）次，結成應，分二。（辰）初，總標。

須菩提，菩薩爲利益一切衆生，應如是布施。

上科説不應住色布施，恐不得意者，誤會但不應住有，故復説此下數科，使知是空有兩不住也。〇流通本一切衆生下，多一故字，古本皆無之。〇如是二字，指下文。爲字讀去聲，此字要緊。蓋名爲菩薩者，因其發菩提心。發菩提心，所爲何事乎？爲利益一切衆生耳。既爲利益一切而發心，便應如下文所説者，以行布施。何以故？若不布施，與衆何益？若不如下文所説，又豈是布施波羅蜜？則少少衆生且不能利益，況一切衆生？尚得曰爲利益一切衆生發菩提心乎？此經初所以説，若有我人四相，即非菩薩也。由此足證一切衆生之下，實無故字。蓋名爲菩薩，正以其能爲利益一切衆生而發心，若加一故字，則菩薩是一事，爲利益一切衆生又是一事，語意一齊鬆懈矣。爲利益一切衆生，應如是布施，含有二義。（一）是應如下文所説之離相，行其布施。因離相布施方能攝受無量無邊衆生，利益一切也。此與經初所云，滅度無量無數無邊衆生意同。然經初是令發利益一切衆生之大願，以離我人等相。此中是令離能施所施等相，以成就所發利益一切衆生之本願。前後兩義互相助成，缺一不可。（二）是應以如下所説之法，布施一切衆生，令皆得福慧雙修，展轉利益，皆知離一切諸相，成菩薩成佛。如是布施，是爲真實利益。此發心者之本懷，亦佛説之本意也。何以故？一切布施中，法施爲最故。此與經初所云，所有一切衆生之類，皆令入無餘涅槃意同。然經初但令發度衆成佛之願，此中是令實行度衆成佛之法施，兼以補發經初應無所住行於布施中未及之義。總之，此總結前文中兩大科，皆是就前説之義加以闡明，令更圓滿，故標曰結成也。○布施者，捨已利他之行也。佛法中不但布施是利他，一切行門，其唯一宗旨，皆爲利他。故舉一布施，攝一切行門盡。當知本《經》主要之旨，在於無住。無住主要之旨，在於遣執破我。而捨已利他，又遣執破我之快刀利斧也。故於觀慧則發揮無住，於行持則獨舉布施，以示觀行二門，要在相應相成。必應如是奉持，方是發菩提心，方能證菩提果。○菩薩發心，原爲自度度他，自他兩利。而經初但令度所有一切衆生，而不言自度，此處亦但説菩薩爲利益一切衆生，而不言自利者，大有深意。此意前曾説過，然無妨重言以申明之。當知衆生之所以成衆生，由於執我著相。故發心修行，衹應存度他之心，利衆之願，以破其無始來執我著相之病，此正轉凡成聖之要門也。故不言自度自利，而自度自利已在其中。換言之，度他正所以自度，利衆正所以自利，佛法妙用正在於此。一切佛理皆應如是領會，如但教以一切不住，而其心安忍，如如不動，便因是而成就。但令看破五蘊色身，除貪瞋癡，而色身卻因是而康健安樂。但令修出世法，而世間法亦因是而日臻治理。蓋多數人能知發菩提心，行菩薩道，上者可以轉凡成聖，中者亦成大仁大智，下者亦是善人君子矣。則書籍所稱五帝三皇之盛，不是過也。乃不信者皆以爲厭世，信者亦認爲與世法無涉，辜負佛恩，莫此爲甚，是皆未明佛理之過也。故發大心欲宏揚佛法者，首宜將此義盡力宣說，徹底闡明，俾大衆漸得明了，多入佛門，則化全世界爲大同國，化盡法界爲極樂邦，亦不難也。願與諸君共勉之。總而言之，佛法皆是說這面就有那面，做那面就是成就這面，不但雙管齊下，直是面面俱圓，所以說，世間好語佛說盡也。所以華嚴會上，諸大菩薩讚歎曰，天上天下無如佛，十方世界亦無比，世間所有我盡見，一切無有如佛者也。

（辰）次，別明。

如來說一切諸相即是非相，又說一切衆生則非衆生。

諸相非諸相，衆生非衆生，此與前說我相即是非相等等語義正同。今之說此，是令行菩薩道者，應知一切諸相、一切衆生，當其有時，便是空時，所謂有即是空，空即是有，應如是空有二邊俱離，乃能利益一切衆生也。如來說者，約性而說也。性本空有同時，而一切諸相、一切衆生皆不離此同體之性，皆是同體之性所現，故莫不有即是空，空即是有也。有即是空、空即是有之義，前已屢說，然此是般若主要之義，若非徹底明了，一切佛法便不得明了，所有觀門行門種種修持便不能得力，故今更詳析說之。〇當知一切法莫非因緣聚會時，假現有相，所以緣聚則生，緣散便滅。且不必待其滅而後知也，正當聚會現有之時，亦復時起變化，無常無定，可悟其并非堅固結實，實是幻現之假相，此之謂有即是空。而凡夫不明此理者，誤認爲實，遂致取著有相，隨之流轉，此輪迴之因也。佛眼則見透此點，而知一切法有即是空，故令不可著有也。即復知得一切法所以有種種不同之相者，是隨業力而異，因其造業隨時變動，故境相亦隨而變化無常。然而造如何因，定現如何果，所有境相之好醜苦樂，莫不隨其業力之善惡大小而異，業力復雜，現相亦複雜，業力純淨，現相亦純淨，絲毫不爽，此之謂空即是有。而凡夫不明此理者，撥無因果，遂致取著空相，無所不爲，此墮落之因也。即不如是，而如小乘之偏空，則又有體無用。佛眼則見透此點，而知一切法空即是有，故令不可偏空也。〇不但此也，即復知得業從何起，起於心之有念也。念必有根，根於同具之性也。念與業時時變異，惟此同具之靈性，則自無始來，盡未來際，不變不異，實爲一切法之主體。然而有體必有用，有用必有相，此相之所以雖爲幻有，而又從來不斷也。因其幻而不斷，所以既不應著有，又不應著空也。且既知相由業轉，業作於心，則知一念之因雖微，其關係卻是極大，所以令學人應於起心動念時觀照用功也。又知心念之起，由於未達一真法界，故取相分別，然而性體本無有念，若非返照心源，豈得斷念以證體？所以令學人當背塵以合覺，反妄以歸真也。以上甚深微妙道理，非佛開示，誰人能知？若不信佛，如法受持，又誰能明了？因此一切衆生，自古至今，多在迷中，造業受苦。故爲利益一切衆生發菩提心者，應知相即非相，生即非生，既不著有，亦不著空，如是空有雙離，以行六度萬行，乃能利益一切衆生也。何以故？住相布施，易退道心故。著有是住相，著空亦是住相故，故應空有雙離也。更應以此相即非相、生即非生道理，普告一切衆生，令皆知修二邊雙離之因，證寂照同時之果。是爲究竟之利益，菩薩應如是布施也。本科開口曰如來説者，正是指示發大心者，如是空有雙離，以行布施。布施此空有雙離之妙法，則自他皆得離相見性，斷念證體，同歸性海。其利益之大，不可思議。何以故？是如來説故，其法與如來性德相應故。○一切諸相、一切衆生，有種種義。向來各書多因文便，拈一二義以説之。若不知其種種義，則只明其當然，而不明其所以然。便恐因所見之書不同，致生抵觸，今當薈萃衆義，分析而詳説之。則聞此一席之話，無異十年讀書，想爲諸君所願聞也。此種種義，有常見者，有不常見者，有推而廣之者，概括爲四條如下。○（一）相者，相狀，謂有生之類之相狀也。相字不但指外形之狀況言，兼指内心之狀況言。有生之類，如經初所言，若卵生，若胎生，若溼生，若化生，若有色，若無色，若有想，若無想，若非有想非無想是也。無色一類，但無業果色耳，仍有定果所現之微妙色身，爲有色界以下目力所不能見，故曰無色。而佛眼、菩薩法眼、羅漢慧眼皆能見之。世尊示入涅槃時，無色界天人淚下如雨，若無色身，云何淚下？如是種種有生之類，其色心相狀差別亦至不一矣，故曰諸相。再細别之，每一類中，相狀又有種種差別，如外形之肥瘦好醜，内心之善惡智愚。推之，如《行願品》所言，種種壽量，種種欲樂，種種意行，種種威儀，則千差萬别，何可算計，故曰一切也。然而如是一切諸相，在俗眼觀之，宛然現有之時，而道眼觀之，則知其莫非色、受、想、行、識五蘊假合，變現出種種有生之相耳，除五蘊變現外，實無種種差別之相可得。經中所以言當下即空，又曰生即無生也。故曰，一切諸相，即是非相。重讀下句，下同。第二條亦同。此明生空之義也。此是約有生之相狀生即無生言，故曰生空。衆生者，衆謂五蘊，三數成衆，蘊既有五，故名曰衆。由五蘊衆法假合，而後有生，故名衆生。而四生胎、卵、溼、化。六道天、人、修羅、地獄、鬼、畜。之衆生，莫非由此五蘊法假合而生，故曰一切衆生。普通所説衆生之義，皆是指千差萬别衆多生類而言，此乃一切衆生之義，非衆生二字命名之本義也。何謂五蘊假合？當知不但有生之類是由五蘊法和合，假現生相，本來無實已也，即五蘊衆法之本身，亦由其他衆法和合，假現成此幻相，亦本非實，故曰五蘊假合。何以言之？如色蘊，乃地、水、火、風四大之所變現者也，則色蘊之爲假合可知。若細勘之，四大又何一非假？至於受、想、行、識四蘊，受者領納，想者憶念，行者遷流，識者分别、含藏，皆妄心也。何名妄心？因其是由無始來，種種計較，種種取著，積無數之業力，執持不斷，因而現起受、想、行、識之種種動作耳，自性清淨心中那有此物？則此四蘊之爲假合亦可知矣。然則不但五蘊之衆，本來非衆，即假合成五蘊之其他衆法，亦復衆而非衆，則生本無生，豈不洞然？經中所以言當體即空也。故曰，一切衆生，則非衆生。此明法空之義也。此約五蘊衆法當體即空言，故曰法空。由此可見五蘊二字含義之精妙矣。蘊者，聚集義，蔭覆義。正明色、受、想、行、識五者爲其他衆法之所聚集，而有生之類又爲此五之所聚集，正所謂緣聚而生也。而一切衆生迷於一切諸相者，因從無始來久久爲其蔭覆障蔽，遂致執著，認以爲實，造業受苦，無量無邊。今既知之，便當破此障蔽，跳出牢籠。云何破？依此《金剛般若》離相遣執是已。蓋明生空，所以破我執，離我相。明法空，所以破法執，離法相也。而一言及法，便攝非法。何以故？若執非法，亦是法執故，以執者之意中，是以非法爲法故。故一言離法相，須將離非法相之意并攝在内。

如是說者，乃爲佛說。如是知者，乃爲正知。如是則并空亦空矣。生空，法空，空空，是爲三空。具此三空之正智，名爲金剛般若也。所以發大心者，不但要明生空、法空之義，以離我法二相，方能破此障蔽，跳出牢籠。并須兼明空空之義，以離非法相，方能利益一切衆生。所以菩薩心若通達諸相非諸相，則相雖有而心卻空，既不受諸相之牢籠，正無妨顯現一切諸相，度迷相之一切衆生，而不生退怯。更通達衆生非衆生，則知衆生性本空寂同佛，故誓願普度一切入無餘涅槃，而無衆生難度之想。且度盡衆生，亦無衆生得度之想。何以故？衆本無衆，生本無生故。如此方是爲利益一切衆生發心之菩薩。〇（二）以第一條所說衆生非衆生之義，證明諸相非諸相之義。蓋若知得五蘊法之本身是由其他衆法之變現，可見五蘊乃是假法。然則由五蘊變現之一切諸相，豈非假法中之假法？其爲有即非有也明矣。故曰，一切諸相，即是非相。則此兩句亦是明法空義也。若知得一切衆生之五蘊色身皆是四大之所聚合，業力之所執持，清淨心中皆無此物，由此可悟約五蘊變現言，固相相不同，而約自性清淨心言，則無異無相。然則豈可昧同體之真性，執幻生之衆相，分別我人衆生耶？故曰，一切衆生，則非衆生。則此兩句乃是明生空之義也。合之第一條所說，則相即非相，是正明生空，兼明法空之義；生即非生，是正明法空，兼明生空之義也。〇（三）相者，我相、人相、衆生相、壽者相也。四相不一，故曰諸相。無論取著身相、法相、非法相，皆爲著我、人、衆、壽，故曰一切也。而身相是五蘊假合，五蘊即已無實，若法與非法更是假名，然而不無假名無實之諸相也。故曰，一切諸相，即是非相。重讀上句，下同。此明生空、法空、空空，所謂三空之義也。此義當約行布施者說。

故經初曰，菩薩於法應無所住，行於布施。又曰，應如是布施，不住於相。反覆説之，以示二邊俱不住也。一切衆生，仍如一二兩釋。然雖衆本無衆，生本無生，生空法空，但既爲五藴法假合現起，不無衆生之幻相也。故曰，一切衆生，則非衆生。此亦明三空之義。此義當約受布施者説。因一切幻相衆生方爲五藴假法之所障蔽，不知是假非實，故此中令爲利益一切衆生發心之菩薩，應如是以有即是空、空即是有之般若法門廣行布施也。〇（四）諸相謂布施之人、所施之物。一切者，人是五藴和合，物則品類繁多也。一切衆生，如前釋，謂受施者也。無論施者、施物、受者，莫非因緣聚合，現此幻有，故皆曰非，是之謂三輪體空。輪爲運轉不息之物，以喻施者、施物、受者展轉利益，不休息也。體空有二義。（一）謂此三皆是幻有，當體即空。（二）謂此三相體幻有，而性體空寂。若明當體即空之義，則能不著於相。若明性體空寂之義，則當會歸於性。發大心者，能如是以布施，其利益廣矣大矣。〇總上四釋，皆以明有即是空、空即是有之義也。上文云應如是布施者，蓋了得非相非生，則不滯有，了得相即非相，生即非生，則不墮空。不滯有故，雖布施而不住，不墮空故，雖不住而恆施。既二邊之不著，復二輪之並運，是爲布施波羅蜜。是故菩薩應如是修即相離相之三檀，利益一切無生幻生之衆生也。〇此科不但釋成上來不應住色等布施之義，是空有兩不住，兼以回映前文所説諸義，加以闡發而總結之。蓋前文有云，凡所有相，皆是虚妄者，以一切諸相即是非相故。前云，若見諸相非相，則見如來。又云，離一切諸相，則名諸佛。故今云，應如是即相離相以行布施。以如是而行，則自度度他，同見如來而名諸佛故。故曰，利益一切衆生。當知此語是并施者亦説在内，何以故？施者自己亦衆生之一故。且前文所云，不住相布施，及實無衆生得滅度者云云，亦因是而其義愈明。何以故？前言不住相布施，其下即接明福德，前言無生得度，其語是明其當然，至此乃一一闡發其所以然矣。蓋相即非相，可見本無可住，故不應住。生即非生，可見衆生入無餘涅槃，只是復其本性，故無得度者耳。總之，得此結成兩科之文，前説諸義一齊圓成矣。故此總結之兩科經文，應當銘諸肺腑，朝斯夕斯，勤勤詠味，有大受用在。〇行布施等功行時，應如前結成無住發心科所説應門中道理，常作正念，以爲警策。若於六塵少有偏著，應如前所説不應門中道理，常提正念，以自呵責。若少偏空，應依此中所説，提起正念曰：利益衆生，是我本願，奈何懈怠，只圖自了？即此正是著我，我見是起惑之根，此根不除，又何能自了耶？更應常作凡所有相，空有同時想，衆生是眷屬，眷屬是衆生想，常作衆生同體想，衆生本來是佛想。〇觀行雖開二門，實則相應相成。試觀前觀門中，説應説不應。應離一切相發心，不應住色生心等。此行門中，亦説應説不應。觀文可見，不具引。前説有住則非，此亦説空有不著。相即非相，生即非生之説，是令體會此義以行布施，而得二邊不著也。其語意處處緊相呼應，何故如是？若有觀慧而不實行，則等於空談。若但實行而無觀慧，則等於盲修。二門既相助而後成，所以觀行必須相應也。由是可知，觀行不但不可缺一，亦復不可偏重。且由是可知，觀行兩門中所説道理，必應一一打通，貫串而融會之。如是而觀時，便如是而行，如是而行時，便如是而觀，少有偏住，則爲非住，何以故？不相應故。是爲要著，當如是知。

（丑）次，正明真實，分二。（寅）初，明説真實。

須菩提，如來是真語者、實語者、如語者、

不誑語者、不異語者。

此次正明真實一科，是明上來初總結前文一科中所説無住發心、無住布施諸義，皆由親證而知，真實不妄，以勸信也。○真者，所説一如，即不異之意。實者，所説非虛，即不誑之意。若配法言之，真謂真如，實謂實相。是明上來所有言説，一一皆從真如實相中流出，故曰真語者、實語者。既語語與真如實相相應，故爲不誑語者、不異語者也。既曰真語，又曰實語，并非重複，具有精義。當知真如之名，表性體之空寂也，乃專約性體而立之名。蓋真者，非虛妄之意，明其非相也。如者，無差別之意，明其無我也。故上來説，有我人等相，即非菩薩；説凡所有相，皆是虛妄；説無我相，無法相，亦無非法相；説若心取相，無論取法、取非法，皆爲著我、人、衆、壽；説應離一切相；説離相名佛。如是等等一空徹底之語，是之謂真語者。意在令人依如是語以修觀行，則離相忘我，乃得契證無相無我、空寂平等之真如也。實相之名，表性德之如實空如實不空也，乃兼約體相用而立之名。蓋實者，非實非不實之意，明相雖非體，然是體之用，用不離體也。相者，無相無不相之意，明體雖非相，然體必起用，用不無相也。故上來説，無衆生得度，而又度一切衆生；説於法應無所住行於布施；説不應取法，不應取非法；説則非，又説是名；説應無所住而生其心；説應生無所住心。如是等等空有二邊雙遮雙照、雙冥雙存之語，是之謂實語者。意在令人依如是語以修觀行，則合乎圓中，而得契證有體有用、寂照同時之實相也。既曰不誑語，又曰不異語，亦各具深義。蓋衆生迷真逐妄久矣，聞此真語、實語，一定驚怖其言，以爲河漢，望而生畏。故諄切以告之曰不誑語者，所謂佛不誑衆生也。又恐聞者未能深解，以爲何以忽言非，忽言是，其他自相違反之語甚多甚多。或有先聞不了義者，必又懷疑何以此《經》所説又復不同。故更叮嚀而告之曰不異語者，所謂雖説種種乘，皆爲一佛乘也。何謂如語？是明所有言語，皆是如其所親證者而説之也。故五語中，如語爲主。使知真語、實語皆是親證如此，絶非影響之談，何誑之有？言有千差，理歸一致，何異之有？殷殷勸信，苦口婆心，至矣盡矣。若不配法説之，猶言，凡我所説既真且實，因其皆是如我自證者説之，故語語決不相誑，語語皆與自證者不異也。首舉如來爲言者，正明語語是從性海而出，語語皆與性德相應之意。次第安五者字，正是指示語語確鑿，一切衆生不必驚，不必怖，不必畏，但如是信解受持，爲他人説，決定皆能如我之所親證者而證得之。故下科復約證得之法言之，以示其真實而勸信焉。

（寅）次，明法真實。

須菩提，如來所得法，此法無實無虛。

此科著語不多，而義蘊淵涵。當知此是如來所證，不但凡夫莫測高深，即菩薩亦未能洞曉，直是無可開口處。然則云何説耶？惟有如長老所云，解佛所説之義耳。然而義蘊淵涵，淵則其深無底，涵則包羅萬象，欲説明之，亦極不易。必須一一分疏而細剖之，逐層逐層説來，或可徹底。聽者亦應逐層逐層一一分疏而細剖之，務令析入毫芒，不得少有含糊。然後修觀行時，方不致含糊而能親切，方有功效之可期。不然，便是儱侗真如，顢頇佛性也。且不但應析入毫芒，尤應融會貫通。然必先能析入毫芒，乃能融會貫通。當知析入毫芒時，雖是在析義理，其實已在觀心性矣。如上所説，是聞思修的竅要，諸君勿忽。〇如來所得法，此一語便須善於領會，不然一定懷疑。今假設問答以明之。問曰：如來者，性德之稱。既是約性而説，則湛湛寂寂，無所謂法，更無所謂得。且前明世尊在然燈佛所，彼時方爲八地菩薩，尚且於法實無所得，今曰如來所得法，何耶？答曰：君言誠有理，然以此理疑此語，則大誤矣。誤在但看一句，而不深味下文也。當知下文此法二字，正指所得之法，其法卻是無實無虛。無實無虛者，形容性德之詞也。然則所得之法正指性言，豈謂别有一法哉？由是可知，如來所得法一語，猶言，稱爲如來者，以其證得無實無虛之性耳，豈謂别有所得哉？況所謂無實者，正明其雖得而實無所得。所謂無虛者，正明其以無所得故而得證性。則雖説得説法，亦復何礙。何以故？法是指性而言，得乃證性之謂，非謂成如來後尚復有得有法，故無礙也。若誤會爲如來有所得法，便非無實矣。且少有所得，便是法執，豈能成如來？則亦非無虛矣。可見佛語本自圓融，要在統觀全旨，靜心領會，當如是知也。此中已將無實無虛之義説了兩種，一是形容性德之詞，性何以無實無虛？下當説之。一是形容得性德之詞，所謂有得則不得云云是也。當細細領會之。不但如來所證爲無實無虛，試觀前明四果中所説，皆是有所得便不得，若無所得而後乃得，則皆是無實無虛也明矣。故前云，一切賢聖皆以無爲法而有差别，正明其同爲無實無虛，無實無虛即不生不滅，下當説之。但有半滿之不同耳。半者，不圓滿也。小乘半，菩薩滿。菩薩半，佛滿也。

總之，如來是性德之稱，無實無虛乃性德之容。此科語意，蓋謂如來所證之性無可名言，姑爲汝等形容之曰無實無虛而已。性德何以無實無虛耶？當知無實者，所謂生滅滅已故，凡情空。所謂無智亦無得故。聖解亦空。無虛者，所謂寂滅現前故，體現。所謂能除一切苦故。用現。質而言之，無實無虛，猶言寂照同時，寂則無實矣，照則非虛矣。不但如來如是，即約凡夫妄心言，亦復無實無虛也。覓心了不可得，豈非無實乎？介爾一念，具十法界，豈非無虛乎？由是可知凡聖同體矣。但因凡夫執實，而不知無實，故不能成聖。小乘又執虛，而不悟無虛，故不能成菩薩。一類菩薩能無實無虛矣，復不能虛實俱無，故不能成如來。然而畢竟以同體故，故能回頭是岸。佛云，狂心不歇，歇即菩提。吾輩其孟晉哉，一切衆生其速醒哉。〇無實無虛與不生不滅義同。本自無生，故曰無實。今亦無滅，故曰無虛。亦與有即是空、空即是有義同。何謂無實？有即是空故。何謂無虛？空即是有故。亦與空有同時義同。以其有即是空，空即是有，故曰空有同時，故曰義同也。若徹底言之，空有同時者，空有俱不可説也，無實無虛者，虛實俱遣也。虛實俱遣，正《心經》所謂，以無所得故，菩薩依之而得究竟涅槃，諸佛依之而得阿耨多羅三藐三菩提之意。故曰，如來所得法，此法無實無虛也。此語是明如來證得之性，此性虛實俱不可説。何以故？虛實猶言空有，空有不可説者，寂照同時也。寂照同時，正是無上正等正覺，此之謂如來。以上先將無實無虛平列説之者，以明有體有用也。今又徹底説之者，以明體爲用本，得體乃能起用也。兩層道理皆應徹底明了。以有體必有用故，此本《經》所以既令不著，又令不壞，學人必應如是兩邊俱不著也。以得體乃起用故，此本《經》所以令空而又空，學人必應如是離一切相，一空到底也。〇當知開經以來所説諸義，皆無實無虛義也。何以故？凡所言説皆是如語故。茲略引數語以明之，他可類推。如曰，諸相非相，相皆虛妄，不可取不可説，法與非法俱非等等，凡屬則非一類之義，皆依無實義而説者也。如曰，是名諸佛，則見如來，諸佛及法從此《經》出等等，凡屬是名一類之義，皆依無虛義而説者也。總之，知得無實，則知性本空寂，故須遣蕩情執。知得無虛，則知因果如如，故應如所教住。何以故？如來既如是而證，菩薩必當如是而修故。故得此一科，上説諸義更添精采。不但此也，上科五語，亦因此科而愈足證明。上云如語，謂如其所證者而語也。所證果若何耶？今曰無實無虚。無實無虚者，無相無不相之義也，故説實語。亦相不相俱無之義也，故説真語。真語校：語下，舊版有實語二字，原稿無。皆如其所證，其爲不誑語、不異語也明甚。○無實無虚，語雖平列，然世尊言此，意實著重兩無字，教人應徹底作覷，虚實俱遣也。蓋如來所得，固爲無實無虚，而無實無虚，實由虚實俱遣得來。若存有無實無虚，便是法執，豈能無實無虚哉？故必應遣之又遣，方能證得空寂之性體也。然則學人云何著手？當知世尊言此，是教人當以無實成就無虚，是爲虚實俱遣之著手方便也。何以言之？無實者，不執之意，執則固結不解矣。固結者，實義也。無論境之爲實爲虚，苟有所執，虚亦成實。若一切不執，則虚實俱遣矣。此意觀之上下文，可以洞然。上文云，信心清淨，則生實相，此是無實無虚之好注脚。心清淨，無實也。生實相，無虚也。而實相之生，由於心之清淨，則無虚當由無實以成就之也明矣。故前云，離一切諸相，則名諸佛。又云，應離一切相發心，應空有不住行布施也。故下文云，住法布施，如人入闇，不住布施，日光明照。乃至最後一偈，令作夢幻等觀也。故本《經》全部主旨，在於應無所住也。然則世尊言此之意，是令以無實之觀，成就無虚之果，豈不昭然若揭也哉？無實觀者，即最後所云，觀一切法如夢如幻是也。常作此觀，執情自遣矣。此是破一切凡情之總觀要觀，萬不可須臾離者。當知如夢等觀説在最後者，是用以總結全經，則全經處處皆應作此觀也明矣。則又何能拘泥次第之説，而不於此處説明之乎？何故在此處説明？因此處文便，不能錯過故也。且此處必應將此總要之觀說出，更有三要義，今再次第說之。（一）此正明真實之文，正承上無住發心、無住布施之義而來。而緊接其下者，又極言住法之過、不住之功。可見此處正是上下文之過脈，若不將此不執之義點明，便不成其爲過脈矣。何以故？與上下文所明無住之義不聯貫故。（二）況此處所說，既是明其自證，則更不能不將修法點明，何以故？世尊所以明自證如是之果者，意在令學人修如是之因故。然則若但說平列之義，而不將此義說出，學人云何著手耶？（三）所以說自證之意，不但如上所云，蓋意在令聞法者得以明了，全經所說皆是自證如此，證得確鑿，絕非理想，故不必驚疑怖畏，故不可不信解受持，故持說一四句偈等，便有無量功德，勝過以恆沙身命布施者，此世尊說自證之最大宗旨也。然則若但有平列之義，而無徹底之義者，

（換言之，即是以無實成就無虛，的示學人用功方法之義。）則聞者亦但知得自證之境界，而仍不知自證之方法，則又何足以徹底除人疑情乎？〇綜上說種種義觀之，則世尊說此，意在令人既知其自證之境界，並知其自證之方法也明矣。然則聞法者烏可不如是領解，說法者烏可不如是闡發乎？然而此義非深心體會，必致忽略。前云義味淵涵，不易說，不易解者，正指此而言也。或曰，如是作觀，不慮偏空乎？答之曰，此似是而非之言也。當知修觀必應徹底，若不徹底，執何能遣，相何能離？且上下文皆以布施對舉，則是觀行並進，尚何偏空之有？況世尊於上下過脈中忽發此義者，正以闡明上下文應離相，應空有不住之所以然，使知必應離相無住以行布施者爲此，云何能離，云何能無住，其方法如此，乃是上下文之緊要關鍵所在。則說此正是成就其廣行布施利益一切之本願，

並非僅僅令作此觀，何慮偏空耶？○觀上來所説，除融貫本《經》及其他各經種種義外，可知佛説此無實無虛一語，最要之義有三。（一）是形容性德。（二）是形容云何得性德。（三）是形容云何修性德。理事、性修、因果，罄無不盡。故此一語也，不但將本《經》所説道理賅括無遺，并將所有小乘大乘佛法一齊賅括無遺。何以故？一切賢聖，皆以無爲法而有差别故。無實無虛，正所謂無爲法也。不但此也，一切凡夫心相，一切世間法相，一切因果法相，亦莫不賅括無遺。因此種種相皆是有即空、空即有，則皆是無實無虛也。此正《法華經》所謂，如是相，如是性，如是體，如是力，如是作，如是因，如是緣，如是果，如是報，如是本末究竟等也，此之謂諸法實相。故此一語，真乃大乘法印。法印者，一一法皆可以此義印證之，而不能出其範圍之外。故曰，其深無底，包羅萬象也。

（丑）三，重以喻明，分二。（寅）初，喻住法之過。

須菩提，若菩薩心住於法而行布施，如人入闇，則無所見。

此科是明執實則布施之功德全虛也，正是無實無虛反面。由此下二科語意觀之，更足證明無實無虛一語，不止説以明證得之境界，實兼説以明證得之修功矣。法字即經初於法應無住之法，謂一切法也。一切法不外境、行、果。境者境界，即五藴、六根、六塵等。行者修行，即六度等。果者果位，即住、行、向、地，乃至無上菩提，亦兼果報，如福德、相好、神通、妙用等。然就六度等行言之，便攝境、果。蓋行六度而自以爲能行，此住於行也。若行六度而有名譽等想，便是住境。若行六度而心存一有所得，便是住果。無論心住何種，皆爲住法。此處法字不必攝非法言，因經文既是就行布施立説，是已不取非法矣。當知六度萬行等法，因緣聚合，乃能生起，既是緣生之法，可見當體即空，非實也。然行此六度等法，而得自他兩利，非虛也。是故菩薩既不應捨六度之事不爲而落虛，亦不應有六度之相當情而執實，執實則心住於法矣。前云，若心有住，則爲非住，故有入闇之過。闇則一無所見，言其仍在無明殼中也，豈但性光不能顯現而已。永嘉云：住相布施生天福，招得來生不如意。蓋不知觀空，必隨境轉，生天之後，決定墮落。故曰，此科正明執實則功德全虛也。〇入闇喻背覺，既有法執，故背覺也。覺者，明義，背覺則無明矣，故曰入闇。無所見，喻不見性。前云，若見諸相非相，則見如來。今不知緣生即空之理，執以爲實，而取法相，豈能見性？故曰無所見。不言有目無目者，暗喻此人道眼未開，無明未破，有目亦等於無目，故不言也。蓋此人以見地不明故，雖學大乘行布施，既是盲修，入闇。必生重障，無所見。故以入闇無所見譬之。當知學佛者，若道眼不開，勢必處處雜以世情俗見，豈但六度行不好，且必增長我慢，競起貪瞋，反將佛法擾亂，行得不倫不類，啓人疑謗，直是於佛法道理一無所見，豈止不能見性而已。執法爲實之過如此，吾輩當痛戒之。

（寅）次，喻不住之功。

若菩薩心不住法而行布施，如人有目，日光明照，見種種色。

此科是明知法無實，故不住著，則布施功德便能無虛，正是説來闡發當以無實成就無虛之義者，使知如欲得我所得，當如此人也。如此闡義，明透極矣。如此開示，親切極矣。如此勸信，懇到極矣。〇有目喻道眼，日光喻佛智，並指此《經》，以經中所説，皆是佛之大智光明義故，見喻見性，種種色喻性具之恆沙淨德。蓋謂住法布施，則因執生障，何能悟見本性？若能心不住法，無實。而又勤行布施，無虛。是其人道眼明徹，有目。空有雙離，虛實俱遺。真爲能依文字般若起觀照般若者，則游於佛日光輝之中，日光明照。當得徹見如實空、無實。如實不空，無虛。具足體相用三大之性，見種種色。如佛所得也，其功德何可思議？即以生起下文成就無量無邊功德一科來。此是約無實無虛平列之義説之。若約虛實俱遺徹底義説者，心不住法，則心空矣，無實也。心空無實，則我人、有無等等對待之相胥離矣，所謂虛實俱遺也。若能如是，便如日光明照見種種色，無虛也。其爲以無實成就無虛，豈不開示分明也哉？〇目、日亦可喻行人之正智。有目者，正智開也。正智既開，能破無明，故曰日光明照。無明分分破，便分分現起過恒河沙數性淨功德，故曰見種種色。〇住法布施，尚且如人入闇，然則住著根塵等境，而不行布施者，當入何等境界乎？不堪設想矣。茲將不行布施六度者，開爲三類言之。上説者爲一類。若心住於得好果報，而又不肯布施，癡人哉，此又一類也。其有於根塵一無所住，而亦不行布施，所謂獨善其身者。以世法論，逍遥物外，亦殊不惡。然以佛法衡之，則是住於非法矣，依然法執，亦是入闇而無所見者耳，此又一類也。若心住布施，而不行布施，世無其人，蓋未有不行布施而反取著布施之理也。若不住行果，而不行布施，則其心住根塵可知，便與第一類同科。如是等輩，見地若何，前途若何，得此兩科文所明之義，皆可推知，故世尊不説之也。〇上來總結前文中兩科，既將開經來要義加以闡發，融成一片；因接説明真實兩科，證其所有言説、所有法門莫非真實，以其皆是如其證得之法而説者也；乃又接説此喻明兩科，更將證得之無實無虛，闡明其境界，指示其修功。前後章句極其融貫，發揮義理反覆詳盡。不但總結中，應離相發心，乃至有住則非，應不住色布施等等要義倍加鮮明，并爲經初「菩薩於法應無所住行於布施」等文作一回映之返光，令更圓滿。蓋經初但明不住行施之福，此中兼明住法行施之過，故更圓滿也。且總結後，復得此兩科作一餘波，即以文字論，如龍掉尾，全身俱活，真文字般若也。所有經義既已收束嚴密，故向下即結歸持經功德以示勸焉。

（癸）三，結成。

須菩提，當來之世，若有善男子、善女人，能於此《經》受持讀誦，則爲如來以佛智慧，悉知是人，悉見是人，皆得成就無量無邊功德。

此如來印闡中之第三科也。初，印可一科，是印可長老信解受持，第一希有之説。次，闡義一科，是爲驚怖般若，望而生畏，不能信解受持者，闡明般若之空，乃是空有皆空。因而融會前來已説之要義，發揮應無所住之所以然。并明如是之説，如是之法，皆是如來親證如此，莫非真實，不誑不異。故不明無住之旨，雖修六度，而無明難破，如人入闇。若明無住之旨，以行六度，則必破無明，如日明照。反覆詳盡，無義不彰矣。故此第三科，即歸結到受持此《經》之功德，兼以回映離相名佛之義。無量無邊功德，與則名諸佛義同。前半部義趣，至此可謂結束得周匝圓滿之至，故標曰結成。結成者，結束圓滿之意，亦結果成就之意。〇當來，通指佛後。不言現在而舉後世爲言者，意在展轉宏揚此《經》，不令斷絶，利益無盡。且以回映前來後五百歲之言，以鬬爭堅固之時，而能受持讀誦此《經》，其夙根深厚可知，所以蒙佛護念，皆得成就。能字正顯其出類拔萃，甚爲希有，以人鮮能之之時而竟能，故如佛之所得者，而皆得焉。〇受者，領納義趣，即是解也。持者，修持，謂如法而行。又執持，謂服膺不失。既能如法而行，則必利益一切衆生以行布施，故此中雖未明言廣爲人説，而其意已攝在内。○受屬思慧，持屬修慧，讀誦則屬聞慧。對文爲讀，憶念爲誦。先言受持者，其意有三。（一）受持是程度深者，故首列之，讀誦是程度淺者，故列於次，蓋約兩種人言。然欲受持，必先之以讀誦，果能讀誦，便有受持之可能，故皆得成就。（二）既能受持，仍復讀誦，此約一人言也。聞思修三慧具足，精進不懈如此，豈有不成就者？（三）説此推闡無住一大科，意在聞者得以開解，故此成就解慧科文，結歸到解上。受者，解也。而下極顯經功爲一大科之總結者，亦復先言受持。皆是明其已開圓解，則信爲圓信，持亦圓持。所以爲佛智知見，而得成就者，主要在此。則爲如來以佛智慧，悉知是人，悉見是人。爲者，被也，讀去聲。此句約事相言，有二義。（一）智慧是光明義，知見是護念義。

謂是人深契佛旨，蒙佛加被也。（二）謂是人功德惟佛證知，除佛智慧，餘無能悉知悉見者。總而言之，人能受持讀誦此《經》，爲如來。若約理而言，其無明則受真如之熏，其知見則受佛智之熏。以佛智慧悉知悉見。故約事而言，皆得蒙佛如來加被，皆得成就無量無邊功德。而曰知之悉，見之悉者，顯其決定成就也。○皆得成就無量無邊功德，正是回映前文，當知是人甚爲希有，當知是人成就最上第一希有之法等義。曰皆得者，無論僧俗、男女，凡能受持讀誦此《經》，無不如是成就。即不明義，但能讀誦者，亦必得之，故曰皆得。何以故？果具有真實信心，至誠讀誦，先雖不解，後必開解故。所以者何？般若種子已種，蒙佛攝受，決定開我智慧故。利益衆生爲功，長養菩提爲德。功德二字，指自度度他，紹隆佛種言也，故曰無量無邊。何以故？無量者，約竪言，歷萬劫而常恆故。無邊者，約横言，周法界而無際故。此是諸佛、諸大菩薩法身常住，妙應無方境界，今曰皆得成就如是功德，明其皆得成菩薩，乃至成佛也。總以勸人必須受持讀誦此《經》，便得悟自心性無實無虚，遠離二邊，既全性以起修，自全修而證性耳。

（辛）五，極顯經功，分四。（壬）初，約生福顯。次，約滅罪顯。三，約供佛顯。四，結成經功。（壬）初又二。（癸）初，立喻。

須菩提，若有善男子、善女人，初日分以恒河沙等身布施，中日分復以恒河沙等身布施，後日分亦以恒河沙等身布施，如是無量百千萬億劫以身布施。

此第五極顯經功一大科，乃推闡無住以開解之最後一科，不但爲推闡開解之總結，亦前半部之總結。而語脈則緊承上文生起，因上文言，受持讀誦此《經》，皆得成就無量無邊功德，何故能如是成就耶？故極顯經功以證明之。雖然，此一大科既是總結前半部，而前已三次較顯矣，乃復説此以極力顯之者，實因此《經》之義不可思議，上雖較顯三次，猶爲言不盡意，故今乘上文文便，復徹底以發揮之。不過由上文引起，非專爲上文也。當知顯經功即是顯般若正智，此智乃是佛智，所謂無上正等正覺，爲我世尊歷劫以來，爲衆生故，勤苦修證所得，即上文所説無實無虚之法是也。今將此法和盤托出，而成此《經》者，爲未見性者示以真確之圓案故，爲指引衆生到彼岸之方針故，爲以親身經驗告人，俾有遵循故。蓋憐憫一切衆生，自無始來，冥然不覺，長攖苦惱，或因障重而不聞佛法，或雖聞而未得法要，則前障未除，後障又起，所謂因病求藥，因藥又成病，則坐在黑山鬼窟裏，如人入闇，而無所見，有何了期？故精約前八會所説般若之義，而更説此《經》，真乃句句傳心，言言扼要，能令衆生開其始覺，以合本覺，而成大覺。果能信解受持，便如人有目，日光明照，見種種色。且明告之曰，諸佛及無上正等覺法，皆從此《經》出，則此《經》是佛佛傳家法寶可知。我世尊因亟欲傳授家寶，亟欲一切衆生皆知此《經》利益之大，不可思議。正所謂開自性三寶，成常住三寶，能住持三寶者，就極低限度言之，亦足以啓發善心，挽回世運。所以又復極力顯揚此《經》功德，俾聞者生難遭想，生歡喜心，努力讀誦，信解受持，皆得成就最上第一希有，此極顯經功之最大宗旨也。〇顯經功中，先顯能生殊勝之福。若不設一比喻，云何殊勝便顯不出，故假立一極大布施之福，以爲後文顯勝之前提，故曰立喻。初日分、中日分、後日分，是將一日分爲三分，猶今人言上午、中午、下午之類。恆河之沙，極細極多，不可數計。劫者，梵語劫波，謂極長時間。今不止一劫，乃是百千萬億劫。復不止百千萬億，乃是無量之百千萬億劫。《華嚴經》云，阿僧祇阿僧祇，爲一阿僧祇轉，阿僧祇轉阿僧祇轉，爲一無量。阿僧祇已是極長極多不可計算之數，又將此不可計算之數倍倍增加而爲無量，豈有數可説哉？則無量百千萬億劫，猶言無數劫而已。每日以一身命布施，已非凡夫所能爲，況一日三時，每時亦不止一身命，乃是如恆河沙不可數計之身命。況不止一日、一年、一劫，乃是無數劫中，一日三時，以不可數計之身命布施。歷時長極矣，布施重極矣，行願亦堅極矣，此菩薩之行門也。其福德之大，亦豈可以數計？而不及聞此《經》而生信者，何故？此理下詳。

（癸）次，顯勝，分三。（子）初，約福總示。次，舉要别明。三，結顯經勝。

（子）初又二。（丑）初，聞信即勝。

若復有人聞此經典，信心不逆，其福勝彼。

不逆者，不違也。聞得此《經》，深信非依此行不可，便發起一一如法行之之大心，是爲信心不逆，即是發決定起行之信心。此中雖但言信，含有深解在。若非深解，決不能發此不逆之信心也。初發此心，固不如下之已經起行，然起行實本於發決定心，故發心時，其福便得超勝長劫布施無數身命之菩薩。此中福字，正指下文荷擔如來，當得菩提，果報不可思議言，故非他福所可比擬。

（丑）次，持説更勝。

何況書寫，受持讀誦，爲人解説？

發心即勝者，正因其決定起行也。則已經起行後，其福更勝，自不待言。何況者，顯其更勝也。書寫者，爲廣布也。古無刻本，專賴書寫，始得流傳，故但就書寫言之。如今日發心宏揚此《經》，無論木刻、石印、鉛版，其功德與書寫者同，非定要書寫也。先之以書寫者，明其如法發心，先欲度衆，而先以此《經》度衆，又明其發心即爲紹隆佛種。受持讀誦，雖若自度，實亦度他。因受持即是解行並進，而所行不外離相三檀，離相三檀正爲利益一切衆生故也。讀誦亦所以熏習勝解，增長勝行，非爲別事。爲人解説，是行法施以利衆。此《經》甚深，發心爲衆解剖無謬，樂説無礙，令聞者得明義趣，啓發其信解受持之心也。此句説在後者，不能受持讀誦，無從爲人解説故。合而言之，是説此人既能傳布此《經》以利衆，復能依法實行以利衆，更能廣行法施以利衆，足證其真是信心不逆。故初發此心時，便勝彼多劫布施無數身命之菩薩。其所以勝之理，下文世尊自言之，即教義、緣起、荷擔三者俱勝故也。其義在下，今亦無妨説其概要，以便貫通。此《經》是極圓極頓法門，故曰教義勝。是爲圓頓根機説，令佛種不斷，故曰緣起勝。荷擔勝者，試觀此人信心不逆，便是機教相扣，非般若種子深厚者莫辨，是其慧勝。書寫受持，乃至解説，正是不斷佛種，是其悲、其願、其行皆勝。悲智行願一一具足，故能荷擔如來，是爲荷擔勝也。而彼長劫布施身命菩薩，雖難行能行，行願堅固，然若不具般若正智，便只能成五通菩薩，終不能理智雙冥，得漏盡通，而證究竟覺果，一不及也。既不具般若正智，自他皆不能達無餘涅槃之彼岸，則無論如何苦行，皆非紹隆佛種之行，則利益衆生終有盡時，二不及也。〇總之，般若是佛智，便是佛種，故爲三寶命脈所關。況此《金剛般若》文少義多，闡發義趣一一徹底，若於此《經》不能信心不逆，則見地既不徹底，其悲、其願、其行又何能究竟圓滿？且既不能信心不逆，自不能受持解説，廣爲宏揚，則佛法究竟義不明，佛種便有斷絶之虞。此中關繫，極其重大。則信心不逆之人，豈彼但知長劫苦行者所能及哉？世尊説此，非謂不應苦行也。是明但知苦行，不具正智，則不能成究竟覺，不能紹隆佛種。而信心不逆，宏揚此《經》者，既能不斷佛種，而又空有不著，則如彼苦行亦能行之裕如。此能者，彼不能，彼能者，此亦能，則孰爲優勝，不待煩言矣。〇由此觀之，可悟觀行二門雖然並重，而以觀慧爲主，此般若所以爲諸度母也。更可悟雖觀慧爲主，而觀慧要在實行中見，經中處處以布施與無住並説，即明此義。此般若所以不能離諸度而别有也。故一切佛，一切大菩薩，雖以大空三昧爲究竟，然是於熾然現有時，便是大空三昧，非一切不行，而坐在大空中也。果爾，亦不得名爲大空三昧矣。何以故？大空者，并空亦空故，是絶待空，非對待空故。此義緊要，正是般若精髓，務須徹底領會，徹底明了。〇上來四次較顯經功，次次增勝，當知非謂經義前後有如此懸遠之差别，實顯信解有淺深之不同耳。此義前曾説過，然關繫甚要，恐有未聞者，況又加入今次之較顯，茲當併前三次徹底明之。如初次於生信文中，以一大千世界寶施顯勝者，是就能生信心，以此爲實，乃至一念生淨信者說。以明其既知趨向佛智，便是承佛家業，種殊勝因，必剋殊勝果，將來便不止作一梵天王也。第二次於開解文初，以無量大千世界寶施顯勝者，是說在應生清淨心後，是爲成就最上第一希有之法者而說。以明人能信解及此，自他兩利，是已成就無上菩提之法，則大有希望矣，故其功德過前無量倍。此處成就，非謂成就無上菩提，乃是成就其法，謂已了解之，修行之矣，不可誤會。第三次，於開解文中，以恆沙身命施顯勝者，是說在闡明如何奉持之後。以明若能如是信解持說，則其功行更爲鞭辟入裏。何以故？不但知伏惑，且知斷惑，可望證得法身故。故不以外財之七寶布施顯，而以內財之身命布施顯。今第四次以無數劫長時無數命施顯勝者，是說在深解義趣及自證之法後。以明其既能信心不逆，便不必經長時之苦行，便能如我所證得者而證得之。何以故？上來猶未能一一如法，今則信心不逆，是一一如法矣。何以能一一如法？由其已開解慧，知非如此不可，故能堅決其心，實行不違，是已背塵合覺矣。正所謂初發心時，便成正覺之人也。見《華嚴經》。便具有成就無上正等正覺資格，下文所以曰，荷擔如來，當得菩提。故雖尚是凡夫，其功德已超過長劫苦行之菩薩也。當知世尊所以如是由淺而深，四次較顯者，意在使人明了，有若何信解受持程度，便有若何功德，所謂功不唐捐。而宗旨則注重在信心不逆，何以故？若不發決定心，一一依教奉行，則不能荷擔如來，不滿世尊說經之本懷故。故一切學人，不但前半部約境明無住，應信心不逆，即後半部約心明無住，亦應信心不逆，方合世尊說此極顯經功，及説此信心不逆之宗旨。故前云，不過因上文生起，乘文便以發揮之耳，豈專爲前半部而説哉？當如是知也。試觀此一大科，是於上來諸義已作結束之後，特别宣説。其末曰，是經義不可思議，果報亦不可思議。此二語既以收前半部，亦以起後半部，可見前後義趣原是一貫。而中間所顯教義、緣起、荷擔三勝，以及生福滅罪等功德，豈得曰，僅前半部有之，與後半部無涉乎？斷無是理。則凡此一大科中所説，其爲統貫全經也明矣。後半部之末云，於一切法應如是知，如是見，如是信解，不生法相，正與信心不逆相呼應。或問曰：信心不逆，與《起信論》中信成就發心，是一是二？答曰：論位則不一，發心則不二。當知《論》中是説十信位中修習信心成就，發決定心，即入初住，初住乃聖位也。今不過初發決定依經起行之信心耳，信根豈便成就？既未成就，尚是凡夫，一聖一凡，相去懸遠，故曰論位則不一。然而信成就者所發決定心，攝有三心。一者直心，正念真如法故。二者深心，樂集一切諸善行故。三者大悲心，欲拔一切衆生苦故。今信心不逆之人，是信得信心清淨，則生實相，信得應生清淨心，豈非正念真如之直心乎？又復信得利益一切衆生，應空有雙離，行布施六度，豈非樂集一切諸善行之深心、拔衆生苦之大悲心乎？六度萬行是樂集諸善行，利益一切是拔苦也。故曰發心則不二。何故凡夫發心，便同聖位？無他，蒙我本師授以傳家法寶故耳。可見此《經》真是大白牛車，若乘此車，直趨寶所無疑。以上因恐有見《起信論》而發誤會者，故特引而明之。〇更有不可不知者，此《經》觀行極圓極頓，果能深解義趣，信心不逆，其爲圓頓根器無疑。而圓頓人乃是一位攝一切位，謂不能局定位次以論之也。因其已開佛知佛見，豈但初發信心能與初住菩薩所發心同，且可一超直入，立地成佛，惟在當人始終不逆，荷擔起來，決定當得無上菩提也。〇信心不逆中，既具直心、深心、大悲心，當知此三心即是三聚淨戒。蓋離相發心，以正念真如，自無諸過，故直心便是攝律儀戒。離相修布施六度，以樂集一切善行，則深心便是攝善法戒。爲利益一切衆生行布施，以拔一切苦，則大悲心便是攝衆生戒。由此可悟經初言「持戒、修福者，於此章句能生信心，以此爲實」之所以然矣。蓋持攝律儀戒，可以發起直心，持攝善法戒，可以發起深心，持攝衆生戒，可以發起大悲心，而修福又所以助發深心、悲心者也。然則欲於此《經》信心不逆，決定當從持戒、修福做起，彌復了然矣。復次，三心既具，便能成就三德、三身。蓋正念真如之直心，能斷惑而證真，故是斷德，成法身也。樂集諸善行之深心，因具正智，故能樂集，既集善行，必獲勝報，故是智德，成報身也。拔一切苦之大悲心，廣結衆緣，不捨衆生，故是恩德，成化身也。信心不逆，成就如是種種功德，其福之殊勝爲何如耶？故下文曰，荷擔如來，當得菩提，是經義不可思議，果報亦不可思議也。

（子）次，舉要別明，分三。（丑）初，約教義明。

須菩提，以要言之，是《經》有不可思議、不可稱量、無邊功德。

信心不逆，依教奉行者，其福勝彼長劫苦行菩薩，理由安在？其要點可概括爲三端，依次説明，故曰以要言之。此句統貫下文緣起、荷擔兩科。〇不可思議指法身言，法身即是體也。性體空寂，離名字相，離言説相，離心緣相，故必須離相自證，所謂言語道斷，不可議。心行處滅，不可思。故曰不可思議。是《經》之中，凡明離相離念，一切俱遣之義者，爲此。不可稱量，指報身、化身言，報化即是相用也。證得法身，則報化顯現。而報身高如須彌山王，有無量相好，一一相好有無量光明，非言語所可形容。不可稱。化身則隨形六道，變現莫測，非凡情所能揣度。不可量。故曰不可稱量。是《經》之中，凡明布施六度，利益衆生之義者，爲此。體相用三大，性本備具，故既不應著相，亦不應壞相，乃能有體有用。是《經》之中，凡明二邊不著，空有圓融，福慧雙修，悲智合一之義者，爲此。此是將不可思議、不可稱量兩句，合而觀之，以明義也。此兩句既明理性，故接説無邊以明事修。無邊者，離四句之意。不但有無二邊離，并亦有亦無、非有非無之二邊亦離，是之謂無邊。邊見盡無，中道自圓，此全經所以以無住二字爲唯一之主旨也。功謂一超直入，德謂體用圓彰。蓋是《經》教義乃是理事雙融，性修不二，能以一超直入之修功，成就體用圓彰之性德者。故曰，是《經》有不可思議、不可稱量、無邊功德。以上是將無邊功德約自修説，然此四字亦兼利他説，自他兩利爲菩薩道故。蓋法身周含法界，法界無邊，况法身乎？報身則相好光明，無量無邊。化身則隨緣示現，妙應無方，無方亦無邊意也。三身無邊，故能徧滿無邊法界以度衆生。謂是《經》教義，有令人成就體用無邊之三身，以利益無邊衆生，功也。同證無上菩提。德也。又復展轉利益，展轉證得，其功德亦復無邊。而信心不逆者，既依教以奉行，當得如是功德，此其福勝彼之理由一也。教義勝，是約經説。若約人説，當云熏習勝。

（丑）次，約緣起明。

如來爲發大乘者説，爲發最上乘者説。

緣者，機緣。起者，生起。謂教義之生起，起於機緣，明法必對機也。○發謂發心，大乘者，菩薩乘，最上乘者，佛乘也。大乘教義，有圓有别，有頓有漸。佛乘教義，惟一圓頓。發大乘，謂發行菩薩道之心。發最上乘，謂發紹隆佛種之心。明此《經》是爲此等人説也。若約教義言，是《經》前半之義非盡圓頓，後半之義專明圓頓。又復前半非盡圓頓者，非謂有圓頓有不圓頓也。乃是一語之中，往往備此二義。故我前云，淺者見淺，深者見深，隨人領解。此世尊説法善巧，循循善誘之苦心也。故爲發大乘者説，爲發最上乘者説兩語中，含有二義。一明所説者有此兩種教義，一明爲發此兩種心者説也。曰如來者，明其從大圓覺海中自在流出也，明其句句傳心也。

○如來既爲如是發心者説，則信心不逆，依教奉行之人，其發如是心可知，其開佛知見可知，其爲紹隆佛種也亦可知，此其福勝彼之理由二也。緣起勝，是約説者邊説。若約不逆邊説者，則爲發心勝，根器勝也。

（丑）三，約荷擔明，分二。（寅）初，正顯。

若有人能受持讀誦，廣爲人説，如來悉知是人，悉見是人，皆成就不可量、不可稱、無有邊、不可思議功德，如是人等則爲荷擔如來阿耨多羅三藐三菩提。

流通本，成就上有一得字，唐人寫經無之，唐宋人注疏中亦無得字之義，足證爲明以後人所加。加者之意，必以爲，初發心人豈便成就？不過當來可得成就耳。疑其脱落，遂加入之。殊不知此中所説成就功德，是指荷擔如來言，非謂便成如來也。經意正以荷擔如來爲其福勝彼之最大理由，若其荷擔尚未成就，則是勝彼無理由矣。何以故？初發心修行之凡夫，其福勝彼長劫苦行之菩薩者，因其發紹隆佛種之心，修紹隆佛種之行故也。荷擔如來，正明其能紹隆佛種也。此而未成，何謂勝彼耶？且上明教義勝、緣起勝者，爲荷擔勝作前提也。蓋因其教義、緣起俱勝，所以信心不逆，依教奉行，便爲荷擔如來耳。倘若荷擔功德尚待將來，是其未受殊勝教義之熏習，不合殊勝緣起之資格可知，則上言聞此經典，信心不逆云云，便成虛語。若其實是信心不逆，而又未成荷擔功德，教義、緣起尚何殊勝之有？則上言是《經》有不可思議等功德，如來爲發大乘、最上乘者説，又成虛語。一字出入，關繫之大如此。前云，凡讀佛書，切忌向文字上研究。因研究文字，無非以淺見窺，以凡情測，勢必誤法誤人故也。今觀此處妄加一字出入有如是之大，則不但有誤法誤人之過，竟犯謗佛謗法之嫌矣，可懼哉！察其所由，無他，教義不明，專向文字推敲故耳。何以言之？在妄加者意中，必係誤會不可量等功德即爲上文不可思議等功德，故以爲初發心修行人豈能成就？遂加一得字以辨别之。殊不知此處文字雖與上文相似，然既顛倒説之，道理便大大不同，功德亦隨之而大大不同，豈可混而爲一乎？今竟儱侗顢頇至於如此者，無他，教義不明故耳。教義云何得明？多讀大乘以廣其心，勤修觀行以銷其障，常求加被以開其慧，以如是增上緣熏習之力，久久自明。若執文字相求之，則如人入闇，永無所見矣。此是明佛理之要門，故不憚言之又重言之。

○不可量云云，義藴精奥，兹當詳細剖解之。然欲説明此中之義，仍不得不將上文之義摘要重述一徧，兩兩對勘，較易明了，其重述處，道理互有詳略，聽者須將前後詳略互見之義，融會而貫通之。

○上文是《經》有不可思議、不可稱量、無邊功德句，含有兩義。（一）不可思議是説法身，亦即是體。不可稱量是説報化身，亦即相用。合此兩句言之，爲備具體相用三大之性德，亦名理體。若將性德細分之，則惟法身之體名爲性之體，報化身之相用則名爲性之用，因其是性具之用，故可渾而名之曰性德，曰理體也。此等名義，每有未能徹了者，兹乘便一言之。無邊是説修功，謂離四句也。合之上兩句，爲性修對舉。功德二字，功謂一超直入之修功，德謂體用圓彰之性德。總以明是《經》教義有理事雙融，性修不二，一超直入，體用圓彰之功德也。（二）不可思議、不可稱量義同上，但前約備具三大之性言，以與無邊之修對，今則分而明之，不可思議可約性體言，不可稱量可約性用言。無邊泛指一切，利益衆生爲功，長養菩提爲德，則無邊功德四字是專約利他言，若對上性用説，此即所謂用之用也。總以明是《經》教義有證體起用，徧滿無邊法界，利益衆生，同證菩提，無量無邊之功德也。○此處則先説不可稱量，繼説無邊，後説不可思議，與上文完全倒換，一不同也。且不曰不可稱量，乃分開而倒説之，曰不可量、不可稱，二不同也。又不但曰無邊，復添一有字，而曰無有邊，三不同也。不可思議則仍舊。如是等處，其義精絶。○當知體相用三大從來不離。其惟一湛寂，絶名離相，而爲相用之本者，則名之爲體。與相用迥然不同處，甚易明了。若相用二者，卻是分而不分。蓋報化二身皆由性具之用大所現，正因其能現報化身，故名用大也。而性具之無量淨功德，所謂相大者，即附於報化身而形諸外，故曰分而不分。此上文所以合而説之曰不可稱量。此理細讀《起信論》，便可了然。○然而相用雖分而不分，亦復不分而分。故報化二種身，不但所現之相、所起之用各各不同，而修因時所發之心亦各不同。因行是同，但因心不同，下當言之，須細辨明。正因其發心不同，故所現之相、所起之用各各不同也。蓋報化之相用雖皆由於修離相之六度萬行，福慧具足，而後成就，此明其因行同。然而報身是由發廣大無盡之願，知得六度萬行緣生即空，而能增長福慧，達到彼岸，誓必一一修圓所獲之果也，化身亦由發廣大無盡之願，知得一切有情生本無生，而猶執迷不悟，未出苦輪，誓必一一度盡所獲之果也。此明因心不同也。以不同故，所以此處又分而説之。正因其分而説之，便可悟知此處是約修因説，與上來合而説之以明修因剋果者，其事理便大大不同矣。○由上説之義觀之，可知欲成徧界分身、普度含識、不可量之化身，必當發利益一切衆生、以拔一切苦之大悲心矣。故本《經》啓口便説，所有一切衆生之類，我皆令入無餘涅槃而滅度之。又曰，菩薩爲利益一切衆生，應如是布施也。今曰成就不可量，明信心不逆，即是已發非凡情所可測度之大悲心也。發如是心，將來必證如是果矣。菩提心以慈悲爲本，故先説不可量也。○又由上説之義觀之，可知欲成福慧莊嚴、相好無邊、不可稱之報身，必當發廣修六度萬行、樂集一切善法行之深心矣。故本《經》啓口便説，菩薩於法應無所住行於布施，乃至處處以布施與離相對舉説之也。今曰成就不可稱，明信心不逆，即是已發非言語所可形容之深心也。試觀五百歲忍辱及歌利王事，此等難行苦行，豈言語所可形容？忍度如此，餘度可知。故非先發大悲心以爲之基，深心決難發起。而不發深心，又何以成就大悲心乎？所以經中先言不可量，即接言不可稱也。首舉不可量、不可稱爲言，尤含要義。蓋般若是明空之法門，此《金剛般若》唯一主旨，亦在應無所住。無住即是離相，離相即是觀空。然而開經卻先令廣度衆生，勤行布施者，正明空觀不離實行，般若不離諸度别有之義，此之謂第一義空。今此人發心，亦復如是，大悲心、深心與直心同發，正是實行經中所説，故曰信心不逆。○當知初發心時，尚未斷念，正在生滅門中。故雖直心、深心、大悲心三心並發，然只有向生滅門中，精進勤修不著相、不壞相、普利一切之六度，則既與備具體相用三大之性德相應，復爲成就報化二身之正因，不致偏空，有體無用。且無始來妄想，非歷事練心，亦決不能除。此皆學佛之緊要關鍵。千經萬論，皆是發揮此理，而般若言之尤精，務當領會，務當照行者。然而一面向生滅門中實行六度，（六度等皆是緣生法，故是生滅門攝。）一面急當微密觀空，以趨向真如門。不如是，則執不能遣，相不能離，不但不能斷念以證法身之體，報化二種身之相用便無從現起。（必證體方能起用。）且住相以行布施六度，如人入闇，一遇障緣，必致退心，如上忍辱一科所明，故緊接曰無有邊。於無邊中加一有字，精要之至。上文云無邊者，明其四句皆離也。當知妄想未歇時，起念便著，著便有邊。所謂有邊、無邊、亦有亦無邊、非有非無邊，一念起時，於四句中必著一句。故欲得不著，必須無念。今曰無有邊者，是明其尚未能絕對無，但能以無字對治其有邊耳。蓋言是人正在無住離相上用功，以求證得言語道斷、心行處滅、不可思議之法身性體，故接曰不可思議。性體無變無異，故此語亦復仍舊，以表示其不變不異。將無有邊、不可思議合讀，正是發離一切相以正念真如之直心也。三心齊發，是爲信心不逆。既於此《經》信心不逆，依教奉行，便有利益衆生之功，長養菩提之德。何以故？因其能行一超直入之修功，求證體用圓彰之性德故。無論僧俗、男女，但能信心不逆，莫不如是成就。故曰，皆成就不可量、不可稱、無有邊、不可思議功德。成此三心齊發之功德，方足以紹隆佛種，故接曰，則爲荷擔如來阿耨多羅三藐三菩提。則爲者，便是之意。若是當來得成，今尚未成者，何云便是耶？合上説種種義觀之，足證妄加一得字，顯違經旨矣。〇荷擔者，直下承當，全力負責之意。既曰如來，又曰無上正等覺者，如來爲性德圓明之人，無上菩提爲覺王獨證之法，許其荷擔此二，蓋許其爲承繼佛位之人，堪任覺王之法也。受持讀誦，廣爲人説，其義同前。其上曰人能，即謂信心不逆之人也。如是人等，等字與上皆字相應。如來悉知悉見，此中無爲字，亦無以佛智慧字，則如來悉知悉見之意，猶言常寂光中印許之矣。上來教義、緣起、荷擔三要，生福、滅罪、功勝供佛，無不由之。雖説在生福文中，意實統貫下文，當如是領會之。

（寅）次，反顯。

何以故？須菩提，若樂小法者，著我見、人見、衆生見、壽者見，則於此《經》不能聽受讀誦，爲人解説。

此科文字，乍觀之，似無甚緊要，實則字字緊要，其中含義精深，頭緒繁重，蓋得此一科，上説諸義乃更圓滿，可見其關繫緊要矣。《華嚴經》云，剖一微塵，出大千經卷。茲當一一剖而出之。○何以故句，不但承上科，直與立喻一科以下一氣相承，此其所以頭緒繁重也。小法，謂小乘法，兼指不了義法，正是無上深經反面。樂小法，又是聞此經典信心不逆之反面。故曰反顯，謂藉反面之義，顯正面之義也。○樂者，好樂、契合之意，即不逆之所以然。因其好樂契合，所以不逆也。著我之見，即是我執。既有我執，種種分別隨之而起，故曰，著我見、人見、衆生見、壽者見，此極斥小乘語也。從來皆謂小乘我執已空，但餘法執未除耳。今直斥之曰著我見，殊令小乘人頹然自喪，悟樂小之全非矣。此真實語，並非苛論。蓋小乘已空我見之粗者，即執五蘊假合之色身爲我之見，此其所以不受後有也。然因其執有我空之法，即指五蘊法。故謂之法執。當知我空既未忘懷，謂之法執可，謂之我見未淨亦無不可。此前所以云，若取法相，即著我、人、衆、壽也。又復執有我空，即墮偏空，偏空即是取非法，是執非法以爲法也，仍爲法執。此前所以又云，若取非法相，即著我、人、衆、壽也。故今直以著我見斥之。痛快言之，心若有取，誰使之取耶？非他人，我也。故無論取法、取非法，皆爲著我。此前所以云，若心取相，則爲著我、人、衆生、壽者也。不過較之凡夫我執，有粗細之別，何嘗淨絶根株哉？世尊言此，乃是婆心苦口，警策樂小法者，急當回小向大之意。

○此外别合深意，有二。（一）前來皆云我相，至此忽云我見，見之與相，同耶異耶？答：同中有異。無論著見著相，著則成病，是之爲同。然因有能取之妄見，乃有所取之幻相，故著見是著相病根，是之謂異。由是觀之，但知遣相，功行猶淺，必須遣見，功行乃深。何以故？妄見未除，病根仍在，幻相即不能淨除故。此《經》前半部多言離相，相即是境，故總科標名曰約境明無住。後半部專明離念，念即見也。念起於心，故總科標名曰約心明無住。此是本《經》前後淺深次第。今於前半將畢時，乘便點出見字，以顯前後次第緊相銜接，并以指示學人，修功當循序而進，由淺入深。此爲世尊説著我見云云之深意，一也。（二）剋實論之，凡事物對待者，皆有連帶關繫。所以前半部雖但曰離相，骨裏已在離念。何以故？著相由於著見，若不離念，無從離相故。不過但知離相，不及直向離念上下手者，其功夫更爲直捷了當耳。前來已屢屢將此意暗示，但未明説。如曰，應生清淨心，信心清淨，則生實相，若心有住，則爲非住，以及疊問四果能作念否，并請示名持中所説，皆是指示離念的道理，其他類此之説不具引。然則何故不明説耶？因一切衆生聞般若之明空，已經驚怖生畏，若此《經》一啓口便説斷念遣見，其驚畏更當何如？不如但云離相，步步引人入勝。至後半部，乃始露骨專明此義，使鈍根人不致膽怯無入手處。所以前半部語句義味渾涵，可深可淺，隨人領解。淺者雖只見其淺，但在離相上用功，不能徹底，然藉此亦可打落妄想不少，未始無益。而深者仍可見其深，不礙一超直入。今則前半部將完矣，不能不將真意揭出，使見淺者向後不致畏難，見深者亦知所見非謬，并以指示學人，此《經》前後所明，祇是一意，不過前半亦淺亦深，後半有深無淺。此又説著我見云云之深意，二也。由此可見説法之善巧，攝受之慈悲矣。○既樂小法，於此深經機教不相應。如世尊將説《法華》，五千比丘羣起退席，不能聽也。執見既深，聽亦何能領受？聽且不能，遑論讀誦？受既不能，從何解説？故曰，則於此《經》不能聽受讀誦，爲人解説。以上就本科明義已竟。○所謂反顯者，顯何義耶？顯經功耳。前云，是《經》有不可思議、不可稱量、無邊功德，又説緣起勝、荷擔勝兩科，皆所以顯經功也，可謂無義不彰矣，何須更顯？雖然，恐聞上來所有言説，或有未能融貫，以致卑劣自安，懷疑自阻，則經功雖勝，彼將向隅矣。佛視衆生如同一子，亟欲一切衆生皆能讀誦，皆能信心不逆，依教奉行，皆能荷擔如來無上菩提，故又自作問答，用反面之言詞，顯正面之義趣。雖是彰顯上説之種種義，其實皆爲顯是《經》之功德。蓋上之正顯，是直接顯之，今之反顯，則間接顯之也。○何以故句，自問之詞。若樂小法者云云，自釋之詞也。問意有三。

（一）問，何故但言能持能説之功德，而不及信心不逆者耶？此蓋闡最初顯勝中所説，信心不逆可知。但前云，信心不逆，其福勝彼，何況受持廣説？觀此語意，是不待持説，已有勝福矣。今明成就功德，獨不及之，不知其福究竟若何？故以樂小法云云釋之。若知得好樂小法，則於此《經》不能聽受解説，可知既是好樂此《經》，其必能持能説也明矣。

當知前云，信心不逆，其福勝彼，是因其發決定持說之心，故發心便能勝彼。若不能持說，豈得曰信心不逆？前曰何況者，明其發持說心，便有勝福，何況已持已說，豈不有勝福耶？非謂發心與持說其福不同也。然則上科雖只言能持能說之福，已將發心之福并攝在内矣。此釋著重樂小法句。如此顯義，是教人應當發心依經實行，則發此心時，便是荷擔如來無上菩提。以經中所說，乃成佛之心要故。視彼樂小法者，其成就之大小，豈可以同日語哉？（二）問，此《經》甚深，難解難行，何故聞此經典，便能信心不逆，受持解說耶？此蓋聞上來爲發大乘者說，爲發最上乘者說，不免退怯，故發此問。以爲如此根器，希有難逢，世尊雖欲傳授心要，其如難得其選何？故以聽受讀誦云云釋之。若知得不能聽受讀誦，由於契入小法，則知欲求契入大法，惟有聽受讀誦。蓋大開圓解，誠爲不易，莫若常聽深解者之解說，可以事半功倍。雖或一時未能深入，然聽受得一句半偈，般若種子已種矣。得此聽受熏習之力，加以讀誦熏習之力，一旦般若種子發生，將於不知不覺間，三心齊發，雖極鈍根，可變爲上根利智。《經》云，佛種從緣起。仗此勝緣，何慮之有？此釋著重聽受讀誦四字。如此顯義，是爲欲入此門者開示方便，得此方便，則荷擔如來之資格，雖難而亦不甚難也。此釋兼有鼓舞能說者之意在。强聒人聽，固爲輕法，有願聽者，便應盡力爲人解說也。（三）問，真如無相，以一切法不可說、不可念故，名爲真如。今雖三心齊發，正念真如，然猶未能無念無相，何故遽許爲荷擔如來耶？此蓋聞長劫命施之菩薩，福猶不及，不無懷疑，故發此問。以爲長劫命施，雖以無般若正智故，其福不及，然而已是菩薩。信心不逆，雖以受持此《經》故，其福勝彼，然而猶是凡夫。信根既未成就，保無退心時乎？故以著我見云云釋之。若知得人我見、分別心未能除淨，是因其好樂小法，則知能於無上大法好樂不逆者，其人我見、分別心終能淨盡，決定無疑。所以者何？熏習勝故。既已趨向真如，現雖未能斷念，得無上菩提，當來必得故，何疑之有？故下文云，當得阿耨菩提。此釋著重著我見句。如此顯義，是的示學人，欲除我見等虛妄相想，非於此一切無住之《金剛般若》信解受持，必不可能，以一切諸佛及諸佛阿耨多羅三藐三菩提法，皆從此《經》出故。古佛既皆如是，今佛亦決定如是也。總而言之，世尊因防未深解義趣者，於上來所説不能貫通，必生障礙，故説此科，從反面顯出種種道理，使上説諸義更加圓滿，本《經》之殊勝更加鮮明，俾得共入此門，同肩此任，皆得阿耨多羅三藐三菩提，此特説此科之宗旨也。不然，上説三要，已將勝彼之所以然徹底説了，何必再説乎？試觀樂小法、著我見、聽受諸語，來得突兀之至，便可悟知，如是諸語，其必與上説者深有關係。若視此科仍爲顯明其福勝彼而説，則此諸語便不能字字精警，皆有著落，世尊又何必如是説之哉？

（子）三，結顯經勝。

須菩提，在在處處，若有此《經》，一切世間天人阿修羅所應供養，當知此處則爲是塔，皆應恭敬，作禮圍繞，以諸華香而散其處。

在在處處，猶言無論何處。然不曰無論何處，而曰在在處處者，有應宏揚徧一切處，無處不在之意。一切世間，世約竪言，三十年爲一世，間約横言，界限之意，故世間猶言世界。世界而曰一切，徧法界盡未來之意也。天、人、修羅爲三善道，言三善道，意攝三惡道。言天、修羅，意攝八部。謂徧法界，盡未來，一切天龍八部、四生六道所應擁護。供養，所以表其擁護也。所應供養，視前言皆應供養意深。皆應者，是明一一衆生應當供養。所應者，是明供養爲一切衆生之責，一不如此，是所不應。則爲是塔，亦視前如佛塔廟意深。前説猶爲經是經，塔是塔，但應視同一律，今則明其經即是塔，此與前言「經典所在之處，即爲有佛，若尊重弟子」義同。蓋塔中必安舍利，或佛、菩薩、賢聖僧像，故經所在處，則爲是塔者，意明此《經》爲三寶命脈所關也。復次，舍利者，佛骨也，即是報身。佛、菩薩、賢聖尊像，爲令衆生瞻禮啓信，功同化身。而經是法身，故經所在處，則爲是塔者，又以明此《經》能成三德，現三身也。如是種種，皆是《經》之殊勝功德，故標科曰，結顯經勝。因有如此殊勝功德，故一切衆生皆應極力宏揚，令在在處處皆有此《經》。故《經》所在處，爲一切世間天人阿修羅所應供養。又，塔必在高顯之處，安塔之意，在於表彰，使衆聞衆見，以起信心。今云，當知此處，則爲是塔，是教以當知表彰此《經》，宏揚此《經》也。所應供養句是總，則爲是塔，是釋明應供養之故。恭敬作禮云云，是别明所供養之法。其法云何？皆應三業清淨是也。○恭敬二字是主，亦是總。恭敬者，虔誠也，即一心皈命之意。蓋三業以意業爲主，若但澡身淨口，而妄想紛紜，不能一心，尚何清淨之有？故首當攝心歸一，不向外馳，是謂恭敬，必恭敬乃能清淨也。恭敬是主者，恭敬即表意業虔誠，故是三業之主也。作禮，如合掌頂禮等，此表身業虔誠。圍繞經行，亦作禮之一式。圍繞時，或稱念聖號經名，或唱梵唄，讚揚功德，此表口業虔誠。亦可作禮、圍繞，皆以表身業。花香云散者，古時天竺每以花朵或香末，雙手捧擲空中，以表敬意。我國則多插花於瓶，焚香於爐，亦是一樣表敬。散花香時，必申讚頌。如今時上香必唱香讚，禮懺時手捧花香，口唱願此香花雲云云，此表口業虔誠也。身、口、意三業皆應虔誠，以表恭敬，故恭敬是總。○凡是供養必用花香者，此有深意。花所以表莊嚴，故佛經亦取以爲名，如《華嚴經》。香所以表清潔，如曰戒定真香，又以表熏習，表通達，如曰法界蒙熏。總之，花爲果之因，故散之以表種福慧雙修之因，證福慧莊嚴之果也。香爲佛之使，故散之以表三業清淨，感應道交也。○經所住處，如是殊勝，則信心不逆、依教奉行之人，其福德之殊勝可知。經應供養，則受持讀誦、廣爲人説者，其爲龍天擁護可知。《行願品》云：「誦此願者，行於世間，無有障礙，如空中月，出於雲翳，諸佛菩薩之所稱讚，一切人天皆應禮敬，一切衆生悉應供養。」誦《普賢品》如此，誦《金剛般若經》亦然。當知此二經，一表智，一表悲，日以此二種爲恆課，正是福慧雙修，悲智合一，功德無量無邊，前曾以此相勸者爲此。反之，若於此《經》或毁謗，或輕視，或淺説妄説，其罪業之大亦可知。觀在在處處若有此《經》云云，則學佛人應在在處處書寫受持讀誦，爲人解説也亦可知，不然，不能在在處處有此《經》矣。而如今之世，尤應廣爲宏揚，令在在處處皆有此《經》，則在在處處皆有三寶加被，天龍擁護，即在在處處皆獲安寧矣。今雖未易做到，然有一妙法。其法云何？發起大心，日日爲在在處處讀誦，求消災障，豈但在在處處可獲安寧，且在在處處衆生亦必不知不覺，發起信心。此等感應，真實不虛。何以故？一真法界故，一切衆生同體故，冥熏之力極大故，此《經》功德殊勝，爲十方三寶所護持，一切天龍所恭敬故。且人能如是行之，便是捨己利他，便是已開道眼，便是觀照一真法界，便是行利益一切衆生之離相布施，便是信心不逆，依教奉行，便成就不可量、不可稱、無有邊、不可思議功德，便爲荷擔如來，我佛世尊便爲授記，當得阿耨多羅三藐三菩提也。其效力之大小遲速，全視當人觀行之力如何。今日坐而言者，明日便可起而行。諸善知識，勿忽此言。

（壬）次，約滅罪顯，分二。（癸）初，標輕賤之因。

復次，須菩提，善男子、善女人，受持讀誦此《經》，若爲人輕賤。是人先世罪業，應墮惡道。

復次之言，是明復舉之義，雖與前義有別，然是由前義次第生起，或雖非前義生起，而與前義互相發明，必須次第説之者，則用復次二字以表示之。若但爲別義，與前并無上説之關係，不用此二字也。○此中復舉之義，與前義關係之處有三。一，約三要言。二，約生福言。三，約供養恭敬言也。（一）約三要言者，前云，以要言之，其下列舉教義、緣起、荷擔三項，以説明其福勝彼之所以然。然三要中，實以教義爲唯一之主要。何以故？因教義殊勝，而後緣起、荷擔乃成殊勝故。然則教義既殊勝如此，其功德豈止如上所説之生福已哉？並能滅先世重罪，得無上菩提。故復説此科顯之。（二）約生福言者，上明所生之福，爲成就不可量、不可稱、無有邊、不可思議功德，即是荷擔無上菩提。然而荷擔菩提猶是造端，證得菩提方爲究竟，當知成就荷擔功德，便能勝彼菩薩者，以其將由荷擔而證得故也。是《經》有不可思議、不可稱量、無邊功德，正以其能令信解受持者證得無上菩提故也。且欲證得菩提，必先消其夙障，而是《經》教義爲最能消除三障者，所以能令證得無上菩提者在此。總之，消除三障，福德方爲圓滿。證得菩提，福德方爲究竟。惟此《經》有此功德，故須復説此科以顯之。（三）約供養恭敬言者，上來約因詳顯之末云，隨説是《經》之處，一切天人阿修羅皆應供養。經也，人也，并説在内。上科但云，有經之處，一切天人阿修羅所應供養。雖意中攝有人在，而未明顯，故復説此科以反顯之。知得爲人輕賤，出於偶然，則知應當恭敬，事屬常然矣。何以知輕賤出於偶然耶？《經》曰若爲，若者，倘若也，或者有之之意，非出於偶然乎？或問，既爲人輕賤，天龍八部必亦輕賤之矣。答，此義不然。當知是人能於此《經》信心不逆，依教奉行，前云如來悉知悉見，其蒙諸佛護念可知，則護法之天龍八部，亦必如常擁護是人可知。《經》中但曰爲人輕賤，不及其他，其旨深哉。爲者，被也。輕者，不重之意。賤者，不尊之意。不被人尊重，正是皆應恭敬反面。云何輕賤？淺言之，如訕謗屈辱等。廣言之，凡遇困難拂逆之事皆是。是人先世罪業，應墮惡道，明其被人輕賤之故也。先世既造重罪之業，其結怨於人可知。或雖未與人結怨，其爲人所不齒可知。如是因，如是果，此其所以被人輕賤也。先世有兩義。一指前生，前生者，通指今生以前而言，非但謂前一生也。一指未持説此《經》以前。三十年爲一世，諺亦云，前後行爲，如同隔世，是也。下科之今世亦然，一即今生，一謂持説此《經》之後。惡道者，地獄、餓鬼、畜生三惡道也。所作之罪應墮惡道，其重可知，蓋指五逆、十惡、毁謗大乘等言。應墮者，明其後世必墮，蓋罪報已定，所謂定業是也。○此中要義有三。（一）凡人造業，無論善惡，皆是熟者先牽。謂何果先熟，即先被其牽引受報。故此科所説，前生造惡，今生未墮，待諸後生者，因其前生造有善業，其果先熟，或多生善果之餘福未盡，而惡果受報之時猶未到，所以今生尚未墮落者，因此。然而有因必有果，若非别造殊勝之因，速證殊勝之果者，定業之報，其何能免？所謂善惡到頭終有報，只爭來早與來遲是也。應墮惡道句，正明此義。古德云，萬般將不去，惟有業隨身。此言萬事皆空，惟有因果在。由是觀之，人生在世，有何趣味？真如木偶人做戲，被業力在黑幕中牽引播弄。若非擺脱羈絆，則上場下場，頭出頭没，做盡悲歡離合，供旁觀者指點，自己曾無受用，曾無了期，不知所爲何來也。又觀本科所説，可知凡論因果，必通三世觀之，乃不致誤。蓋人之造業，純善純惡者少，大都善惡複雜。因既不一，果遂不能遽熟，所以必應通觀三世，方能知其究竟耳。（二）造業，業障也。墮惡道，報障也。而是人先世不知罪業之不可造，惑障也。惑、業、報，亦謂之煩惱、業、苦。名惑爲煩惱者，惑於我見，故生煩惱。名報爲苦者，約凡夫説也，明凡夫之報，雖大富大貴，乃至生天，到頭免不了一個苦字也。此惑、業、苦皆名爲障者，凡夫不知此三皆是虚妄相想，自無始來至於今日，執迷不悟，遂被此三障其見道，障其修道，障其證道，故謂之障也。所以學佛唯一宗旨，在於除障。所有小乘、大乘、最上乘一切佛法，一言以蔽之曰，除三障而已。此科先明三障，以爲下科除障張本。（三）此科是明業力不可思議也。受持讀誦此《經》，爲一切世間天人阿修羅所應供養者，今以夙業故，反而被人輕賤，業障之力大矣哉！當知業起於心。心何以造業？惑也。惑也者，所謂無明也。無明者，無智慧也。一切小乘、大乘法雖皆能除障，而惟最上乘之《金剛般若波羅蜜經》，尤爲除障之寶劍。何以故？金剛者，能斷之意，即謂斷惑。般若者，佛智之稱。以佛智照無明，則無有不明，故喻以金剛。波羅蜜者，到彼岸之謂。蓋起惑爲造業招苦之根，惑滅則業苦隨之而滅，三障既消，便三德圓成，三身圓顯，是之謂得阿耨多羅三藐三菩提，則達於彼岸矣。故觀此《經》經名，便可知其是斷惑除障，達於究竟之經，所以經功不可思議。下科正明此義。

（癸）次，明滅罪得福。

以今世人輕賤故，先世罪業則爲消滅，當得阿耨多羅三藐三菩提。

此科正明經功不可思議也。以今世人輕賤故，先世罪業則爲消滅兩句，昔人有釋爲轉重業令輕受者，見圭峯《纂要》及長水《刊定記》。此釋不宜局看，若局看之，便與佛旨多所抵觸。何謂與佛説抵觸耶？試觀上科，於爲人輕賤之下，即接曰，是人先世罪業，應墮惡道，正明其被人輕賤，是由夙業所致，亦即應墮惡道之見端也，其非别用一法，轉而令之如是也，彰彰明甚。此中消滅之言，不可誤會爲善惡二業兩相抵消。佛經常説因果一如之理，所謂如是因，如是果。又曰，假使百千劫，所作業不亡。足見善惡二業各各並存，不能抵消矣。即如本《經》，前云，能信此《經》，已於無量千萬佛所種諸善根。若可抵消者，先世罪業早已抵消矣，何致今世依然應墮惡道。將前後經文合而觀之，其爲各有因果，各各並存，不能抵消，顯然易明。而轉令輕受之言，含有抵消之意，故曰多所抵觸。然則奈何？惟有極力消滅惡種之一法耳。何謂抵消？譬如帳目，以收付兩數相抵相消，只算其餘存之數。善惡因果不能如是抵消，只算餘存之或善或惡以論報也。何以故？帳目中雖各式銀錢無所不有，然有公定之標準，可以依之將不一者折合爲一，故可抵消。若善惡之業，輕重大小至不一律，既無標準以爲衡量折合之根據，從何抵消乎？故經百千劫，其業不亡也。〇何爲消滅？譬如田中夙種，有稻有稗，今惟培植稻種，令得成穀，稗子發芽，則連根拔去，是之謂消滅。人亦如是，八識田中，無始來善惡種子皆有，惟當熏其善種，令成善果，則惡種子無從發生，縱令夙世惡種已經發展，但能於惡果尚未成熟期間，勇猛精進，使善果先熟，則惡果便不能遽成，若久久增長善根，則枝葉扶疏，使惡果久無成熟之機會，將爛壞而無存矣。此約世間善行及出世間法不了義教而言。若依最上乘了義之教，修殊勝因，剋殊勝果，便可將夙世所有惡種，連根帶葉，及其將成未成之果斬斷剷除，豈止善果先熟，不令惡果得成已哉？〇此中所説消滅，正是此義。經文三句，一氣銜接，展轉釋成，不能將滅罪、當得看作兩事。則爲之爲，讀如字。則爲消滅者，就此消滅之意。經意蓋謂，是人先世所作應墮惡道之罪業，雖猶未墮，然已行將果熟，故已有被人輕賤之見端。若非受持讀誦此《經》，必墮無疑，危乎殆哉。幸是人夙有深厚之般若種子，能依是《經》修殊勝因，離相見性，一超直入，故其殊勝之果亦將成熟。則本應墮落者，但以今世被人輕賤之故，先世罪業就此消滅。因其正念真如，有當得無上菩提之資格，洞見罪性本空故也。可見經中當得句，正是釋成罪業消滅之所以然者。須知不滅罪業，固不能證果，然經中是説當得，不是現已證得。説當得者，明其因有決定證得無上菩提之可能，則雖甚重之罪業，已有應墮之見端者，便可就此消滅耳。當得之當，當來之意，亦定當之意，現雖未得，當來定得，決定之詞也。應墮亦當來定墮之謂。然因是無上極果，故不待先熟，但有決定成熟之望，惡果便連根除卻矣。以其所修，是無我相、無法相、亦無非法相功夫，能造之心既空，所造之業自滅，所謂罪從心起將心懺，心若空時罪亦亡是也。此正極顯經功處。由於未能領會得經旨所在，遂致誤會是以人輕賤之故，罪業被其消滅，故有轉重業令輕受之誤解也。總之，以今世重讀。人輕賤故，先世重讀。罪業則爲重讀。消滅兩句，是明後世決不墮落之意，其中故字，正是點醒此意者，豈可誤會成若非受人輕賤，罪業便不消滅耶？上科説爲人輕賤，是明定業不能倖免。説罪業，説應墮，是明業報二障。而業報由惑來，故説業報，即攝有惑障在内。此科所説，是明除三障。蓋受持此《經》，能觀三空之理，且有當得極果之可能，是其觀行甚深可知，則惑障可從此而消。根本枯則枝葉便萎，故雖不能倖免之定業，已有應墮之見端者，其業力亦就此消滅。業障消則報障亦隨之以消，應墮者遂不墮矣。迨至三障除淨，則三德圓明，故曰當得菩提，皆所以顯經功不可思議也。當得者，隔若干世不定，全視其三德何時修圓，便何時得。然雖時不能定，以三障能除故，終有得之之時，必得無疑，是之謂當得。此二字既蒙世尊親許，即是授記。如後文曰，然燈佛與我授記，汝於來世當得作佛，是也。彼曰作佛，此曰無上正等覺，名不同而意同。無上正等覺，是約果法言。佛者，是約果位言，證此果法而登果位，稱之曰佛。如來者，是約果德言，證此果法而性德圓彰，名曰如來也。可知曰佛，曰如來，便攝有無上正等覺之義，而曰阿耨多羅三藐三菩提，亦即攝有佛及如來義，以非佛、如來不能稱無上正等覺故。故三名皆是究竟覺果之稱，但或以顯究竟法，或以顯究竟位，或以顯究竟德，故立三名耳。

○世尊説法，善巧圓妙，一語之中包羅萬象，其出辭吐句，譬如風水相遭，毫不經意，而勾連映帶，乃成極錯綜極燦爛之妙文焉。即如此科，如但曰，受持讀誦此《經》，先世罪業應墮惡道者則爲消滅，當得阿耨多羅三藐三菩提，以顯經功，於意已足。乃帶出爲人輕賤，以今世人輕賤故云云，其中所含之義，遂説之不盡，茲再略舉其五。（一）令知因果可畏，惡業之不可造。幸仗《金剛般若》

之力，得免墮落，而猶難全免也。（二）令聞上來恭敬之説者不可著相，著相則遇不如意事，必致退心。（三）令遇拂逆之事者亦不應著相，應作滅罪觀也。（四）一切衆生夙業何限，令知雖極重夙業，果報將熟，已有見端者，此《經》之力亦能消滅之也。（五）令知因果轉變，極其繁複，應觀其究竟，不可僅看目前，淺見懷疑也。〇上生福科中明示三要，以鼓勵學人。此滅罪科中，亦暗示三要，以誥誡學人。一要者，今世受人輕賤，是先世重罪所致。凡遇此事者，應生畏懼心，應生順受心。二要者，受輕賤者，若受持讀誦此《經》，夙業可消。應於《金剛般若》生皈命心，應對輕賤我者生善知識心。三要者，人輕賤即應墮之見端，一切學人應生勤求懺悔之心。而云當得菩提，猶未得也，應生勇猛精進之心。〇五略三要，皆此科要旨。《佛名經》曰，行善之者，觸事轗軻，況當茲亂

世乎？以此要旨時用提撕，庶不致爲境緣所擾耳。〇頃言勤求懺悔，當知受持讀誦此《經》，正是懺悔妙門。何以言之？《法華》云：「若欲懺悔者，端坐念實相，念即是觀。重罪若霜露，慧日能消除。」此《經》之體，即實相也。《經》云：信心清淨，則生實相。心清淨即是離相離念，離相離念正是觀實相，亦正是除惑、消業、轉報之無上妙法。此即懺儀中之理懺門也。《經》中又令行離相之布施六度，以利益衆生。《行願品》云：「菩薩若能隨順衆生，則爲隨順供養諸佛。若於衆生尊重承事，則爲尊重承事如來。若令衆生生歡喜者，則令一切如來歡喜。」故行六度，即懺儀中之事懺門。蓋古德之造懺儀，於理懺外，復令供養禮敬，别修事懺者，正爲熏起廣行六度之心，豈第叩幾個頭便算了事哉？觀本科所説，因受持此《經》，而得消滅夙業，其爲懺悔妙門也明甚。蓋受持者，解行並進之謂。

解即是觀，即攝理懺，行即攝事懺也。且由此可知，受持亦即觀行之別名。尋常視受持爲讀誦，大誤。果爾，既曰受持，何又曰讀誦乎？當知讀誦原爲熏起受持，若但讀誦，而不受持，只能種遠因，不能收大效，只能增福，不能開慧，只能消輕業，不能滅重罪，更不能得無上菩提矣。當如是知。〇總而言之，是《經》有不可思議、不可稱量、無邊功德，説至此科，方爲顯盡。而信心不逆，其福勝彼之所以然，亦至此科，方爲説徹。本科標名不曰滅罪授記，而曰滅罪得福者，正爲點明勝彼之福，至此方得之意也。此極顯經功一大科，千言萬語，其唯一宗旨，可以數言統括而説明之曰：學佛者若不從此《經》入，縱令苦行無數劫，只能成菩薩，不能成佛是也。此正發揮前生信科中結語所云，一切諸佛及諸佛阿耨多羅三藐三菩提法皆從此《經》出之義趣，以勸一切衆生生信焉耳。由此可見本《經》章句極其嚴整，義理極其融貫。前於説生信科時，曾云，生信一科，已將全經義趣括盡，向後不過將生信中所説道理，逐層逐層加以廣大之推闡，深密之發揮耳。觀於此一大科所明之義，當可了然。

（壬）三，約供佛顯，分二。（癸）

初，明供佛。

須菩提，我念過去無量阿僧祇劫，於然燈佛前，得值八百四千萬億那由他諸佛，悉皆供養承事，無空過者。

阿僧祇，此云無央數，即無數之意。劫字已是指極長之時間而言，今曰阿僧祇劫，則是經過無數的極長之時也。不但此也，又曰無量。無量者，《華嚴》云，「阿僧祇阿僧祇，爲一阿僧祇轉。阿僧祇轉阿僧祇轉，爲一無量。」是將僧祇之數積至僧祇倍，名爲僧祇轉。又將此僧祇轉之數積至僧祇轉倍，始爲無量。復以無量之數計算阿僧祇劫，簡言之，可云無量之無數的長劫，所謂微塵點劫是也。言其所經劫數之多，如點點微塵，非算數所能計，非譬喻所能言，惟佛能知耳。此等劫數，俱在然燈佛前也。準之教義常談，由信位修至初住，須經一萬劫，或謂須經三阿僧祇劫。而由初住修至佛位，亦須三阿僧祇劫。又有一說，由信位修至佛位，統爲三阿僧祇劫者。其説種種不一，今以此科所説劫數參互考之。我世尊是在第二僧祇劫之末，遇然燈佛，證無生忍，遂由七地而登八地，即入第三僧祇劫。據此，則於遇然燈佛時，逆推至初住時，按之教義，只有一個第一阿僧祇劫也。即連第二僧祇并計，遇然燈時，是在第二僧祇之末，故可并計。亦只兩個僧祇劫。於無量僧祇中，除去兩個僧祇，其所餘者，仍無量也。然則由信位修至初住，乃是無量阿僧祇劫，豈止三阿僧祇劫，更豈止一萬劫哉？若依由信位至佛位統爲三阿僧祇劫之説計之，則於此《經》所説劫數不符尤甚。每見有人因之發生無數疑問，今故不得不引而説其不同之理。當知經中有如是種種不同之説者，實有深義。其義云何？所謂對機方便。如《法華》云，我説然燈佛，皆以方便云云是也。世俗每將方便二字看成是隨便，如言論、行爲不合於定軌者，則曰方便，此非佛經所説方便義也。佛經中凡是於理無礙，於事恰合，本來不可拘執者，則用方便二字表示之。故凡方便之言，方便之事，皆是對機而然。劫數多少，不一其説，亦是此意。蓋由信位而初住，而成佛，經歷時間或延或促，全視其人根器之利鈍，功行之勤惰，而致不同，豈可拘執？因是之故，遂有種種不同之説也。若明此理，則凡佛經中類此之言，皆可以此理通之，不可泥，不必疑也。然燈亦名錠光，過去古佛也。值者，遇也。那由他，此云一萬萬。將一萬萬加八百四千萬億倍，亦是極言其所遇之佛，非算數所能計，非譬喻所能言，惟佛能知耳。劫數既有如彼之長，當然遇佛有如是之多。

○供養者，簡言之，即飲食、衣服、臥具、湯藥四事供養。廣言之，如《華嚴》所説之事供養，法供養。事供養，就上言之四事更加推廣。法供養，謂依法修行。承事者，左右事奉。悉皆，正指無空過言。無空過者，謂無有一佛不如是供養承事也。以上備言歷時之久，供佛之勤者，爲顯不及受持此《經》之張本也。

（癸）次，顯持經。

若復有人，於後末世，能受持讀誦此《經》，所得功德，於我所供養諸佛功德，百分不及一，千萬億分，乃至算數譬喻所不能及。

後者，後五百歲，正當末法。又通指後五百歲之後，以及其末而言，故曰後末世。於我之於，比較之意。謂彼之持經功德比我供佛功德，我則不堪與之相比。蓋供佛功德百分不及彼之一分，千分、萬分、億分，乃至算數不能算之分，譬喻不能譬之分，皆不及其一分也。言百分，又歷言千萬億分、算數譬喻分者，以持經者根器之利鈍、功行之深淺，有種種不同，故比較不及之程度，遂有如是之高下不同也。此第五次較顯經功，是説在罪業消滅，當得菩提之後。意若曰，受持讀誦此《經》，便得除障，便得授記，豈我昔日未授記前，經歷無數之劫，值遇無數之佛，但知供養承事之所能及哉？蓋供養承事，只是恭敬服勞，而荷擔如來，則爲紹隆佛種，悲智行願之大小，相差懸遠，故曰，乃至算數譬喻所不能及也。此中説比較處，不能以歷時長短、授記遲速爲言，因持經者已於無量千萬佛所種諸善根，其歷時之長，遇佛之多，正復相似也。亦不能泛以聞法爲言，以彼此值遇多佛，承事供養，種諸善根，豈有不聞法之理？故供養承事所以不及者，的指受持此《經》。以經中義趣，是開佛知見，示佛知見，果能受持，便是悟佛知見，入佛知見。所以無數七寶施、身命施、多劫供佛不能及者，理在於此。何以故？一切諸佛及諸佛阿耨多羅三藐三菩提法，皆從此《經》出故。故供養二字，應兼以法供養爲釋，方顯此《經》爲一切法所不能比，不能專以四事供養説之。以自身之事較顯，并點明然燈佛前者，正明此《經》爲佛佛相授之傳心法要，而爲自身多劫勤苦修證所得，語語皆親嘗甘苦之言，以勸大衆信入此門，同得授記，共證菩提耳。前四次皆言其福勝彼，是以劣顯勝，故言福德，不言功德，以顯勝者既具般若正智，則所修福德皆成無邊功德，所以勝彼。此次言供佛功德不及持經，是以勝明劣，故言功德，不言福德，以明劣者因缺般若正智，雖不無功德，亦祇成有漏福德，所以不及。〇經中雖但説受持讀誦，賅有廣爲人説在。〇獨以後末世爲言者，其意有四。（一）後末世衆生鬬爭堅固，業重福輕，障深慧淺，然而尚有受持讀誦之者，則非後末世時，大有其人可知。故説一後末世，便攝盡餘時，此説法之善巧也。（二）以如是之時，而有如是之人，故特舉後末世言之，以示不可輕視衆生，此攝受之平等也。（三）此《經》最能消除業障，故獨言後末世，以示此時衆生不可不奉持此《經》，此救度之慈悲也。（四）此《經》爲三寶命脈所關，故舉後末世爲言者，爲勸現前當來一切衆生，應力爲宏傳，盡未來際，不令斷絶，此咐囑之深長也。

（壬）四，結成經功，分二。（癸）初，明難具説。

須菩提，若善男子、善女人，於後末世，有受持讀誦此《經》，所得功德，我若具説者，或有人聞，心則狂亂，狐疑不信。

此結成經功一科，爲前半部之總結，不但總結開解一科已也。且不但結成前半部，并以生起後半部。其中初難具説一小科，是結成前五次較顯功德。次不思議一小科，是結成前半部之真實義趣，即以生起後半部。兩小科中，皆含有垂誡學人、顯示經旨兩種深意，章句極整嚴，諦理極圓足。茲逐層説之。何以知其爲垂誡學人耶？試觀上云，是人成就最上第一希有之法，乃至生福，滅罪，荷擔如來，當得菩提，是所得功德亦已説盡，何故此中乃言未具説乎？又上來言，是《經》有不可思議等功德，又是人之成就荷擔如來，當得菩提，即是果報不可思議也。是兩種不可思議早已明説，令衆知之矣，何故此中復云當知？其意不同前可知。蓋此結成經功之文，并非説以勸信，乃是垂誡之意。狂亂、狐疑、當知，皆垂誡學人語也。○何謂狂亂？狂者，狂妄，指妄談般若者言也。談何故妄？未解真實義耳。真義不明，自必法説非法，非法説法，惑亂衆心，不但自心惑亂已也，故曰，心則狂亂。何謂狐疑？將信將不信之意也。此指怕談般若者言，亦由未解真實義，以致驚怖疑畏，不能生起決定信心，故曰，狐疑不信。世尊懸鑒後末世衆生有此二病，故下科叮嚀誥誡之曰，當知云云也。○我若具説者，意謂難以具説，此含兩義。（一）是説明分五次校顯，而不一次具説之故。意謂我若不由淺而深，分次顯之，而於一次具説經功者，既不易説明，必致聞者或狂或疑，反增過咎。因利根人往往見事太易，聞具説之功德，便狂妄自負，未證謂證，未得謂得，惑亂衆心。其鈍根者又往往著相畏難，既聞一切無住，又聞具説功德，不敢以爲是，又不敢以爲非，狐疑莫決，不生信心。世尊之爲此言，是誡聞顯經功者，應於由淺而深之所以然處徹底領會，則不致顢頇真如而心生狂妄，亦不致莫明經旨而心起狐疑。（二）是説明既已五次説明，更不具説之故。意謂我前來廣説受持此《經》者所得功德，意在示勸而已，以後不再多説。恐聞者不明其意，或者著相而求，是狂亂其心也。或者求不遽得，反狐疑不信也。世尊之爲此言，是誡行人當知此事本非言説所及，惟證方知。必須一切不著，真修實行，久久方能相應，不可狂也。功到便能自知，不必疑也。以是之故，後半部較顯經功，只略略表意，不似前之注重矣。因前半部正令生信開解，若不極力顯之，云何能信，云何能解？後半部正令向離名絶相上修證，即菩提心、菩提法、菩提果尚不應著，何況功德？若再廣説，便與修證有礙。然亦不絶對不説者，又以示但不應著耳，並非斷滅也。或有者，深望其不多有也。

（癸）次，明不思議。

須菩提，當知是經義不可思議，果報亦不可思議。

當知兩句，正是規誡狂疑者之詞也。何故狂？何故疑？由其不知是《經》義趣，及持説此《經》所得之果報皆不可思議故耳，故誡之曰當知。果報即暗指所得功德。所得功德非他，即上文所謂，荷擔如來及當得菩提是也。○何謂經義不可思議？當知是《經》義趣，專明離一切諸相，離相方能證性，所謂離名絶相，惟證方知，故曰，經義不可思議。何謂果報不可思議？當知受持此《經》，原爲證性。欲證無相無不相、相不相俱無之性，必須離一切諸相，分分離，便分分證。果報非他，即是自證究竟，性德圓彰，故曰，果報亦不可思議。總以明經義、果報皆不可以心思，不可以擬議，皆應離名字、言説、心緣諸相，微密契入。若能知此，則妄執未遣，何可貢高？狂亂之心可歇矣。虛相遣盡，淨德自顯，狐疑之心可釋矣。○前於滅罪科中曾云，極顯經功，正是發揮前生信科中所説，一切諸佛及諸佛阿耨多羅三藐三菩提法，皆從此《經》出之義趣，以勸信。此結成科爲極顯經功之總結者，又正是發揮皆從此《經》出之下文，所謂佛法者即非佛法之義趣，以開解也。世尊之意若曰，前所謂法即非法者，何耶？當知是經義不可思議故也。前所謂佛即非佛者，何耶？當知果報亦不可思議故也。蓋即非者，簡言之，即離相之謂。詳言之，性體空寂，一絲一忽之相不能著，著則即非空寂之性體矣，故曰即非也。我前來分五次以顯經功，不欲具説者，爲令聞者深心領解，功德以離相之淺深而異，不致口談空，心著有，而狂妄自亂，亦不致一聞離相，便怕偏空，而狐疑不信。總之，是《經》義趣，是專遣情執，以證空寂之性。所謂果報，即是證得不可緣念之性。直須言語道斷，心行處滅，方許少分相應。心行處滅，不可思也。言語道斷，不可議也。此之謂是經義不可思議，果報亦不可思議，此之謂佛法即非佛法。若不知向這言語道斷，心行處滅，不可思議中觀照契入，便與經義乖違，那得果報可證？有狂與疑而已矣。受持讀誦此《經》者，當如是知也。○知即是解。以此爲開解一大科之總結束，正是顯示所謂開解者，當如是深解也。亦正是顯示此開解一大科中義趣，皆是逐漸啓導學人，令得如是深解者。真畫龍點睛語也。總以明修行以開解爲本，依解起行，乃剋勝果。不然，非狂則疑。其開示也切矣，其垂誡也深矣。而末世衆生讀誦此《經》，犯此二病者正復不少，由其於五次較顯經功之所以然，多忽略視之，故并此結成科中所説之道理，亦未能深切明了耳。顢頇儱侗，豈不深負佛恩也乎？○極顯經功一科，既是發揮一切諸佛乃至即非佛法云云之義趣，則此處結成一科，不但將開解科中義趣結足，并將生信科中義趣亦一併結足矣。蓋非如此以後義顯前義，前半部義趣不能發揮透徹，一切諸佛云云，是生信一大科之總結。極顯經功一科，是開解一大科之總結。今以後之總結顯前之總結，則前半部之義趣倍加彰顯，而綱領在握矣。亦無以生起後半部來。後半之文，正是專明言語斷、心行滅、不可思議之修證功夫者也。故前後經文得此當知兩句爲之勾鎖，章法、義理便聯成一貫，豈可局謂前淺後深？此兩句是統指全經而言，且與後半緊相銜接，豈可局判前後爲兩周說，若各不相涉者耶？至視後半所說語多重複，則於經旨太無領會，不足論矣。〇不可思議一語，具有三意。（一）即上來所云言語斷，心行滅。經義所明者，明此。果報所得者，得此。此本義也。（二）回映是《經》有不可思議等功德句，並加釋明，藉以收束極顯經功一科也。前但云，經有如是功德。今明之曰，言經有者，因其教義如是也。前判爲教義勝者，根據此處之言也。何以知教義有如是功德？以依教奉行者，能得如是果報故也。不可思議是法身，是體，見前釋。得體乃能起用，證得法身，報化自顯，故但言不可思議已足，不必說不可稱量云云矣。況兼以明言語斷、心行滅之本義，更不能雜以他語。（三）以顯是《經》功德及持經者功德無上無等，非凡情所能窺，非言語所能道也。故雖但說不可思議，便暗攝有不可稱量、無邊之義在內，善巧極矣。

金剛般若波羅蜜經講義卷第三終

金剛般若波羅蜜經講義卷四

震旦清信士勝觀江妙煦遺箸

詳談本分兩總科。初約境明無住，以彰般若正智，即上來已講之前半部經。次約心明無住，以顯般若理體，即向下將講之後半部經也。後半與前半不同處，茲於未講經文時，先當說明其所以然，入文方易領會。且從多方面説明之，以期徹底了然。（一）前是爲將發大心修行者説，教以如何發心，如何度衆，如何伏惑，如何斷惑。後是爲已發大心修行者説。蓋發心而曰我能發，能度，能伏惑、斷惑，即此仍是分別，仍爲著我，仍須遣除，後半專明此義。須知所有取著，便被其拘繫，不得解脱。凡夫因有人我（即執色身爲我。）之執，故爲生死所繫，不得出離輪迴。二乘因有法我（雖不執有色身，而執有五藴法，仍是我見未忘，故名法我。）之執，遂爲涅槃所拘，以致沈空滯寂。菩薩大悲大智，不爲一切拘繫，故無罣無礙，而得自在，此之謂不住道。所以少有執情，便應洗滌淨盡，而一無所住也。（二）人我執、法我執，簡言之，則曰我執、法執。尋常説，本《經》前破我執，後破法執，未免疏略。前半啓口便云，菩薩於法應無所住，以及無我相，無法相，亦無非法相，不應取法，不應取非法，法尚應捨，何況非法，等等，説之再再，何得云但破人我執乎？當知我法二執皆有粗有細。粗者名曰分別我法二執，蓋對境遇緣，因分別而起者也。細者名曰俱生我法二執，此則不待分別，起念即有，與念俱生者也。此《經》前半是遣粗執。如曰，不應住六塵布施，不應住六塵生心，應無住生心，應生無住心，應離一切相，云云，皆是遣其於境緣上生分別心，遂致住著之病，所謂我法二執之由分別而起者是也，故粗也。云何遣耶？離相是已。後半是遣細執，即是於起心動念時，便不應住著。若存有所念，便是我執、法執之情想未化，便爲取相著境之病根。是爲遣其我法二執之與心念同時俱生者，故細也。云何遣耶？離念是已。（三）前令離相，是遣其所執也。後令離念，是遣其能執也。前不云乎，所執之幻相，起於能執之妄見。故乍觀之，本《經》義趣前淺後深。然而不能如是局視者，因遣所執時，暗中亦已兼遣能執矣。何以故？若不離念，無從離相故。故前半雖未顯言離念，實已點醒不少，如能作是念否，我不作是念，應生清淨心，應生無住心，若心有住，則爲非住，皆令離念也。即如應離一切相發菩提心之言，利根人便可領會得所發之心亦不應住。何以故？明言有住則非故。前云，信心不逆者，荷擔如來，當得菩提，是人必已領會得離念，不然，未足云荷擔、當得也。所以昔人有判後半是爲鈍根人說者，意在於此。謂利根人即無須乎重說，因世間利根人少，故不得不說後半部，令鈍根者得以深入，此昔人之意也。不可因此言，誤會爲後淺於前。雖然，離念功夫甚深甚細，若不層層剖入，不但一般人未易進步，即利根已知離念者，若不細細磋磨，功行何能徹底？如剥芭蕉然，非剥而又剥，豈能洞徹本空，歸無所得乎？當知後半部自明五眼以後，愈説愈細，至於證分，正是令於一毫端上契入之最直捷了當功夫，所謂直指向上者。不明乎此，圓則圓矣，頓猶未也。若局謂後半專爲鈍根人說，於經旨亦未盡合也。此理不可不知。（四）前半說，離一切相，方爲發菩提心，方爲利益一切衆生之菩薩，是空其住著我法之病。後則云，無有法發菩提，無有法名菩薩，以及一切法皆是佛法等語，是空其住著我法二空之病也。故前是二邊不著，後是二邊不著亦不著。前是發心應離相，後則并發心之相亦離。當知但使存有能離之念，仍是我法宛然，便已分別取相。故又云，非不以具足相得菩提，我見即非我見，法相即非法相，皆所以遣蕩微細執情，遣之又遣，至於能所皆離，并離亦離，方證本來。所謂證者，非他，但盡凡情，本體自現，非別有能證所證也。豈但凡情不可有，即聖解亦應無，存一能修所修、能證所證，便是聖解，即是所知障，正障覺體。故彌勒菩薩《金剛經頌》曰：於内心修行，存我爲菩薩，此則障於心，違於不住道也。《圓覺經》云：「一切菩薩及末世衆生，應當遠離一切幻化虚妄境界。」本《經》前半不外此義。《圓覺經》又云：「由堅執持遠離心故，心如幻者，亦復遠離。遠離爲幻，亦復遠離。離遠離幻，亦復遠離。得無所離，即除諸幻。」本《經》後半部不外此義。（五）前半部是明一切皆非，如曰，非法非非法，有住則爲非住。以顯般若正智之獨真。蓋此智本一塵不染，而一切相莫非虚幻，故應一切不住，而後正智圓彰也。後半部是明一切皆是，如曰，諸法如義，一切法皆是佛法，是法平等，無有高下。以明般若理體之一如。蓋此體爲萬法之宗，故一切法莫非實相，故應菩提亦不住，而後理體圓融也。由是觀之，一部《金剛經》所詮者，真如二字而已。最後結之曰，不取於相，如如不動，全經義趣盡在裏許矣。又復前明一切皆非，令觀不變之體也。所謂正智者，乃如如之智，即體之智也。後明一切皆是，令觀隨緣之用也。所謂理體者，理者條理，屬性用言，用不離體，故曰理體。此與宋人之言理氣截然不同，彼以渾然一本者爲理，以流行萬殊者爲氣。後儒辨其言理之非是者，詳矣。又復前既一切皆非，故雖則非與是名並舉，而意注則非，所謂雖隨緣而不變也。後既一切皆是，故雖細遣法執，而曰於法不説斷滅相，所謂雖不變而隨緣也。綜上五説，以觀全經，全經旨趣了了於心目中矣，不止入文時易於領會已也。

（己）次，約心明無住以顯般若理體，分二。（庚）初，深觀無住以進修。次，究極無住以成證。（庚）初又三。（辛）初，發心無法。次，舉果明因。三，顯勝結動。

（辛）初又四。（壬）初，重請。

爾時，須菩提白佛言：世尊，善男子、善女人發阿耨多羅三藐三菩提心，云何應住，云何降伏其心？

此科看似另起，實則緊躡前文而來。爾時，正指佛説經義、果報皆不可思議甫竟之時也。長老意謂，既應離名絶相，而善男子、善女人明明各有發心之相，且明明有阿耨多羅三藐三菩提之名，蓋各各自知我應發心，各各自知阿耨菩提是無上法，豈非我法之名相宛在乎？前云應離一切相發菩提心，今思發心時便住相了，云何此心獨應住耶？若不應住而應降伏者，豈非不發心乎？然則云何降伏其心耶？此意是説，我法二執已與發菩提心時同時俱生矣，降則非發心，住則執我法，此正向一毫端上錐札入去，指示行人應向起心動念時用功。長老大慈，故代一切衆生重請開示根本方便耳。〇前曰應云何住，是問菩提心應云何安住，俾無馳散。今曰云何應住，是問菩提心云何獨應住著。蓋若不住於此法，何謂發此心？住既不可，降又不得，將奈之何？此因聞説於法應無所住，乃至有住則非，因思菩提亦法也，云何應住耶？且前云應離一切相發菩提心，一切相賅攝甚廣，發菩提心之相當亦在内，何既云應離一切相，又云發菩提心耶？若亦應離者，又何以謂之發菩提心耶？鈍根人聞法，往往執著名言，粘滯不化。長老此問，又是曲爲現前當來一切粘滯不化者請求開示耳。

（壬）次，示教。

佛告須菩提：善男子、善女人發阿耨多羅三藐三菩提者，當生如是心，我應滅度一切衆生，滅度一切衆生已，而無有一衆生實滅度者。

此正開示教導起心動念時離相之方便也。觀上科問辭，若無辦法。觀此科答語，極其輕鬆圓妙。菩提下，唐人寫經無心字，應從之。試思開口説一句發阿耨多羅三藐三菩提者，即接云當生如是心，正是掃除此是發菩提心之相，故原本不用心字，以示泯相之意。

即以文字論，不要心字亦説得通，蓋發阿耨多羅三藐三菩提，即是發無上正等覺，不贅心字有何不可？〇如是二字，指下三句。我應應字，正與生字相呼應。蓋現其本有曰生，顯其本無曰發。一切衆生本來同體，滅度一切衆生，不過完其性分之所固有，乃應盡之天職，有何奇特？若以爲我當發此心，便有矜張之意，便著相矣。故不曰當發，而曰當生者，以此。蓋説一應字，是遣其著於菩提，破法執也。説一當生，是遣其著於發心，破我執也。應字統貫下三句。三句之意，次第深進。初句言度生本應盡之責，言下含有何可自矜此是菩提耶？次句言應度衆生至於罄盡。已者，罄盡之意。言下含有衆生無盡，此責又何嘗能盡，則何可自謂我能度耶？三句更進一步，謂應知雖度得罄盡，而并無無字略斷。實有一衆生滅度者。何以故？衆生之性本即涅槃故。且雖涅槃而亦不住故，彼若有住，便非滅度故。然則豈有一衆生實滅度者，則又何可自謂有所度耶？發無上正等覺者，須先覺了度衆生是應盡之責，且此責終未能盡，即盡亦等於未盡。當生如是之心，無能度，無所度，無分别，無所謂菩提，無所謂度，并無所謂發心，庶與清淨覺心相應耳。〇前答曰，實無衆生得滅度者，重在一得字，謂雖得滅度，而實無所得也。此中重在滅度字，尚無所謂滅度，那有得不得之可説？其意更深於前可知。又前答雖亦是能度、所度并遣，其遣能度、所度，雖亦是遣其著於菩提心，但語氣渾涵。今則深切著明而説曰，當生如是心，則此是菩提，此是發菩提心，此是衆生滅度的影子也不許一絲存在。故語雖與前答相仿，意則如萬丈深潭，一清到底。〇更有當知者，聞得此中所説，便應依此起修。前云，生信一科，已將全經旨趣攝盡，向後是加以廣大之闡明，深密之發揮。吾輩學人，應從深密處著手，方能達於究竟。所以聞前半部經者，更不可不聞後半部經也。本《經》天然分爲信、解、修、證四部分者，非謂信、解中無修功，乃指示前來所有修功，皆應依此中所説者而修之耳。此我前於説信心清淨時，所以極力發揮信、解、行、證雖有次第，而不可局其次第，雖分四項，而不可局爲四也。諸善知識，應體會此意也。

（壬）三，徵釋。

何以故？若菩薩有我相、人相、衆生相、壽者相，則非菩薩。

何以故下，流通本有須菩提三字，古本無之，可省也。何以故，是自徵問何故當生如是心。其下云云，是反言以釋其義。意謂，若不生如是心者，便有對待分別，既未脱我人等分別執著之相，依然凡夫，豈是菩薩？下文所以者何，又轉釋則非菩薩之所以然。前云，若取法相，即著我、人、衆生、壽者。若自以爲發菩提心，便取著菩提法，則四相宛然矣，故曰，則非菩薩，故當生如是心也。

○我、人、衆、壽四相，雖同於前，而意甚細。蓋已一切不著，但著於上求下化極微細的分別耳，不可濫同普通一般之四相。世尊言此，是開示行人，若微細分別未淨，我相病根仍在，雖曰菩薩，名不副實矣。儆策之意深哉。

（壬）四，結成。

所以者何？須菩提，實無有法發阿耨多羅三藐三菩提者。

古本菩提下亦無心字。此句正引起下文無法得菩提，心字尤不應有。所以者何，承上起下，結成上兩科義。實無有法發阿耨多羅三藐三菩提者，有兩義，可作兩種讀法。（一）法字斷句，意謂，發正覺者實無有法。蓋無上正等覺即是究竟清淨義，清淨覺中，不染一塵，若存毫末許此是菩提，便是法塵，便非淨覺，則所發者名爲菩提，實則分別心耳。

故必實無有法，乃名發無上正等覺者。（二）無字斷句，意謂，有法發無上正等覺，實無如此事理。蓋衆生以無始不覺故，因愛生取，遂致流轉。故無論何法皆不應取，取之便是不覺，何名發覺乎？故實無可以有法爲發無上正等覺者。兩義既明，則上文當生如是心，及若有四相，則非菩薩之所以然，可以了然矣。○上來所明，不外發菩提者，當發而不自以爲發。如是無發而發，乃爲真發，而住降在其中矣。蓋云何住降，全觀發心如何，不必他求，故不別答。須知當生如是心，便是無住而住之意。應滅度一切衆生三句，是降伏其心之意也。○初問只答降住，重問只答發心，固以示淺深次第。若不發心，何必問降住？故發心是本，降住爲末，故曰淺深次第。然而前答降住，而發心攝在其中。今答發心，而降住攝在其中。且知得云何降，便知得云何住，又以示三事只一事。而前從降伏上説，原爲不降之降。今就發心上説，又是無發而發。此皆破我遣執之微妙方法，應於此等處悉心領會，方爲善用功者。

（辛）次，舉果明因，分二。（壬）初，詳明。次，結示。（壬）初又二。（癸）初，明果。次，明因。（癸）初又二。（子）初，明無得而得。次，明法法皆如。（子）初又三。（丑）初，舉問。

須菩提，於意云何？如來於然燈佛所，有法得阿耨多羅三藐三菩提不？

此引往事爲證也。其時證無生法忍，位登八地，事蹟因緣，前已詳説之矣。上望極果，八地仍爲因人，而下望發心者，則爲果位，此事介乎因果之間。因因果果一如之理，易於明了，故舉以爲證。世尊防聞上説者疑謂，發心若無法，云何得果？故舉果以證明之。若知得果者乃是無得而得，則發心者必應無發而發也明矣。標科曰舉果明因，含有因果兩重。蓋舉佛地之果法，明八地之因心。即藉八地果人之心，明發覺初心者之行也。○此事前後兩引之，而命意不同，不同之意有三。（一）前問於法有所得否，答曰，於法實無所得。其意重在得字，明其雖得而不住得相，與上文四果得無得相之意一貫。以引起下文，發心者應生清淨心，不應住色聲六塵等相來也。此中則重在法字，蓋以無法得菩提，證明上文無法發菩提之義也。（二）前問中法字，是指無生法忍。此中法字，即指阿耨多羅三藐三菩提。其時方登八地，未得究竟果法。當知無生法忍名爲菩提分法，所謂分證菩提，非究竟證得無上正等覺也。故此處問意，實趨重在下文之反正釋成。意明彼時因證無生法忍，一法不生，故蒙授記，則彼時心不住法可知。校：知，舊版作如，誤。原稿作知。因彼時心不住法，故今日圓滿證得究竟果法而成如來。使人了然於如是因，如是果，絲毫不爽，則發心不應住菩提法，毫無疑蘊矣。若誤會此句之意，爲彼時已得無上正等覺，而不住法相，則差之遠矣。觀下文云，若有法如來得阿耨多羅三藐三菩提，足證此句得字非指彼時，彼時未成如來故。總而言之，得者，當得也，非已得也。（三）前問於法有所得否，亦是舉果明因。然法字既指無生法忍，故彼中只有舉八地果明發心因一義。此中之法是指無上菩提，故應以兩重因果釋之，於義方圓。○有法得阿耨多羅三藐三菩提否，作一句讀。有法者，心有其法也，即住法之意。問意若曰，如來昔於然燈佛處，心中存有無上正等覺果法，以求證得之否？猶言，心中存有當得無上菩提之念否也？經中不如是說之，而曰有法得云云者，與上文有法發之語相配，俾遣微細法執之意一目了然耳。○說一如來，即含有不應住法意在矣。如來是性德之稱，覺性圓明，豈有法塵？作佛時如此，則昔在八地時，既蒙作佛之授記，其心無法塵也可知。

證得菩提分法時如此，則初發菩提者便應如是而學，亦由此而可知。因因果果，先後一如。故曰，此處之舉果明因，含義兩重。

（丑）次，答釋。

不也，世尊。如我解佛所說義，佛於然燈佛所，無有法得阿耨多羅三藐三菩提。

不也，活句，謂非無法非有法也。彼時正蒙授記當來作佛，作佛云者，許其將來得證果法之稱也，故非無法。然彼時實以證無生忍，一法不生，而蒙授記，故非有法也。解所說義，正指上文所說無法發菩提之義。謂由無法發菩提之義領會之，知必無法乃得菩提。何以故？因果一如故。長老既未作佛，亦非八地菩薩，云何知其境界？但於佛所說義中領會得之，此正指示解慧之要也。不曰如來而曰佛者，有深意焉。蓋上曰解義，是以初發心修因時之義，解得證八地果者之心。今舉佛言，則是由今日已得作佛之果，證明昔時當得作佛之因。何以故？佛者，證得果法，成究竟覺之稱也。舉一佛字，明其約證果言，非畢竟無法也。然由所解無法乃得之義推之，則以今日之果望昔日之因，其於然燈佛時，必無絲毫有法得阿耨菩提之心念可知矣。無字略斷，有法得阿耨多羅三藐三菩提，原是問辭，今加一無字，明其約修因言，非畢竟有法也。總以顯明心無法以求得，而後可得，若住法求得，便不能得。則不應住法發心，其義昭然。

（丑）三，印成，分二。（寅）初，如來印許。

佛言：如是如是，須菩提，實無有法如來得阿耨多羅三藐三菩提。

兩言如是者，許其非無法非有法之說不謬也。實無略斷，有法得阿耨菩提，連讀之。有法得阿耨多羅三藐三菩提，原是問辭，今於其中加如來二字者，如來是性德之稱，覺性圓明，名爲得阿耨多羅三藐三菩提，若有法塵，便非圓明，何名得無上菩提？故如來得阿耨多羅三藐三菩提，猶言得成如來。有法如來得云云，猶言有法得成如來。實無者，謂彼時在然燈佛所，實無絲毫有法得成如來之心也。經文不曰得成如來，而必曰如來得阿耨菩提者，因正在破法執，故帶無上菩提法爲言，以明實因心中無此果法，而後得成如來耳。此正印定長老所解不謬。長老以果明因，故舉佛言。世尊則約性德以明覺性圓明，那容有法，故舉如來爲言。意在使知雖得而實無所得，方爲性德圓彰之如來，以爲下文說「如來者，諸法如義」作前提也。

（寅）次，反正釋成，分二。（卯）初，反釋。

須菩提，若有法如來得阿耨多羅三藐三菩提，然燈佛則不與我授記，汝於來世當得作佛，號釋迦牟尼。

此反正釋成中兩科，正舉問時目光所注之處也。上來皆是就今日佛地之果位，明昔時八地之因心。此中則就昔得授記之果行，明今初發覺之因心也。故上來所說，皆是爲此處作引案者。蓋以成佛成如來，由於昔日之授記。而昔日授記，實由於證法無生。一切發覺初心之菩薩，若知得有法則不授記，無法乃與授記，則受持讀誦此《經》，必應如教，於一切法無住而住，方爲信心不逆，荷擔如來，方能生福滅罪，當得菩提，其義豈不昭然若揭哉？○三菩提下，古本無者字。觀不與授記之說，可知此若有法如來得云云，是指尚未授記之時而言。意謂，彼時未蒙授記之先，若心住於無上菩提之法，希望成如來，得無上菩提，便不能證無生法忍，則并授記亦不可得矣，豈能成如來耶？汝於來世三句，是然燈佛授記之言。今恐不明何謂受記，故引以明之。而不用作是言句，顯其非然燈佛如是云云也。

（卯）次，正釋。

以實無有法得阿耨多羅三藐三菩提，是故然燈佛與我授記，作是言：汝於來世當得作佛，號釋迦牟尼。

以實無斷句，謂以其實無住著菩提法以求得之之心也。是故者，明其正因心無有法，乃證無生，以是之故，得蒙授記耳。作是言句，顯此中汝於來世三句，乃是然燈佛金口親宣，與上科之引以釋授記之義者不同也。或以釋迦姓。牟尼名。之義，爲能仁寂默，因曰，能仁則不住涅槃，寂默則不住生死，因其於法不住，故以此名號授記之。此釋未嘗不可，但不必拘，因授記重在印許當來作佛耳，無關名號。且佛佛皆不住法，皆蒙先佛授記，皆有名號，而名號未必皆取不住之義，何可拘拘以名號釋之？○以下明法法皆如一科要旨。上無得而得一科，是舉證果之事，以明不應住菩提。此法法皆如一科，是説果證之理，以明無菩提可住。正是説明不應住之所以然者，乃離相之極致也，亦法性之本然也。蓋以果證者，相與不相之齊泯，令知因行時，應相與不相以俱離耳。○法法皆如，義蘊精微。今先將其要旨，窮源竟委，次第説明，然後於分科中所明之旨趣，庶幾得有頭緒，較易明了。當知世尊説此法法皆如之義，意在令聞法者於究竟了義徹底了解耳。蓋必解深而後信深，解圓而後修圓，其於證入也不難矣。何以故？解漸漸開，執情我見便漸漸消故。所以學佛重在解慧者，因此。解慧者，所謂觀慧也。此所以聞思修三，不離乎一慧也。然則此法法皆如之要旨，烏得不明辨之乎？○所謂無上正等覺者，非他，即是真如本性，亦名自性清淨心是也。因其爲萬法之宗，故稱無上。因其爲一切衆生所同具，故名正等。但衆生爲分別執著等妄念所障，不自覺知其性爲無上正等耳。若知之而能遣妄除障，則名正覺。初能覺時，名曰發覺初心。覺至究竟，而令無上正等之性德全彰，無以名之，名之曰得無上正等覺耳。實則性是本具，安有所謂得耶？所以雖得而必歸無所得者，此也。而得無上正等覺者，以衆生同體故，慈悲本願故，將親證之理體，用種種言辭，開種種方便，巧譬曲喻，普令一切衆生皆得覺此、悟此、修此、證此，無以名之，名之曰無上正等覺之法耳。實則爲衆生本具之性，安有所謂法耶？明得此理，便知不應存有法想，存有得想矣。自性既名清淨，可知其本來纖塵不染。譬如杲日晴空，有一點雲，便遮障無光矣。故欲性光圓照，須令淨無點塵也。一切衆生本不知自性是如此清淨的，佛既親證，教令應如是反照，應如是自覺，若不一一依教奉行，何名發覺乎？何以故？有一法在，有一得在，依然是分別執著的老習慣，則其本性依然在障故。故不但一切法不應住，即菩提法亦不應住者，以此。〇衆生何故有分別執著之病耶？無他，由其不達一真法界，只認識一切法之相故耳。既然是相，則相相不一。以迷於相故，遂不知不覺，隨而分別，隨而執著耳。殊不知既名曰相，便是時時起變化的，故曰，凡所有相，皆是虛妄。虛妄者，言其是假非真，非謂絕對没有也。而衆生不知是假，念念在虛妄之相上分別執著，故名曰妄念，言其逐於妄相而起念也。或雖知是假，仍復念念不停，使虛妄相於心紛擾，故名曰妄念，言其虛妄之相隨念而起也。故妄念一名含此二義，對治方便亦有二種。（一）離相，如本《經》前半所言是也。必須徹底覺悟，根身、器界一切境相，皆是空花水月，迷著計較，徒增煩惱。并須持戒、修福，斷其染緣，除其貪瞋。如是觀行久久，情執漸薄，妄想亦隨而漸少。何以故？所謂妄想者，莫非情執使然耳，是以離相爲離念之方便也。此一法也。（二）離念，如本《經》後半所言是也。蓋以無始來習氣之深，雖知相皆虚妄，而攀緣不息。必須於動念處著力，向心源上返觀，所有持戒修福、六度萬行彌復精進，以歷事而煉心。若打得念頭死，則一切分別執著自無，而相之有無更無關繫。何以故？能不起念，一切相不離自離故，是以離念爲離相之究竟也。此又一法也。此兩種法，可並行而不悖。離相即是離念，離念方能離相，故曰不悖。然離相但離前一重妄念，所謂逐虚妄相而起者也，離念是離後一重妄念，所謂妄相隨念而起者也，故須並行。並行者，非拘拘於先離相後離念也。謂離相時兼修離念，則離相方能究竟，離念時兼修離相，則離念更得方便，當同時並行。總之，衆生既爲一切法相所迷，從不知返照自性，安知自性是與衆生同體？又安知内而五蘊六根，外而山河大地等一切法，皆是唯心所造？此既不知，便不知佛令一切法不應住者，是遣其分別執著取相之病，與一切法并不相干。取相之病若除，則内而五蘊，外而山河等一切法，便如《楞嚴經》所説，咸是妙淨明心性淨明體。何以故？一切法皆只有相而無性，非無性也，一切法之性，即是自性也。何以故？一真法界故。然則又何可遣耶？又何必遣耶？此法法皆如之真實義也。所以《起信論》云：「此真如體無有可遣，以一切法悉皆真故。亦無可立，以一切法皆同如故。」須知阿耨多羅三藐三菩提，即真如之異名。若住於此，仍是取相。有所取，便有所立。雖汝將一切法相遣盡，而獨立一菩提之相，便非一切法皆如了。何以故？有立便有廢故。本性爲萬法之宗，無所不包，無所不具，立一而廢餘，便非全性，豈是無上正等，又豈是正覺耶？此《經》前半盡遣一切法相以顯菩提者，除其取著一切法之病耳。因恐或猶取著乎菩提，故後半部開章即復遣此。此病既遣，則性德全彰，法法皆如矣，無可遣者矣，亦無可立者矣。行人最後之目的在此，開經以來所説諸義，其歸趣亦在此。是故法法皆如一科，爲全經中重要之義，亦即一切大乘佛法中重要之義。向後所説，無非闡發此義，證成此義。前半部所説，亦無不趨重此義，攝入此義也。此是世尊將自己親證者和盤托出，詳爲開示，俾衆生由此而悟，由此而入者也。故法法皆如，必須一切情執遣盡，唯證方知，非可空言。若或取著之病分毫不遣，而語人曰一切皆如，則有法法成障焉耳，豈能法法皆如哉？是亦妄人也已矣。妄談般若，罪至墮落無間者，因其疑誤衆生，令人因而謗佛謗法，輕視三寶故也。當知法法皆如，若其證到，必能行出。如促無量劫爲一刹那，延一刹那爲無量劫，以芥子納須彌，變娑婆爲淨土，至此事事無礙地位，方許説得此話。一切學人，惟當向法法皆如上觀照，以盡遣其我見徧計之執情，以期證入，斯爲可耳。豈可生大我慢，輕以一如之言作口頭禪哉？試觀本《經》最後結束處，亦即流通分之初，於説如如不動之後，即接曰：何以故？一切有爲法，如夢幻泡影，如露亦如電，應作如是觀。正是指示如如不動，應從觀一切法如夢如幻中證入。作如夢等觀者，遣情執也。此皆經中緊要關鍵所在，不容忽也。〇何謂前半部之義攝入此中耶？今略説之，以啓悟門。如曰，若見諸相非相，則見如來。試思若見得相即非相，豈非法法皆如乎？故曰，則見如來也。凡言某某非某某，皆是指點此義者。又如信心清淨，則生實相。須知因無分別執著，而後心淨，心淨便生實相。實相者，無相不相之謂也，則法法皆如矣。故曰，應生清淨心，應無住生心，應生無住心，應離一切相發菩提，行六度，若心有住，則爲非住也。又如不應取法，不應取非法。不取法者，以一切法皆如，無可立也。不取非法者，以一切法皆真，無可遣也。正所謂法法皆如也。因法法皆如，所以無有定法名阿耨多羅三藐三菩提，亦無有定法如來可説。所以法與非法皆非，皆不可取、不可説也。一切賢聖皆以無爲法而有差别者，因法法皆如，則法法皆真，《法華》所以言，是法住法位，世間相常住。故一切法清淨本然，絶非造作，故曰無爲。一切賢聖莫不修此證此，但因功行之淺深，故有成賢成聖之差别。實則一如之法，初何嘗有差别哉？其他準以思之。總之，若領會得法法皆如，而契入之，則亦無所謂空，無所謂有，無所謂中，則亦無妨空，無妨有，且亦無空無假而非中矣。何以故？我見情執之病既都遣盡，則見相即見性，頭頭是道，無所不可。故《最勝王》《維摩詰》等經云，五藴即是法身，生死即是涅槃，煩惱即是菩提，皆顯法法皆如義也。若其少有分别執著未破，則觸途成滯，頭頭不是道，無一而可。縱令一切不著，而猶著一菩提，亦是取相分别，自障覺體，則所謂中者非中，更無論著有偏空矣。凡發心自度度他，以期明性見佛者，扼要之方全在於此。其方云何？依此經教，離相離念是已。當知此《經》既爲一切諸佛及諸佛阿耨多羅三藐三菩提法所從出，故經中所説，莫非根本義、究竟義，其他千經萬論皆是彰顯此義，敷佐此義者耳。今故將此重要之義，委曲詳盡，透底宣呈，諸善知識善思惟之。

（子）次，明法法皆如，分四。（丑）初，約名號明如。

何以故？如來者，即諸法如義。

何以故句，自設問辭。問上文所言，無菩提法，方與授記作佛，無菩提法，方成如來得菩提，其故何也？如來下，自設答辭。

若曰，佛稱如來，汝亦知如來之義乎？其義非他，正因其離一切法差別之虛相，證一切法一如之真性耳。當知佛不見有諸法差別之相，是之謂如。佛亦不見有一法獨異之相，是之謂諸法如。如者，無差別之義，亦不異之義，謂法性無有差異也。法性無有差異者，以其空寂故也。故諸法如義，即法性空寂之義。名爲如來者，以其證空寂之性耳。若存有一空寂，便成差異，便非空寂矣，豈名如來乎？故曰，如來者，即諸法如義。重讀如字。然則發無上正等覺者，豈可存一發覺之相於心，令不空寂乎？又復説個諸法，是不一也。更説個如，則是不異。不一不異，法性如然。佛稱大覺，即是究竟覺此不一不異之法性。故曰，如來者，即諸法如義。重讀諸法及如。須知因不一故，所以非菩提法不應取。因不異故，所以菩提法亦不應取。前一説專約體，次一説兼約體相用。由是觀之，定説諸法是諸法，非也。何以故？雖諸法而一如故。重讀一如。定説諸法非諸法，亦非也。何以故？是諸法之一如故。重讀諸法。其中關鍵，全視著不著。不著有，諸法不礙一如矣。不著空，一如不礙諸法矣。著於諸法，非如也。著於如，非諸法如也。故如來所説法，皆不可取，不可説。不可取者，諸法之性，唯一真如，無分別故，是平等之差別故。不可説者，真如之性，不離諸法，唯證方知故，於差別見平等故。故發覺者，應離一切諸相，修六度萬行。離諸相者，實際理地，不染一塵故。修萬行者，佛事門中，不捨一法故。因其諸法一如，故應不捨一法也。因是一如之法，故應不染一塵也。如是覺，如是離，如是修，則法相應，性相應，而得證相應矣。總之，昧平等，取差別，便心隨法轉，即非法亦成障礙。於差別，見平等，便法隨心轉，即法法莫非真如。古德所謂，迎賓送客，運水搬柴，行住坐臥，二六時中，於諸法上拈來便是者，是好一幅無事道人行樂圖也。當知天下本無事，庸人自擾之。於無空有中，取空有相，於無善惡中，思善思惡，妄想紛飛，豈非自擾？拈來便是，自在何如？古德又云，不悟時，山是山，水是水，悟了時，山不是山，水不是水。山是山，水是水者，只見諸法也。山不是山，水不是水者，惟見一如也。又有《悟後歌》云，青山還是舊青山，蓋謂諸法仍舊也。而見諸法之一如，則青山雖是舊，光景煥然新矣。〇如來者，諸法如義，似只釋一如字，實則來字亦釋在內矣。何以言之？有來有去，是差別事相，即諸法之一也。既諸法如，則來亦如矣。一切衆生來而不如，二乘聖人如而不來，權位菩薩雖如而未盡如，雖來亦未能遍來，唯佛如來證性一如，則盡真如際是來。真如無際，故來亦無際。真如不動，故來亦不動。雖名曰來，實則來而無來，無來而來者也。當知名曰如來者，爲明其來無來相，故曰如，爲明其如無如相，故曰來耳。此節之意，是明約來去之相言，諸法二字攝之矣。約來無來相言，如字攝之矣。兼明諸法如義，是以諸法遣如，以如遣諸法，以顯遮照同時之性德。上來所説，皆此義也。引古德云云，非閒言語也。參。

（丑）次，約果德明如，分二。（寅）初，明無法。

若有人言，如來得阿耨多羅三藐三菩提。須菩提，實無有法，佛得阿耨多羅三藐三菩提。

若有者，或有之意。因上文有如來得阿耨多羅三藐三菩提之言，恐不得意者聞如來即諸法如義，因之懷疑曰，既是如來之義爲諸法一如，則無菩提可得也明矣，何故上言如來得阿耨菩提耶？爲遮此疑，故設一或有之言，復呼長老而告之曰，或人所言，蓋疑其仍爲有法，殊不知實無有法也。但爲明其覺已究竟，無以名之，名爲佛得阿耨多羅三藐三菩提耳。言下含有，若約性德言，實是諸法一如，故此中不曰如來而曰佛，正明稱爲得菩提者，意在顯其已證無上正等覺，亦即諸法一如之果耳，豈謂有菩提法可得哉？何疑之有？下文更以無實無虛之義，明其説得而實無所得，雖無所得而亦不妨名之曰得，益可了然矣。

（寅）次，明一如。

須菩提，如來所得阿耨多羅三藐三菩提，於是中無實無虛。

於是中，謂所得中也。意謂，縱許如人所言，如來得菩提，殊不知如來所得者，惟一無實無虛耳。無實無虛，即是諸法如義也。此義當廣演説，以便領會。（一）此與上來所云「如來所得法，此法無實無虛」語雖相仿，意大不同。上是明法真實。謂如來所得之法乃是實相，實相者，無相無不相。無相，無實也。無不相，無虛也。若究竟言之，實相者，相不相皆無，故曰無實無虛，言虛實皆無也。是爲真實之法，以證成上文真實之説也。此中是明實無有法。既已無法，更何論得？姑如人言，説之曰如來得，而觀於是中，并無所得。何以故？以實無有法故，是特假名之得，無實也。然亦無妨説如來得，何以故？以所得惟如故，得此乃稱如來，無虛也。此針對前説明義。（二）阿耨多羅三藐三菩提，即真如覺性之異名。然則如來即諸法如義，猶言稱爲如來者，因其已證真如覺性耳。足證如來所得，惟是一如矣。故雖名曰所得，而於是所得之中無實也，何以故？覺性空寂故。亦無虛也，何以故？覺性圓彰故。故曰，於是中無實無虛。總之，無有有得之得，是爲無實。非無無得之得，是爲無虛。此正《中邊論》所云，「無能取所取有，有能取所取無。」亦即《佛性論》所言，「由客塵空故，與法界相離，無上法不空，與法界相隨」，是也。客塵空，故無實。無上法不空，故無虛。須知佛之言此，是明不可聞言得，便疑爲有法，不可聞言無法，便疑畢竟無證耳。[此約阿耨多羅三藐三菩提明義。]（三）説一無實，是明其照而常寂也。説一無虚，是明其寂而常照也。無實無虚，便是雙遮雙照，寂照同時。是中一法不生，寂故。復無法不現，照故。一法不生，實無有法也，故無實。無法不現，諸法一如也，故無虚。此之謂阿耨多羅三藐三菩提，如來得者，得此耳。[此約寂照同時明義。]（四）無實無虚，即《起信論》如實空義、如實不空義。如實即是真如，因真如爲真實之性體，故曰如實。明其諸法一如，是爲真實也。《論》明如實空義曰：「所言空者，從本以來，一切染法不相應故，謂離一切法差别之相，以無虚妄心念故。」此言一切衆生心中雖有虚妄之念，及一切能所對待污染不淨差别之相，而此如實性體仍復常恒不變，以從本以來，一淨一染不相應故。不相應者，相離之謂也。云何相離？以從本以來，如實之體本非虚妄心念故。又曰：「當知真如自性，非有相，非無相，乃至非一異俱相。總説以有妄心念念分别，皆不相應，故説爲空。若離妄心，實無可空故。」此言所謂空者，是空其虚妄念、差别相，故曰，非有相、非無相，乃至非一異俱相，此意是説離相也。若離盡有無、一異等一切對待之四句相，則離虚妄心念矣。此等既離，則真如自性現前矣。故曰，若離妄心，實無可空。明其所謂空者，非謂無真如自性也。然則虚妄心念云何能離而空之？以所有念念分别之妄心，與真如自性本不相應故，明其自性本空，故可空也。然妄念染相既空，則真如顯現，又明其空而不空也。其明如實不空義曰：「所言不空者，已顯法體空無妄故，即是真心常恒不變，淨法滿足，則名不空。」此言法體既空諸妄念而無之，便[校：便，舊版誤作復，據原稿改正。]是常恒不變、滿足無量淨功德法之真心矣，故不空也。法體即謂一如之真性，所謂真如是也。真如爲一切法之體，故曰法體也。《論》又曰：「亦無有相可取，以離念境界，唯證相應故。」此言諸法一如之真性爲一切法體者，實無有法，亦不應住，以其是離念境界，唯證方知。故曰，亦無有相可取，意明其不空而空也。綜上論義觀之，如實空者，無實也，如實不空者，無虛也。空而不空，無實即復無虛也。不空而空，無虛即復無實也。此是一切法如如不動之真體。故此中佛説，如來所得阿耨多羅三藐三菩提，於是中無實無虛。正是説來詮釋上文如來即諸法如義者。且細讀論文，明言不空是由空來，可知無虛是由無實來，諸法一如是由實無有法來矣。以論證經，義趣昭然。又可見所引之兩段《論》文，無異融會本《經》大旨而説之者，故欲明本《經》，不得不讀《起信論》也。此約《起信論》以明義。（五）無實可指諸法言，諸法緣生，故無實也。無虛可指如言，真如不空，故無虛也。諸法之相，雖是緣生而無實，諸法之性，則同一真如而無虛。故曰於是中無實無虛者，是明如來所得阿耨多羅三藐三菩提，實無有法，亦無所得，但證諸法如義耳。此約諸法如義以明義。（六）無實無虛，是空有一如，性德本然。如來證此，故説此科，而令衆生覺此、修此。須知此四字平等平等，不可看成兩橛，不可局分前後。若觀一切法唯實，凡夫也。若觀一切法唯虛，二乘也。即觀一切法實中有虛，虛中有實，亦是權位菩薩。唯佛不然，觀一切法無實無虛，是整個的，無實即復無虛，無虛即復無實，是之謂諸法一如也，亦即是空有同時也。應如是覺，應如是修。云何修？生無所住心是，離一切相行布施六度，以利益一切衆生是，務令離相時即是利益時，利益時即是離相時，此即是生無住心，此即是發無上菩提。則雖曰發，而實無菩提之法，如此庶幾與無實無虛、諸法一如之覺性相應。

蓋并無實無虛、諸法一如等名相亦復離卻，方爲無法，方能相應也。苟非然者，雖曰發菩提，實已忘失菩提，忘失菩提，便成魔事，此吾輩所應時時提撕者也。當知世尊說其自證者，無他，爲令讀經聞法者依教奉行耳。此約策修明義。綜合上說諸義觀之，可知佛說此科之意，凡以明菩提無相而已。以無相故，所以無法發菩提，無法得菩提，故曰無實。以無相故，所以非一法是菩提，乃法法是菩提，是爲無虛。故復說下科，以結成此義焉。此約起下明義。

（丑）三，約諸法明如，分二。（寅）初，明即一切法。

是故如來說一切法皆是佛法。

上言諸法如義，何以見其諸法一如耶？至此乃結成之曰，以一切法皆是佛法故耳。是故二字，論其近脈，是承無實無虛，而溯其來源，則承諸法如義。意謂，由是諸法緣生而無實，同一如實而無虛之故，所以如來說一切法皆是佛法。蓋由諸法如義，開出無實無虛。即以無實無虛，顯明一切皆是。還以一切皆是，證成諸法一如。展轉相生，展轉相釋，展轉相成，其實皆明一義。云何一義？應無所住是也。此佛法之所以無一不圓，佛說法之所以無往不妙也。○如來說三字最要，明其是約性而說也。若約相說，一切法只是一切法，豈是佛法？總以明離相觀性，則頭頭是道。《楞嚴》所以云，五蘊、六入乃至十八界，皆如來藏妙真如性。古德所以言，窗外黃花，莫非般若，庭前翠竹，盡是真如也。是之謂一切法皆是佛法。總之，世出世法皆是緣生，知是緣生，而觀其不異之性、不變之體，則一切皆是矣，諸法一如矣。否則住法發心，住法修行，則佛法亦非佛法，何況一切法？此中所言之佛法，不可局爲佛所說法。佛者，覺義。一切法皆是覺法者，謂法法皆菩提，以明菩提非別有法也。蓋離相觀性，則是即一切法上而覺照一真之性，故法法皆是菩提，此約如義言也。若推廣言之，凡行世間法時，慈悲爲本，皆爲利他，不存利己，一一不與佛法有違，亦可云世法即是佛法。若其名爲行佛法，而有名利恭敬之心，則佛法亦成世法矣。此科是即一切法以明如，即是明諸法與佛法一如也。正所以遣菩提法相，以一切法皆是故。然一法相遣，一切法相皆應遣，故下科又遣一切法。

（寅）次，明離一切相。

須菩提，所言一切法者，即非一切法，是故名一切法。

此科是遣一切法，即以證成其皆是佛法也。何故言一切法皆是佛法耶？以其即非一切法故。即非者，約性言也。約性而言，明其不應著相，故曰即非。知其即非，而不著相，則是佛法而非一切法矣，故曰，皆是佛法。既皆佛法，何故又標而名之曰一切法耶？以其不無一切法之假名故。是名者，約相言也。約相而言，意在會歸於性，故曰是名。知是假名，而歸於性，雖名一切法而皆是佛法矣，故曰，一切法皆是佛法。蓋領會得一切法即非，便知其只是假名。領會得一切法是名，便知其即非真實。是已不作一切法會，而作佛法會矣，此一切法皆是佛法之所以然也。當知即非、是名，合而言之，凡以明無實無虛、空有同時之義耳。世尊說此，是教行人於行住坐臥二六時中，對境隨緣，皆應作如是觀，則處處皆是道場，事事增長菩提，此之謂無量印法門。又復此科是離一切相以明如，即是明諸法與諸法一如也。因一切法皆如，故一切法是佛法耳。〇上來所云，諸法如義，無實無虛，一切皆是，一切即非，一切是名，總以闡明覺性清淨而已。清淨覺性了無色相，故得菩提實無有法。而色相空時，即覺性顯時，故得菩提亦屬非虛。既非虛而又無實法，正好借一切法以歷事練心，盡空諸相，又何必於一切法外別覓菩提？何以故？《心經》云，是諸法空相，不生不滅，不垢不淨，不增不減。豈非無上菩提宛然在望乎？總之，自性如摩尼珠，隨方現色，喻諸法本自性顯現。而珠中卻色相毫無。喻即非一切法。佛法如家常飯，自應飽餐，而餐者當注重消化。喻菩提亦不應住。是在當人惺惺常覺，不即不離，則隨地隨時，皆可得真實受用矣。〇佛所說法，說理便攝有事，說性便攝有修。此法法皆如一大科，皆說自覺聖智，令學人依之起觀照者也。必須離相離念，方能契入，云何可講？講之便落名相矣。然又不能不講，故說修功處，只好用旁敲側擊方法以演說之，聽者須於無字句處領會。向後所說，莫不如此。著眼著眼。

（丑）四，約報身明如。

須菩提，譬如人身長大。須菩提言：世尊，如來說人身長大，則爲非大身，是名大身。

譬如人身長大，即前解分中所言，譬如有人身如須彌山王也。身如須彌，故曰長大，蓋指佛之報身言也。因前已說過，長老深知其義，故不待辭畢，即申明其義曰，則爲非大身，是名大身也。是名者，明其不無長大身相。則非者，明其既曰長大，尚落數量，應離相觀之，則法身無邊，乃爲絶對之大耳。長老所以不待辭之畢者，令人曉然，此即前曾說過之身如須彌山王也。曰如來說者，正以明報身與法身一如也。此科乍觀之，似與上三科無涉，實則上三科之義，得此科而後徹底顯了。蓋上來約名號、約果德、約諸法以明如，皆是法說。此約報身明如，則是喻說，故曰譬如。恐聞法說不了然者，因喻說而得了然也。當知上之法說，但明其理，此之喻說，乃是實據。得事實以證明之，其理益信而有徵，此所以殿以此科也。欲知究竟，須先明法身、報身之義。〇法身有二義。（一）所謂法身者，即是清淨自性，名爲自性法身。此即佛與衆生所同具，所謂同體之性，亦即一切法所莫外之真如。但衆生在障，未能圓顯，故約衆生言，又名在障真如，亦名在纏法身。（二）一切諸佛經無量劫勤修萬行，福慧莊嚴，令此自性智慧光明圓滿顯現，此名出障法身，亦名出障真如，又名報得法身。謂法身出障，爲勤修萬行所得之果報，即果報身也。蓋約相言，則名報身。故此中云，是名大身，謂長大是約名相言也。若約性言，即是出障法身。法身非相，不落長短大小數量，故此中曰，則爲非大身。足見報身與法身不一不異矣。一約相言，一約性言，故不一。然實是一身，故不異。由是之故，報身亦有二義。（一）就其離一切障，淨德滿足言，曰自報身。即出障法身、報得法身也。謂修因證果，自度已竟，故曰自報身。（二）若就其偏一切境，光明普照言，曰他報身。蓋法身現報得之相，原爲利他，故曰他報身。可見自報、他報亦是不一不異。一約自得受用言，一約令他受用言，故不一。然仍是一身，故不異。由此足見名皆假立，亦足見性相從來不離矣。〇舉此爲言，不外二意，釋疑、證義是也。謂釋不得意者之疑，即以證成上説諸義。蓋防聞上三科所説未能融會者，將起疑曰，既明明是一切法，何以皆是佛法？既是一如，何以又有諸法？無實無虛，究竟云何？且屢言實無有法，而佛之報身，光明相好，原爲無量功德法所成，非明明有法相乎？既無實法可得，而得此報身，非實法乎？殊不知一切法本是真如自性隨緣所現，若不著諸法之相，則見諸法時，便見諸法之性。譬如報身，亦即出障法身顯現之相也。顯相者，所以利他也。而不著報身之相，便見法身之性，兩不相礙。故雖有諸法，而實是一如也。雖爲一如，而不妨有諸法也。須知如來所得無實無虛者，以其唯證寂照同時之清淨覺性故也。譬如報身，雖相好光明，而不礙自性清淨。且因自性清淨，所以相好光明。此非覺性之寂照同時，無實無虚乎？推之一切法，原非真實，皆是假名。然知是假名，則知其是真如之相矣。知其即非，則知其皆真如之性矣。譬如報身，亦是假名長大，不過真如法身之光影耳。所以即非長大，當觀清淨真如之自性也。蓋不觀相而觀性，則報身即是法身，故一切法皆是佛法。總之，言無法，言離相者，爲遣住法住相之病，非謂絶對無法無相。言無法可得者，謂得而不存得想，非畢竟無得。須知不應住著者，因諸法是一如故，無虚而無實故。非畢竟無法、無相、無得者，因即諸法而一如故，無實而無虚故。明得此義，則一切法皆是佛法矣。此義不明，則佛法亦非佛法矣。故報身、法身不一不異之理，不可不明。明乎不一不異，則知非有法，非無法，非有相，非無相，非有得，非無得。而諸法如義，以及無實無虚、一切皆是等義，便可徹底了然。何以故？因其不一，故成諸法而無實，所以曰即非也。因其不異，故爲一如而無虚，所以曰皆是也。知於不異中見不一，則雖一如而不礙其爲諸法。知於不一中見不異，則雖諸法而不礙其爲一如。且不一時便不異，不異時便不一，故曰無實無虚。明其虚實皆不可説，故皆曰無也。又復不一，故雖是而曰名。不異，故雖名而曰是。雖不一而實不異，故既曰是名，又曰皆是。雖不異而實不一，故既曰皆是，又曰是名。總而言之，相雖不一，性則不異，故一切法皆是佛法也。性固不異，相仍不一，故即非一切法，是名一切法也。世尊因報身與法身不一不異最爲明顯，而不一不異之理，可以會通上三科所説諸義，此所以最後又舉報身明之，俾法法皆如之義徹底圓彰也。○前解分中舉報身言者，是證明應無所住而生其心。蓋得此報身之果，猶曰非身、是名，是佛不住此身也，故菩薩修因時應無所住。然而非無此勝妙大身也，此身正由六度萬行福慧之所莊嚴也，故修因時應無住而生六度之心。此中則是以報法二身不一不異，顯成法法皆如之義。故所説雖同，而命意不同。〇此法法皆如一大科極顯果德。顯果德，爲明因行也，故下科接以明因焉。

（癸）次，明因，分二。（子）初，正遣法執。次，令達無我。（子）初又二。（丑）初，約度生遣。次，約嚴土遣。（丑）初又二。（寅）初，標遣。

須菩提，菩薩亦如是。若作是言，我當滅度無量衆生，則不名菩薩。

如是，指上法法皆如一大科。謂佛爲菩薩準繩，勿謂法法皆如是佛所證，非我所及。當知佛能如是證者，由其因地如是修。故一切發覺初心之菩薩，亦應如是體會法法皆如之義，而於法無住也。〇如是二字既通指上科，則如字便可作諸法一如會，是字便可作一切皆是會。合而觀之，便是無實無虛。一切諸法，無實也。皆是一如，無虛也。蓋謂菩薩修因，爲剋勝果。果報身如，亦應因地心如。必須與一切諸法之無實相應，而一法不執。復與皆是一如之無虛相應，而一法不廢。且不執時即不廢，不廢時即不執，如是如是，虛實俱無，則因如是者，亦必果如是矣。〇菩薩亦如是句，是度生、嚴土兩科之總標，皆應如是也。云何度生？離相行六度是。云何嚴土？亦離相行六度是。所謂福慧莊嚴也。故應廣行六度，而一法不廢。更應不著六度之相，而一法不執。不廢不執，方有菩薩資格，故皆應如是。若作是言下，反言以明，若不如是，便失菩薩資格矣。〇我當滅度無量衆生，此與前文所説，我應滅度一切衆生，正復相同。前曰當生如是心，明明爲世尊教令如是者。

今乃曰則不名菩薩，何耶？此中義蘊深細，略分三層以説明之。（一）須知前令生如是應分盡責心者，遣其自以爲是菩提之心也。然不著菩提矣，而又自以爲盡責，雖换一面貌，而取法仍同也，住相仍同也，分别執著依然故我，如何其可？故仍斥之曰，則不名菩薩。則字緊切，少有此念在心，菩薩資格便失卻矣。必須微密觀照，微密勘驗，層層入細，遣之又遣，直令此心一念不生，淨無點塵，滅度無量，若無其事，庶幾與一如之義相應耳。少有念在，便已著相，便已取法，便是分别，仍爲我見也。（二）前之開示，不但令知度生爲應盡之責，以遣其著於菩提已也。且令應知此責終未能盡，所謂度一切衆生已，衆生既無已時，責又何嘗能盡？是并遣其能度之見也。更令應知度亦等於未度，所謂無一衆生實滅度者，是又遣其所度之見也。開示之語是徹底的，是圓滿的。今此公將開示的話忘了兩句，只牢牢抱住頭一句，豈非儼然自以爲能盡此責，且大有所度乎？我當滅度無量，其一種自矜自負、目空一切之態宛然在目，豈是菩薩？此病必應痛遣，故直斥之曰，則不名菩薩。世尊如此説之，復有深旨。蓋令讀經聞法者，必須徹底貫通，不可掛一漏萬，不可執偏概全，不可斷章取義也。（三）此人復有大病，病在作是言也。無論大言不慚是所不應，即令言能副實，而動自標榜，其著於名聞，心不清淨可知。且言爲心聲，作如是言者，因其作如是念也。念猶未息，了生死且未能，而謂菩薩如此乎？世尊言此，是令發大悲心者，應於離念上加功。妄念不息，真心永障，有悲無智，豈能度他？且念云何起？起於人我分别之見之猶存也，故不名菩薩也。

（寅）次，徵釋，分二。（卯）初，釋無法。

何以故？須菩提，無有法名爲菩薩。

流通本作，實無有法名爲菩薩。唐人寫經及肇公、慧公注本，皆無實字，應從之。未見古本時，於此句義亦囫圇看過。及見古本，猶以爲實無有法名爲菩薩，與前之實無有法名阿羅漢，句法相同，有一實字，未嘗不可。乃静會前後經義，始知絕不相類，始知原本之妙。蓋前明四果無念，皆是透過一層以見意。因問辭皆曰，能作是念，我得果否？故答辭曰，須陀洹名爲入流，而無所入。蓋謂雖名爲入流，然心中尚無所謂入，豈有所謂流？則絕無我得入流之念可知。斯陀含、阿那含，説法一律，故下皆接曰，是名某某。以顯所謂入流也，一往來也，不來也，皆是假名，初無此念也。阿羅漢之義爲無生，言其證無生法忍也。既是一法不生，故曰實無有法。蓋謂其心并法亦無，豈有所謂無生？然則名爲無生者，但假名耳，豈有此念乎？故曰名阿羅漢。此中是明不名菩薩之故，由其心有能度所度之見，便是取法，取法便著我人等相，乃是凡夫。故有法名爲菩薩，斷斷無之，無須透過一層，方能顯意，故句法與前別也。無有法名爲菩薩句，有兩種讀法。（一）無字略斷，下六字一氣讀之。經意蓋謂，何故不名菩薩耶？因反言以釋之曰，有法名爲菩薩，佛無此説也。故下緊接曰，是故佛説一切法無我、人、衆、壽。以明有法便著我人分别，便違佛説，便是凡夫，所以無有有法名爲菩薩者。蓋以本科之無有法名菩薩，釋成上科不名菩薩之故。又以下科之法無我，釋成本科無有法名菩薩之故。所謂展轉釋成也。（二）七字作一句讀。如唐圭峯法師《疏》云，無法名菩薩，豈有我度衆生？蓋謂尚無名爲菩薩之法，豈有我度衆生之相？意顯上文我當度衆生之言，是取著度衆生爲成菩薩之法也。晉時肇公注云，菩薩自無，何有衆生？自無者，尚無也。

意謂菩薩、衆生皆是假名，尚無能度之菩薩，何有所度之衆生乎？則不應取著度衆生也明矣。觀此注意，法字更看得活，猶言没有法子名爲菩薩耳。總之，古注多明大義，不斤斤於前後上下之詞氣語脈，故讀古注，亦當遺貌取神，善於領會也。

（卯）次，釋無我。

是故佛説一切法無我、無人、無衆生、無壽者。

是故者，承上起下。蓋欲釋成無法名菩薩之故，乃申明佛説一切法無我之理也。佛説一切法無我、人、衆、壽。當知衆生之見，無非分别，分别便有能所對待。約能見言，便是我。約所見言，便是人。能所之見差别叢生，是爲衆生，此約横言也。能所之見繼續不斷，是爲壽者，此約竪言也。分别妄心多不勝數，以能所横竪收之，罄無不盡。本《經》所以於種種見、種種相中，獨舉此四爲言也。然分别起於著我，故開之爲四，合之則惟一我見而已。殊不知一切法本來無我，無差别也。此佛説句，含義甚多，當作兩種讀法以明之。（一）説字斷句，謂一切法無我之理，爲佛所説也。凡一切法，皆是緣會則生，生即無生。蓋所謂生者，不過緣會之幻相耳，安有實法？故曰生即無生。此佛常宣説者也。生即無生，那有我人差别乎？當知凡有我人差别者，病在凡夫之取著，一切法中安有此事？故前云，若心取相，則爲著我、人、衆、壽也。若其不取，則無能無所，一相不生矣。然則菩薩曰我當滅度衆生，便是取著六度之法，便我人對待，四相宛然，此凡夫耳，豈名菩薩？故有法名爲菩薩，決無此理。（二）法字斷句，謂佛説之一切法，本無我人差别也。此中又當開兩義説之。（甲）凡佛所説，皆是説其所證。而佛所證者，唯是諸法一如。故佛説之一切法，莫非令人泯對待分别之法相，悟平等一如之法性者。覺此覺性，可名菩薩。若存有法相，便是我執，便成對待，便是分別，何名爲覺？故有法名爲菩薩，揆之佛說，初無此義也。（乙）佛說一切法，皆是令聞者無人我，無法我，除分別心。因一真法界本無我人等分別，有此分別，乃成衆生。佛爲度衆生而說法，所以一切法無非說一真法界之義，令除我執者。故一法不應取，取即著我、人、衆、壽。菩薩者，學佛者也，若取著六度等法，何名學佛乎？何以故？有法名菩薩，佛無此說故。此中不曰如來說，而曰佛說，正爲顯因果一如之理。佛，果人也。菩薩，因人也。果人既如是說，因人當如是學也。總之，一切衆生，性本同體，本無爾我對待之分。故說衆生，則菩薩亦衆生。說菩薩，則衆生亦菩薩。衆生本來是佛，況菩薩乎？且生本無生，何所謂度？度亦自度，何名度生？譬如頭然，手必救之，雖至愚者，亦無不救之理，然而決無能救所救之分別者，知能救即是所救，所救即是能救故。菩薩與一切衆生亦復如是。故佛說一切法無我、人、衆、壽，令聞者當觀同體之性也。若作是言，我當滅度無量衆生，豈非我見、人見、衆生見乎？此見一日不除，非壽者見乎？分別如此，執著如此，是於性本同體、諸法一如之義完全隔膜，顯違佛說，尚自居爲菩薩乎？乃曰當度無量，恐三五衆生亦不能度也。何以故？既已我爲我，衆生爲衆生，則遇受其度者，勢必自矜自喜，不受度者，勢必輕視憎嫌，遇他之行六度者，又必爭競猜忌。展轉情執，自縛自纏，汝自己方且向煩惱惡見稠林中走入，尚曰度衆生乎，尚得名菩薩乎？所以有法名菩薩，斷斷無此事理。凡發正覺者，必應將佛說一切法無我、人、衆、壽，即是諸法一如的道理，切實體會，雖廣修六度，而一法不執，庶幾心空妄念而無實，功不唐捐而無虛耳。○此無我一科，既以結上文，亦以起下文。蓋下科即非莊嚴是名莊嚴，亦是說法性無差別義者，與此科所說之義相貫通也。

（丑）次，約嚴土遣，分二。（寅）初，標遣。

須菩提，若菩薩作是言，我當莊嚴佛土，是不名菩薩。

菩薩修行六度，無非上求下化。上來已約度生明下化，故此科復約嚴土明上求。上求者，所謂上求覺道也。然上求覺道，亦爲下化衆生。蓋菩薩發心，唯一在利益衆生而已。此中所說之病，亦與度生中相同，病在作言我當是也。凡上科所說種種過咎，皆通於此，毋庸更贅。總之，作言便動念矣，我當便執見矣，起念著見如是，全是凡情，何名菩薩？故曰，是不名菩薩。

（寅）次，徵釋。

何以故？如來說莊嚴佛土者，即非莊嚴，是名莊嚴。

何以故者，問不名菩薩之故也。即非、是名，仍如前說，所謂不著相、會歸性是也。即此兩言，其不名菩薩之故已甚了然。蓋由其著相昧性，所以不名菩薩耳。○莊嚴佛土，前曾說過。然此中所明之義，與前不同，不同在如來說三字。如來說者，明其約性而說，則諸法一如，不應少存分別執著之情見也。前之舉此爲言，是爲顯應無住而生心之義，使知於不執時卻不廢。今之舉此爲言，是爲明應生心而無住之義，前云，當生如是心。今此度生、嚴土兩科，則教以雖當生如是心，而亦不應住也。使知於不廢時即不執。蓋前是令發菩薩心者，離相以修福慧。今是令行菩薩道者，於修福慧時不存此是福慧之見也。前後淺深，大有區別。須知佛即是心，所謂是心是佛。土即是地，佛土猶言心地。所謂莊嚴者，因衆生自無始來，此清淨心被一切染法橫生障礙，本來空寂者，全然紛擾，本來光明者，全然昏闇，故令發廣大願，以擴其量，修六度行，以除其私，離相離念，將所有分別執著等等凡情俗見痛加掃除，細爲洗刷，譬如地上障礙之物、穢染之污，一掃而空之，以復其空寂光明之舊觀。無以名之，名之曰莊嚴耳，實則無所謂莊嚴也。今作言曰我當莊嚴，横此一見於心地中，便不空寂，便障光明，尚得謂之莊嚴乎？於性體上全無領會，違如來説，故曰，是不名菩薩也。必須深解即非、是名之旨，離相會性，一如不動，雖熾然莊嚴，而忘其爲莊嚴，庶幾與空寂之性相應。既空且寂，光明自顯。莊嚴佛土，如是如是，菩薩其知之。廣度衆生，上言滅度無量，是廣度義。大悲也。清淨心地，莊嚴佛土，徹底言之，便是清淨心地。大智也。大悲大智，所謂無上菩提也。合此度生、嚴土兩科所説之義，是明發菩提者，不可存一此是大悲大智之念也。若少存此念，便是法執，便非菩提矣。

兩曰不名菩薩，正是結成開章時所云，實無有法發阿耨多羅三藐三菩提者之義也。章法極其嚴密，義意極其圓滿。

（子）次，令達無我，分二。（丑）初，標示通達。

須菩提，若菩薩通達無我法者，如來説名真是菩薩。

此科之文，從來多作結上會。然細尋語脈，前云佛説一切法無我，是顯法性無差別義，所以結度生不應取法也。上云即非莊嚴是名莊嚴，亦是顯法性無差別義，所以結嚴土不應取法也。法性既無差別，故一法皆不應住，則并實無有法發菩提之義亦一併結成矣，無須重結。又復細味後文，則知先舉佛説一切法無我者，是爲此科令通達無我法作一引案。追説至後第四大科證分中，則云，知一切法無我，得成於忍，是爲此科作結。今將開示佛之知見，令其通達，故先安此科曰，若菩薩通達無我法云云，以爲標示。章法井井，一氣貫通。故判此科爲標示之辭，則前後融洽。若但視爲結上，則氣脈不聯，精神不聚矣。〇無我法，即是法無我，但不無區别者。證得諸法之一如，則謂之法無我。通達一如之諸法，則謂之無我法。即如上文佛説一切法無我者，因佛已證無我理，具無我智，能於一切法中無我，故曰法無我。後歸結處曰，知一切法無我，得成於忍，是明其不但於一切法能知無我，且安忍於無我矣，故亦曰法無我。此處是令通達本來無我之一切法，故曰無我法也。當知法執之病，病在爲我見所障耳。一切法中，何嘗有我？今令通達，是令除障。我見之障除，則證本來無我之法性。故通達無我法之言，猶言去分别之妄心，見本無分别之真性耳。總之，一切法皆無我，則一切皆無我法。故自著衣持鉢，入城乞食，乃至還至本處，敷座而坐，皆所以表示無我之法也。何以故？世尊本無需乎衣食，爲衆生故，一年三百六十日，乃至四十九年，在塵勞中打混，非廓然無我，忘其爲佛，而能如此乎？此正諸法一如，一切法皆是佛法的氣象，亦正是如來所得阿耨多羅三藐三菩提，而於是中無實無虚的真憑實據也。此長老須菩提所以在大衆中從座而起，頂禮讚歎曰，希有，世尊，如來善護念、善付囑諸菩薩也。以如來而日日在塵勞打混，不離衆生，故曰善護念。且即以隨緣度日，忘其爲我之法，日日如是，行不言之教，故曰善付囑。惜乎只長老一人善能通達，其餘大衆皆瞢然罔覺耳。於是長老不得已，詳請開示。而自諸菩薩應降伏其心説起，逐層逐層，説至上科，皆是令破我執，則所説者即無一不是無我之法，即皆應通達也。然則今云通達無我法，即指上來所説者乎，抑别有無我法乎？須知非别有法，非别無法。何以故？一切法皆無我故，不得獨云上來者是，此外皆非也。若其善能通達，即不必待世尊開口，於隨緣度日、穿衣吃飯時，早已徹底通達矣。惟其不能，故有上說諸法。而我世尊大慈大悲，憫念一切衆生，恐其雖聞諸法，猶復未能通達，今將更說根本方便，令得通達。故於此處，承上佛說一切法無我之義，特爲標示之曰，若菩薩通達無我法者，如來說名真是菩薩。令大衆振作精神，諦聽下文，不致視同常談，忽略放過耳。○云何根本方便？即下文開佛知見是也。凡學佛人，雖知我見之害，然以病根太深，除之不得，明明學無我法，而仍故步自封，處處著我。然則奈何？唯有將佛之知見極力灌輸，以化其舊日之凡情俗見，庶幾前後所說之無我法皆得通達耳。由是言之，謂開佛知見，尤爲無我之妙法可也。可見開佛知見中所明之義，在全經中，尤佔重要位置，其義必須先爲徹底通達矣。雖然，法即非法，若聞開佛知見，而有一知見存，便又成法執，又是我見，豈佛知佛見哉？此理當深長思也。通達者，四通八達，無有障礙之意。通達，即所謂開也。衆生於一切法，動生障礙，不能通達者，因偏執故，偏執即我見也。今令開佛圓見，圓則不執矣。開佛正知，正則不偏矣。故欲開通無我之智慧，達到無我之理體，必先通達其知見，俾得見無不圓，知無不正，非根本方便乎？總以明進修之方，首當開解，去其偏執而已。如來說名真是菩薩者，謂若通達無我法，則通達諸法一如矣，故曰如來說，故曰真是。然性體空寂，那有菩薩名相？故曰說名。使知所謂真是菩薩，亦言說之假名耳，亦不可執。執則又不空寂，而非一如矣。○無我法亦可分爲無我、無法。然無論人我、法我，總一我執，而法我細於人我，法我無，人我自無，故不必局分二事說之。

（丑）次，開佛知見，分二。（寅）

初，明圓見。次，明正知。（寅）初又二。

（卯）初，明不執一。

須菩提，於意云何？如來有肉眼不？如是，世尊，如來有肉眼。須菩提，於意云何？如來有天眼不？如是，世尊，如來有天眼。須菩提，於意云何？如來有慧眼不？如是，世尊，如來有慧眼。須菩提，於意云何？如來有法眼不？如是，世尊，如來有法眼。須菩提，於意云何？如來有佛眼不？如是，世尊，如來有佛眼。

此見不局指眼見，猶言見地耳。知見皆從理智出，原非異體。理謂理體，即本性也。理智者，性具之智，明其非外來也。但約有所表現言，曰見。約了了於內言，曰知。故不可强分爲二，亦不可定説爲一。又知見互相資，知之者深，其見地自不淺。然若不破其舊見，亦不能啓其新知。故文中先説見，次説知。〇茲先説五眼之名相，再明佛説五眼之旨趣。〇肉眼者，即此血肉之軀所具之眼，蓋勝義淨根依肉體而有所照見，名曰肉眼。此眼所見有限，惟能見障內對障外言。之色。勝義淨根者，清淨見性之别名也。所見有限者，爲煩惱所障故也。〇天眼，有由業力得者，如欲天以福業得之。有由定力得者，色天、無色天皆是定力。定力者，謂作觀想，想障外境。障外，對肉眼所見之障內言。觀想成故，見障外事，即肉眼不能見之事。名爲天眼，不必定生天也。即在人間，得此定力，便能有之。此指專修此定而言。若生欲天者之天眼，則是由修福業而得。生色天以上之天眼，或由修他種定而得，則皆爲報得也。凡夫齊此二眼，若慧眼以上，非修出世法不能有。〇慧眼者，以根本智，照見真空之理。亦名真諦。智即是慧，故名慧眼。根本智異名甚多，如實智、真智、正體智、如理智等等，以其能生起後得智，故名根本智。二乘聖賢所見齊此。得此則天眼亦得，而過於天眼，能見天眼所不能見。然亦有所限，不及佛之慧眼也。〇法眼者，以後得智，照見差別之事。即是俗諦。亦有種種異名，如權智、俗智、徧智、如量智等等，以得根本智後，方能得之，故名後得智。得此智者，不但證真空理，通一切佛法，并通世俗一切法，及通一切衆生因因果果、起心動念等差别事相，故名法眼，然猶不及佛之法眼也。菩薩所見齊此。前三種眼，菩薩皆有，自不待言，惟無佛眼耳。〇佛眼者，智無不極，照無不圓，惟佛有之，故名佛眼。古德有頌云：天眼通非礙，肉眼礙非通，法眼能觀俗，慧眼了真空，佛眼如千日，照異體還同。照異體還同者，謂但約照見之殊勝，名爲佛眼，實則其體非於前四之外别有也。故前四約佛邊言，雖名肉眼，而見無數世界，不同凡夫之有所限，只見障内也。以天眼言，凡夫天眼只見肉眼所不能見，二乘天眼惟見一三千大千世界，菩薩天眼雖勝二乘而不及佛，惟佛之天眼能見恆河沙數佛土。以慧眼言，二乘慧眼惟能照見我空，地上菩薩慧眼亦是分證法空，佛之慧眼則圓照三空，洞徹真性。以法眼言，菩薩法眼所知障未盡，地地之中，各有分限，惟佛法眼所知障盡，無法不知，故無生不度也。由是可知，約佛邊言，不過名爲四眼，表其隨感斯應耳，其實惟一佛眼而已。故古德曰，前四在佛，總名佛眼也。〇佛眼智無不極，照無不圓者，以俗諦言，徧河沙世界雨滴點數悉知悉見，其他可想矣。故自無始來，窮未來際，徧虚空，盡法界，一切衆生，乃至一極微細衆生，死此生彼，根性族類，以及起心動念，前因後果，千差萬别極微細之事相，無不悉知，無不悉見。以真諦言，聲聞定多慧少，故但照我空，不見佛性。菩薩慧多定少，雖見佛性，而猶未盡明。蓋證佛性，以慧爲因，以定爲緣，因親緣疏，故定多不及慧多。然定慧既未均等，故菩薩但分證法空，分見佛性。唯佛與佛定慧均等，了了見性，如觀掌中菴摩勒果也。以上釋名相竟。○佛説五眼，其旨云何？蓋借五眼以明佛見圓融也。此科文相最奇，突然而起，陡然而止，平敘五眼，此外不著一字，意義甚難領會，必合上科並讀之，乃知是令通達佛見。下文知字，是令開佛知，所以須判上科爲總標也。舉一佛眼，便攝四眼。今乃一一徧舉四眼而問，皆答云有者，正明不執一見也。若四眼皆答無，惟佛眼答有，是獨執一佛眼，豈佛之圓見乎，豈法無我乎？長老深解義趣，通達無我法，故不如是答也。約佛邊言，肉眼、天眼、慧眼、法眼，一一殊勝，合此四眼，即是佛眼，乃復舉佛眼而問，亦答云有者，正明非四眼外，別有佛眼，非佛眼外，別有四眼，非一一眼外，別有一一眼，然隨感斯應，亦何妨有一一眼？蓋徧舉五眼者，意顯不一而一，一而不一，見見皆圓，無所謂一見非一見也。然則謂之見而不見可，謂之不見而見亦無不可，亦即謂之不有而有，有而不有也，皆無不可，此不執一之極致也。故答辭皆先曰如是，後曰有，蓋明既見一如，則有見皆是矣。何以故？見見如故。問答皆言如來有者，總以明見性圓明，有如圓鏡，胡來胡現，漢來漢現，初無容心，正所謂不有而有，有而不有也。譬如分一池爲五池，池各現月，月隨池而成五，月無容心也，一而不一也。若通五池爲一池，則現一月，月隨池而成一，月亦無容心也，不一而一也。佛眼五眼，如是如是。此正顯一切法無我之義，菩薩應開如是見，通達如是無我法也。云何通達？惟在不執已見，更不執一見而已。云何能不執？首當大開圓解，令其見地徹底，則執情自薄，即復力除習氣，離相離念，證得諸法一如，方爲究竟耳。○於意云何，是探其見地如何。一一答如是、如來有，足證長老已於一如之理通達無礙。

經中凡言於意云何，皆是探詢見地之辭也。凡言若作是念，能作是念否，莫作是念，汝勿謂作是念等等，皆是破其執見，令開圓見也。

（卯）次，明不執異。

須菩提，於意云何？恆河中所有沙，佛説是沙不？如是，世尊，如來説是沙。

恆河上，流通本有如字，爲古本所無，應從古本。因有一如字，多認爲是説譬喻，不過藉以引起下文耳，而不知其是説實話。殊不知佛説此科，合諸上科，乃以明大乘佛法緊要之義，正是佛之圓見，所謂開佛見者開此。以誤認故，遂致一齊抹煞。一字之差，出入懸遠，真可嘆也。〇如是世尊兩句，是長老答辭。河沙微細，有如微塵。前云，諸微塵，如來説非微塵，是名微塵。則恆河沙，如來亦必説非沙，是名爲沙矣。何以故？此《經》遣相，尚云般若非般若，何況乎沙？今乃不然，如來説是沙者，若不著相，則見相即見性矣，又何必説不是沙乎？此一義也。又復下半部正明一切皆是，以遣微細之執，即俱生我法二執。故雖沙之瑣瑣，亦不説非，而但説是，此又一義也。然而佛説此科，所謂合諸上五眼一科，以明大乘要義者，尚不在此。須知此科之義，乃顯佛眼因洞見一切法差別事相，不壞俗諦，故世俗既説是沙，如來亦隨俗而説沙，以明如來之不執異見也。長老與佛心心相印，故答曰如是。既證諸法一如，則何説而不是乎？故曰，如來説是沙也。如來説是沙者，蓋明是沙之言，乃如來説，即是依如義而説，豈同凡夫説耶？何以故？凡夫説是沙，則執以爲實。如來説是沙，乃是即非是，非是而是，此其所以不執異見，而説是沙耳。經中凡説如是，皆含有此義，可靜心會之。〇此不執一、不執異兩科含義淵微，須逐層披剥之。以此見不開，執情難遣，急當參究，令其通達，萬不容忽者也。〇當知不一不異之義，便是法法皆如，此正佛之所證所得。前於説法法皆如時，亦已廣談。既爲佛之親證，即是佛之圓見。然而佛如是證得，由其在因地時已能開此圓見故也。開此圓見，乃能雖見而不立見，乃能於一切法不執而無我，乃能如是如是究竟證得之耳。所以一切菩薩修因時，亦應如是開之。何以故？一異不執，是破除我見之慧劍故。〇當知我見難除，不外兩種理由，（一）見理不明，（二）自以爲是。初因見理不明而自是，繼因自是而見愈不明，二者蓋互相資助，互相增長。然其病根，則惟一見理不明而已，自是則由不明而生者也。其互相助長，蓋後起之狀，故欲破我，首當明理。開佛圓見者，徹明其理之謂也。先説五眼以明不執一見者，爲見理不明者説法也。繼説河沙以明不執異見者，爲自以爲是者説法也。〇見理不明者，非謂其一無見也。但主一見爲高，遂爲此一所蔽，則高者不高矣。有如五眼，自以佛眼最高，而不知正以四眼一一殊勝，故稱佛眼，此如來所以不執一見，而圓具五眼也，執一者其知之。自以爲是者，非謂其絶不是也，但欲獨伸己是，而不與衆見苟同，則是者非是矣。有如河沙，言性固非，言相何嘗不是？相者即性之相，奚必廢相以明性？此如來所以不執異見，而説是沙也，執異者其知之。總之，於見有所執者，則有所立，於是或一或異，不偏於此，即偏於彼，蓋著我之所致也。今教以一異俱不可執，見將從何安立？則我亦與俱化矣，非除我之慧劍乎？〇不一不異之義，爲般若之綱宗，佛法之要領，可以貫通一切法，故此《經》令通達無我法者先通達乎此也。此句開之則爲八不、十不、十二不、十四不。如《大智度論》云：「不生不滅，不斷不常，不一不異，不去不來，因緣生法，滅諸戲論。」因緣生法，猶言諸法緣生，亦猶言因果。蓋因緣生法者，因緣所生之法也，法即因生之果也。故因緣生法，簡言之，即是因果。此言一切法皆是因果，故一切法皆是不生不滅，不斷不常，不一不異，不去不來，此所謂八不也。若不明八不之義，便不明因果，則所言皆成戲論。正顯八不因果之義，爲正論正見也。緣生之法，正是生滅，何云不生不滅？不知緣聚則生，緣散則滅，約法相言耳。見法相之生滅，足證法性本不生滅矣。不去不來，亦約法性言也。因因果果，永永不息，故不斷。因而成果，果又爲因，故不常。一切法各有因果，故不一。一切法不外因果，故不異也。八不義若專約因果發揮，可成專書，茲不過略説之耳。《智論》又云：「觀一切法不生不滅，不增不減，不垢不淨，不來不去，不一不異，不常不斷，非有非無。」此言十四不也。若將非有非無句作爲解釋不生不滅等六句之義者，則爲十二不。《中論》亦説八不曰：「不生亦不滅，不常亦不斷，不一亦不異，不來亦不出，能説是因緣，善滅諸戲論。」不出即不去之義。此二論皆龍樹菩薩作以明般若者。嘉祥大師《大乘玄論》云：「八不者，是諸佛之中心，諸聖之行處，豎貫衆經，横通諸論。」其《中論疏》則云：「是正觀之旨歸，方等之心骨，定佛法之偏正，示得失之根原。迷之則八萬法藏冥若夜遊，悟之則十二部經如對白日。」誠以如是句義，正是開人佛知佛見，以除其從來執著之妄想妄計者。凡佛所説，皆明此義，所謂第一義也，勝義也，中道也。此義若未通達，則佛法之宗旨不明，何以圓修圓證？故曰，諸佛中心，諸聖行處，迷之則若夜遊，悟之則見白日也。然龍樹實本諸《本業瓔珞》等經，但次第少不同耳。《經》曰：「二諦義者，不一亦不二，不常亦不斷，不來亦不去，不生亦不滅。」不二者，不異也。二諦者，真諦謂法性，俗諦謂法相也。《經》以八不明二諦，《論》以八不明緣生，因此義貫一切法故也。《大涅槃經》則説十不曰：「十二因緣，不出不滅，不常不斷，非一非二，不來不去，非因非果。」不出不滅，即不生不滅。非一非二，即不一不異。非因非果，非謂無因果也。首句云十二因緣，謂十二因緣生法，不外此十不之義。因緣生法，正明因果也。蓋謂約因果説，説名爲因，乃是前因之果，説名爲果，亦是後果之因，此明因果無窮，不可執謂因定是因，果定是果，故曰非因非果。又約性相合言之，約因果法性説，則冥同一味，不能説誰因誰果。而約因果法相説，則事相分明，因是因，果是果，因必有果，果必有因。然正分明時，即冥同一味，何以故？相不離性故。正冥同一味時，卻了了分明，何以故？性不離相故。是之謂非因非果，蓋合首句以明義也。此本《經》所以説即非，復説是名也。

所以不應取法，不應取非法，空有皆不應著。此《中論》所以云：「因緣所生法，我説即是空，亦名爲假名，亦名爲中道。」蓋謂欲知一切法不出因果者，當明即空即假之義。若不明空即是假，則墮斷見，萬事皆歸斷滅，便成撥無因果。若不明假即是空，又墮常見，萬事皆若固定，亦成撥無因果。須知雖説空説假，其實空假不一不異。明得此義，便爲中道，非空假外別有中道。空即法性，真諦也。假即法相，俗諦也。此中五眼一科，即是明真諦法性，法性本來如如而皆是，何必執一？河沙一科，便是明俗諦法相，法相本來隨緣而無定，何必執異乎？八不、十不、十二不等，但是開合不同耳。若詳開之，可至無量句。若約之又約，則不一不異，便攝一切。故此中開佛圓見，但約不一不異明義也。○今再略言八不之義所以貫通一切經論之理。當知佛所説法，不外真俗二諦。俗諦法相，雖變化無常，而爲世俗所共見，故謂之俗。真諦法性，則常恆不變，而爲諸法之本體，故謂之真。佛説二諦，皆用八不之義以説明之。名爲諦者，明其事理確實不虚也。一切衆生所以輪迴生死，苦趣無邊者，無他，由迷俗諦八不之義故也。一切聲聞乃至權位菩薩所以有變易生死，無明未盡者，無他，由迷真諦八不之義故也。總之，但因於此八不義諦，迷有淺深，悟有高下，故有六道之紛紜，三乘之差别。佛爲一大事因緣出現於世，即爲令衆生了二種生死，故説種種法以開示之，令得悟入耳。而種種法不出真俗二諦八不之義，故此義貫通一切經論也。不字有二義。（一）破義，破其著一切相也。（二）泯義，泯相顯性也。然破有二義，不但破著有，并破著空。泯亦有二義，不但泯相顯性，亦復泯性顯相，而令圓融也。○今試舉不生不滅句説其綱要，且以不一不異句貫通之，先約

俗諦言，世俗中人莫不執謂實生實滅，佛告之曰，皆非實也，但由因緣聚合，假現生相，因緣散時，假現滅相而已，汝性何嘗生滅？乃但執相而昧性，汝所以有輪迴生死之苦也。此約俗諦顯中道，中道顯，則非俗諦而真諦矣，所以治著有之病也。再約真諦言，二乘聖賢、權位菩薩又執不生不滅，佛告之曰，不生不滅者，對治凡夫著生滅相耳，安可去一執，又生一執？須知性相不二，空有同時。有即是空，故俗諦之生滅，爲假生假滅。空即是有，故真諦之不生不滅，亦是假不生假不滅也。汝既見性，正好現相，隨緣度生。且性本不離相，乃但執性而厭相，汝所以有變易生死之苦也。此約真諦顯中道，中道顯，則爲最上乘、一佛乘矣，所以治著空之病也。○以不一不異貫通之者，俗諦執生滅，則生與滅不一也。不執而不生不滅，則生與滅不異也。真諦執不生不滅，則不生不滅與生滅不一也。

不執而性相不二，空有同時，則生滅與不生不滅不異也。蓋既空有同時矣，則不生不滅時，無妨現生滅，雖現生滅，卻是不生不滅，此之謂不住生死，不住涅槃，則一異俱不可説，并不一不異之名而俱泯矣。由是觀之，可知一切皆不可執，亦毋庸執也。故八不諸句爲化除執見之妙義，而不一不異之義則可以貫通諸句也。○此諸句義，皆是顯法法皆如者。法法皆如，是中道圓融第一義，故八不諸句亦是中道圓融第一義，但法味不同耳。何以言之？法法皆如是圓顯，所謂表詮，天台、華嚴兩宗依此義而建立者也。八不諸句義爲般若之綱宗，則是以遣爲顯，所謂遮詮，三論宗依此義而建立者也。禪宗亦是宗般若之遣蕩者，但不講教義耳。須知必先遣蕩，方顯圓融。即如本《經》，必於離相離念之後，方説法法皆如，佛旨可見矣。何以故？執見未遣，豈能圓融？且著於圓融，亦非圓融也。《起信論》所以明不空須自空出也。建立圓宗而説圓義者，并非不説遣蕩之義，但説遣蕩亦帶圓味。宗遣蕩者，如三論宗等，亦非不説圓融之義，但説圓融亦帶遣蕩味，故其説如快刀利斧，無堅不摧，讀之如冷水澆背，發人深省也。慨自般若教義不明於世，即《智度論》、三論宗諸書從來鮮過問者，故隋唐以來，惟禪門出人最多，其故可深長思矣。須知學人若不剋從遣蕩用功，徒記誦得無數圓義，何能破其情執？情執不去，又何能達乎圓融？本《經》云，一切諸佛及諸佛阿耨多羅三藐三菩提法，皆從此《經》出，正的的指示般若爲入佛之要門，成聖之階梯也。此事關繫法門之盛衰，關繫學人之成敗，極其重大，故不覺一再痛切言之。○三論宗既宗般若，故學般若者，三論諸書不可不一究心。即不能徧讀，必須讀其一二種，以嘗法味，庶幾般若大旨易於領會。如《大智度論》《大乘玄論》《中論疏》等，最足破人固執，開人悟門者也。但義既幽深，文復淵奧，惟在熟讀靜領以參究之。雖然，若謂參究上舉諸書，便於般若義趣無不洞了，則又非也。當知八不諸義，不過般若之綱宗耳。般若中曲折深微之致，非剋從離相離念處真參實究，何能洞明？此理又不可不知也。蓋大綱不異，而細微則不一也。不但此也，即以前八會、後七會所說《般若》持與本《經》校，亦復如是，綱宗大旨，彼此不異，微妙義味，彼此不一。所以一部經有一部經的宗旨，有一部經的說法，豈能一通全通？當知佛說是佛境界，所謂諸法實相，惟佛與佛方能究竟，諸大菩薩尚未究竟，何況凡夫？所以華嚴會上，善財所參五十三位善知識皆曰，我惟知此法門，餘則不知，乃是實話，并非謙詞。所以古德如智者、嘉祥、賢首諸位，平生只宏揚數種經論，蓋學力只能如此，此正古德高處、真處，後學所當學步者也。不但三論八不諸句義只能明般若之綱要，細微旨趣仍在學人自領，即令今有一人，將本《經》義趣箸書立說，一一宣陳，然得此一書，不過多一助力而已，亦仍在學人自領也。何以故？此人即令已成菩薩，而佛之境界終不能究竟。即令頓悟同佛，竟能徹底宣揚，而讀其書者障若未去，仍復未能徹底領會，仍須向離相離念處真參實究，而後乃能契入耳。即如此不執一、不執異兩科所明之義，聞得之後，必須以此法印，向一切法上微密印證，更須以此法印向自心上印證，向未起心動念處印證，如此庶有通達之可期。若但聞說此兩科之義而得明了，只能謂之明了，不能謂之通達。此理尤不可不知。通達者，四通八達，毫無障礙之謂。故若於自心上，於一切法上，行之少有障礙，便非通達矣。下明正知，正是說一榜樣，令學人遵照，以不一不異之見地，向心行處及諸法上，了知其所以然，以求通達而無我者也。

（寅）次，明正知，分二。（卯）初，明心行叵得。次，明諸法緣生。

心行者，心之行動，謂起心動念也。諸法，謂外境也。約内心、外境以明正知，意在使知無境唯識，心外無法之義也。心外無法，故法法不外一真如。但衆生外爲境相所迷，内爲心念所擾，不能證得，此般若所以令離相離念也。叵得者，不可得也。性體空寂，本無有念，故曰不可得。諸法莫非緣會，假現生相，本來無生，是之謂當體即空。是故約心行及諸法言，不一也。而約叵得及緣生言，不異也。不一不異，諸法如義也。當如是知也。如是而知，名曰正知者，以其是依無上正等正覺之所證知者而知故也。知此，則知應離念離相之所以然矣。離相離念，正所以無我也。

（卯）初，明心行叵得，分三。（辰）初，喻衆明知。次，釋明非心。三，結成叵得。

（辰）初又二。（巳）初，引喻。

須菩提，於意云何？如一恆河中所有沙，有如是等恆河，是諸恆河所有沙數，佛世界如是，寧爲多不？甚多，世尊。

有如是等，流通本等上有沙字，古本無之，可省也。將明正知，而承上圓見中河沙之説以爲引端者，意顯向下所明之義，非執一異之凡情俗見者所能了知。必先開其圓見，不執一異，乃能開此正知也。且以顯向下所説，當以不一不異之義通之也。將説衆生妄心以及諸法，而必假設譬喻，以沙喻河，復以喻河中之沙爲言者，意顯妄心及一切法層出不窮，牽引愈多，不可勝數也。且以顯妄心法相，如幻如化，莫非假有也。皆是親切指點之語。若視爲無關緊要，有如贅辭，則孤負經文矣。○啓口説一於意云何者，將欲開其正知，故先探試其見地。其意直貫至不可得，非僅探問多否。如者，顯其是譬喻之辭也。一恆河中所有之沙，已無數可計矣。如是等，指無數沙。謂設有恆河，其數與一恆河中所有之沙相等，猶言無數恆河也。是諸恆河，指上句無數恆河言。無數恆河所有之沙，其數豈有量哉？佛世界，即謂大千世界。每一大千世界爲一佛教化之區域，故曰佛世界。如是，指上句無量言，謂無量世界也。寧爲多不，問可算得是多不。甚多世尊句，長老答辭。此科但設喻，爲下文作引。蓋以無量數之沙比喻世界之多者，皆爲借以顯下文衆生心多，如來悉知耳。

（巳）次，悉知。

佛告須菩提：爾所國土中，所有衆生若干種心，如來悉知。

經中凡標佛告句，皆鄭重之詞，令讀經者鄭重向下所言也。爾所者，如許也，指上文無量言。無量國土，猶言無量世界。但世界是通名，國土是別名，今將言衆生，故換言國土，不言世界。何以故？舉國土之別名爲言者，顯衆生有種種差別也，所謂十方刹土所有衆生種種差別是也。蓋謂無論是何族類、色身等差別衆生，大而天人，小而螻蟻，其心無不悉知。上科不但言世界而曰佛世界者，亦含深旨。當知世界之執持不壞，固由衆生業力，然非仗佛慈悲威神之力爲之攝持，以衆生業力之惡濁，早不知成何不堪之狀況矣。一切衆生皆蒙佛恩而不自知，猶之動植飛潛之得生成，全受日光之賜而不知者同也。語云，雷霆雨露總天恩，天之有恩，實由佛之施恩也。試觀諸大乘經所説，梵王、帝釋，乃至日月天子、一切諸神，皆在佛前發願，護持衆生。故知世界之執持，實賴佛恩慈悲威神之力。總之，此《經》一字、一句、一名詞、一稱謂，皆含妙義，不可忽略。世界國土已多至無量，則其中之衆生，其數之多，那復可説？何況衆生心乎？真所謂不可説不可說矣。何以故？既是衆生心，則念念不停，即以一衆生言，其心之多，那復有數，況不可說之衆生心耶？故以若干種概括之，若干種者，言其差别之多，無數可説也。上科由一恆河而説其中無數之沙，由無數沙而説爲無數恆河，由無數恆河而説其中無量之沙，復由無量沙而説爲無量世界。此科又由無量世界而説其中不可説之衆生，然後由不可説衆生而説其不可説不可説之心。所以如是層遞以説之者，既以顯不一之義，以跌起下文之不異，且以引起如來悉知耳。以至不一之事而悉知之者，豈差别之知見所能悉知哉？世尊蓋以如義知之耳，故曰如來悉知。此義與下如來説相應，總以示菩薩應如是知也。如來悉知其爲何？下科何以故下，正明其義。衆生之心究如何？再下科所説者何下，正明其義。

（辰）次，釋明非心。

何以故？如來説諸心皆爲非心，是名爲心。

諸心，指上科若干種心言。非心句，約性言，暗指非真心，真心即性也。是名句，約相言，謂如是之心，特假名爲心耳，暗指其是妄心，妄心即下文遷流心，遷流便有相，故曰是名。名者，名相也。此處不宜將真妄點破，只可渾含説。因是妄非真，下科方説出所以然。此處説破，下科便成贅文。〇何以故，自問也。問，衆生若干種心，如來何故悉知耶？如來説下，自答也。答謂，雖曰若干種，而如來知其實可概括爲一種，曰，皆是非心，但爲假名之心耳。看經文表面，似但説明如來能悉知，并未説出何故悉知者然，實則悉知之故已影在其中。其故何在？在如來二字。蓋如來者，諸法如義。如者，真如也。真如者，同體之性也。已證同體之性，便成大圓鏡智，所以一切衆生起心動念，佛心鏡中了了分明。且佛心無念，故知動念者皆爲非心，此悉知之故也。上科曰如來悉知，此科曰如來説，正明其依如義而知，依如義而説也。〇昔唐代宗時，西方來一比丘，衆稱之曰大耳三藏。自言有他心通，代宗請南陽忠國師禪宗大德。試之。坐少頃，師問：老僧今在何處？答曰：在西川看競渡。少頃，師又問，答曰：在天津橋上看弄猢猻。師寂然少頃，再問，即不知矣。師呵曰：他心通在甚麽處？他心通者，知他人心中之事也。忠國師先故起念，忽在西川，忽在橋上，以試之。迨後寂然，是不起念。念既不起，遂無從知。以此事爲證，如來悉知，更何待言？須知凡夫心念，雖鬼神亦知之，所謂機心纔動，早被神知。若微細念，則惟菩薩羅漢能知。佛則無不悉知也。忠國師呵斥之語，不解意者，以爲不信他心通。非也，呵斥之意，不出二種。當知神通不可執，執之，輕則賣弄生害，重則著魔發狂，此以理言也。忠國師弟子甚衆，代宗亦其弟子。矜奇好異，人之恒情。倘大衆看重此等事，既足爲修行之障，且恐爲法門之害，此以事言也。此大耳三藏通必不高，若其高也，起微細念亦能知，即不起念亦能知其未起念也，何致忠國師寂然，便惶然不知所云。通既不高，而在衆中，自言得通，跡近賣弄，顯違佛勅。佛令弟子，非遇不得已，不許顯神通。國師斥之者，意在於此。當知三明六通，是學佛人本分事。但修行時，不宜注重此事，恐走入魔道。無明盡時，神通自得。得之之後，亦不宜輒與人知，恐爲捏怪者所藉口，後患甚多也。〇上來由沙，而河，而沙，而世界，而國土，而衆生，事相種種不一，而歸結之於衆生心，非但示心外無法已也。蓋説河，所以喻心念之流動。説沙，所以喻心念之繁密。説沙爲河，喻心念從微而著。説河之沙，喻心念由總而別。由河沙而説到世界、國土、衆生，喻衆生心念既流轉不停，如河。復膠固不化，如土。既細瑣無比，如沙。復馳騖無極，如世界。有任運而起者，如河沙等。有施設而成者，如國等。有源流，有本末，有通，如世界。有別，如國。有別中之別，如衆生。所以言若干種心也。如上所說，凡有兩重不一不異。外而山河大地，内而五藴色身，其事相至不一矣。而爲衆生心所現物，則不異也。又復衆生心念多至若干種，不一也。而皆爲非心，則又不異。此皆發覺者所應了知。然此兩重不一不異，尚不過爲下文作引案耳。總而言之，不一不異諸句義，既顯法法皆如，即是顯無有定法，令行人當於一切法上活看活用，不生拘執。故佛時而説一，以顯其不異。時而説異，以顯其不一。時而一異俱説，顯其雖不一而不異，雖不異而不一。時而一異皆非，顯其并不一不異亦不可説也。無非爲遣情執，遣之又遣，功行至於俱不可説，則證諸法一如矣。其説有無諸句，皆是此義。總以明處處不可著，以治衆生處處著之病而已。無論世出世法，皆應依此義觀，依此義行。

（辰）三，結成叵得。

所以者何？須菩提，過去心不可得，現在心不可得，未來心不可得。

叵得，即不可得。過去心三句，唐慧淨法師《注》中，初句過去，次句未來，三句現在，無著菩薩《論》亦然，次序雖異，大旨無關。○此科説明非心之所以然也。過去、現在、未來，名爲三際。際者，邊際，界限之意。過去非現在、非未來，現在非過去、未來，未來非現在、過去，各有邊際，故曰三際。心念既有三際，故謂之遷流。遷流者，言其心如水之前浪後浪相推而前，遷移流動而不息也。此即色、受、想、行、識之行。行者，行動，遷流之意也。蓋因其心念刹那不停，故曰遷流。因其遷流，故有過去、現在、未來。然而過去則已去，現在又不住，未來尚未來，故皆不可得。剋實言之，只有過去、未來，并無現在。蓋刹那刹那而過去矣，那有可得？不可得者，明其當下即空也。若夫真心則常住不動，絶非遷流。但因衆生無始來今，未曾離念，念是生滅之物，故成遷流，故爲非心，言非常住之真心也。生滅心是妄非真者，以真心本不生滅故也。既生滅之不停，那有實物？故曰，是名爲心也。〇上科明圓見，是令不明理而自是者，明了無是非是，尚是說不可執之當然。此明正知中，則明不可執之所以然矣，故曰所以者何。即如此科之意，蓋謂汝於一切法取執者，在汝意中，必自以爲我能取，不知即此能取之一念，三際遷流，當下即空，念尚不可得，尚何能取之有乎？三言不可得，真乃錐心之語，真令我見無安立處。《楞嚴經》曰：「一切衆生，從無始來，生死相續，皆由不知常住真心性淨明體，用諸妄想。此想不真，故有輪轉。」當知衆

生從無始來，認妄爲真，遂致生死輪轉者，因一切唯心造，生死輪轉之苦，實由其心生滅輪轉故耳。蓋一言及相，必有生滅，重在心不隨相而動，動即行也，所謂遷流也。便除一切苦矣。所謂了生死出輪迴者，心了耳，心出耳。故修行人第一步，便當明了此理，辨清孰爲真，孰爲妄。其實極易辨別。淺言之，分別執著者，妄也，不分別執著者，真也。深言之，真心無念，起念即妄。由行緣識，故起念，爲分別執著之根。所謂修證者無他，除妄是已。妄云何除？離念是已。離念則分別執著自無，真心自見，生死自了，離一分，見一分，離得究竟，見亦究竟矣。一切衆生所以認妄爲真者，由於不知其是不可得。何故不知？由於心粗，不辨其是生住異滅，刹那相續。若知其是刹那相續，則知是遷流而不可得者矣。既不可得，執之何爲？且自以爲能執，而實無可執，徒增業力而已，真愚癡可憐也。此理惟佛知之

説之，而爲修行人所急宜覺悟者。故明正知中，首先便言此事，以其爲成凡成聖之關鍵故也。由是觀之，本《經》雖離相、離念并説，實歸重在離念，不過以離相爲離念之方便耳。迨至念離，則見相即見性，儘管隨緣現相，廣度衆生，毫無障礙矣。何以故？心念既離，其於相也，不離自離故。〇此科之義，一深無底。上説不可得，是約妄心明義。殊不知佛説此科最大宗旨，尚不在此。宗旨云何？在令學人即妄證真，頓契無生也。何以言之？三際遷流之心，所謂無明緣行也。無明者，不覺也。一切衆生初不覺知念念遷流，故隨而分别執著。分别便成第六識，執著便成第七識，則行緣識矣。此中言如來知者，令學人當如是知也。知者，覺也。且告之曰，遷流之心，當下即空，實不可得。正是令學人速覺，當直下向不可得處觀照契入，則湛湛寂寂，當下便是常住真心。正所謂狂心不歇，歇即菩提矣。故此科之義，是明至圓極頓、直指向上之法門也。昔二祖問初祖安心法，祖曰：將心來，與汝安。曰：覓心了不可得。祖曰：吾與汝安心竟。正與此中所説同一法味。當如是知，勿負佛恩也。故上科「皆爲非心，是名爲心」句義，亦可兼明真心。蓋真心無名無相，唯一空寂，説爲真心，亦非心也，但假名耳。古德所以云，説似一物即不中也。〇由是觀之，此科亦具兩重不一不異。過去心、現在心、未來心，是爲不一。皆不可得，是爲不異。又復遷流心與常住心不一也，知其不可得而當下空寂，則不異矣。合之上科所説，共爲四重。當知佛之委曲説此四重者，開示修觀之方便也。方便云何？先觀河沙等器界根身諸法之不一，而銷歸於衆生同具而無異之心。既而進觀心念有若干種之不一，而銷歸於諸心所不異之皆非是名。更觀心之所以皆非者，由有三際遷流之不一也，則銷歸於三際不異之不可得。當知不異者，如義也。步步由不一觀不異，則步步趨向真如矣。即復深觀遷流心、常住心雖曰不一，不過性相之異耳，則離相會性，而銷歸於本無可得之大空，尚復何異之有？則寂寂明明，明明寂寂，一念不生矣。一念不生，而實相生矣。豈非一超直入之修功哉？妙極妙極。今爲諸君一一拈出，若能依此義以修觀行，一日千里，尚何待言？當知四重之義，重重深入，而步步由不一入不異，即是步步除分別執著，亦即步步無我，迨至一念不生，人我、法我尚復何存乎？真無我之妙法也。菩薩不向此中通達，更向何處通達？此一大科，爲開佛正知，是令開佛之正覺也。故聞如是教，便應如是開。如是開，便是如是覺。如是覺，便能如是證矣。圓頓大法，孰過於此？下諸法緣生一大科，亦復如是開之覺之，而一是向心行上開覺，一是向諸法上開覺，雙方並進，則心境皆亡，我法俱空矣。正所謂無我相，無法相，亦無非法相，而離一切諸相，則名諸佛矣。教下名言甚多，無此直捷了當。宗下棒喝交馳，無此彰顯明白。願與諸君共勉之。

（卯）次，明諸法緣生，分二。（辰）初，約福報明無性。次，約法施明體空。

此一大科標題，含義甚多，先當一一説明，入文方易領會。上心行一科，是約内心明義。此諸法一科，是約外境明義。外境之事相甚多，故曰諸法。諸法多不勝數，將從何處説起？今約福報及法施明義，則可以賅攝一切法矣。蓋福報之義明，非福報之事便可例知。布施即攝六度，六度即攝萬行，而布施中則以法施爲最，若法施之義明，所有六度萬行皆可例知也。法施是善行，善行之義明，非善行之事亦可例知也。至於緣生二字，當分條以説之。頌言含義甚多，指此言也。（一）内典中因緣二字，有時分説，有時合説。分説者，因是因，緣是緣，不容混也。合説者，説因即攝緣，説緣即攝因。蓋親因謂之因，疏因即是緣，故可合説。此緣生一言，乃合説者，所謂因緣生法是也。因緣生法者，謂一切法之生，不外因緣，從無無端而起者也。故法即因緣所生之果，因緣生法，無異言一切法不外因果。而福德及具足身相是約果報明義，法施是約因行明義，既一切法不外因果，故攝一切法盡。（二）諸法緣生者，謂一切法本來無生，但由因緣聚會，假現生相耳。此意蓋明諸法是假相而非真性，以性乃本具，萬古常恆，非由因緣聚會而生者也。故標題曰無性，言其但有相而無性也。當知佛書所言性，皆指心體之性言，與俗書所謂物性、性格等説絶不相侔。而一切法既皆爲假現之相，可知一切法之當體如幻如化，如空中花，如水中月，絶非實物矣。故標題曰體空，此體字指當體言，猶俗語所謂本身，非謂性體也。是故緣生之義，即顯其有相無性，當體是空耳。福德及具足身相顯無性義便，法施顯體空義便，故分配言之。由是可知，説緣生，無異説不可得，而説不可得，亦無異説緣生。何以故？心之行動亦緣生法故，所謂無明緣行是也。夫衆生處處執著，一言執著，便有能所。就能執一面言，無非妄念。就所執一面言，便是諸法。今告之曰，汝以爲有能執者耶？心行叵得，能執之意當下即空也。又告之曰，汝以爲有所執者耶？諸法緣生，所執之法亦復當體是空也。如此開示，正是將衆生執見從根本上推翻。若發覺者通達此理，我見可冰銷矣。何以故？我見之起，起於執實，既認妄念爲真心，又以諸法爲實有，遂致我見不能遣除。故欲遣我執，最妙觀空。佛稱醫王，又稱空王，即謂能醫衆生執實之病耳。（三）緣生與不可得皆明即空之義，如上所説，固已，然而大旨雖不異，而含義之廣狹則不一。

蓋不可得之義，但明即空。緣生之義，既明即空，兼明即假。妄念爲成凡之由，將欲了生死，證聖果，必須斷念，故只宜說不可得，不宜說緣生。諸法固不應取著，亦不應斷滅，故只宜說緣生，不宜說不可得。何謂即空即假？當知一切法只是緣生，本來是空，此所以言即非也。然而既已緣生，不無假有，此所以言是名也。故法與非法皆不應取也。且以一切法雖體空而緣生，乃是即假之空，所以雖絶非真實，而事相儼然，此衆生所以難出迷途也。以一切法正緣生卻體空，乃是即空之假，所以雖事相儼然，而絶非真實，此行人所以亟應覺悟也。云何覺悟？空有不著是已。云何而能不著？要在離相離念。必離相離念，乃能隨緣不變，不變隨緣耳。（四）前言心行及諸法兩科，是開示一超直入之修功，然其中亦有雖不異而不一者，不可不辨。蓋直向心行不可得處契入，是契入空寂之性體。若直向諸法緣生處契入，則是契入如實空如實不空之體相用，亦即契入寂照同時之性德者也。然而得體方能起用，不空須自空出。若不離念，寂且未能，遑論乎照。故學人於行門必須空有不著，而於觀門則須一空到底，此理不可不知也。總之，心行叵得，應離念也。諸法緣生，應離空有二邊相也。前不云乎，離念爲離相之究竟，離相乃離念之方便，故用功當以離念爲主。念若離時，空有二邊相不必說離，而自圓離矣。雖然，諸法緣生、即空即假之義，離念者亦不可不通達之，以爲補助。當知心性本空有同時，故唯心所現之諸法，亦無不空有同時。今觀諸法緣生、即空即有，即無異觀心性之即空即有也。若但知離念，而不知修此觀，恐墮偏空，而不能達到寂即照、照即寂也。故於說心行叵得之後，復說諸法緣生，此理更不可不知也。是乃佛之正知，當如是開之也。（五）上說性與諸法空有同時之不異，然其中亦有不一者，不可不辨也。蓋真心不但真空，且是真有。真空者，離名絶相故。真有者，常恒不變故。彼一切緣生法不然，本無是物，但現假相而已，乃是真空假有者也。剋實論之，尚不足言真空，只可謂之假空。因諸法之空，是由假有形成者耳。既非實物，空有俱説不上。茲姑隨順古義，説爲真空假有。因其本空，故説假有。因其假有，故知本空。爲欲明其空有是相待相形而成，故曰空有同時耳。不似真心，離名絶相之空，常恒不變之有，皆是絶待，其同時並具，初非由於相待相形而成者也，故謂之真，故能爲一切法之體。又復真心既萬古常恒，故曰本不生。若一切法亦名本不生者，乃因假現生相，形成爲本來不生耳，實則本無是物，無所謂不生也。故本不生之名雖不異，而一真一假，亦復不一。或曰：心外無法，心生則種種法生，此心蓋指妄心而言，然則佛菩薩既無妄念，而能現種種境相，不知何由而成？答：佛菩薩實無有念，種種境相亦實由心而現。此則由於因地發大悲願，隨緣度衆，故證果後，雖不起念，而藉夙昔悲願熏習之力，便能隨機感緣，現諸境相。此義散見諸經論及《大乘止觀》。故修因時，必須悲願具足，深觀諸法緣生之義，使熏習成種，乃能於大定中隨緣示現耳。上説諸義，皆行人所應了知。不然，必疑證果後何以念猶未淨，或疑無念則無所現，或疑真心與諸法同一即空即有，同一本不生，何以爲諸法之體耶？茲姑乘便一言之。（六）開經以來所説諸義，得此心行叵得、諸法緣生兩科，乃洞明其所以然。蓋説三空，説一切皆非等等句義者，以心行不可得故也。説二邊不著，説一切皆是等等句義者，以諸法緣生故也。故此開佛知見一大科，實爲全經最要部份。前後所説，無非開佛知見。信者信此，解者解此，修者修此，證者證此。合信、解、行、證，方將開字功夫做了。信是初開，而解，而行，而證，乃究竟開也。

（辰）初，約福報明無性，分二。（巳）初，明福德。次，明報身。（巳）初又二。（午）初，明福德因緣。

須菩提，於意云何？若有人滿三千大千世界七寶以用布施，是人以是因緣，得福多不？如是，世尊，此人以是因緣，得福甚多。

世界寶施，前曾說過，就已說者發明緣生之義，有微旨焉。蓋示上來所說一切法相，皆應以緣生義通之。《中論》云，因緣生法，即空即假。當知不但所生法即空即假也，因緣亦復即空即假。因緣即空即假，故雖不著相，而應行布施，前所以言應無所住行於布施也。因緣即假即空，故雖行布施，而應不著相，前所以言應布施不住於相也。所生法即空即假，故雖當體是空，而緣會則生，前所以屢言是名也。所生法即假即空，故雖緣會則生，而當體是空，前所以屢言即非也。○此科是總明緣生之義。何謂總明？從布施因緣說到福德，福德即布施因緣所生法也。故布施，因也，福德，果也，因果並說，故曰總明。則下報身但約果言者，便可例知果必有因。法施一科似但說因，亦可例知因果無盡。蓋必能施、所施及聞法施者各有因緣，且一齊聚會，乃有此法施之事發生，是此一法施，乃無數因緣聚會所生者也。而將來各各所得之果，則又由此一法施之因緣所生，豈非因果無盡乎？布施等爲佛門大事，尚不離緣生，不離因果，則其餘一切法可知矣。故約此數事言之，以示例焉。所謂總明者，復有一義。本科但泛言福德，而下科則言報身，證得報身，可謂福德多矣。本科泛言布施，下科復專約法施爲說，皆無異爲本科指實者。故亦可判本科爲總明，判下報身、法施兩科爲別明。○前半部中，長老答辭，多言不也。即不答不也，亦從無答如是者。後半部惟開佛知見中，答如是最多。此外，只有答以三十二相觀如來一處，言如是。此《經》字字皆含深義，可知凡答如是，決非泛言。實承前已説者，表示諸法一如，一切皆是之義耳。前言一如、皆是，是明融相會性。此諸法緣生所明之義，亦意在融相會性也。長老深解義趣，故先答如是，繼之曰，此人以是因緣得福甚多，正指示行人，應領會諸法緣生道理，以通達乎一切法皆是一如耳。蓋緣生道理，即空即假是也。觀照即空即假，以契入如實空如實不空，則融諸法之相，而會一如之性矣。○前云，不住相布施，福德不可思量。今云，得福甚多。甚多者，不可思量也。經旨趨重下科，此科所説，不過爲下科作引案耳。故不住相一層，此中未言，而下科言之。

（午）次，明緣會則生。

須菩提，若福德有實，如來不説得福德多。以福德無故，如來説得福德多。

此科是佛正意，説上科正爲引起此科來。

此科辭旨深細，須分數層明之。○上科已明福德是緣生法矣，既由緣會方生，豈得有實？有實便非緣生矣。若非緣生，福德便無得之之路，以一切法從無無端而得者也。故曰，若福德有實，如來不説得福德多。○以者，因也。無者，無實也，正對上文有實言。謂因爲福德是緣生法，即空即假而無實之故，一切衆生但能布施六度，深植因緣，則因緣聚會，福德便生矣。聚會者，成熟之意也。故曰，以福德無故，如來説得福德多也。○經中兩説字著眼，意顯表面説福德，骨裏是説布施也。何以故？若執福德有實，是不知其爲緣生法矣。不知爲緣生，便不知在因上注重。若不修布施之因，那來福德之果乎？故如來不説得福德多也。殊不知正因福德當體即空而無實，乃是即空即假之因緣生法，故欲得果者，但修其因，若勤行布施，則福德自至矣，故如來説得福德多也。〇如上所説，經中大旨已明，然猶未説徹也。何以故？只説了得不得的關繫、多不多的關繫，尚未説著故。當知佛説緣生，重在令人徹了一切法即空即假，以通達乎無我，而融相會性耳。此層道理，須先説清源委，便易明了。〇法法莫非因緣所生，故福德是緣生，布施亦是緣生，然則福德之因緣爲布施，布施之因緣爲何耶？當知布施之因緣，發心是也。發心小則布施小，福德亦小。發心大則布施大，福德亦大。然則發心云何爲大耶？不住相是已。心有所住，則有所束。無住則無拘束，無範圍，故大也。故欲布施不住相，必先於福德不住相。若注意於福德，是以福德爲實有也，（有實即實有之意。）便住相矣。既於福德住相而行布施，是爲福德行布施也，則布施亦住於相矣。蓋世尊之説此科，是將前來所説不住相布施之言更加徹底發揮，無異對住相布施者，揭穿其病根所在。蓋布施之所以住相，無非爲貪求福德耳。文中如來説三字甚要，謂依如義而説也。蓋謂若於緣生之理未能徹了，但知以布施因緣，能得福德，遂貪求福德以行布施，則大誤矣。殊不知佛説緣生，是令體會緣生之法即空即假，而於諸法不執，銷歸一如之性耳。若以福德爲實有，勢必貪求福德以行布施，而住於相矣。既住於相，是向外馳求而違性矣。則以布施因緣故，不無福德，而以住相因緣故，其所得者無非三界内俗福，縱生頂天，終是苦因，故依如義不説得福德多也。若其徹底明了緣生道理，觀一切法即空即假，即假即空，并無福德之念，（文中明明一反一正，相對而説。反面既以有實爲言，正面亦應有無實一義，故以無實釋無字。然經文究竟只單言無，故應補出無念一義。無念義更徹底，宜於此處説之。）但爲利益衆生，修離相之三檀，則是福慧雙修，悲智具足，必得不可思議、不可稱量、無邊功德，所謂無上菩提之果矣。依如義説，其得福德多矣哉。○觀此經旨，足見因果道理必應徹底明了，若但知粗淺因果之説，而不徹明其理，因小果亦小矣。當知佛説之因果，絶不可與外道典籍、世間俗書中所説因果等視齊觀。佛經所説因果道理，是徹底圓滿的，是極其精微的，皆是用即空即假即中三諦之理來説明的，或用八不等二諦之理來説明的。必須二諦、三諦道理明了，佛説之因果乃能徹底明了。然後始知佛所説的因果道理，廣大圓妙，世出世法所莫能外。然後始知因果可畏，少起一念，便落因果矣，何必待之行事哉？然後始知佛法爲人人所必需，不但學佛者應明了佛理，即欲成一人格，亦不能不明佛理，欲真明了世間法，亦不能不先明佛理。然後始知離相、離念，關繫重大，決不致漠視，決不敢畏難，乃能發大心，修勝行，證妙果也。○現今有心人多知昌明因果之説，搜羅事實，印送書籍，以期救陷溺之人心，挽危險之世運，此是最好之事，且爲極要之事。但往往有人不願寓目，以爲太淺，則何不向大乘佛法中求之？如二諦、三諦等道理，皆佛説因果之真詮也，乃因果之第一義也。明得少分，有少分益。明得多分，有多分益。總之，佛説之因果，能令人成世間善人、賢人、聖人，乃至成菩薩、成佛，其廣大圓妙爲何如哉？

（巳）次，明報身，分二。（午）初，明色身非性。

須菩提，於意云何？佛可以具足色身見不？不也，世尊，如來不應以色身見。何以故？如來説具足色身，即非具足色身，是名具足色身。

流通本作不應以具足色身見，此句中唐人寫經無具足字，可省也。○具足色身，及下科具足諸相，古人有種種説。或合色身、諸相渾而言之，曰丈六金身，則説爲應身矣。

或分指色身爲八十種好，諸相爲三十二相，此亦是作應身會者。或謂色身是報身，諸相是應化身。惟清初達天法師則曰，色身、諸相應約報身說。此說最精，應從之。蓋經中既於色身、諸相皆曰具足，具足者，圓滿之義，其指功行圓滿、萬德莊嚴之報身言，確鑿無疑。因丈六金身三十二相等之應化身，與功行具足、莊嚴具足之義不合也。○身相分說，含有要義。蓋色身名爲具足者，正因其諸相具足耳。故色身爲所莊嚴，諸相爲能莊嚴。分而說之，意在顯其有能有所，正是緣生法耳。若本具之性，惟一空寂，既非色相，那有能莊嚴、所莊嚴之別？○不也，活句，謂亦可亦不可也。蓋法身、報身不一不異，若會歸不異之性，則可見，若執著不一之相，則不可見也。故接言，如來不應以色身見。上言不也，下言不應，正相呼應。意顯無所謂可不可，但不應耳。曰如來，曰以，皆含精義。

說一以字，執相之意顯然。如來者，諸法如義，乃不異之性，色身爲不一之相，豈應執不一之相見不異之性？言下含有若其泯相，則可見性矣。○何以故下，明不應之義也。如來說者，約性而說也。約性而說具足色身，則色身乃多劫修因所現之果報耳，是緣生法也。緣生非性，即假即空，故曰，即非具足色身。然而既是本性隨緣，所現修因剋果之相，雖當體是空，而即空即假，名相儼然，故曰，是名具足色身。下科具足諸相之即非、是名，亦如此釋之。總以明報身是緣生法，即假即空，即空即假。若不明即假即空之義，勢必執相而昧性，則性相隔別而不一矣，何能見性？若不明即空即假之義，又必執性而廢相，性相亦隔別而不一矣，則所見者實非無相無不相之全性，亦何能謂之見性乎哉？故必深解緣生道理，體會具足色身等，乃是即假即空，即空即假，而兩邊不著，然後性相圓融而不異，則見相便見性矣，其所見者，乃是無相無不相，亦即如實空如實不空之全性矣。如來之勝報身尚是緣生，可知一切法莫非緣生，故一切法皆不可執，執則必墮一邊矣。執者，所謂取著也。心有所取，由其動念故也。故欲一無取著，惟有離念而已。當知佛説諸法緣生之宗旨，在令人體會即假即空，即空即假道理，知一切法本無可執，亦不必執，以離念耳。所以令離念者，修離念之因，必獲無念之果，仍不外乎緣生法也。無念者，所謂佛智也，真如也。由此足見世法出世法莫非緣生，即莫非因果。無智慧者，以惡因招惡果，以善因招善果，以小因招小果，以有漏因招有漏果。若開佛知見，則能以殊勝因招殊勝果。何謂殊勝？無念是已。總之，法法皆是緣生，故法法皆是即空即假，故於世出世法皆應二邊不著，而欲不著之徹底，惟有離念。又復世出世法皆是緣生，故世出世間不外因果，故離念爲因，便證無念真如之果也。○凡以前以後説即非、是名處，皆是爲明此義者，皆當以上來所説者通之。以前尚未明説諸法緣生之義，故不能如此暢發，而今則應如是通達之也。當知此《經》體例，是從散説到整，先演繹而後歸納。故以前所説，得以後所説者證之，其義愈明。此所以令菩薩通達，謂當以後義通達前義也。講説全部經文，必須依順淺深次第，隨文而説。故講前半部時，只可含攝後半部之大義，斷不能將後説之義在前説中痛説。何以故？前文有前文命意，若只顧説大義，而不顧其線索，便將經義本來井井有條者，説得雜亂無章，反令聞者莫名其妙。然説至後義時，若不將前説者貫串歸納，便成散沙，不但前説者毫無歸著，即後説者亦不見精彩，聞者亦復莫名其妙也。註家若犯此病，則讀之惝恍迷離，不得頭緒。頭緒未清，欲求深解難矣。總之，此《經》

之難講，前後不異，而前後所以難講處，則又不一。前之難講，難在要義多在後文，講時往往犯手，只能帷燈取影，不能暢所欲言。後之難講，難在理深境細，言語不易形容，且處處應顧到離名絶相一層，雖可暢所欲言，卻不可說煞一字，塞人悟門也。會中頗有發大心欲弘揚此《經》之善知識，此理不可不知也。

（午）次，明相好非性。

須菩提，於意云何？如來可以具足諸相見不？不也，世尊，如來不應以具足諸相見。何以故？如來說諸相具足，即非具足，是名諸相具足。

好者，相之別名，謂隨其形相，更細別其相之種種好也，故曰隨形好。今曰具足諸相，便攝有好在。若其無好，不能稱諸相具足也。尋常所說三十二相、八十種好，是應身相好。若報身相好，如《華嚴經·相海品》中所說，如來頂上有三十二寶莊嚴相，眉間、眼、鼻、齒、脣、頸各有一莊嚴相，舌有四相，口有五相，右肩二相，左肩三相，胸前一相，即吉祥卍字相也，胸左右共有十相，左右手共十三相，陰藏一相，兩臀、兩髀、兩脛共六相，汗毛一相，兩足共十三相。以上共九十七種妙相，名曰大人相。欲知其名稱相狀，可檢經文。然此尚是略說，若具足說，則有十華藏世界海微塵數大人相，蓋報身相好無量無邊也。今云具足，指此而言。《華嚴》云：「一一身分，衆寶妙相以爲莊嚴。」由此經意，可知具足色身之名，正因具足諸相而稱者也。故前云，諸相爲能莊嚴，色身爲所莊嚴。餘義同前。凡上科所說即非、是名等義，皆與此通，勿庸贅言。諸相具足，即是具足諸相。佛之色身相好，所以稱爲殊勝第一者，即在具足二字，故顛倒言之以見意。○自開經至此，舉身相問答共已三次，而每次所明之義不同。今分三層，彙而說之，以便通達，一層深一層也。（一）初次問可以身相見如來不，但言身相二字，是一切身相皆説在内，不專指佛之身相。如來亦通指自性，非專指佛。第二次問可以三十二相見如來不，是專約佛説，然是説應身也。此次問辭曰，具足色身，具足諸相，是約佛之報身説矣。（二）初次問答，正承不應住相之後，故但曰身相即非身相，而不説是名，以顯相皆虚妄，故不應住之義。第二次問答，因正明不壞假名，故即非、是名並説，以顯約性則非，約相則是，兩邊不住之義。此次正明諸法緣生，故亦即非、是名雙舉，以顯緣生之法空有同時之義也。（三）前兩次問辭曰，可以身相見如來不，可以三十二相見如來不。如來者，性德之稱，見如來猶言見性。當知相不應住者，爲見性也。性真實，相虚妄，逐妄便違真，故欲見性者，不應住相。然初次約身相以明不應住者，因身相與性最爲密切。身相尚是虚妄，諸相可

知矣。身相尚不應住，諸相之不應住可知矣。然所謂不住者，謂應於相上即見其非相，便是不住，便能見性，非謂壞相而後見也。身相如此，諸相皆然。此初次問答所明之義也。第二次不壞假名，是説在離名字相、離言説相之後，故約三十二相之名言，以明離相之真實義。意謂真如之性，離念境界，不可以名名，不可以言言，不可以相相，故應離名言相以自證。然所謂離名言相者，謂應知性非名言之所及，非謂無名、無言、無相也。但於名言之假相，心不取著，便是離矣，便見性矣。如來之應化身不明明有三十二相之名言乎？而此相實如來之所顯現，故於相不著，即見如來。知得應化身三十二相之名言應如何離，則知一切法相之名言應如何離矣。此第二次問答所明之義也。此次初問佛可以具足色身見不，次問如來可以具足諸相見不。或曰佛，或曰如來，皆具精義。且初問只應

言佛，次問只應言如來，不可移易。何以故？當知佛爲果德之稱，具足色身，則爲果報之身，故説具足色身，應説佛名，以顯此身正是證果成佛者報得之身也。如來爲性德之稱，具足諸相，爲性德圓明顯現之相，故説具足諸相，應説如來名，以顯此相正是證真如性者顯成之相也。故前之佛與具足色身同説者，所以明因果非虛。次之如來與具足諸相同説者，所以明性相一如。我前屢言，羅什大師之譯此《經》，一字不濫下，字字皆含精義，字字不可忽略，觀此數科，益足證明。然則此身既是佛果之報身，爲何不應以此身見乎？當知佛可以色身見，佛性何可以色身見耶？見佛當見佛性，豈但見佛身而已耶？故不曰佛不應以色身見，而曰如來不應以色身見者，爲此。佛可以色身見不之問，正是探驗見地如何。蓋問能知見法身佛乎，抑僅知見色身佛乎？具足諸相，既爲性德圓現，爲何不應以諸相見乎？當知性相雖一如，然言相則非性，所謂圓融中有行布，不可儱侗顢頇也。故若泯相而觀性，則既無相之觀念，何嘗不可見性？若執相以見性，則但有相之觀念，性又何可得見？故不曰如來不可以具足諸相見，而曰如來不應以具足諸相見者，爲此。而如來可以具足諸相見不之問，亦是探驗見地如何。蓋性相雖不一而實不異，雖不異而實不一，能於性相深知義趣，而大開圓見，不執一，不執異乎？〇又復此次兩問之辭，與前兩次問辭大不同，故明義遂大不同。蓋前兩次問辭，是問可以身相或三十二相見如來不？皆是約見者邊説，即是約因位説。此中兩番問辭，是問佛如來可以具足色身、諸相見不？是約佛如來邊説，即是約果位説也。故當約果位以明義。云何明耶？當知佛之證果，亦由緣起，何況色身？如來性光，照而常寂，那有諸相？故皆曰即非也。即復當知，既因圓而果滿，遂有具足色身，雖照寂而寂照，不無具足諸相，故皆曰是名焉。即非者，顯其是即假之空也。是名者，顯其是即空之假也。豈止二邊不著，而且二邊俱融矣，此之謂圓中。通達無我法之菩薩，應如是知也。不但此也，當知諸相圓滿，爲性德圓明之顯現，豈可執謂離諸相外別有法身乎？故曰是名。然亦豈可執緣生之諸相便是法身？故曰即非。然則尚不應執如來現起之諸相以見如來，則執一切緣起之法相者，其不能見如來也明矣，其皆不應執也，亦可知矣。當知具足色身，乃究竟覺果之勝報，豈可執謂離色身外別有佛性耶？故曰是名。然亦豈可執緣起之色身即爲佛性，故曰即非。然則尚不應執莊嚴報身見清淨法身，則執緣起之五蘊苦報身者，其不能見自性法身也，又明矣，其更不應執也，愈可知矣。總之，言是名，令其不可執異也，言即非，令其不可執一也。不執一異，

是爲圓見。見圓則知亦正，知正則見亦圓。若知一切法莫非緣生，則見一切法不一不異矣。見其不異而不妨不一，故本一如也，而緣生諸法。見其不一而不礙不異，故雖諸法也，而皆是一如。當如是通達也。〇上言福德，凡屬善果，無論大小，皆福德也。此言勝報身，乃福德中最大最勝者。然無論大小勝劣，皆是約果明義。約果明義者，明其莫非緣生也。佛説緣生之要義，茲更概括爲三種言之，層層深進。（一）令知世出世法，一切皆空，惟因果不空。何以故？皆緣生法故。所以因果可畏，所以要修勝因，剋勝果。剋者，剋期取證之意。（二）既一切皆空，而因果不空，故一切法即空即假。以即假故，所以因必有果，因勝果必勝。以即空故，所以因果雖勝，亦行所無事。此之謂深明因果。（三）佛説一切法緣生者，意在明其本不生也。若二六時中，世法亦隨緣做，出世法正隨緣起，卻一眼覷

向一切法本不生處看之，亦不自以爲能看，但於世出世法正隨緣時，正如是看，正看時，正如是隨緣，可許他是一個伶俐漢。內而三際心歸之不可得，外而一切法歸之本不生，我法有藏身處麽？真乃一了百了，天下太平。本師教我們這些抄直路的法門，我們要一擔擔起，力奔前程。不見道，是日已過，命亦隨減，如少水魚，斯有何樂？若仍舊拖泥帶水，一步三摇，雖日日看經聞法，曉得些理路，有何益處？要防他所知障生，比煩惱障更壞也。開快步走。

（辰）次，約法施明體空，分三。（巳）初，明無法可説。次，明聞者性空。三，明無法可得。

於福德勝報之後，接説法施一大科，正以顯示一切法皆是緣生也。蓋必有布施六度之因緣，乃能發生福德勝報之事相。故福德勝報是約果説，即是約所生之法説，此法施一科，則是約因説也。約因説者，欲以顯示緣生無窮，因果無盡之義也。何以言之？當知一言布施，便有三方面，一布施者，二受布施者，三所施之物也。故此法施一大科，即開爲三科。初明無法可説一科，約布施者説也。次明聞者性空一科，約受布施者説也。三明無法可得一科，約所施之物説也。佛所説法，皆是説其所證，故無法可得，是約所施之法説也。而就布施者言，云何知行此施，又云何能行此施，其因緣至不一矣。又就受施者言，何以成衆生，又何以能聞法，其因緣亦復甚多。再就所施言，此物云何生，復云何得，因緣復有種種。約此三方面之因緣已千差萬别，説之無盡，何況三方面倘不聚會於一時一處，仍無此一法施之事發生也。云何而得聚會耶？又非緣不可矣。由此可知，一切事莫非因緣所生者。不但此也，既有此一法施之緣，又將發生種種之果，果復成因，因又成果，果因因果，自此以往，千差萬别，永永無盡。可見世出世間種種事相，所謂諸法者，更無他物，只是不斷之因果果因，於衆生心目間顯現變幻而已。衆生不知深觀其趣，遂爲此相所迷，指而名之曰，此某法，此某法。殊不知指之爲因，卻是前因之果，名之曰果，實乃後果之因，所謂因法果法，其本身無一固定者也。既不固定，便非實在，豈止刹那之間皆成陳迹而已。然則苦苦分别，牢牢執著，某法定某法，豈非癡乎？不但認事相爲實有者，癡也，若認事相爲實無，亦何嘗非癡。何以故？一切法不過因因果果，次第演變，眩人心目，初不能刹那停住也。乃執爲有實，自生纏縛，不得自在，其爲癡絶，固不待言。然而法雖非實，卻是自無始來，遇緣即起，因果果因，刹那相續，曾不斷絶。乃一味執空，不知隨順緣生之理，托殊勝因緣，獲殊勝果證，遂致既不能證本非緣生之性，超然於一切緣生法之外，以自解纏縛之苦，得自在之樂，更不能利用緣生事理，隨機感緣，示種種法，以拔衆生之苦，予衆生以樂。其不能超出者，勢必墮落。何以故？惡取空故。因不執實有，并因果亦不相信者，謂之惡取空。明其勢必造惡也。縱不惡取空，但偏於空者，雖能超出緣生，而不能利用緣生，則沈空滯寂，成自了漢。此類但修小因，證小果，不知托殊勝因緣，獲殊勝果證，故雖能超出，自證本具之性，而不能利用隨緣以度衆生，如二乘是也。故世尊呵之曰，焦芽敗種，墮無爲坑。此兩種執空之病，雖苦樂不同，升沈迥别，然無智慧則一。佛説此科，意在使人洞知緣生事理，以免執有執空之病。而令發菩提心、修菩薩行者，當通達即空即假、即假即空之緣生法，而廣爲布施，俾自他隨順此理，空有不執，既超以象外，復得其環中，便成悲智具足之菩薩矣。何以故？不執有，則人我空。不執空，則法我空。我法雙空，便是洞徹三空之般若正智，便證空有同時之般若理體，成佛且不難。豈第成菩薩而已乎？故曰，若菩薩通達無我法者，如來説名真是菩薩。〇如上所説，可知布施者、受施者、布施物之三方面既皆因緣生法，則皆當體是空，故名爲三輪體空。喻三方面爲輪者，因輪之爲物，迴轉不停，又他物爲輪所輾，便破壞無存。以喻因果果因，更迭演變，曾無休息，且以喻財施破慳貪，無畏施破苦惱，法施則能開正智、破三障也。上來所説，皆本科要旨，先爲説明，入文較易領會。

（巳）初，明無法可説，分二。（午）初，對機則説。次，本無可説。（午）初又二。

（未）初，示説法無念。

須菩提，汝勿謂如來作是念，我當有所説法。莫作是念。

此下數科，理趣幽深，言其深而且隱，不易見得。且正面是明如來説法之義，而骨裏卻是教菩薩應如何離念，所謂言在此而意在彼也。茲先將正面之義分層説明，再説其言中之旨。上一念字，約如來邊説，觀文可知。莫作是念之念，則是約長老邊説，謂汝不應作是念也。此念字躡上文謂字來。謂者，言説也。作是言，由於作是念，故以莫作是念誡之。作是言念，其過何在？在作念我當四字也。而作是言念，便是謗佛，故誡以莫作如是言念。此何理耶？下文何以故下正明其故，當於下文詳之。

（未）次，釋有念即執。

何以故？若人言如來有所説法，即爲謗佛，不能解我所説故。

何以故者，問何故不應作是言念。有所説法者，謂心中存有所説之法，即作念我當之意。一説此言，其罪甚大，必墮無間。何以故？即爲謗佛故。此所以不應作是念，作是言也。何以即爲謗佛耶？經文似未明言，其實已暗示在如來二字之中矣。圓證本性，方稱如來。空寂性中，那得有念，那復有我？凡作念我當如何如何，惟妄想未寂、我執未空之凡夫則然。乃謂如來如是，是視如來同凡夫矣，非謗而何？當知說法是報化佛，并非法身如來。然必證得法身，方成報化身。故報化身與法身雖不一而不異，故法身無念無說，報化身雖有說而實無念。經文特舉如來爲言者，意在顯此，以示切不可疑佛有說法之念。一有此疑，無異疑佛性不空寂，未證法身矣，亦即無異謂并未成佛矣，故曰，即爲謗佛也。又復佛之說法，無非對機。機者，機緣。對機之言，正明說法亦是緣生。緣生體空，故法本無法，如來已證體空，故說即無說，豈得謂有所說法耶？佛何以能不起念隨緣說法？前所謂修因時悲願熏習之力是也。此理，十卷《金光明經》說之最爲詳明，不可不知，茲引而說之。《經》曰：「佛無是念，我今演說十二分教，利益有情。」十二分教，謂三藏，詳開三藏爲十二部分也。此言佛說經律論三藏，利益衆生，初不作念我當如是也。《經》又曰：「然由往昔慈善根力，於彼有情，隨其根性、意樂、勝解，不起分別，任運濟度，示教利喜，盡未來際，無有窮盡。」此言雖不起念我當說法度衆，然能隨彼衆生根性、意之所樂、所解者而說之。且雖如是善應機緣，盡未來際，開示教化，利益一切，皆令歡喜，說法無盡，然亦并無分別機緣之念，乃是不起分別而自然合度，所謂任運是也。何故能如此耶？由於往昔在因地時，悲願具足，深觀緣生，熏習成種善根也。之力使然耳。然修因時，一面觀緣生之假有，一面復應觀本具之真空。本《經》開正知中，先說心行叵得，即是令觀真空。次說諸法緣生，乃是令觀假有。若不證得真空之性，雖悲願具足，深觀緣生，亦不能隨緣現起也。故《經》又曰：「依法如如，依如如智，能於自他利益之事而得自在成就。依法如如，依如如智，而説種種佛法，乃至聲聞法。」此言證性而後二智成就，依此二智，一切自他兩利之事皆得自在成就，不但能自在説種種法而已。不必起念分别，自然而成，是爲自在。法如如者，法謂法性，如謂真如，次如字謂一如也。蓋言與法性真如而一如，此根本智之異名也。如如智者，初如字一如也，次如字謂真如，智謂根本智，蓋言與真如根本智一如，即後得智之異名也。根本智即是性體，後得智乃爲性用。得體而後起用，故他經譯爲後得智。對後得而明根本，故亦名之曰智，其實只是性體，故本《經》譯爲法如如而不曰智。各有取義，皆無不可。蓋根本智言其照真，後得智言其照俗。照真則惟一空寂之性光，不謂之智可也。然既性光朗照，謂之曰智，亦何不可？照俗則鑒别千差萬别之事相，稱之曰智固宜，然雖曰鑒

别，并非起念分别也，故曰如如智耳。《經》又以喻顯其理曰：「譬如無量無邊水鏡，依於光故，空影得現種種異相，空者即是無相。」水鏡皆喻性，水喻清淨，鏡喻圓滿。無量無邊，喻性之偏虚空周法界也。光喻二智，智乃光明義故。空喻性體空寂，影喻妄念。異相喻差别事相，無相喻無念。空者即是無相句，正明空影之義。且明雖現種種相，其中仍然無相，故謂之空。總謂水鏡無塵而發光，依於此光，故能於空無塵中現種種相。佛性亦然，無念空寂，則智光圓徧，依此智光，故空寂無念中，而得種種之事自在成就。可見自在成就，正由無念空寂而現智光。今謂如來作念我當説法，便同凡夫，豈是如來？既不空寂，又豈能説法自在？正所謂以輪迴見測圓覺海，無有是處。當知説法如谷響，謂如空谷傳聲，有感斯應，初無容心也。又如桴鼓之相應，大扣大鳴，小扣小鳴，適如其分，自然而然

者也。佛之説法，如是如是，此所以不應作此言念也。然則何故作此言念乎？世尊推原其故曰，無他，不能解我所説故耳。或曰：前來世尊曾以如來有所説法不爲問，長老明明答曰，如來無所説矣，何以此中規誡長老不應作如來有所説法之言念？且曰不解所説，不知所不解者果何説耶？當知長老是當機，對長老言，意在規誡大衆耳。觀初曰汝勿謂，繼曰若人言，何嘗剋指長老乎？所謂不解者，若約本《經》言，蓋防聞前來無有定法如來可説，及菩薩爲利益一切衆生應如是布施諸説，未能圓解，則於如來無所説之言勢必錯會，其他諸説亦必不能貫通矣。將謂菩薩尚應利衆行施，何況乎佛？佛之出世，原爲説法利生者也，且今正熾然説此《金剛般若》，則如來無所説之言，蓋謂説了便休，不留一絲痕迹之意。前不云乎，無有定法如來可説，可知但無定法可説耳，豈一無所説？説了，無所説耳。正説時，豈能無所説？有所説法，雖非無念，然他念皆可離，説法之念若離，何以度衆生耶？不度衆生，又何以稱佛耶？此其所以公然言曰，如來作是念，我當有所説法，而不知其爲謗佛也。凡夫見解，往往如此，殊不知正與佛法相反。由此可見，解之關繫大矣哉。因不解故，邪知邪見，既懷疑念而自誤矣，又作此言，以破壞他人信心，誤法誤人，所以謗佛，罪至墮無間也。何以知其不解者在此？觀下文所説，正是對其不解處痛下針砭，令其開解者，故知之也。

（午）次，本無可説。

須菩提，説法者，無法可説，是名説法。

無法可説，意顯本無可説也。何以本無可説？以本來無法故。既本無法，那有可説？故曰無法可説也。何以故？一切法莫非緣生故。前云，無有定法如來可説，正明其本來無法，但由緣會，假現幻相，故無有定。乃不知向緣生上徹底了解，生出種種誤會，謬矣。○法是緣生，説亦緣生，説法者亦是緣生。即曰緣生，非無法也，非無説也，非無説法者也。然而緣生無性，當體是空，故雖儼然有説法者，正當熾然而説，顯然有法之時，即復了不可得，此之謂無所説，言其説即無説也。若以爲有所説，是不知其爲緣生，而執以爲實矣。解得緣生之義，便知法本無法，故説即無説。即説法者亦是即空即假，即假即空。決不致妄作言念，罪同謗佛。凡夫所以妄作言念者，其根本錯誤，無非以爲既有説法者，必有所説法，若無所説法，便無説法者。如來應世，原爲説法度衆，非明明有説法者乎？故妄曰如來有所説法。是全不解三身之義，誤認法身説法矣。法身無説，報化身方有説。即復以爲既然説法，必有説法念，若無説法念，何以説法？故妄言曰，如來作念，我當有所説法。是又全不解因無念空寂，方能説法之義也。故文中不但曰無法可説，而曰説法者無法可説，兩句合言之，正所以破其凡情。何以故？既是説法者無法可説，其不能執爲説法者明矣。尚且無法可説，那有説法之念乎？然而明明有説法者，明明有法可説，何耶？殊不知是名説法耳。名者，假名也。當知因是假名説法，所以雖名説法者，無妨無法可説，雖無法可説，無妨名爲説法者。又復當知假名説法者，所以無法可説，正因無法可説，乃有説法及説法者之假名。因空無念，乃成二智，能説種種佛法。如前所引《金光明經》。若解得此義，疑念妄言可不作矣，謗佛之罪亦可免矣。前云，本《經》是名句，皆當作假名會，不可坐實。觀上來是名爲心句，當可洞然。而此處是名説法句，更足證明。蓋若坐實説之曰，此之謂説法，則是有所説法矣，一句如是，句句皆然，斷不能坐實説煞也。○以上正面之義已竟。當知此開佛知見一大科，皆是說以令發覺者通達其理而除我見者，故此中莫作是念之言，是規誡菩薩不應起念。勿謂如來作念我當云云，是明說法尚不應有念，何況其他？且令觀照真如之性本無有念，即復觀照諸法如義空有圓融也。曰即爲謗佛，不解所說者，是明苟或起念，便違佛旨，苟謂佛有所說之法，豈非法性未淨？總之，不一不異之義未明，雖聞佛法，必難領解，勢必執有疑空，執空疑有，誤法誤人，造罪不知。故學佛第一要事，在於見圓知正，所謂開解是也。故復開示說法者無法可說，是名說法之義，令其領會通達。若知得佛所說法，法本無法，則知一切法莫不如是。知得法與言說及說法者皆是緣生，即空即假，即假即空，有名無實，則知一切世出世法、一切言說、一切學法者莫不如是。既說法者無法可說，則學法者當然無法可執。既說法無念，則學法者便當觀照諸法緣生體空，會歸一如。觀力漸漸深，分別執著便漸漸薄，我見便漸漸除，念亦漸漸離矣。所謂通達無我法者，如是如是，菩薩應如是知也。此初明無法可說之旨趣也。

此下說明（巳）次明聞者性空一科加入之意。此科經文，本爲羅什大師譯本所無，乃後人據魏譯加入者。最初加入爲唐時窺基師，然衆未景從也。其一唱衆和，遂成定本，則自南唐道顒師石刻始。或曰唐穆宗長慶二年奉勅所加者，非也。柳公權書寫此《經》在長慶四年，柳爲朝臣，既先兩年勅加，何柳書中無之？宋長水《刊定記》云，今見近本有此一段，此語足爲南唐始加之證。宋初距南唐時近，故曰近本也。加入何意？以無著《論》、彌勒《頌》皆有此義故。然謂秦譯漏脫三輪體空之義，似未盡然。蓋前文已有菩薩爲利益一切衆生應如是布施，如來說一切諸相即是非相，又說一切衆生則非衆生一段。秦譯或以諸相非相中攝有能施、所施之相，合之衆生非衆生，足顯三輪體空矣。故此處略去衆生一段，别顯能所雙亡之義耳。蓋上言説法者無法可説，是明能説者空。下言無法可得，是明所説者空。修功至極處，必應能所皆空，方能性光獨耀，迥脱根塵，此義即《心經》所説無智亦無得也。秦譯蓋有意略去，以顯進修之極功，決非脱漏。秦譯字字不苟，何獨於此義漏之？雖然，有此一科，義更圓滿，秦譯略去，不免千密一疏。故此番校本，一切皆依唐人寫經，獨於此科依道顯石刻者，意在於此。兹當詳説其應加之故。〇清初達天師作《新眼疏》，分經文爲信、解、行、證四大科者，以經文明明具有此義故也。如生信科中，長老鄭重請問，頗有衆生生實信不？佛亦鄭重答曰，有持戒、修福者，能生信心。而科尾復結之曰，佛及無上菩提法，皆從此《經》出。言從此《經》出者，指示學人當從此《經》入也。信爲入道之門，故於本科之末，結顯此意。開解一科，廣談果行以明因心。長老自陳深解義趣，正示人當如是深解也。佛復詳爲印闡而結之曰，當知經義果報皆不可思議。當知者，當解也，所以結深解之義也。此進修一科，先明發心無法，繼令開佛知見。而佛見則是不執一異，佛知則是三際心不可得，一切法本無生。而歸結處復明言曰，以無我、無人、無衆生、無壽者，修一切善法，則得阿耨多羅三藐三菩提。且曰，善法即非善法。其指示學人應通達内心外境即有即空，不執一異，無我無法，以爲唯一之修功，意更顯明。蓋必修無我無法之因，方證平等法界之果也。故第四大科中，明言於一切法無我，得成於忍。成忍者，所謂證也。其餘所説，皆是平等法界諸法空相之義，則皆成證之義也。信、解、行、證，經文經義明明白白，現現成成。《新眼疏》獨見及此，爲從來注家所未有，其《疏》

名曰新眼，誠不誣也。故此次科判依之，但加標約心明無住、約境明無住兩總目，提挈綱領，俾前後兩半部明義不同之處一目了然。當知《華嚴經》是以信、解、行、證顯示圓融無礙之入道次第。彼《經》爲佛初成道時，加被諸大菩薩，共說如來自證境界。其境界正是諸法一如，一切皆是。不自說者，顯示法身無説也。此《金剛般若》是爲不斷佛種而說，故一依《華嚴》信、解、行、證入道次第說之，俾聞者亦依此圓融次第而入道，以示衣鉢相傳，燈燈無盡之意。《新眼疏》將此眼目標出，此其所以妙也。夫信、解、行、證爲入道之階固已，然信字尤要，成始成終，唯一信心而已，豈止信爲入道之門已哉？《華嚴經》曰：「信爲道源功德母，長養一切諸善根。」一切善根賴其長養，故事事法法不能離卻信字。即如本《經》明明曰，信心清淨，則生實相。足見一個信字，貫徹到底。是故佛既開示如何而信，如何而解，如何而修，如何而證，聞者便當一一生信仰心，亦如是信，亦如是解，亦如是修，亦如是證。不然，便如數他家寶，自無半錢分也。試觀生信科中，既說，持戒、修福能生信心，以此爲實，以答長老之問矣。復曰，一念生淨信者，得無量福德。此正鼓舞聞能生信心之説者，便當起信以持戒、修福，庶幾能生實信淨信耳。開解文中，於深解義趣後，說信尤多。如曰，信心清淨，則生實相；信解受持，第一希有；信心不逆，其福勝彼；心則狂亂，狐疑不信。如是反覆言之者，皆以顯示深解之要也。亦即所以點醒學人，當於開解科中所明之義生起信心，亦求開如是之深解也。開解即是明理，理明而後信真修實，乃有證入之可期。否則盲信盲修，枉用功夫矣。所以此科說信最多。第四成證文中，亦有應如是知，如是見，如是信解之言，以示如來平等法界本非凡夫意想所及，斷不能用凡情測度，惟當篤信，方能隨順得入耳。由是觀之，信、解、證三大科中，既皆特特標顯信字以爲眼目，進修一科不應獨缺。乃秦譯獨於此科無一信字，故應引魏譯此科之言信者魏譯除此科外，亦別無信字。補入秦譯，以作點醒學人之眼目，使知凡此科開示之進修法門，皆當深信，依之而行。不但此也，前文諸相非相，衆生非衆生，雖足顯三輪體空，然此中兼言是名，既顯即空，復顯即假，義更完備。故雖有前文，亦不嫌複。蓋前文但言即非者，所以明布施應不住相。此文兼言是名者，所以明法施與衆生皆緣生法。即空即假，應不住相而施。即假即空，應施而不住相。故不複也。又復諸法緣生之義，如但有福德、勝報兩科，而不約布施明義，是只有約果之説，而無約因之説，義亦少有未足。且約三輪體空明義，便攝有能所雙亡義在。蓋能施人與所施法固爲能所對待，而法施之人與聞法之衆生亦爲能所對待。故説三輪體空，與能所雙亡之義初不相妨。若但明能所雙亡，卻不攝三輪體空也。故於此科，獨不依原本而加入之者，意在於此。

（巳）次，明聞者性空，分三。（午）初，請問。

爾時慧命須菩提白佛言：世尊，頗有衆生，於未來世，聞説是法，生信心不？

爾時，謂説前科甫竟之時。慧命，即長老之異譯，唐時則譯作具壽，名不同而義同也，皆年高德劭之稱。秦譯喜用舊有名詞，故譯爲長老。唐譯喜新造，稱爲具壽，以表生命、慧命兩皆具足之意。魏譯則作慧命，此名似但説一邊，然謂慧指法身，命兼生命説，亦無不可。頗有者，意中恐難多有也。長老意謂，現在許有，未來衆生去佛愈遠，業深障重，未必多有，故曰於未來世。是法渾括上説無法發心，乃至無法可説言。意謂發心修行，必須依法，今云無法，且云説法者無法可説，然如是種種之説，莫非法也，末世衆生聞之，深恐狐疑。故問曰，聞説是法，生信心不？當知如上所説，皆是於法不執，精修無我之妙法。長老問意，正是指示學人，應信此妙法，修無我行耳。

（午）次，遣執。

佛言：須菩提，彼非衆生，非不衆生。

彼字，即指聞法之衆生。非衆生，約性言。非不衆生，約相言。意謂言其非衆生耶，然而非不衆生也。言其非不衆生耶，然而非衆生也。正顯即空即假，即假即空，一切衆生皆是緣生之義。

（午）三，釋成。

何以故？須菩提，衆生衆生者，如來説非衆生，是名衆生。

此科釋明上言彼非衆生非不衆生之故也。衆生衆生重言之者，承上非衆生非不衆生説也。如來説，謂約性説，名謂名相。意謂，頃言非衆生非不衆生者，蓋約性而説，本具佛性，非衆生也，故曰，彼非衆生。但約名相，則是衆生耳，故曰，彼非不衆生。此科合之上科，語極圓妙，義極深至，茲分三重説之。（一）長老是問衆生聞如是法能否生信，而答語專就衆生説，於生信一層不置一辭，豈不所答非所問乎？其實不然，問意已圓滿答覆矣，蓋不答之答也。何以言之？長老慮衆生於是深法未能生信者，由於認衆生爲衆生，故不免爲之耽心，然而誤矣，是執相而昧性矣。當知就相而觀，雖非不是衆生，然不過緣生之假名耳。緣生非性，其性則上等諸佛，本非衆生也。然則既具佛性，豈不能開佛正知？則聞是法者，豈無能信者耶？故非衆生非不衆生一語，便含有莫作是説之意在。（二）佛説此科，無異教衆生以聞法生信之方便也。方便云何？先觀自身是已。一切衆生應觀此五蘊衆法，但由因緣聚會，非生幻生，本來無生。若知此義，則於上說諸法緣生，即空即假，即假即空，發心修行，無法可執之義，自能生信矣。當知說法者尚無法可說，則依法發心修行者，那得有法可執乎？（三）開示利益衆生行布施六度者，應即相離相也。蓋非不衆生者，是令體會衆生緣生即假，不無是名，應無所住而行布施。此前所以言，所有一切衆生之類，皆應滅度令入無餘涅槃。菩薩應發此大悲也。非衆生者，是令體會衆生緣生即空，原非衆生，應布施而不住於相。此前所以言，滅度一切衆生已，而無一衆生實滅度者。菩薩應具此大智也。總之，緣生之義貫通一切，此義信得及，其他諸義便皆徹了而深信無疑矣。

（巳）三，明無法可得，分二。（午）初，陳悟。

須菩提白佛言：世尊，佛得阿耨多羅三藐三菩提，爲無所得耶？

上來初約福德言其無實。無實者，所以明緣生性空也。福德之大者，莫過莊嚴報身，故次約具足身相以明性空。現此身相，原爲說法，故三約說法者無法可說以明性空。說法原爲度生，故四約衆生以明性空。一層追進一層，追至此科，則一空到底，如桶底脫。何以言之？佛現具足身相，既原爲說法度生，而佛之所說，原說其所得，所謂如語。今知莫非緣生，緣生之法，當體是空，故具足身相有名非實，說法亦有名非實，衆生亦有名非實，然則豈非得即非得，佛即非佛，一往皆有名非實也耶？則一絲不挂，空寂之性，竟體呈露矣。此本科之要旨也。〇長老前云，佛於然燈佛所，無有法得阿耨多羅三藐三菩提。然尚以爲在八地時，因其不存有菩提之法，故今成佛得菩提耳。今乃知所謂佛得菩提者，亦復得而無所得也。意深於前，故自陳初悟，説一耶字，正顯一空徹底，如夢初覺景象，此約事言也。若約理言，長老早與如來心心相印，今陳初悟者，正指示學人應如是窮究到底，不令有一絲法執存在，然後我空性顯，始覺合於本覺而成大覺耳。其故作疑問之辭者，又以指示學人，雖如是悟，當請明眼人爲之證明也。上句先言佛得阿耨多羅三藐三菩提，是明約修因證果説，非畢竟無得。下句始言無所得，是明若約法説，非畢竟有得。總明無得之得，得而無得之意。句中有眼，不可儱侗。

（午）次，印釋。

如是如是，須菩提，我於阿耨多羅三藐三菩提，乃至無有少法可得，是名阿耨多羅三藐三菩提。

兩言如是者，印可上言非畢竟無得，非畢竟有得，所悟不謬也。佛説之義更深，乃將長老説者更推其原。猶言，何以無所得乎？因其本無少法可得故也。此意正承我字來，我無少法可得，正明我空也。因其我空，尚不見有少法，那有少法可得？既無少法可得，又那有得法之佛？言乃至者，正明其空之又空，一齊掃盡。正當爾時，一念不生，湛湛寂寂，性德圓明矣。總之，性空寂中，本無少法，使其見有少法，正是我見，尚何所得？惟其不見有少法可得，乃真得耳。句言我於無上菩提無少法可得，妙，我不見有少法可得耳。言下含有非竟無法，故接言，是名阿耨多羅三藐三菩提，意顯非無無上菩提之名言也。又以顯無上菩提但名言耳，豈可著乎？故無有少法可得也。又以顯所謂法，所謂得，皆因緣所生，緣生體空，正當有如是名言之時，卻本來無有少法可得也。眼光四射，八面玲瓏。前來無法得菩提之義，至此暢發無遺。則無法發菩提之義，更因而徹底洞了。正所以開菩薩之正知，俾得通達無我法耳。

〇上來心行叵得一科，遣能執也。諸法緣生一科，遣所執也。然而能所對待，牽引愈多，故所執之諸法中，復有能所。如福德勝報所生也。布施六度，能生也。而就布施之法言，法，所施之物也，說者，能施之人也。就布施之事言，說法者，能布施也，聞法之衆生，所布施也。更細別之，我，能證者也，法，所證者也。總之，一切事莫非對待，有對待便有能所，有能所便有分別，有分別便有執著。然而少有分別，便是第六識，所謂我相是也。少有執著，便是第七識，所謂我見是也。故一一明其皆是緣生，使知緣生體空，有名非實，必應步步觀空，層層遣除。其所以痛遣所邊之法者，正所以痛遣能邊之我，蓋二者本是對待相形而成，彼銷此亦銷矣。而先說心行叵得，是直向能邊遣除。然我相我見之不易遣，多爲外境所移，故於諸法更說得詳細也。由是可知用功之法矣。蓋遣能當遣所，遣所即遣能，遣能所即是遣分別，遣分別即是遣執著也。分別遣盡，則六識轉。執著遣盡，則七識轉。二識既轉，則我法雙空，皆是一如矣。皆是一如，所謂平等也。故下接言是法平等，直顯性體焉。

（壬）次，結示，分三。（癸）初，直顯性體。

復次，須菩提，是法平等，無有高下，是名阿耨多羅三藐三菩提。

此結示一科，乃上說諸義之總匯。上來所說，若理若事，若性若修，千頭萬緒，盡歸結在此數行中。諸義若網，此數行文則網之總綱也。綱舉而後目張，故此數行之義能洞徹於胸中，則諸義皆得以貫通，皆知所運用矣。若或不然，雖聞得多義，終覺零零碎碎，猶散沙也。道理若未能得要，修功又豈能扼要？然則此科之關繫大矣。其應悉心領會，不待言矣。〇復次者，別舉一義，以明前義也。下所云云，皆是説明菩提無少法之所以然者，故以復次二字標示之。是法平等，無有高下兩句，正顯無上菩提。然而是法二字，切不可坐實在菩提上，不但是名二字不應坐實已也。何以故？經旨正爲執著菩提者遣其執實，況此處正明菩提無少法之所以然，豈可將是法二字坐實在無上菩提上講？若坐實講之，豈非菩提有法乎？雖《新眼疏》亦不免此病也。惟肇公、智者兩注最佳。注云：「人無貴賤，法無好醜，蕩然平等，菩提義也。」蓋謂凡好醜貴賤不平不等之觀念蕩然一空，則平且等矣，即此便是菩提之義也。此説既顯明其正是菩提，而又未曾説煞，極爲盡理，妙契經旨。由是可知是法者，謂任是何法也，猶言一切法耳。○無有高下，正顯其平等。當知一切法有高有下者，由於衆生分別執著之妄見，見其如此耳。其實一切法性平等平等，那有高下？既無高下，又那有無上菩提法？

故曰，是名阿耨多羅三藐三菩提。蓋無以名之，假立此名耳，所以菩提無有少法可得也。若無上菩提有少法者，既曰無上，便高下之相儼然，豈平等性乎？佛之成佛，正因其證平等法性耳。故曰，如來者，諸法如義。故見一切法皆是佛法。故如來所得阿耨多羅三藐三菩提，於是中無實無虛。何以故？諸法一如者，是法平等故。一切法皆是佛法者，無有高下故。法性既平等一如，有何可得？故曰無實。正當無有少法可得時，平等一如之法性圓滿顯現，故曰無虛也。○當知無有高下，則絶諸對待，無對待則成絶對，故假名曰無上。無高下則平等，故假名曰正等。何以無高無下、如是平等乎？由其不同凡夫不覺，横起分别執著之故。然亦并無能覺所覺之分也，故假名曰正覺。由是可知，正因其不分别法，不執著法，且無法之見存，乃名無上正等覺耳，其無有少法也明矣。法性本來如是，佛惟顯此本來之性焉耳，其無有少得也明矣。故曰，我於阿耨多羅三藐三菩提，乃至無有少法可得也。〇前半部令於一切法無住，遣其分别之我執者，無非爲顯平等之性。後半部令於菩提法亦應無住，遣其俱生之我執者，亦無非爲顯平等之性。迨説明諸法如義後，復以不可得義空其能執之心，且以緣生義空其所執之法，能所皆空，則平等性體遂顯，故標科曰直顯性體。可見所謂無上菩提法者非他，諸法一如之平等性是。若少有菩提法影子，豈能見性？何以故？性體空寂，所以平等。少有分别執著，便有所立，尚何空寂之有？少有所立，便見高下，尚何平等之有？菩薩應通達此理，盡遣分别執著而無我也。所謂一切法性本無高下者，眼前事物莫不如是，奈衆生不知觀照何？譬有一事一物於此，或見之以爲可喜，或見之以爲可厭，而其事其物初非因人而異，足見一切法性本無高下矣。蓋喜厭之異，異於其人，與事物無關也。所以多愁者無往非愁，雖遇不必愁之境，而彼仍愁鎖雙眉。尋樂者無時不樂，雖有無可樂之事，而彼亦强開笑口。環境同，而人之所感萬有不同者，由於所見之不同也。又如以水言之，人見之爲水耳，魚龍則見爲窟宅，修羅則見爲刀杖，餓鬼則見爲膿血。經言，此由業力所致。當知業力何以成此差别？正由當初分别執著之我見各各不同，遂致造業不同耳。若二乘慧眼，見其本空，并水無之。菩薩法眼，不但見其本空，亦見水之種種差别事相。如是種種所見不同，而水初無如是高下之分也。佛眼則見一如。一如者，水性本空，故隨緣而現清濁等相，則雖現清濁諸相，依然水性本空。一切法莫不如是，是之謂是法平等，無有高下。當知所謂平等者，非將高者削之使下，下者增之使高也。此正分别執著之妄見，更令不平矣，更令不等矣，愈求平等，愈覺紛亂矣。佛言平等，是令去其分別，去其執著，任他高高下下，而平等自若。蓋其心既平，其心既等，則事相上雖有高下，亦自高高下下，各循其分，不相擾亂，則一切平等矣。此平等之正義也。故慕平等之風者，當自平其心始，等其心始。

（癸）次，的示修功。

以無我、無人、無衆生、無壽者，修一切善法，則得阿耨多羅三藐三菩提。

上科既以是法平等、無有高下直顯性體，而此之性體，人人本具，個個不無，但爲妄想即是分別。執著，不能證得。此引《法華》成句。佛爲一大事因緣出現於世者，正爲此一大事因緣也。佛説此《經》，亦爲此一大事因緣也。從開經來千言萬語，横説竪説，層層披剥，層層洗刷，就爲的是洗乾淨一個本來面目出來，令大衆體認。體認清楚，方知非照上來所説諸義剋實真修，不能證得也。蓋性體雖是本具，卻被分別執著穢污，而非本來面目矣。非將高下之心、不平等之見去淨，豈見本來？然經上所言，是書本上的，非自己的。夫欲舉步，不能不開眼，而開眼正爲舉步，若不舉步，開眼何爲？故既説是法平等、無有高下八個字，直將性體顯示出來，俾大衆開眼認明，即復將修此證此之功夫的指出，令大衆舉步，方能達到目的也。欲全修之在性，必全性以起修。所以此《經》層層推闡，必令深解義趣。説至上科，更爲直顯性體，俾衆體認者，誠恐未能深解，誤以生滅心爲本修因耳。所以古德修行，必須先悟本性者，爲此。古人證道比今人多者，其最要原因實在於此。○依上説道理，故此科所説修功，皆是一一針對是法平等、無有高下下手的。衆生何故於一切法見有高下乎？無他，分別執著故耳。分別即是人我對待之相，執著便是我見。所以見有高下而不平等，所以便與性體相違，所以此《經》啓口便令發廣大心，降伏我人等相。以者，用也。用無我、無人、無衆生、無壽者，猶言用無分別執著之心也。善法即上來所言布施，舉一布施，即攝六度，六度即攝萬行，故曰一切善法。言以無我修一切善法者，是明任是何法，平等平等，須以此平等心觀一切法，隨應而修，不可存高下心也。合此兩句，即是開經時所説於法應無所住行於布施之意。應無所住者，應用無分別執著之心也。住即是著，有所執著，便有分別，一有分別，所以執著，二事相應俱起，不相離也。行於布施，正所謂修一切善法。〇以無我句，空也，不著有也，修慧也。修一切善句，有也，不著空也，修福也。如是二輪並運，亦即二邊不著，則宛合中道，平等平等，便與阿耨多羅三藐三菩提之平等性相應，故曰則得。則得者，言其定得也。得者，證也。若分析言之，以無分別執著心修一切善法，則合於諸法如義，成法身之因也；福慧雙嚴，成報身之因也；圓修一切，得方便智，成應化身之因也。既是稱性圓修，故能性德圓明，三身顯現，而成無上正等覺，故曰則得也。總明全性起修、全修在性之義耳。以無我等修一切善法之義，即攝前説，不應取法，不應取非法，以及應無所住而生其心，應生無所住心諸句之義。即非、是名，皆所以闡發此義者也。則得無上菩提，亦即前説之信心清淨則生實相之義。不但此也，最初所説發離相心即是降伏一科，令發廣大願者，即是令以無我、無人、無衆生、無壽者，修一切善法也。重讀上句。其次，復説不住於相即是正住一科，令行廣大行者，亦即是令以無我、無人、無衆生、無壽者，修一切善法也。重讀下句。全部經文，實以最初兩科爲主要，以後所説，皆是就此主要，或疏釋其理體，或顯明其修宗，或剖晰其隱微，或發揚其歸趣者也。大抵前半部是先令於境緣上一切法不住，如請示名持以前所説是也。其後則令於起心動念時一切法不住，已越説越緊矣。後半部，開章便令起心動念時，并無上菩提法亦復不住。向後所説，皆專對此點遣除。迨説三際心不可得，使知能執者乃不可得之妄念，非真心也。更説諸法緣生，使知一切法莫非即假即空，當其萬象森羅，即復了不可得。并佛之果報身，乃至證得之菩提法，一切皆是幻有，一切了不可得。昔禪宗二祖請初祖示安心法，初祖曰：將心來，與汝安。二祖惶然良久曰：覓心了不可得。初祖曰：吾與汝安心竟。何謂安心已竟耶？誠以衆生常住真心久被了不可得者擾昏了，不知全由自己分別執著，以致攀緣不休，遂成昏擾擾相，所謂將心取自心，非幻成幻法是也。若知昏擾擾相本來了不可得，絶對不取，則當下清涼矣。故曰，吾與汝安心竟也。此亦如是，覓菩提少法不得，則法法頭頭，皆是菩提，何必他覓？故即以是法平等、無有高下兩語直顯菩提焉。○此平等菩提何以能顯耶？從上來所説能所雙空來也。能所何以雙空耶？從開經時所説發廣大願，行廣大行來也。發廣大願，則不取法。發度無度相之願故，是不取法。行廣大行，則不取非法。以取法、取非法，皆著我、人、衆、壽故。法與非法既皆不取，則我、人、衆、壽四者皆無。四者皆無，則法與非法了不可得矣，亦即分別執著之三際心了不可得矣，亦即能修所修乃至能證所證了不可得矣。如是種種了不可得，則常住真心，所謂是法平等、無有高下者，便了了而得，前所謂信心清淨則生實相是也。此之謂以無我、無人、無衆生、無壽者，修一切善法，則得阿耨多羅三藐三菩提。總之，此三句經文，乃開經來所説諸句歸結之義，俾得握此綱要，以通達從上諸説者，并非於從上諸説之外別發一義也。應如是融會而觀照之。且由上所説觀之，可見此《經》開口便是説事修，以後種種理性，皆是就事修上説的，不離事修而談理性，乃説法之要訣。何以故？即有明空，便是二邊不著故。此即有明空四字，括盡般若理趣，諸君緊記，依此而行，自合中道矣。此處所説以無我修一切善法，亦具此義，蓋謂當於修一切善法時而無我也。若不修一切善法而曰無我，險極。何以故？非惡取空，即偏空故。當如是知。

（癸）三，結無能所。

須菩提，所言善法者，如來説非善法，是名善法。

無上菩提不可執實，一切善法又何可執實？若執實者，與執實無上菩提何異？故更須遣之。一切善法莫非緣生假有，即有即空，故依如義説，一切善法當下即非，但有假名耳，何可執實乎？故曰，如來説非善法，是名善法。○上云以無我修一切善法，是約能修邊遣。此云非善名善，是約所修邊遣。若有所修之法，即有能修之念矣。有所有能，宛然對待之相，便是分别執著。有微細之分别在，則我相仍在，有微細之執著在，則我見仍在，故當遣之罄盡。當知以無我等修一切善法，則得無上菩提者，因其是用無分别執著之心去修，所以便得菩提。蓋用此平等心修，則法即無法，修亦不存有能修、所修矣。無修而修，乃能無得而得也。故此科所言，乃是起修時同時之事，即是修一切善法時，便觀照非善名善。使其心中見有善法，則正是我見，何云以無我等修一切善法耶？換言之，此科正釋明上文無我、無人、無衆生、無壽者之所以然者，非謂修一切善法後，重又遣之也，斷斷不可與上科看成兩橛，當如是知。○觀上來所説，可知此結示一科，不但爲本科舉果明因之結示，乃爲開經以來諸義之結示。換言之，即是開經以來所説諸義，無非令以無我修一切善法以證平等之性，至此乃爲點明耳。此《經》最初發大願、行大行兩科，是開章明義。以後約略計之，結示已有多次。第一次，即是不應取法、不應取非法兩句。第二次，爲應如是生清淨心一段。第三次，爲應離一切相發菩提心一大段。第四次，爲諸法如義無實無虚一切皆是等一大段。今乃第五次矣。而前後五次，自有其淺深次第。第一次兩句，是結度生不住相，布施不住相之義。不住相者，不應取法也。布施度生者，不應取非法也。第二次，是結示廣行六度應無所住者，爲令空有不著，俾如實空、如實不空之自性清淨心現前耳。第三次之結示，是明離相方是發菩提心。不但二邊不著，并不著亦不應著。故曰，應生無住心，有住則非等。第四次之結示，是約果位以示證得清淨心者之境界，是一法不住的，法法皆如的，是無我的。使知上説諸義無非爲令一塵不立，將微細之分別執著遣除淨盡，乃能證佛所證耳。此第五次之結示，乃是明白開示，一切法性本來平等，無有高下，故一一法皆不可分別執著。菩提法如是，一切善法亦如是。但用無分別執著之心，修無有高下、平等平等之一切善法，便契法性，便見寂照同時之本來面目矣。前後五次，淺深次第既絲毫之不紊，復點滴以歸源，細密之至，圓融之至。

（辛）三，顯勝結勸，分二。（壬）初，引喻顯。

須菩提，若三千大千世界中所有諸須彌山王，如是等七寶聚，有人持用布施。

一大千内，有十萬萬須彌山王。聚集七寶，其多等此。如是，指十萬萬言也。持如許之七寶，用作布施，其施可謂勝矣，福德之大亦可知矣。此科是引喻，以顯下文受持廣説此《經》之福德更大也。

（壬）次，正結勸。

若人以此《般若波羅蜜經》，乃至四句偈等，受持，爲他人説，於前福德，百分不及一，百千萬億分，乃至算數譬喻所不能及。

流通本作受持讀誦，原本無讀誦字，蓋攝在受持内矣。於前福德，於者，比較之意也。前，指上文以等於十萬萬須彌山王之七寶布施者。蓋謂如前布施者之福德，可謂大矣，然而以其福德之百分、千分、萬分、億分，乃至算數不能算之分、譬喻不能譬之分，皆不能及持説此《經》者福德之一分也。經雖是文字名言，然由文字起觀照，便由觀照而相似，而分證，而究竟成無上菩提，豈一切有相福德所能比乎？〇前半部收結時，明言不具説，故後半部較量顯勝，今始一見。然較顯之命意，亦復與前大異其趣。須知此科説在直顯性體之後，顯性體即是顯法身，前曾以須彌山王喻報身，今卻以七寶聚如十萬萬須彌山王者用作布施，而其福德遠不及持説此《經》，意顯持經説經，能令自他同證法身，視彼報身，如同身外之財，何足校哉？當知佛現報身等，原爲利益衆生，令他受用，正如以財布施，令他受用也。故以此爲喻，以顯證法身者，并報身之相亦不住也。

金剛般若波羅蜜經講義卷四終

金剛般若波羅蜜經講義卷五

震旦清信士勝觀江妙煦遺著

（庚）次，究極無住以成證，分二。

（辛）初，明平等法界，顯成法無我。次，明諸法空相，結成法不生。

此第四大科，合全經言之，故爲第四科。但約後半部言，則是第二科。皆説如來境界，故曰究極。謂窮究無住，至此而極。所謂證者，證此也。此第四究極一科，又開爲二。初明平等法界者，所以顯一切法性本無有我也，即以結成前科菩薩通達無我法之義。次明諸法空相，則歸結到不生不滅上。開經以來所以令離相離念以除我執者，無非爲遣分別執著。分別執著，所謂生滅心也。遣生滅心者，爲證不生不滅之性體也。是爲一部甚深般若之總結穴，故正宗分齊此而止，即昭明之第三十一分。其三十二分，則屬流通分矣。

（辛）初又三。（壬）初，約度生明無聖凡。次，約性相明非一異。三，約不受福德結無我。

此三科皆緊躡是法平等義來，意在教聞法者，當於法法頭頭上薦取平等之理，則可於法法頭頭上得見自性。初科明無聖無凡者，正顯無有高下也。一真法界，平等平等，豈有聖凡之別？此義就度生上説明最便，故約度生以明之耳。

（壬）初又二。（癸）初，明度無度念。次，明本無聖凡。（癸）初又二。（子）初，標示。

須菩提，於意云何？汝等勿謂如來作是念，我當度衆生。須菩提，莫作是念。

此科大旨，與前無法可説一科相同。其不同者，不過前就所説之法言，今就所度之生言耳。然説法原爲度生，度生便須説法，故大旨同也。前於無法可説中，所引十卷《金光明經》諸義，説明佛不作念之理由者，皆通於此。總之，佛不起心動念而能隨機應緣以度衆生者，不外二理。（一）因夙昔大悲大願熏習成種之力，故能有感斯應。（二）因具二智，成三身，如大圓鏡，光明遍照，故能所應不謬。具此兩種理由，所以不同凡夫，凡有所作，必須作念。莫作是念，是普誡一切人，非專對當時會衆言也。蓋作是念，則以凡情測聖境，豈但謗佛，自己仍迷在妄想窠中，永無成聖之望矣，故切誡之。總之，莫作是念之言，非僅令不可以輪迴見測圓覺海，實令學佛人必當斷妄念耳。開經即令菩薩降伏此念，故曰，實無衆生得滅度者。後半部亦開口便説，無有一衆生實滅度者。今復就佛之度生言之，俾一切菩薩奉爲準繩也。上文雖曾兩説衆生非衆生，然是單約衆生説。今則約聖凡并説，以明平等法界，義不同前也。或曰，《法華》云：我始坐道場，觀樹亦經行，於三七日中，思惟如是事，我所得智慧，微妙最第一，衆生諸根鈍，著樂癡所盲，如斯之等類，云何而可度？由是觀之，明明有聖有凡，何云無聖無凡？且佛於度生及所説法，皆曾詳細思惟，而後説之，思惟即是念，何此《經》云無念耶？當知有聖凡者，約相説也。無聖凡者，約性説也。所以此《經》説即非，又説是名也。至於思惟之義，當分兩層説明其理，以免懷疑。（一）凡佛所説，有隨宜説者，此名權説，亦名不了義。有究竟説者，此名實説，亦名了義。如上所引《法華》中此等言句，即是隨宜權説。因觀知一切衆生根鈍癡盲，著五欲樂，與佛證得之清淨智，微妙法不能相應，如斯之類，云何可度耶？乃不得已，先爲由淺而深説三乘法。然説三乘，實爲一乘，所謂開權顯實是也。本《經》此處正明平等法界，皆是究竟如實之説，故言句多連如來二字説之。如來者，諸法如義。何謂如？真如是也。何謂真如？離念境界是也。豈能引權説以證實説？且所謂權者，亦是即實之權。故雖曰思惟，實則即思惟而無思惟。凡讀佛經，第一當明此義。即如佛常自稱我矣，豈可因其隨宜之稱，而謂如來有我相我見？又如本《經》説此無上甚深之法，而著衣乞食，示同凡夫，豈可因此遂疑佛是凡夫？長老處處代衆生請問，亦豈可看呆，謂長老真不明般若？世間多有以觀世音菩薩是男身、是女身懷疑者，夫法身大士本無有相，其所現身皆是隨機應緣，所謂應以何身得度者，即現何身而救度之，《楞嚴》《法華》詳説此義，豈可視同凡夫，局定爲男爲女？即以大士往因言，多劫勤修，何身不有？亦豈可舉一世之身，以概多劫之身乎？佛經中類此之事，以及兩相抵觸之言句甚多甚多，皆當如是領會也。（二）思惟者，作觀之義，作觀亦譯思惟修也。上所引《法華》兩頌，四句爲一頌。是承其上文我以佛眼觀一句而來。兩頌所説，蓋謂觀照衆生根機耳。當知作觀之時，非無念，非有念。少知作觀者，便能了然此中境界，與思索妄想絶不相同，豈可誤會思惟爲作念乎？總而言之，有生可度，有法可説，是約相説。佛作此觀，正所謂寂而常照也。然而正當現如是事相時，即復了不可得。故又曰，無法可説，無生可度，則是約性而説也，雖觀而亦無所觀也，照而常寂也。故將所引《法華》兩頌，與此中所説者合而觀之，正是性相圓融，寂照同時之義，亦即即權之實，即實之權之義，當如是通達也。若執一疑一，便是執相疑性，執性疑相，執寂疑照，執照疑寂，此正凡夫知見，正所謂鈍根癡盲，與微妙第一之智慧不能相應者也。故學佛必須開佛知見，佛知即是知一切不可得，知一切即空即假，佛見即是不執一異。若執一疑一，正是執一執異矣。故欲通達佛法微妙之理，非將凡情俗見一掃而空之，必不能入也。

（子）次，釋成。

何以故？實無有衆生如來度者。若有衆生如來度者，如來則有我、人、衆生、壽者。

實無略逗，此二字是徹底的，謂實無作念之理也。何謂實無是理？其義甚多，略説其四。（一）若有度生念，便有所度之生、能度之我。能所者，對待之相也，便是分別，便是執著。佛證平等一真法界，故稱如來。若有分别執著，何名如來？故謂如來作是念，實無是理。此約平等法界明義，亦是約如來邊説。再約衆生邊説之。（二）何謂衆生？不過五蘊集合而已，是緣生法，緣生體空。若有度生之念，豈非不了緣生，執五蘊法爲實有乎？有法執，便有我執，曾是如來而有我法二執乎？故謂如來作是念，我當度衆生，實無是理。此約緣生體空以明義也。（三）衆生之所以成衆生，以有念故。衆生之所以得度，以無念故。是故度生云者，惟令離念而已。若佛度生有念，則自尚未度，何能度生耶？故謂如來作是念，我當度眾生，實無是理。此約離念名度以明義。（四）佛度衆生，不過爲衆生之增上緣耳。而衆生自己發大心，行大行，實爲主因。若無主因，雖有增上緣，生亦無從度也。是故衆生得度，實衆生自度耳。佛無此見，是佛度衆生也。故謂如來作是念，我當度衆生，實無是理。此約因親緣疏以明義也。總此四義，故有衆生如來度者，佛實無此念也。此句是順釋其故，若字下，復反言以釋其故。有者，謂有念也。若有此念，便落能所。能度，我相也。所度，人相也。所度不止一人，衆生相也。此念繼續不斷，壽者相也。苟有一念，四相具足。如來正令發心菩薩除此四相，而謂如來有四相，其誣謗如來，可謂極矣，所以切誡莫作是念也。此中正破如來作是念之邪言，故但約如來邊，即前説四義中之初義。以明無能無所無我之義，意在令學人了然於平等法界實無有我耳。

（癸）次，明本無聖凡。

須菩提，如來説有我者，則非有我，而凡夫之人以爲有我。須菩提，凡夫者，如來説則非凡夫。

流通本多是名凡夫一句，唐人寫經、南宋藏經及古德注疏中皆無之，大不應有。

○此科是釋明無能度、無所度之所以然也。此中我字，若但作我人之我會，固無不可，然義淺矣。須知我字正承上文我當之我來，蓋指佛言。我則非我，意顯平等法界，佛即非佛耳，正明無聖之意。蓋佛之稱，顯其證果耳。如來之稱，亦爲顯其證性耳。一真法界，離名絶相，那有此等名字？且一真法界，一切諸佛、一切衆生同體之性之異名也。因其同體，故曰一如，故曰平等無有高下。若此中有佛字者，便有高下，便非平等，便有名相，便非空寂。故依如義而説，所謂有佛有聖者，便非有佛有聖。但凡夫之人只知取相，不達一真法界，以爲有佛有聖耳。平等法界，佛尚無存，豈有能度可説乎？且既是平等同體，不但無聖而已，又豈有凡？故所謂凡夫者，約如義説，便非凡夫也。凡尚無存，豈有所度可説乎？無高無下，平等平等，此之謂性體一如。足見後人妄加是名凡夫句，真是畫蛇添足。

○無聖無凡，正是無有高下之所以然，故曰平等。性體本來如是平等，所以佛説，上無佛道可成，下無衆生可度。蓋度即無度，成即無成也。所以説，平等真法界，佛不度衆生，所以佛眼觀一切衆生本來是佛，此皆約性體平等義説也。何故説平等義？爲令發心菩薩通達此義，應以無能無所、無法無我之心，修一切善法，乃能如是而證也。由此可知，修行人雖應發願轉凡成聖，然發願已，即須將凡聖之念拋開。若不拋開，聖凡永隔矣。何以故？聖之成聖，凡之成凡，正由一無念、一有念故。起念便有高下，便非平等故。古人開示修行，有一句最好，曰，但驀直行去。驀直者，絶無瞻顧之意。行人只要明了道理，認準方向，便一直行去。轉凡不轉凡，成聖不成聖，以及一切生死利害等等，概不掛念。如此便與道相應，與性相應，速能成就，否則反不能成也。古人又有警句曰，古廟香爐去。

謂應萬念灰冷也。聖凡尚不掛念，其他可知矣。

（壬）次，約性相明非一異，分二。

（癸）初，總顯如義。

須菩提，於意云何？可以三十二相觀如來不？須菩提言：如是如是以三十二相觀如來。

此約性相明非一異一科，爲全經緊要眼目，而義蘊幽深，非逐層細剖，不易明了。

○觀與見不同。約如來現身言，曰見。約學人修觀言，曰觀也。問意蓋謂，可以觀想有相之應身，即是觀想無相之法身不？一有相，一無相，當然不可。然而應身原從法身顯現，無相之無，本非是畢竟無，所謂實相無相無不相是也，則又未嘗不可。雖然，若執以爲可，未免取相，而有著有之過矣，故下有初遣取相明非一一科之文。然若執以爲不可，又未免滅相，而有墮空之過，故下又有次遣滅相明非異一科之文也。試看長老所答，可以增長見地不少。再聞佛之所遣，更令人豁開心眼多多。須知開經以來層層遣蕩，屢說即非、是名，無非爲防學人著於一邊。此處明性相非一非異者，正是說明不應著於一邊之所以然也。

○於意云何，探驗見地之辭也。前已屢次探驗矣，今更探驗者，因此處不曰見，而曰觀，問意極細，迥不同前也。蓋正恐學人聞得諸法如義及是法平等者，儱侗顢頇，未能深入精微，而自以爲一如平等矣，則差之毫釐，謬以千里。故更須探驗之，而開示之也。欲說答辭，有二要義，必當先明。（一）般若會上，佛令長老轉教菩薩，見《大般若經》。可見長老久已與佛心心相印，般若義趣早已深知。此《經》故示不知者，代衆生請法故也。（二）甚深之理，本無可說，今不得已，於無可說中而言說之。一人一時，不能說兩樣話，故寄於二人，用問答體說之，則甚深義趣較易明顯耳。依上兩義，故長老所說，無異佛說。

一切經中當機人皆應作如是觀，不但此《經》爲然。此是要義，不可不知。

○如是如是句，若但作應諾之辭會，不但淺視長老，經中所含深旨亦不顯而晦矣。何謂淺視長老耶？且如初次佛問，可以身相見如來不？長老即答，身相即非身相。二次問，可以三十二相見如來不？又答即非、是名。第三次問，佛可以具足色身見不，如來可以具足諸相見不？皆答以不應。何此中忽又執相如此？長老固是代表衆生，然而既明忽昧，於理不合。所以如是句實非應諾之辭，乃是説理。如者，諸法如義也。是者，一切皆是也。前不云乎，前半部中，無一答如是者，後半部答如是處，皆表精義。如明五眼中，每答皆稱如是，此明肉眼非定肉眼，乃至佛眼非定佛眼。總之，五不定五，一不定一，不可執一也。正所謂諸法一如，一切皆是。意顯惟如則皆是，不如則皆非是，故每答皆稱如是。次問説是沙不，亦答稱如是者，此明如來説是沙，乃以如義説是，非同凡夫之説是也。再問福德因緣，亦答稱如是者，此明法法皆是緣生，體會得緣生性空，則法法皆如，法法皆是。故下接云，此人以是因緣，得福甚多。意顯惟其緣生，始有多福之可得。亦惟其緣生，應不執著緣生相，而會歸一如性。則雖法法皆是緣生，亦即法法皆是佛法矣。此外皆未答如是。至此復答稱如是者，意亦同前。而兩稱之者，令人當重視如字，必其能如，而後方是耳。其意蓋謂三十二相亦諸法之一，諸法皆是真如，豈三十二相不是真如？但必應會得如義，方是。何以故？若領會得性相一如，既不滅相，亦不執相，則觀三十二相應身，即是觀如來法身也。若違如義，勢必執相以觀性，否則滅相以觀性，則無一而是矣。如是如是以三十二相觀如來，應作一句讀之。總以明依照如義，以三十二相觀如來，則是也。

長老之意，蓋謂觀不同見，心中作三十二相觀時，本是無相之相。如來現三十二相，亦是相即非相。今了其無相之相而作觀，則既非取相，亦非滅相，正與實相無相無不相之義合，亦即與諸法如義合，亦即與如來合。故曰，如是如是以三十二相觀如來。意顯既一如矣，觀相即是觀性也。

○長老答意，實是甚深，實是甚圓，實與佛旨相應。而下文如來更加破斥以遣蕩之者，以長老所明如義固是，但其中尚有微細之理，不可不認清辨明，否則勢必至於儱侗顢頇，未見謂見，認驢鞍喬爲阿爺下巴矣。此義實關緊要，乃爲一般學人最易含混者。故佛與長老一問一答，以顯明此隱微深旨，俾學人不致誤認耳。

（癸）次，別遣情執。分二。（子）初，遣取相明非一。次，遣滅相明非異。（子）初又二。（丑）初，破解示遣。

佛言：須菩提，若以三十二相觀如來者，轉輪聖王則是如來。須菩提白佛言：世尊，如我解佛所説義，不應以三十二相觀如來。

佛意蓋謂，汝言如是如是以三十二相觀如來，乍聆之甚是也。然而本源之地若未認清，誠恐似是而非。何以故？三十二相，豈但如來現此相哉？轉輪聖王亦具有之。然而輪王之相是由福業來，不同如來是由法身顯。今遽儱侗曰，如是如是以三十二相觀如來，然則輪王亦是如來矣，豈非大謬？當知佛言固是説所觀之相，意實開示能觀之人。蓋以業識未空之輪王，因福業故，亦有三十二相，足見相皆虛妄，不足爲憑。然若觀者業識已空，豈但輪王之三十二相不能朦蔽，即觀衆生五蘊色身，亦能洞見法身，而不見有五蘊。苟或不然，雖與如來覿面，亦但觀相，而不能觀見法身矣。佛之言此，正因初發心修觀者，無明分毫未破，方在業識之中，若聞一如皆是、是法平等之説，不揣分量，遽謂觀相即是觀性，不知所觀者正是識而非性也。一切學人應於此中細細勘驗，云何勘驗？（一）博地凡夫，自無始不覺自動以來，久已性相不一矣。何故不一？由於取相。何故取相？由於業識。故必須盡空諸相，剿絶情識，方足語於性相一如。（二）佛説如義，是令體認一真法界，除其分別執著而無我。故當自審，分別否，執著否？倘有微細分別執著，便是業識，何云觀相即是觀性乎？

○總之，一如平等，惟有諸佛方能究竟。必須既不執實，且虚相亦泯，直至一念不生，并不生亦無，方是一如而不異。故所謂諸法一如者，是只見一如之性，不見諸法之相。不但此也，直須雖一如平等，而亦無所謂一如平等，乃爲真一如，真平等。豈業識未空者所能妄以自負？今云以三十二相觀如來，明明存有能觀、所觀，便是分別執著，業識宛然。乃云如是如是，殊不知早已非如，毫無一是矣。古今多少行人，粗念稍息，便謂已證三昧，習氣仍在，輒云任運騰騰。是皆以混濫爲圓融，鮮有不墮落者。觀此經文，真是頂門上痛下一針。

○世尊所破，長老原已洞明，故得機便轉。而前之所答，亦是懸知衆生之病，所以儱侗其辭，待世尊破斥之，俾一切衆生皆得自勘自破，不致混濫耳。

○凡標須菩提白佛言句，皆示鄭重之意，此中亦然，意在令學人於此番破解不可忽略看過也。解所説義者，聞知輪王亦同此相，相不足據，便解得諸法一如，必須盡泯諸相而後可也。長老如是解，正令學人應如是解。不應者，意顯非絶對不可。若其情識已空，則有相等於無相，無相何妨有相，而非少有情識者所應混濫也。故曰不應，此語正是切誡學人者。總之，佛説一如平等，是令一異皆不可執。今以相觀性，明明執一矣，尚得曰一如乎？轉輪聖王者，以十善化世，不待兵戈，威伏四方，爲人世第一大福德人，自然有七寶出現，隨意自在。第一曰輪寶，王乘此輪，巡行四方，因稱轉輪聖王。輪有金、銀、銅、鐵四種，得金輪者，曰金輪王，王四大洲，銀輪王王東西南三洲，銅輪王王東南二洲，鐵輪王王一洲，即南閻浮提也。以福德力具三十二相，但欠清淨分明，因其是由有漏福業而成，不同佛之由無漏法身而現者也。

（丑）次，說偈結成。

爾時世尊而說偈言：

若以色見我　以音聲求我

是人行邪道　不能見如來

爾時者，破解甫竟之時。標此二字，是令學人應與上科同時體會，因偈中所說，正是所破所解之所以然故也。色字，統指一切色相，三十二相亦攝在內。兩我字，指如來言，即謂性也。音聲，賅說法音聲在內。正謂不可執取上來一如平等諸說，向文字音聲中求也。見色者眼識，聞聲者耳識，舉二識以概其餘也。總之，見聞覺知，雖其體是性，然衆生自無始來已變成識，今若以色見，以音聲求，顯然業識用事，執著六塵境相。乃欲以是見法身，以是求法身，明明是妄見，明明是向外馳求，其知見已大大不正，尚欲見法身如來乎？故斥之曰，是人行邪道，不能見如來。以真如之性，非是分別執著之業識境界故也。結成欲觀一如，非盡空情識不可之意。

○或曰，佛經中每令人觀佛相好，何也？須知此是方便。所謂方便，含有兩義。衆生處處著相，故令捨染觀淨，此一方便也。既知觀淨，即復令趨究竟，如此中所說，此二方便也。蓋步步引人入勝，是之謂方便。所以《十六觀經》中，最要者爲是心是佛，是心作佛數行文。明得一切唯心，則知雖觀相好而不執實，其分別執著之情識遣矣。所以念佛人雖觀見彌陀現前，極樂現前，亦不可著者，此也。何以故？相由心作故。自性清淨心本來無相無不相，相不相更不必置念故。此理不可不知也。當知置念便是分別矣，執著矣。

○上來遣相已遣到極處，亦即後半部無法發心以來之總歸結處。蓋發心時，即不可取著菩提法者，因少有所取，便著色相，便是向外馳求，便非正知正見，便是法執我執，便與空寂之性相違，豈能見如來哉？所以令菩薩通達無我法者，此也。否則盲修瞎練，走入邪道，欲煑沙以成飯，永永不能達到目的。因修行是以見如來爲目的故也，故應通達也。然而遣相者，但爲不可取著而已，若誤會是滅相，則又大非，故又有下一科文來。

以下是（子）次遣滅相明非異一科文，今先説其要旨。此一科不但在後半部中有萬鈞之重，即開經以來所説，不應取非法、非非法，以及既説即非，又説是名等義，直至此處，方説明其所以然。故在全經之中，與上明非一一科同爲緊要關鍵。譬如千山萬壑，迤邐蜿蜒，行至此處，乃回轉環抱，團結起來，遂使前來無數峯巒起伏，莫不一一映帶，有情有勢焉。須知前半部是對初欲發心者説，所以空有皆令不著，以合中道。凡説即非、是名處，其語氣大都兩邊兼顧，既不可著有，復不可著空。所謂是名者，含有名相雖假，未嘗不是之意。至後半部，是對已經發大心，修大行，並能不取一切法相者説。但恐其獨獨取著菩提法相，則終爲空寂之累，終不能證性。而此執甚細，最爲難除。故後半部所説，皆向著有邊痛遣。雖有時即非、是名並説，然其語氣多側重即非邊，含有法相雖是，終爲假名，因是假名，所以即非之意。必待遣得一塵不染，一絲不掛，然後又掉轉頭來，說不應著空。故曰，有萬鈞之重也。此正宗下所謂，百尺竿頭，更進一步之意。又曰，還要翻個筋斗。翻筋斗者，掉轉頭之謂也。且前半部所說不應著空，但說其當然。若無此中於法不說斷滅相句爲之點醒，不但其理未明，亦無歸結，而全經精神亦不團聚矣。所以說，上科與此科爲全經重要關節者，因其是開經以來所說諸義之歸結處故也。雖然，後半部開章後，既專遣執有，上科雖爲遣有之總歸結，義藴幽深，然理本一貫，尚易說明。惟此科忽然轉舵，眼光四射，其語氣精神直貫注到前半部，故一句之中賅括多義，真如側看成峯，横看成嶺，面面皆放光明，皆成異彩，不知從何說起。今欲說明一面一面的道理，宜先說其大旨。大旨明了，面面亦較易明了也。

○當知性爲一切法之體，相是表面。所以修行者原爲證性，故不應執著表面之相，此一定之理也。然而有裏亦須有面，若但有主體，而絶無其表，主體亦孤立而無所用。所以修行欲證性者，既不應執取相，亦不應斷滅相，此亦一定之理也。譬如造屋，梁柱是主幹，是體，門窗户壁乃至磚瓦灰石等等是表面，是相，自然最先要注重梁柱。若但知取著外表之相，而不知注重主幹之體，如何其可？然若但有主幹之梁柱，絶無門窗户壁，尚得名之爲屋哉？造屋如此，修行亦然。觀此譬喻，其不應執相，亦不應廢相之理，可以了然矣。此佛說此科之最要宗旨也。

（子）次，遣滅相明非異，分二。（丑）初，標示切誡。

須菩提，汝若作是念，如來不以具足相故，得阿耨多羅三藐三菩提。須菩提，莫作是念，如來不以具足相故，得阿耨多羅三藐三菩提。

如上所說，可知此遣滅相一科義意之深

廣矣。然而不但深廣已也，復多隱含之義，頭緒又繁，極不易説。説既不易，領會之難可知。然既爲重要關鍵，斷不能不細心領會也。即如初標示切誡中，開口便奇，何謂如來不以具足相故得無上菩提耶？當知表面説具足相，實則隱含修福德之義也，因具足相由修福德來也。佛經中此類句法甚多，所謂互相影顯是已。以文字言，如曰，莫作是念，如來不以修福德故，得無上菩提，豈不直捷了當？今不如是説，而以具足相爲言者，蓋有兩重深意。（一）爲引起下文不説斷滅相，以對上文之不執取相，顯明二邊不著之義也。且上言如來，下言具足相，可顯性雖無相，而亦無不相之義也。（二）説一具足相，聞者可以領會句中影有修福德，若説修福德，聞者未必能想到是説具足相，是之謂善巧説。總之，如此一語雙關而説者，因上文説輪王亦有三十二相，而是由修福來，既已破斥，

恐人誤會證性者不必修福。又因上説，以色見我，是行邪道，恐人誤會見如來者必須滅相。今如此立説，則兩種誤會俱遣，故曰善巧也。汝若作是念，是字指下文不以具足相等。正恐聞上言者發生誤會，而作是念也。長老是當機，是衆生代表，只得向長老發話，其實是普告一切人也。

〇得阿耨多羅三藐三菩提句，影含多義，當逐層説之。（一）阿耨多羅三藐三菩提，義爲無上正等覺，然亦攝有佛及如來之義。何謂攝如來義耶？如來者，平等法身也。無有高下，體絶對待，故曰無上。既是平等，故曰正等。不覺則不能證，故曰正覺也。何謂攝有佛字義耶？佛者，覺也，故曰正覺。自覺覺他，無二無别，故曰正等。覺已圓滿，至究竟位，故曰無上也。故無上正等覺，可爲性德如來、果德佛之統稱。此中不曰佛，不曰如來，而舉統稱之名爲言者，爲顯二義。

（甲）因上句顯説具足相，隱含修福德。若單約修因剋果之福德言，應用佛稱。若單約相雖非性，亦不離性之具足相言，應用如來之稱。今上句既具隱顯二義，故宜用兼含性果二德之統稱也。（乙）説一得阿耨多羅三藐三菩提，正爲引起下文之發阿耨多羅三藐三菩提來，蓋欲藉果證以明因心也。藉果明因者，所以闡明後半部開章時所説，實無有法發阿耨多羅三藐三菩提之真實義也。開章時先説無法發菩提之義，接明無法得菩提之義，一發一得，相對而説。此中亦一得一發相對説之者，正所以補足開章時所説之義也。何謂補足？蓋闡明前所謂法者，即攝非法，前所謂無法者，是二邊不著，法與非法皆無，如此方是發菩提。若但會得不取法一面，未免落空，尚得謂之發無上菩提乎？是此中得發並説，故與開章時並説者相映成趣之要旨也。由此又足證明，菩提下前説既無心字，

則此中下文發阿耨多羅三藐三菩提之下，豈可著一心字？乃不明經旨者僱侗濫加，豈非大謬？（二）説一得字，更有精妙之義。蓋此得字，正針對上科觀字而説者也。針對觀字而説得字者，所以明觀則不應取相，得則不應廢相之義也。何以故？修觀之道，重在見性，觀相豈能見性？前半部中，已説得明明白白，曰，若見諸相非相，則見如來。故欲見如來者，必須能見諸相即是非相而後可。今云以三十二相觀如來，并未能見相即非相，何能見如來耶？乃謬引如義，自以爲是。不知如義者，雖不廢相，亦須不取相，方名爲如。今著於一邊，何名爲如耶？顢頇甚矣。故破斥之曰，行邪道，不能見，以明性相之非一也。此科不説觀而説得者，是約修因證果説也，亦即約性相相得説也。何以故？性相不相得，不名證果故。意顯若能不著於相，相亦何礙於性？故相得也。總之，性是裏，相

是表，約表裏言，性相非一也。若約表必有裏，裏必有表，表裏合一言，性相則非異也。此如買屋者，應觀其梁柱，若但觀外相，而曰觀外相即是觀梁柱，豈非笑談？然若只有梁柱，而門窗户壁外相一概無有，則雖得此屋，等於不得矣。修行亦然，約觀言，必應不取相，約得言，必應不廢相也。明兹譬喻，則一異皆不應執之理，當可徹底了然。更可見佛所説法，語語有分寸，字字含妙理，誠恐學人粗心浮氣，於性相非一非異道理囫圇吞棗，不能潛心細領。今觀如上所説，我世尊已將性相圓融中之行布，爲一切學人畫得了了明明，清清楚楚。若能深切體會，自能既不取相，亦不取非相，又有行布，又能圓融，事事皆合中道，法法不違自性矣。（三）前條所説，更有互相影顯之義在，不可不知也。何以言之？上科説觀，是約因邊説，是明修因者不可取相也，不可修有漏之福也。

當知修因既不可取相，證果又何可取相？但非廢相耳。在因位時不可修有漏福者，以修無漏之因，乃能證無漏之果故也。此科説得，是約果邊説，是明證果者并非廢相也，亦非不由修福來也。當知證果既非廢相，修因又豈應廢相？但不可取著耳。果非不由修福來，然則在因位時，但不應修有漏之福耳，豈令絶對不修哉？因果一如，故互相影顯以明之。（四）上科與此科兩兩對照觀之，復有要義。上科長行中之意，若云，輪王亦有三十二相，而非如來，是明修福不修慧，不能得無上菩提果之義也。此科切誡莫作不修福得菩提之念，是明修慧不修福，亦不能得無上菩提果之義也。上科四句偈中，呵斥以色聲見如來爲行邪道者，明見性不應取相之義也。此科切誡莫作不以具足相得菩提之念者，明見性亦非廢相之義也。由第一條至此第四條合而觀之，已將理性、事修，以及性相非一非異，又行布，又圓融之因因果果，説得細密之至，周匝之至矣。然而所含之義猶不止此。（五）上科言觀，此科言念，觀、念一義也。兩科合言，意顯相與非相、福與非福兩邊不著，爲正觀念也。若其但取一邊，即非正觀正念。何以故？不合中道故。故上科取相，便以行邪道呵斥之。此科取非相，又以莫作是念切誡之。（六）三十二相是應身，應身生滅無常，於明性相非一之義便，故上科遣取相，則舉三十二相言之。具足相，即前所謂具足諸相，是報身。然約相言，名報身，約性言，即是報得法身，於明性相非異之義便，故此中遣滅相，則舉具足相言之。當知如此而説，亦是互相影顯以明義者。何以故？三十二相不應取，可知具足相亦不應取。具足相不應滅，可知三十二相亦不應滅。分而説之者，但爲便於顯明非一非異之義耳。（七）不以具足相得菩提中，更含精義。當知具足相之成，是由福慧雙修來，不但修福已也。何謂雙修？修福時便知不著相是。知不著相，便是慧也。因此乃能成具足相，得無上菩提。此與輪王大異其趣者，蓋輪王福業稱爲有漏者，無他，修福著相故耳。故只能成三十二相，只能得輪王果。由是可知，此中雖是説不滅相，其實兼有不取相義在，此其所以能與性不異也。此層爲此科精妙之義。所以舉具足相以明非異者，宗旨在此。何以故？非異即是一如，必其相與非相兩邊不取，方名一如。若上科所説，是但知不取非相一邊，何名一如哉？

〇綜合上説諸義，則此科之義便可洞明。無非恐人聞上來遣相之説，偏於空邊，誤會是絶對無相，則與實相之無相無不相相違，便非諸法如義，便非是法平等，便不得無上菩提之果，而不見如來矣，故切誡以莫作是念也。若作是念，乃邪見，非正見故。論道理，論語氣，只此莫作是念一句，於義已足。

今復接説如來不以具足相故兩句者，蓋重言以申明之，使人知注重此兩句是要義，不可忽略耳。故莫作是念，須連下兩句一氣讀之，若念字斷句，便覺下兩句重複矣。曾見清初一刻本，誤從念字斷句，又嫌下兩句重複，遂删去不字，而作如來以具足相故，得阿耨多羅三藐三菩提，此大謬也。須知有一不字，含有雖不應取相，亦不應廢相之意在，語氣便雙照二邊，何等圓融活潑。若删去不字，語氣便著於取相一邊，沾滯呆鈍，相去天淵矣。《大智度論》云，般若如大火聚，四面不可觸，豈可鈍置一語？試看本《經》文字，從無一字説煞，以文字論，亦是絶妙神來之筆，非羅什大師譯筆，不能妙到如此，取他譯本比而觀之，自知。此種清初刻本，幸他刻未倣傚之，不然，今流通本中又多一毒矣。

（丑）次，結顯正義。

須菩提，汝若作是念，發阿耨多羅三藐三菩提者，説諸法斷滅，莫作是念。何以故？發阿耨多羅三藐三菩提者，於法不説斷滅相。

此科經義甚爲曲折細緻，當潛心領會之。流通本菩提下皆有心字，唐人寫經皆無之，大約加入心字，起於五代，不應加也。此科正是説明上來標示切誡一科文之所以然者。「汝若作是念」至「説諸法斷滅」一段，是説明上文作是念之所以然。「何以故」下一段，是説明上文莫作是念之所以然。上科正義至此方顯，故標科曰結顯正義。汝若作是念，即謂作一如來不以具足相故得無上菩提之念也。

○説諸法之法字緊承具足相來，因具足相是由修福而成，云何修福？廣行六度諸法是也。是故若説不以具足相，便無異説不用修六度法，豈非説成諸法斷滅乎？故曰，説諸法斷滅也。中間又有發阿耨多羅三藐三菩提一句，何謂耶？當知世尊因後半部開章時，曾說無法發菩提，誠恐未能深解其義者，聞得後來又說，我於阿耨多羅三藐三菩提，乃至無有少法可得，上科且說，若以色見我，是行邪道，不能見如來，勢必誤會曰，前所云無法發菩提之義，我知之矣，得菩提者既無少法，且明明開示以色見爲邪道，色者，相也，可見如來得無上菩提，全與具足相無關矣。此作不以具足相故得菩提之念之來由也。若作是念，便有第二念曰，具足相者，是由行六度法，勤修福德而來，所謂百劫修相好是也，今得菩提，既與具足相無關，且明明開示得菩提者無有少法，可見發菩提者，亦必不應有少法，但當一心趨入空寂之性而已，凡六度諸法所謂修福德修相好者，全不可放在心上，此所以開示無法發菩提耳。行人若如此誤會，與佛旨相背而馳矣，走入邪道矣，勢必一法不修矣。何以故？說成諸法斷滅故，尚得謂之發無上菩提乎？故切誡以莫作是念也。由此可知，佛說此科，正是說明爲何作是念之所以然者。而佛於遣取相之際，忽然掉轉頭來，說此遣滅相一大科，又正是闡明前云無法發菩提之真實義者也。此科之關繫重要也明矣，故頃言，義甚曲折細緻，當潛心領會也。凡說理到精深處，切須細辨。不然，勢必差之毫釐，謬以千里，走入邪道而不自知，危險之至。此學佛所以宜開圓解，而以親近善知識爲急務也。何以故下，正明不應作是念之所以然。意若曰，前言無法發菩提者，是說不應存一念曰，此是無上菩提，以除其取著法相之病耳，何嘗說斷滅法相耶？故曰，發阿耨多羅三藐三菩提者，於法不說斷滅相。夫前說無法發菩提時，已說得明明白白曰，發阿耨多羅三藐三菩提者，但當生起度生本應盡之責，雖盡亦等於未盡之心，豈是說斷滅諸法乎？後又言，若菩薩作是言，我應滅度無量衆生，則不名菩薩者，亦是說不可存一我能盡責之心，豈是説斷滅諸法乎？佛得菩提，無少法可得，是説雖得而不存有所得，亦非斷滅諸法也。證法身，得菩提，必須福慧雙修，以福慧雙修乃能悲智具足故也，何能言具足相絶對無關耶？乃竟如此誤會，大謬大謬。當知世尊大慈，因上來極力遣相，惟恐顢頇者未能深解，難免無此誤會，故如是懇切告誡之耳。如是告誡者，非但爲闡明無法發菩提之真實義，且意在開示學人，欲證平等法身、諸法如義，必須盡歇狂心，一念不生，而後可耳。何以故？動念便有分别執著故。故曰，莫作是念也。由此言之，此中菩提字下，萬不能著一心字，顯然可見矣。○總而言之，開經來所説諸義，若無此别遣情執下兩大科文，便難徹底領會，則亦無從演説矣。當知自開經來演説種種兩邊俱遣的道理，皆是攝取此處兩大科之義而説者也。故此兩大科爲全經中重要關鍵，因其義可以貫通全經故也。

○即如前半部，啓口便説滅度無量無數無邊衆生，實無衆生得滅度者，是説度盡衆生，而不著相，非説一生不度，而爲斷滅相也。又説於法應無所住行於布施，是説行布施時，不應住相，并非不行布施，而成斷滅相也。所謂應如是降伏者，是執著與斷滅兩邊皆要降伏，不是降伏一邊。所謂但應如所教住者，即是兩邊降伏，兩邊不住，如是一無所住，自能得所應住，亦即是如所教住。故曰，若心有住，則爲非住也。所以世尊示同凡夫塵勞之相者，即是表示不執著具足相、三十二相，而又不斷滅相也。是之謂一如，是之謂平等。所以是《經》有無邊功德，而能信心不逆者，便爲荷擔如來，增福滅罪，當得菩提。而此義甚深，必須深解，否則非驚怖而狐疑，便顢頇而狂亂矣。不但此也，前云通達無我法者，是不但應通達不取法相之理，且應通達不滅法相之理。何以故？若取法相，即著我、人、衆生、壽者。若取非法相，亦復即著我、人、衆生、壽者。必須於一切法相既不取，又不滅，乃能證得平等一如之法性而無我，是真能通達者矣。故得此兩大科，全經便融成一片，義藴畢宣。所以下科即以知一切法無我，得成於忍，圓滿收束。

〇此明非一非異兩大科文中，復有一極要之義。其義云何？所謂非常非斷是也。明非一一科，是説非常。三十二相之應化身隨時顯現，生滅非常也。因其非常，故與常住之性非一也。明非異一科，是説非斷。具足相即是報得法身，故非斷也。因其非斷，故與常性之性非異也。雖然，此猶據隨宜之義而説。若依究竟了義説之，法、報、應三身皆是非常非斷。此兩大科文中，明明曰如來，指法身説也。明明曰具足相，指報身説也。明明曰三十二相，指應身説也。夫三身並説，以明不應取相，不應滅相者，蓋因其非常，故不應取也，因其非斷，故不應滅也。可見經旨明明是顯三身非常非斷之義，豈能漏而不説乎？此義亦般若要義，不可不明者也。何以故？非常非斷之義明，非一非異之義可因而更明。非一非異之義若得洞明，然後見圓而知正也。然而其義甚不易明，諸大乘經論中，雖屢屢説之，而説得最詳最透者，莫過於十卷《金光明經》。今當引而説之，想爲諸君所願聞也。

〇彼《經》曰：依此法身，不可思議摩訶三昧而得顯現。依此法身，得現一切大智。是故二身依於三昧，依於智慧，而得顯現。摩訶者，大也。三昧者，定也。大定對大智言，大智即大慧也。定慧從絶對之法身顯現，故皆曰大。皆曰大者，明定慧之均等也。明定慧均等者，顯寂照之同時也。定慧約修功言，寂照約性具言也。寂時照，照時寂，非言語心思所可及，所謂離名絶相，故曰不可思議。此句統貫大智。二身，謂報身、應身也。蓋謂法身性體，本來離名絶相，寂照同時，但無修莫證，然若非性體本具，定慧之修功亦無從顯現。故曰，依此法身，得現大定、大智。此表面之義也。骨裏是開示必須離名絶相，依本寂以修定，依本照以修慧，定慧修功圓滿均等，便能寂照同時，便是證得法身。迨至法身證得，報應二身之相即復顯現。故曰，是故二身依於三昧、智慧顯現。觀此段經義，可知必須離名絶相，以修定慧，方能證法身之性，然亦不斷滅報、應二身之相也。報、應二身，彼《經》譯名微異。通常所稱之報身，彼則譯爲應身。通常所稱之應身，彼則譯作化身。一切經論及古德箸述中，此等異名常常遇之，初學每以爲苦，然若細觀經旨，便知所指而得會通，亦不必畏其難也。

○彼《經》又曰：如是法身三昧智慧，過一切相，不著於相，不可分別，非常非斷，是名中道。此明法身非常非斷也。法身三昧智慧者，意顯定慧圓足，便是法身，非此外别有法身。蓋三昧智慧即指法身言，不可誤會法身、三昧、智慧是三件事，觀前來所引彼《經》依於法身云云，可以了然矣。何以故？從來皆説報身、應身從法身現，而彼《經》云，二身依三昧智慧得現，足證三昧智慧即是法身也。所以凡夫本性但稱佛性，有時則稱在纏法身、在障法身，從無有單稱法身者。正以其無有定慧，或雖有而不具足，既未證一真法界，未能寂照同時，何能稱法身哉？然則既須定慧具足，方名法身，可見法身不外定慧具足矣。過一切相下四句，明義精極。過者，超過。過一切相，猶言超乎相外。既曰過一切相矣，又曰不著於相，何耶？過一切相句，明其無相也。性體大而無外，亦復小而無内，超然於一切對待之表，故無相也。

不著於相句，明其無不相也，因其無不相，乃有不著之可言也。蓋性雖非相，而一切相皆從性現，雖從性現，而性仍超乎其外，故不著也。此二句互明其義，因其超然，所以不著，因其不著，故知超然也。合此兩句之義，正所以顯性相之非一也。何以故？性雖隨緣現相，而仍超然不著故。此所謂不著，是言其法爾不著。何以見之？相皆生滅無常，而性之常住自若，不因其隨緣現相，便爲此生滅相所妨也，可知其本來不著矣，故性與相非一也。此兩句，亦是説明法身與報、應二身非一也。不可分別句，所以顯性相之非異也，亦即是説法身與報、應二身非異。何故不可分別而非異耶？彼《經》自明其義曰：雖有分別，體無分別。雖有三數，而非三體。蓋謂報、應二身只有相而無體，體惟法身而已。所以數雖有三，而體非三，相雖有別，體則無別。故不可分別之言，是約體説者。然亦是一語雙關，因其時時現分別之相，乃有不可分別之可説。所以不可分別句，一面固顯其體無有別，而一面卻顯其現相無休也。由是可知非一非異之界限矣。蓋以性融相，則非異，性相對舉，則非一也。非常非斷，緊承上三句來。時時顯現體雖無別而用則有別之相，故曰非常。然相雖非常，而法身之性仍復過一切相，不著於相，故曰非斷。或問：從來説法身常住，因其常住，乃名法身，故説法身非斷，其義易明。法身雖現報、應等相，今云非常，亦是約相而説，然則何云法身非常耶？此義終難了然。答：所謂法身常住者，乃單約法身言也。然證得常住法身不生不滅之體已，若住於體，而不現相，則不能與衆生接近，何以利益衆生耶？故諸佛、諸大菩薩爲利益一切衆生故，恆現報身及應化等身生滅之相，而不住著法身。就其有常住法身而不住言，故曰法身非常也。然雖不住，因其常在大定之中，故所現之相儘管生滅熾然，而法身之常住自若，所謂過一切相，不著於相者，實由於此，故又曰法身非斷也。當知法身非常，正所謂不住涅槃。法身非斷，正所謂不住生死。兩邊不住，故曰是名中道。法身兩邊不住者，言其既不著於法身，亦不住著於報、應等身也。此正寂照同時境界，非定慧功夫修到圓滿均等，不能至此境界也。本《經》啓口便令發大願，修大行，除其我執者，因此。以我執未化，必分別執著。少有分別執著，便不能兩邊不住，又豈能定慧均等？則寂照同時境界何能達乎？

○彼《經》復曰：化身者，恆轉法輪，處處隨緣，方便相續不斷絶故，是故説常。非是本故，具足大用不顯現故，説爲無常。彼《經》譯應身爲化身，此明應身非常非斷也。是故説常，猶言故説非斷。以應身隨緣，恆現不斷，故説非斷也。無常猶言非常。非是本者，言應身非本性之體也。報、應等身皆本性顯現之相用，故非是本。用由本顯，非由用顯，報、應二身已是用矣，不能更顯用，故曰，具足大用不顯現。此句正明報、應是相，相是生滅法，故説爲非常也。

○彼《經》又曰：應身者，從無始來，相續不斷，一切諸佛不共之法能攝持故，衆生無盡，用亦無盡，是故説常。非是本故，以具足用不顯現故，説爲無常。此明報身非常非斷也。彼《經》譯報身爲應身故。不共之法，如十力、四無畏等，惟諸佛有之，菩薩亦未具足，故曰不共。攝持有兩義，此不共之法爲報身之智用，攝持於報身，一也。報身具此智用，遂能攝持衆生，二也。故接曰，衆生無盡，用亦無盡。綜合上所引之經義觀之，非一非異，蓋有三義。法身，體也，報、應等身，用也，故非一。若以體收用，則不可分別，故非異。此一義也。而法身之非常，是常而非常，二身之非斷，是斷而非斷，故法身之非常，乃二身之非斷，此性相之所以非異也。法身之非斷，是畢竟非斷，二身之非常，是畢竟非常，故法身之非斷，乃二身之非常，此性相之所以非一也。何以言之？法身之非常，是約相續現相說。《經》云不可分別者，明其相續現相，而體惟法身也。相續現相，故曰非常。體惟法身，故曰常而非常。法身之非斷，是約常住本體說。《經》云，過一切相，不著於相，正明其常住本體。因其常住本體，故雖現相而能超然不著也。常住本體，故曰非斷。現相而復超然不著，故曰，非斷是畢竟非斷。彼二身則不然，二身之非常，是約非是本體說。《經》云，非是本故。既非本體，故曰，非常是畢竟非常。故曰，法身之非斷，乃二身之非常，性相之所以非一也。何以故？一常住本體，一非是本體故。二身之非斷，是約現相相續說。《經》云，相續不斷故。既顯現相續，故曰非斷。故曰，法身之非常，乃二身之非斷，性相之所以非異也。何以故？同是約現相相續說故。此非一非異之又一義也。又復三身非常非斷之名，非異也。而法身非常非斷與二身非常非斷之所以然，則非一。此又非一非異之一義也。總之，説一有種種一，説異有種種異，且一之中有異，異之中有一。是故説一説異，非也，説不一不異，亦非。説一説異，是也，説不一不異，亦是。然則非可説，非不可説，執則皆非，不執則皆是耳。當如是見，當如是知。如是見者，則爲圓見。如是知者，乃是正知。

○或曰，由上所引經觀之，可見報、應二身同是生滅相，同一非本，何故本《經》約應身明非一，約報身明非異耶？須知應化身之相續，是證法身後，方便隨緣所現，且輪王亦有之，而法身性體則常住不變，其爲非一，最爲顯明，故約應化之三十二相以明非一也。若夫報身，是與法身同時成就。故本《經》曰，以具足相故，得無上菩提，正明其成就具足相，即是證得無上菩提也。當著眼故字。且如《金光明經》明報身之義曰：應身者，即是報身。從無始來，相續不斷。相續不斷句，報、應所同，此明其與法身非一也。衆無始來句，報身所獨，即明其與法身非異也。當知法身可云無始，報身須無明盡後，乃始證得，今云從無始來，何耶？此義甚精，細剖方明。蓋報身有二種名，一曰自受用報身，一曰他受用報身。本《經》曰具足相，《金光明經》曰相續不斷，曰衆生無盡，用亦無盡，皆是約他受用邊説。然必自受用之義明，他受用之義方明。今先言自受用，自受用報身非他，即指自利之内證圓智而言，假名爲身耳。此智固由修功而現，然實性體本具。若非本具，修亦不現，譬如鑽水不能出火，煮砂何能成飯？然則性體無始，此智亦復無始矣，故自受用報身爲無始也。再約他受用言之，自受用、他受用，名雖有二，其實是一，蓋約内證自利之圓智言，曰自受用，約現相利他之大用言，曰他受用耳。既曰圓智，必有大用。若無大用，何名圓智？一表一裏，似若有二，然而表裏合一，乃得身名，故名二而實一也。且智是性具，用亦何嘗不是性具？故他受用報身亦爲無始也。綜上諸義，報身與法身非異，其義顯然，故約報身之具足相以明非異也。若剋實論之，即應化身亦可云無始。何以言之？應化身爲修種種法，通達俗諦之事，功行圓滿，得大自在，故能隨衆生意，現種種身。然何以通達俗諦之事乎？由於通達真諦之智故也，可見事攝於智矣。是故報身無始，應身亦復無始。然則何故獨以應身明非一耶？報身與法身親，應則較疏之故。何謂親耶？他受用爲所現之相用，是表，自受用爲所具之智慧，是裏。然相用之現，即現於智慧，而智慧之具，即具於理體。且理智一如，亦無能具所具之分、能現所現之別。故無論自他受用，實與理體冥合爲一，故親，親故非異也。何謂疏耶？應化身雖亦具於理智，亦無能具所具、能現所現等分別，然專屬外現之相，故疏，疏故非一也。試觀《金光明經》所説，便可了然。其明報身之義，既曰無始，又曰攝持不共之法，舉内持爲言者，正明其與法身親也。其明應化之義，則曰處處隨緣方便，舉外隨爲言者，正明其與法身疏也。總之，明得非常非斷之義，則非一非異，其義乃得徹底，即諸法一如、是法平等諸義，亦皆徹底。何以故？三身皆非常非斷而非異，故一如也。然非常非斷又各有不同而非一，故雖一如而不妨有諸法也。且一中有異，異中有一，故差别是平等中現差别，平等是差别中現平等，亦不隔别，亦不混濫，行布不礙圓融，圓融不礙行布。此之謂圓中，遮照同時，存泯自在矣，豈第兩邊不著已哉？而扼要之修功，惟在不取相，不滅相，而以性爲中樞。迨已證得空寂性體，以熏習力故，便亦不取不滅，隨機應緣，大用無盡，豈但相不住，性亦不住，并不住亦不住矣，而大圓鏡智之中樞自若也。此之謂以無我人等修一切善法，則得無上菩提，此之謂金剛般若波羅蜜，所以傳佛心印者也。通達此理以念佛，便得理一心，必生常寂光淨土。願與諸君共勉之。

（壬）三，約不受福德結無我。

此科判中約字之意，蓋謂一切皆無我，今不過約不受福德一法以明其義耳。如上來無聖無凡，非一非異之理，亦是法法皆然，但約度生及性相爲言者，取其較易領會耳。約字猶普通所説之就，内典捨就用約者，以就義膚淺，約義精深故也。蓋約有約略義，明其姑舉一事爲例，未及一一詳説。又約有約束義，若網有綱，提其綱，則全網就範，明其雖僅言此一事，而綱領已得，其餘可以類推。又約有要約義，譬如契約，久要不忘，以顯此所明義極爲契合，可以徵信而無謬失。若用就字，三義皆無。曾有疑約字生僻，不如就字普通者，茲乘便一説之。凡唐以前古德言句，後學未可輕議也。不約他事，獨約不受福德言者，承上文來也。上文具足相影含修福德，是明得無上果者，不廢修福。此科緊承其義而闡明之曰，修福何可廢？但須不受不著耳。并補足之曰，不可聞不廢修福而又生貪著也。故得此科，上科之義更周匝圓滿，所謂文不接而意接也。

（壬）此科分二。（癸）初，結無我。次，明不著。（癸）初又二。（子）初，明無我功勝。次，明由其不受。（子）初又二。（丑）初，引事。

須菩提，若菩薩以滿恆河沙等世界七寶布施。

流通本作持用布施，柳書、慧本無持用字。以七寶布施，已含有持用意在矣。

○後半部校顯經功，只一二處，然亦意不在校顯，不過借作別用。（一）借以作一段落。（二）借以顯明他義。如此中，既借布施福德，顯成不受者之爲得無我忍，復借無我功勝，結束前文所言菩薩應通達無我法之義耳。前半部中所以説無數寶施，乃至以無數命施，皆未稱爲菩薩，而此中獨舉菩薩爲言，其必有深意可知。連下文讀之，便可恍然，乃是互相影顯之文也。蓋此科雖僅言寶施，意則含有此人已知一切法無我，故稱菩薩，但猶未成忍，故不及後菩薩耳。於何知之？試觀下文云，此菩薩勝前菩薩所得功德。前半部中，無論寶施、命施，概言福德，未言功德，而此則云前菩薩所得功德。前菩薩七寶布施，以功德稱，必其已知離相修慧，非但知著相修福之人可比矣。因言功德，因稱菩薩。夫有我者必不能離相，故知其意含此人已知一切法無我也。況前云，若菩薩通達無我法者，如來説名真是菩薩。然則若非知法無我，其不稱之爲菩薩也決矣。總之，此三約不受福德一大科文中，一字、一句、一名稱皆含極精之義，不可忽略。恆河沙等世界，謂世界等於河沙，猶言無數世界。以者，用也。滿者，充滿。謂用充滿無數世界之七寶行施也。此科不過引一布施多福之事，以爲下文不受作張本耳。

（丑）次，較勝。

若復有人，知一切法無我，得成於忍，此菩薩勝前菩薩所得功德。

上文寶施菩薩既影有知法無我意，此中得忍菩薩亦影有寶施意。觀下文不受福德、所作福德等句，則此菩薩之大作布施福德，顯然可見矣。因其大作福德而不受，所以稱其得成於忍也。不然，得忍與否，從何知之？故此科與上科之文，其爲互相影顯，決無疑義。此義既明，便知經旨并非不重視福德，惟當不著不受而已。則此中知一切法無我，得成於忍兩句，經旨亦實趨重於得忍。曾見數家注釋，因未明了影顯之義，遂將成忍句看成帶筆，因謂前菩薩但知修福，此菩薩則知法無我，故功德勝前，此修福所以不及修慧也云云，大失經旨矣。何以故？若是此意者，則前來切誡莫作不以修福得菩提之念，何謂乎？如於法不説斷滅相一科所云。謬甚謬甚。

〇一切法不外境、行、果。境者，五蘊、六根、六塵等是。行者，六度、萬行等是。果者，住、行、向、地，乃至無上菩提等是也。無我者，謂一切染淨諸法，不外因果，因果即是緣生，緣生體空，故一切法中本無有我。當知所謂我者，非他，即衆生無明不覺，於一切法中妄生分别執著之見是也。而一切法性本來空寂，那有此物？因其本無，故當除之也。知一切法無我之知，即是解也，謂領會得一切法性本來空寂也。蓋一切法無我五字，是理。知之一字，是智。得成於忍者，謂一切法性本來空寂無我之理，與其知之之校：之，舊版無，原稿有。智，已能冥合爲一矣。忍者，忍可，契合無間之意，猶言合一也。理智合一，明其我執已化也。功行至此，是之謂成。云何而成？由於熏修，故曰得成。得成者，猶言熏修得有成就也。非精修功到，云何能成耶？故此兩句，上句是解，下句是行，合而觀之，是明此菩薩解行成就也。又復上句知是慧，下句忍是定，合之，便是定慧均等。因其定慧均等，所以解行成就也，所以所得功德勝過前菩薩也。因前菩薩解、行、定、慧，其功行猶未能達於冥合爲一，則是其知之之智，於一切法無我之理，尚未做到安安而不遷地位，故不及也。忍字之義，猶言安安不遷也。

○自前第三大科中，標示「若菩薩通達無我法者，如來説名真是菩薩」以後，至此方始歸結。可知上來所説，皆是無我法，而令菩薩通達者。但必須功夫做到得成於忍，方爲真實通達，真是菩薩耳。何以故？通者，明通也，即指解言。達者，到達也，即指行言。故通達云者，即謂解行具足。解行具足，故曰真是菩薩也。故不可將通達二字，但作明理會也。須知解固居行之先，然非如法實行，確有經驗，何能深解？前云行由解出，解因行成二語，即通達之真詮。如是通達，乃得成忍耳。

〔子〕次，明由其不受。

須菩提，以諸菩薩不受福德故。

流通本須菩提上有何以故句，柳書、慧本無之。此中本有一故字，已顯釋明上文之意，何需加何以故耶？曾見數家注解，謂此科是釋上文功德勝前之故，大謬。上文已自説明，功德勝前，因其成忍矣，何須更釋？當知此科是以不受之義，釋明成忍之故者耳。夫成忍者，所謂證也。此科釋之云，何以謂之證耶？不受是也。蓋成忍之言，正是開示學人，功夫必須做到如此，方能無我，故須釋明成忍之所以然。若功德勝前，原是帶筆，何必特加解釋，況前文已經説明耶？云何不受？下科方明其義，今亦無妨説其要旨。所謂不受者，無他，廣行布施六度，若無其事之謂。此非真能忘我者莫辦，是其功行已到爐火純青之候，故曰得成也。諸菩薩，非實有所指，猶言一切菩薩。以者，因也。意謂，凡是菩薩，因其修福不受，方於無我成忍。此菩薩亦復如是不受，故曰成忍耳。上文言所得功德，此中言不受福德，正明其因不受故，所作福德盡成無漏之功德也。

〇上引事文中，不曰以滿無數世界之七寶布施，而必以等於河沙爲言者，亦寓精義。蓋明自不受者視之，如彼無數寶施，等於泥沙耳，其細已甚，何足道哉？此其所以能不受也。若視爲甚多甚盛，便已心爲境轉矣。心有其境，名之曰受。今曰不受，正明其心空無境也。思之思之，此亦欲不受不著者之妙觀也。

（癸）次，明不著，分二。（子）初，請明其義。

須菩提白佛言：世尊，云何菩薩不受福德？

長老請問，蓋有三意。（一）既已修之矣，而又不受，則初何必修？恐不得意者生出誤會，此請問之意一也。（二）不受者，謂拒而不納乎？福德之至也，因果一定之理，豈能拒而不納？然則何謂不受耶？此請問之意二也。（三）上言得忍，由於不受，然何以能不受耶？長老請問，意在俾大衆徹底明了，皆能達於不受之地，此請問之意三也。故特標以須菩提白佛言句，使知此問之要，應於下科開示加意體會也。

（子）次，釋明不著。

須菩提，菩薩所作福德，不應貪著，是故説不受福德。

初句言作福德，使知雖不受而應作，不可因不受之言，誤會修福可緩。當知作福德，即是修六度，是從大悲心出。諸佛如來以大悲心爲體，因於衆生，而起大悲，因於大悲，生菩提心，云何可緩乎？第一重問意可以釋然矣。次、三句，言不應貪著，故説不受。使知所謂不受者，非拒而不納，乃不貪著耳。不貪著者，福德之有無，絶不在念之謂。蓋明若爲求福德以修六度，是名貪著，則是利益自己，非爲利益衆生，非大悲心，非無上菩提矣，故不應也。知此，第二重問意可釋然矣。作福德，不著空也，大悲也。不貪著，不著有也，大智也。悲智具足，空有不著，是名中道。且著者，住也。不應貪著，即是應無所住。合之上句，即是應無所住行於布施，正是回映經初所説。且修福不著，亦即最先所説度盡衆生而無所度之意，皆所以降伏我執者。此《經》宗旨，在無住降我。故説至成證時，歸結到無住降我上，精神義趣，一線到底，一絲不紊也。然則上文何不徑曰，以諸菩薩不貪著福德故，豈不直捷了當？何故先説不受，再以不著釋之？當知上科説不受，是開示云何而爲成忍，蓋成忍即不受之謂也。《大智度論》云：一切不受，是名正受。正受者，三昧是也。亦謂之定，亦謂之忍。然則不受之言，乃成忍之注腳要語，豈能不特特標出？至於此科説不著，則是開示云何而能不受。换言之，上科先告以成證之境界，乃是一切不受，此科復告以成證之方法，不外經初所言應無所住行於布施也。云何證？云何修？指示得極親切，極扼要。故不受、不著，兩説皆不可少。且當知行人一切皆不應著，迨至不著功醇，便成不受。故不受亦是一切不受，茲不過約福德以明義耳。蓋所以受者，由於著。所以著者，由於貪。所以貪者，由有我。而我之所貪，莫過於福，故約福德言之耳。知此，第三重問意可釋然矣。總之，平等法界，本來一切法無我，學人先當開此正知，如是知已，便如是行。云何行耶？最初所説應無所住行於布施，此中所説所作福德不應貪著是也。換言之，便是廣修一切法而行所無事，久久功醇，則心若虛空，雖一切法熾然行之，不厭不倦，而相忘於無何有，是之謂不受。不受者，形容其一心清淨，不染纖塵也。且自然如是，而非强制。恆常如是，而非偶然。而悲智具足矣，定慧均等矣，分別執著之我相我見化除殆盡矣。至此地位，無以名之，名曰得成於忍。然此猶菩薩境界，而非佛也。故繼此而明諸法空相，本來不生。若至於一念不生，不生亦無，則隨順而入如來平等法界矣。聞斯要旨，當靜心思惟之。

（辛）次，明諸法空相，結成法不生。

向後經文，正是點滴歸源之處，故其所含之義甚廣、甚深、其細。若但解釋本文，爲文所拘，必説不徹底，又如何聽得徹底？惟有先將所含要旨發揮透徹，則説至本文時，便可數言而了，此亦講演高深道理之一種方法也。上來所説，千言萬語，一言以蔽之，曰無住而已。云何無住？所謂不住於相是也。何故不住相？所謂若心取相，則爲著我、人、衆生、壽者是也。當知欲不住相，必須其心不取，不取正爲破我，而破我正爲證一如平等之一真法界。此一法界，即是常住不動之法身，稱爲如來者是也。總之，全經所説之義，不外不取於相、如如不動八個字。不過直至最後，始將此八個字點明耳。以是之故，此諸法空相一大科經義，乃是融會全經旨趣而究竟徹底以説之者，所謂點滴歸源是也。故其所説，更圓更妙。即如全經皆説無我，至此則説無我原無，夫無我尚無，則是無住亦無住矣，不取亦不取矣。何以故？一切法本不生故。且亦無所謂不生，何以故？法即非法，相即非相故。夫而後究竟無我矣，無我亦無矣。由是可知，上來所説無聖無凡、非一非異等義，乃是即聖凡而無聖凡，正一異而非一異，忘其爲不受而名不受。故雖無聖凡，而無妨成聖成凡。雖成聖成凡，而依然無聖無凡。一異等等，莫不如是。則亦無所謂兩邊，無所謂著，無所謂中。何以故？一且不存，那有兩，更那有邊，那有中耶？非畢竟無也，雖紛紛萬有，而有即是無也。何以故？本不生故。是之謂如如，是之謂不動，是之謂不取。蓋生心不取，即是取矣。生心不動，其心早動矣。生心如如，尚何如如之有耶？生心除我，則我見我相儼然也。若不知向此中薦取，縱令辛苦勤修，終是打之遶，添葛藤也。總之，此一大科所説，正是極力發揮不取於相、如如不動至究竟處，即是引導學人觀照深般若處，亦即令一切衆生得大自在處。經文既眼光四射，面面玲瓏，聞者亦當眼光四射，面面玲瓏，未可死在句下，隨文字轉。當凝其神，空其心，字字句句向未動念處體會。若沾滯一毫攀緣相、名字相，便無入處。

○頃所言當向此中薦取，不辭葛藤，爲重言以申明之。標題曰空相者，含有本無相、不取相兩義。蓋此一大科，正是説理體，亦正是説修功。行人應先明了理體本來無相，所以應不取相。且體既無相，故修不取者，便時時處處，皆應觀照諸法本來無相之理體。是之謂全性起修，全修在性。然則欲學般若無住之行，何必局定從頭修起哉？便可徑從諸法空相起修也。故曰，當向此中薦取也。當知大乘圓教，亦有漸次，亦無漸次。故禪宗曰，直指向上。向上者，趨向本源之謂。直指者，剪去枝葉，一眼覷定本源處，單刀直入是也。若將此語看呆，以爲惟看話頭法門可以如是觀照而直入，念佛及修其他法門者便不能作此觀照本源功夫，自失善利，孰過於此？

〇凡了義經，無一句不徹底，無一法不是徹首徹尾。所以説理處，即是説修處，且一直貫到證果處。所謂教、理、行、果，雖分爲四，然若執定是四件事，豈非行、果外別有教、理，尚何教、理之足云？以是之故，了義經中，語語能證道，句句可入門也。以《彌陀經》言之，如執持名號、一心不亂兩語，固然説有前後，執持句是下手處，一心句是執持之功效，然若不能體會一心以起修，終亦不能做到執持也。然則一心不亂，豈可僅作功效觀之乎？以此《經》言，句句説理，説修，即無一句不可以貫通全經，豈獨此一科爲然？故隨拈一句，皆可從此悟道。昔禪宗六祖，因聞應無所住而生其心句，而得徹悟。後人乃執定全經中惟此一句最妙，此正所謂隨人脚後跟轉也。若真是伶俐漢，知得大乘佛説是法印者，便可隨拈一句，以印之於事事法法，換言之，便是事事法法都向這法印上理會之，如此方是會用功人，則行住坐臥，不離這個，易得真實受用也。何況此一大科，語語説的是心源。佛之所證，證此也。若以爲此是如來境界，非初學所及，難道學人不應返照心源乎？其爲大錯，更何待言。夫返照心源，固非易事，然不向源頭上觀照，而尋枝覓葉，如何修得好？源頭上能觀入些些，一切修功皆可迎刃而解矣。此如學爲文字者然，少得經、子及秦漢人氣習，下手便出人頭地。修行亦復如是，當如是知也。古德云，不可高推聖境，自生卑屈，真吃緊語也。

（辛）此科分二。（壬）初，泯相入體。

次，結成不生。（壬）初又三。（癸）初，約聖號明離去來。次，約塵界明離一多。三，約我見明離亦離。（癸）初又二。（子）初，斥凡情。

須菩提，若有人言，如來若來若去、若坐若臥，是人不解我所說義。

諸法空相句是大乘法印，不來不去等句莫非法印。法印者，一切法皆可以此義印定之之謂。今不過約如來聖號明之，以示例耳。須知來去等皆是對待之事相，欲證絶對體者，必當泯諸對待，空其虛相。何以故？一切法性本來非相故。此約性體以明諸法本來空相也。若約修功言，諸法空相者，謂空其諸法之相也，即泯相入體之意。

〇如來本性德之稱，乃此人執著來字，則有來必有去矣。既有來去，復聯想到坐臥。此明倘著一相，必致愈引愈多，萬相紛紜，永永不得清淨。以示讀經聞法，不可著文字相也。此人完全門外，聞稱如來，心中遂儼若有一來去，以及行住坐臥等，相相不一。四若字，形容其心逐相而轉，起滅不停，恍若有睹，神情如畫。作此言者，是以凡情測聖境，全未了解如來之義。故曰，是人不解我所說義。我字指如來，謂不解如來二字所明之義也。亦可指佛，佛所說法，無往而非令人離相證性，乃至語言文字皆不可執，此人全不知性，著於名言，是於佛說之義毫無領會。故曰，不解我所說義。呵斥此人不解，正欲一切人深解空相之義趣也。

（子）次，釋正義。

何以故？如來者，無所從來，亦無所去，故名如來。

如來即是法身，法身常住不動，無所謂來去也。法身遍一切處，亦無需乎來去也。其見有來去者，乃應化身耳。此身是緣生法，謂隨衆生機感之緣而生起者也。換言之，即謂此示現之身，皆自衆生眼中視之云然耳，如來固未嘗動也，此之謂緣生。何以明其然耶？試思佛既示現矣，衆生何故有見，有不見？何故有時見，有時不見？蓋得見與否，皆視衆生之心如何。心淨則佛現矣，遂名之曰來。心濁則佛隱矣，因名之曰去。心淨心濁，全由衆生，故應化身之隱現，亦全由衆生，故曰隨緣生起也。然而有緣亦必有因，其因爲何？前所謂慈善根力及成就二智是。所以隨感即現，并不起心作念。所以雖隨方示現，而若無其事，法身之不動自若，初不住於來去之相也。然雖法身不動，而恆常示現，應化身從不斷絶，亦不住於不動之體也。是之謂如如不動，明其雖如如，而是不動的，雖不動，而是如如的。故雖見有來去，實則不來不去，雖不來不去，無妨見有來去。此中曰，無所從來，亦無所去，非謂畢竟無來去也，是説來亦校：亦，舊版作也，原稿作亦。無處，去亦無處。兩所字最要，無所者，無處也。形容法身本徧一切處，豈更有來處去處乎？既是來去而無來去之處，可見雖來去，而實未嘗來去，乃未嘗來去，而現有來去耳。此意即是住而無住，無住而住，乃離相之極致。何以故？來去與不來去之相俱離，故曰極致也。總之，來去是從不來不去上見，不來不去是從來去上見，不但離盡有相之相，并離盡無相之相矣。蓋真如、實相本來如是。真如者，無可遣，名真，亦無可立，名如也。實相者，雖無相，而亦無不相也。所以結之曰，故名如來。名者，假名，不但來是假名，如亦是假名也。何以故？真如而曰來，即謂其不住涅槃。蓋真如之體本不動，而今曰來，然則所謂如者，名而已矣，實不住於不動之真如也。既來矣，而曰如，即謂其不住生死。蓋來去之相爲生滅，而今曰如，然則所謂來者，亦名而已矣，實不住於生滅之來去也。總以明其無我之極，隨感斯應，緣會則現，毫無容心而已。毫無容心者，一念不生之謂也。念且未生，心何嘗動哉？

○此科雖是約法身以明義，實則二身之義亦已兼明。善通達者，便當返觀自己五蘊色身雖有來去，而本具之佛性實不來不去，便從來去皆不上契入，彼來去之相何足置念哉？迨至契入性體，則任其來去現相可也，更何必置念哉？則不執不斷，遮照同時矣。念佛人尤當通達此理。須知彌陀來接，而初未嘗來也。往生西方，而亦未嘗去也。然雖未嘗來去，亦何妨現來現去。何以故？不來不去者，理體也。有來有去者，事相也。理事從來不二，性相必須圓融。故僅管不來不去，不礙有來有去，僅管有來有去，其實不來不去。最要緊者，即是來去要在不來不去上體認，不來不去即在來去上做出，此是念佛求生之要決。得此要決，決定往生，且決定見佛。孰謂修淨土無須學般若，且疑般若妨礙淨土乎？更有要義，須徹底了解者。夫相，依性而現者也。性，由相而彰者也。性相二者，一表一裏，從不相離者也。然則佛經令人離相何耶？當知所謂離者，非謂斷滅，但不應取耳。夫性相二者，既是一表一裏，而不能離，然則獨不應取相，何耶？當知此因凡夫自無始來，只知認相，逐相而轉，於是我人、彼此、高下、厚薄、精粗、美惡，種種對待之相，迭起繁興，牽枝帶葉，相引愈多，遂致分別執著因之而日甚，我見因之而日深，貪瞋三毒等煩惱因之而繼長增高，乃至造業無窮，受苦無邊。今欲救之，須斷三毒。欲斷三毒，須除我見。欲除我見，須不分別執著。而欲不分別執著，則須離相。故離相云者，意在除其分別執著之我見耳，非謂畢竟離也。故曰不取非法相，又曰不説斷滅相，即是顯示離相之真實義，使不致於誤會也。總之，離相者，爲令回光返照以證性也。性既證得，正須現相。然欲證果後，不沈空滯寂，又須修因時，觀空而不偏空。此所以既令不取，復令不滅，兩邊不著耳。

〇且佛理、佛説，無不圓妙。雖只説不取相，其實已通於性。何以言之？一有所取，便成爲相而非性矣。故二乘偏於性邊，佛則呵斥之曰，沈空滯寂，未能見性。蓋曰沈曰滯，即形容其取著之相也。沈滯之相現，不沈滯之性隱矣，故曰未見性也。所以不取相一語，貫徹二邊，當如是領會也。至如此中，不曰有來去，亦不曰無來去，但曰無所從來，亦無所去，雙照二邊，尤爲圓融。何以故？若定説有來去，則偏於相邊矣。若定説無來去，又偏於非相邊矣。今如是雙照二邊而説，正顯性相雙融之義也。性相雙融，便是平等一如也。又如如來一名，雖以稱法身，其實已含有二身。不然，來字無所屬矣。所以即此名稱，已足顯明雖有三數，而非三體之義。

前約如字明義，則通於諸法邊，而曰諸法如義。今約來字明義，則通於不來不去邊，而曰無所從來，亦無所去。此皆世尊苦口婆心，教導學人於佛説之一切法，皆當如是了解，便能通達乎性相一如，法界平等也。何以故？若了解得雖不來不去，而現有來去，可知法身常現報、化等身，而不斷絶，所以修因時，不應斷滅相也。若了解得雖現有來去，而實未嘗來去，可知報、化等身不能離法身而别有，所以修因時，不應執著相也。了解乎此，則前來不應取法，不應取非法，以及即非、是名等義，皆可徹底了然矣。而若見諸相非相，則見如來之義，亦由是而通達矣。蓋如而來，即不滅相之謂也。來而如，即不著相之謂也。而若見諸相非相者，意謂即諸相而見其非相，便是不著不滅，便與如來之義相應，故能見如來也。且如而來，乃是不著時便不滅。來而如，乃是不滅時仍不著。所以不住涅槃、不住生死，是同時的，是一無所住的。故行人應生無所住心，若心有住，則爲非住也。若能如是了解而通達之，則性也，相也，一切分別，一切執著，自然化除，自然無念，自然無有罣礙顛倒。故曰，行深般若波羅蜜多時，能度一切苦。一切行人若領會得此科之義，應觀一切對待之相既不能離絶待之性而別有，而絶待之性亦未嘗離對待之相而獨存，便當於日常一切對待之事相上，雖無妨隨緣而行，卻不可隨緣而轉。此意即是緣應了者，得機便了，不與糾纏，緣應結者，亦無妨結，但不攀緣。果能如是，二六時中，勤勤觀照，密密勘驗，心把得定，脚立得牢，自不爲相所縛，而泯相入體矣。此是學人第一著功夫，便是隨順真如，便是直指向上。所謂泯相者，泯是融義，非謂斷滅，即不著不斷是也。所謂入體者，謂契入性體，相融便是契體，非別有體也。何以故？性體本來無相無不相故。是之謂諸法空相，空乃第一義空，即是空而不空，不空而空，所謂但空其相，而不壞諸法。果能如是，則任他萬相紛乘，自不爲其所動。以上所説，皆是從此諸法空相起修之方便，有深有淺，其法不一，而仍可一貫。且所謂淺者，亦無淺非深，不可聞其淺而忽之也。聽有緣人隨己意取行之，大有受用，決不相賺。

（癸）次，約塵界明離一多，分二。

（子）初，明微塵非多。次，明世界非一。

（子）初又二。（丑）初，問微塵多否。

須菩提，若善男子、善女人，以三千大千世界碎爲微塵。於意云何？是微塵衆寧爲多不？

微塵世界，前雖已説，然此科文中，重在碎合二字。因其可碎可合，足證微塵世界之相，皆是緣生，當體即空，而法性中，本無此等等相讀去聲。別也。故雖不斷滅，而不可執著耳。蓋前來雖屢説即非、是名，皆只說了是相非性之當然。今約塵界明其可碎可合，則是徹底說其所以然。此義既明，一切說即非、是名處，可以類推矣。

〇以三千大千世界碎爲微塵，即此一語，便是點醒愚癡凡夫，勿執世界爲實有也。何以故？以偌大世界而可碎，足證世界是虛幻相，豈實有乎？若其實有，豈能碎乎？所謂碎者，是明世界乃無數微塵集合之相，除微塵外，別無世界。發菩提心者，應作如是觀，觀照世界莫非微塵，不可執爲實有，非真捶而碎之也。上曰善男子、善女人，即指發菩提心之人言也。

〇於意云何，探驗見地之辭也。若知微塵之衆多，是由世界碎成，則世界之爲假有也明矣。然若執有衆多，是又誤認微塵爲實有也。當知世界微塵，大小雖殊，無實則一。佛說碎界爲塵，原欲破人執實世界之見。若塵之非實不明，則界之非實終不能徹底盡明。

蓋世尊本意，是欲人徹底了解世間所有，大至世界，小至微塵，莫非虛妄，當體即空，不可執著，不必貪戀，故須探驗見地如何也。此中碎字與下文合字，此中衆多字與下文一字，遥遥相對，正是文中之眼，正欲人於此中領會真實義也。

（丑）次，明多即非多。

甚多，世尊。何以故？若是微塵衆實有者，佛則不說是微塵衆。

流通本甚多上有須菩提言句，古本無之。答甚多者，約微塵之虛相言，且表示其已能了解世界之非實有也，一世界不過多微塵耳，豈實有世界耶？更表示其復能了解微塵亦非實有。何以故下，釋明此意。意謂世尊先說世界碎爲微塵，乃探驗見地時，則云微塵衆，特特加一衆字。衆者，集合之義也。然則微塵亦爲集合之幻相也明矣，則與世界之爲集合而成之幻相何異？可知其亦非實有矣。故曰，若是微塵衆實有者，佛則不説是微塵衆也。由此可見，甚多之答，正所以顯其爲集合之幻相耳。故曰，答甚多者，約虚相言也。須知界碎爲塵，其數之多，誰不能知，何必問哉？足見問意著重在衆字，而此意恰爲長老窺破，是之謂心心相印，所以爲般若會上當機人，所以能代教菩薩。古德勘驗學人，往往故設疑陣，亦是此意。微塵何以爲集合之相耶？所謂一微塵可析之爲七極微塵，一極微塵可析之爲七隣虚塵。虚者，空也。隣虚，猶今語之等於零也。所以微塵是集合之幻相，并非實有。長老何不徑舉此義説之，而必在衆字上顯其非實者，何故？此有深意二。（一）因佛既如是説，故依之以明義。依佛語以明義者，所以教導讀經聞法者，凡佛所説，字字皆具精義，應當諦聽，不可忽略一字也。（二）佛時，外道每將世間事物層層分析，分析至於不可分，而猶執爲實有。正如今之化學家然，分析世界各物爲若干種原質，初不可分者，久久又復可分，分析之功，久而益精，至如所謂原子、電子，然依然執爲實有也。二乘則不然，知微塵可析爲隣虚，便知一切皆空，然而必待分析，方信爲空，不及大乘之能作體空觀也。今長老欲明微塵非實，不引隣虚之説，而約佛説之衆字顯義者，既以明凡由集合而成者，便知是空，不可執實，佛道所以迥異乎外道；且觀理便知，何待分析？大乘所以迥異乎二乘也。所以者何下，正明此義。

（丑）三，釋其所以。

所以者何？佛説微塵衆，則非微塵衆，是名微塵衆。

此科之意若曰，佛既説爲微塵衆，可知微塵是緣生法，緣生之法，當體即空，但是虚相而已，此微塵并非實有之所以然也。則非者，約一如之法性，明其本來是空也。是名者，約緣生之法相，明其不無假名也。言佛説者，正所以顯示覺智洞照，法性本空，法相皆幻，初何待乎分析哉？總之，碎者聚之，之謂合，合者散之，之謂碎，本是對待形成之幻相。所以當其有時，便是空時。小而微塵，可合可碎，有即是空也，如此則大而世界可知矣，故下復約大者言之。蓋佛先説界可碎爲塵，復舉塵而問其衆，正欲人之即小悟大，因微塵之本空，便可類推而知世界皆空耳。

（子）次，明世界非一，分三。（丑）初，明非界名界。

世尊，如來所説三千大千世界，則非世界，是名世界。

此科承上問意來也。上問既言界非界而爲塵，長老復釋明塵非塵而爲空，則界即是空可知矣。故曰，則非世界，是名世界。其故詳見下科。

○此中不曰佛説，而曰如來説者，有深意焉。蓋三千大千世界，名爲應身教化之境者，因此境爲一切衆生所依，法身如來爲利益一切衆生，乃隨順衆生之緣，顯現應身以教化之耳，初不住著於此境也。何以故？如來法身遍於法界，法界等於虛空，安有所謂三千大千世界乎哉？故舉如來，説世界非實是名也。如是而説者，正所以開示衆生，應觀世界非實是名而不著。世界不著，則一切不著矣。如是不著，乃能令本具之法身出障也。此不曰佛説，而曰如來説之深意也。

（丑）次，釋一即非一。

何以故？若世界實有，則是一合相。如來説一合相，則非一合相，是名一合相。

流通本作若世界實有者，柳書無者字，慧本則作若世界有實。有實、實有，意原無別。今從柳書，以校正本一一皆依柳書故也。一合者，合而爲一之謂，猶今語之整個也。蓋執著相者，雖聞界可碎塵，或猶以爲雖非實有，然當其未碎時，其合而爲一之相，固明明有也。

何以故？世界原是總名，既立總名，便是一合之相故。長老爲遮此執，所以徹底破之。意謂，頃言則非世界，是名世界者，何故耶？以凡屬名相，莫非虛妄，故曰則非。則非者，謂世界但假名，非實有也。不但因其可碎，知非實有，即其未碎，亦非實有，何也？千倍四洲，名小千世界。千倍小千，名中千世界。千倍中千，名大千世界。可見世界之名相，原無一定範圍，不但合者可碎，并且合更可合，安可執有一定之一合相乎？故曰，則非一合相，是名一合相。言其不過假名，本來無實也。意明必須實有，方是一合相。今一合相既無一定，是約世界之名相觀之，便可證其非實有，何必待界碎爲塵，塵碎爲空哉？則世界之爲當體即空，彰彰明甚。

（丑）三，示本離言說。

須菩提，一合相者，則是不可說，但凡夫之人貪著其事。

讀上來非多一科，可知合之名，因其可碎而後有，且知碎者仍可碎也，則諸法性空之義明矣。讀非一一科，可知碎之名，原因其合則後有，且知合者仍可合也，則諸法緣生之義明矣。且合而觀之，雖是性空，而不礙緣起，因是緣起，故知其性空。然則所謂一合相者，乃是一不定一，合不定合。故曰，一合相者，則是不可說。不可說者，因世界可碎，微塵亦可碎，可見微塵不異世界，若說世界真是一合，豈非微塵亦真是一合？然而世界非世界，乃微塵也。而且微塵非微塵，乃本空也。由是可知，世界之一合相，亦復本空，豈非一即非一，合即非合耶？此約相以明，不能定說非一合，定說真一合，故不可說也。夫修行本爲證性，如上所明一即非一，合即非合，約對待之事相云然耳，約清淨性言，則都無此事。何以故？性是絕待，非對待，本離名字相、言說相故。此約性以明，性非事相，本離言説，故不可説也。凡謂凡情，迷於事相，謂之凡情。故曰，凡夫之人貪著其事。其事泛指一切事相，一合相亦攝在內。言其者，明其向外馳求，背覺合塵也。而言凡情者，明其非正知也。因其向外馳求，故於事相起貪戀而生執著。然則欲不貪著，須淨凡情。欲淨凡情，須開正知也明矣。當云何知？當知一合相，便是不可説，謂當離名字言説，返照一切法本不生也。故此科開示入道之方，極其親切，不可但作空談事理會也。且其義貫通上下，上科之「無所從來，亦無所去，故名如來」，下科之「我見即非我見，是名我見」，皆當於不可説處領會，不可貪著其事也。如此方爲能解如來所説義，方於一切法本不生之心源得以隨順契入。故此科正與下結成不生一科緊相呼應也。

○上説非多、非一兩科，不但破世界，兼破微塵。此中説凡夫貪著，但約一合相爲言，是但説世界，而不説微塵矣。何耶？此有二義。（一）上説微塵非實有，是約衆字顯義。此即顯示不但世界爲一合之假相，微塵亦爲一合之假相也。故此中不可説之一合相，乃兼約世界、微塵而言，非不説微塵也，非但説世界也。故佛不提世界、微塵，但舉一合相説之者，意在於此。當如是知也。（二）但舉一合相説者，意在破斥世間所有，大而世界，小而微塵，莫非假合。因凡夫之貪著，無非誤認假合之相爲真耳。塵界如此，色身亦然。凡夫所以貪著臭皮囊，執之爲我者，無他，由於不知是五蘊假合耳。若知除五蘊外，無此色身，便不致於貪著矣。此佛但舉一合相説之之微旨也，蓋破依報即兼以破正報也。當如是知也。

○此約塵界明離一多一大科中，含義甚廣，今校：今，舊版誤作令，原稿作今。分數節略言之。

（一）塵界既非一非多，可見塵界亦非總非別。蓋乍視之，世界爲總相，微塵爲別相。以界是總相故，遂誤認爲真是一合。以塵是別相故，遂不知其亦是假合。其實界可分碎，則總即非總矣。塵亦假合，則別即非別矣。（二）説非一非多，即是説不增不減也。蓋約體積言，則界相若增，塵相若減。而約數目言，又界相若減，塵相若增。可見增減並無定相，則亦是假名，亦是虚幻，直是增減皆不可説，故曰不增不減。不增不減一語，即謂增減不可説也。他如不生不滅等句，皆同此意。總之，明得界非界、塵非塵之義，便恍然於世間所有大小、高低、來去、一多、總別、增減、賢愚、淨穢等等對待之名相，莫非虚幻，當體是空。若明得諸法本空，便會歸於性，而諸法一如矣，而是法平等矣。此爲諸法空相之要義。解得此義，便可事事作如是觀。觀照功醇，便可證無生忍，而泯相入體矣。

不可不知。（三）上明離去來一科，是約三身，以明性空緣起之義也。蓋來去，緣起也。不來不去，性空也。是約正報明也。佛之正報明，則一切衆生之正報皆當作如是觀也。此明離一多一科，是約塵界，以明性空緣起之義也。蓋塵界非塵界，性空也。是名塵界，緣起也。是約依報明也。大千世界爲一佛教化之境，亦即一切衆生色身依託之境，色身所依之境是名非實，則由此身此境生起之一切事相，皆當作如是觀也。何以言之？正報、依報，爲衆生所不能須臾離者，尚且虚幻無實，則一切盛衰、苦樂、稱譏、毁譽，種種對待之事相，其更爲虚幻非實可知，何足貪著哉？此經文約三身、世界以明諸法空相之微旨也。何以故？約此二以明義，一切事相賅攝無遺故。（四）約身相、界相言，則身爲能依，界爲所依。而約聖之法身、凡之佛性言，則性爲能起，身界爲所起。須知此清淨性，本無來去、一多、總别、增減，但隨緣現起來去等相耳。因相是隨緣現起，故是虚幻。而性乃本具真實之體，故儘管隨緣現起種種對待之事相，而絶待空寂之本性中，仍未嘗有彼種種相也。其他一異、聖凡、生滅、垢淨、人我、彼此等相，莫不如是。果能如是一眼覷定本不生之心源上，觀照入去，便是所謂直指向上，則胸襟當下開豁，煩惱當下消除，顛倒夢想當下遠離。如此用功，方是直下承當，可稱善用功人。較之枝枝節節而爲之者，其功效之懸殊，所謂日劫相倍，豈止一日千里而已？故《圓覺經》曰：知幻即離，不作方便。離幻即覺，亦無漸次。一切菩薩及末世衆生依此修行，如是乃能永離諸幻。此段經文所説，正可移作本《經》注脚，正是直指向上之修功。云何修？知幻即離，離幻即覺是也。知者，解也，亦即覺照也。幻者，如上來所説，身、界等等是名非實是也。云何即離？一眼覷定心源，觀照入去，則諸幻皆離矣，蓋知幻便是離也。如是覺照，便合於覺，故離幻便是覺也。此爲一超直入圓頓要門，有何漸次？一切法門，無方便於此者矣，何必更作方便？觀如是乃能永離諸幻句，可知必如是修，乃爲徹底，乃能究竟。聞者當生希有難遭之想也。

（五）此外又有一義，爲無著菩薩説，亦宜知之。其義云何？則以塵界非一多一科爲喻説，以喻上科之義也。世界之一，喻報身是一。微塵之多，喻應化身多。塵界非一非多，喻二身非一非異。但法喻有不齊者，世界非離微塵而别有也，而報身并非離應化身無别有。當知凡是喻説，只能喻其大體，不能一一恰合。如經中常以日光喻智光，此不過因世間之光，惟日光最大，最徧，最有利益，故取以爲譬耳。其實日光依形質生，且熱，何能與并無所依，而且清涼之智光相比乎？故未可因無著之説法喻不齊，而少之也。塵界現有一多，喻二身現有去來。而約性言之，本無一多之相，故亦無來去之相。又約性相合而言之，雖本無一多，不妨現有一多，雖現有一多，其實仍無一多。以喻雖本無去來，不妨現有去來，雖現有去來，其實未嘗去來。但凡夫貪著一合之事相，喻心夫貪著去來之事相也。無著《論》曰：爲破名色身，故説界塵等。名色身。謂二身也。意謂佛恐聞上義不了，故更説界塵之喻以破之。今爲疏通演暢其義而説之者，以便讀其《論》者可以融會耳。由此可見，佛説一句法，包含無量義，故可作種種釋，故謂之圓音。所以見淺見深，各隨其人。古今來多有學圓頓大教，而竟説成别教，甚且有走入人天教者，其故在此。所以説，醍醐可變毒藥，又説，圓人説法，無法不圓，邪人遇正法，正法亦成邪。所以大乘經中教導學人，以親近善知識爲要圖，以開正知見爲根本也。

（癸）三，約我見明離亦離，分二。

（子）初，問答明義。

須菩提，若人言，佛説我見、人見、衆生見、壽者見。須菩提，於意云何？是人解我所説義不？世尊，是人不解如來所説義。

世尊上，流通本多不也二字，不應有也。故唐人寫經中無之。試看下文不解句，説得何等堅決，其上豈能加不也活句？若非活句，而是呆句者，既與前來義不一律，且不解一句，義已顯足，何須更用不也呆句以明其義耶？當知本《經》無一贅句贅字也。即此便知妄加不也者，全不明經旨矣。

○此科經義極深，何以故？全經所説，皆是破我，何以人言佛説我見，反爲不解義耶？或曰，此人蓋疑佛説此言，必是心有此見，故曰不解。此説大謬，無論何人，斷不致懷疑佛有我見。縱令果有如是妄人，懷此妄疑，則若人言之下，當有佛作是念句，而今無之，足證其説之謬。然則云何不解耶？當知開經以來，屢言我人四相不可有，有之便非菩薩。又讚歎無此四相者，得無量福德。更令菩薩通達無我法。且曰，知一切法無我，得成於忍，功德殊勝。然恐凡夫因佛如是反覆申説，遂執謂我見等真實是有。此見横梗於心，正是我見，豈非反加其縛耶？即不如是，而能漸漸除我，亦非佛説此甚深般若之義也。何以言之？此《經》於一切法屢説即非、是名，以明相有性空之義者，意在令人觀照本空，頓得解脱也。在利根者，自能聞一知十，悟知我見等亦復相有性空，則單刀直入，直下可以斷其根株。乃今曰佛説我見等，其偏執於有相邊，未能通達我人等等之見亦爲本空可知。故曰，不解如來所説義也。佛約相言，如來約性言。上曰佛説我見，繼曰不解如來所説義，正顯此人於我見等但知相有之義，未解性空之義也，如是則我人等見永不能除矣。古德有請師解縛者，師曰：誰縛汝？此科經文正明斯義。當知性體空寂，本無有縛，今横一我人等見於心，且曰佛亦如是説，豈非作繭自縛乎？故我世尊特與長老興無緣慈，起同體悲，説此一大科經文，爲令一切衆生，直下洞徹本來無我無見之心源，得以究竟解粘去縛耳。然則此科經義關係之要可知矣。其義云何？且聽下文。

（子）次，釋成其故。

何以故？世尊説我見、人見、衆生見、壽者見，即非我見、人見、衆生見、壽者見，是名我見、人見、衆生見、壽者見。

經中凡言是名，皆是約相説，即是約緣起義説。凡言即非，皆是約性説，亦即約性空義説也。須知佛説我見、人見、衆生見、壽者見者，意在令人領會我人等見皆爲緣起之幻相耳，若能知幻即離，我見在甚麽處？且意在令人領會我人等見本非空寂之覺性耳，然則離幻即覺，離我見又在甚麼處？此佛説我見之真實義也。今曰佛説我見，而不知其他，言下大有耿耿在心之狀，即此便是執實。本欲令其破執，今反添一執，我見云何能離乎？即令能離，而存一能離所離之念，即此仍是我見，根株又何能盡拔乎？故曰，不解如來所説義也。言此人不解者，正令學人應向本來清淨、無我無見之心源上深深領解耳。此中不曰佛説、如來説，特特曰世尊説者，尤有精義。曰佛，則偏於相邊。曰如來，則缺於修邊。此中之義，正令人覺照本空之性以起修耳。而世尊則爲十號之總稱，佛、如來之義皆攝在内，故特舉之以顯義。意謂此中之義，是十號具足者傳心祕要，世尊所以爲世共尊者，正在於此。必依此義而修，庶幾得以因圓果滿而成佛，修圓性顯而證如來也乎。何以故？我見是無明本，爲成凡之由。破我見是智慧光，乃成聖之路。而此中所明之義，則是破除我見之金剛慧劍，可以斷絶根株。非依此法，我見不易除，除亦不能盡也。總之，此中所説，正是的示修功。若但作玄理會，孤負佛恩，莫甚於此。

○上次言，即非我見，是名我見，不可僅作觀空之道理會，乃的示破除我見的頂上修功。而言及修功，復有極要之義，不可不先明者。向來似無人剖晰及此，兹當逐層詳辨，一一分清。則不但本科、本《經》中之修功得其要領，凡一切經中所説之性修，及修功之類别，皆不致於不得頭緒，而執性廢修，因事妨理，種種弊病，亦庶乎其可免矣。

○佛説一切法，不外兩義，明性、明修是也。且一句法中，説性必兼有修，説修即攝有性。若不知如是領會，其於佛法，終在門外。夫性者，理性也。修者，修功也。理性當於差别中見平等，修功當於平等中見差别。何謂當於差别見平等耶？謂當知佛之開示，往往約一事以明理，而其理實貫通於一切事。若聞法者不知如是貫通，是只見差別而不見平等，豈能觀其理而會於性乎？性平等故，理必平等。即如本《經》，說即非、是名處甚多，聞者便當領會其中道理，原無二致。蓋凡言即非，皆是約理體之性，以明本空。凡言是名，皆是約緣生之相，以明幻有。凡即非、是名並說，皆所以明性相不一不異也。如是而說，意在使知欲證法性者，其對於法相也，應明其非一而不執著，復應明其非異而不斷滅耳。故此理非差別的，乃平等的。換言之，非一法然，乃法法皆然。即是無論何法，皆應明了此理，兩邊不著，銷歸平等之性體是也。若約即非、是名之義以論修功，則大有差別，不能因理性是平等的，遂爾儱侗顢頇，視同一律也。若其如此，勢必將佛所說之義，但作空理會，以爲此不過令人一切觀空耳。因其不知細心體認平等中之差別，自然無從著手，故不知其是的示修功也。或者因不知是指示修功，遂以爲此乃如來境界，豈我輩所敢妄談？所以怕怖般若者，又甚多多。本《經》所以從來多只說得相似般若者，實由於此。又其甚者，則一法不修，我見亦不除，反而自鳴得意曰，吾學般若。所謂狂亂，正指此輩。如是等病，皆由其於性修之關繫，及修功之類別，換言之，即是於平等之差別、差別之平等，未曾細辨分清使然。此今日所以不得不細剖之，詳說之也。

〇修行功夫，其類別多不勝說，然可概括爲兩種。（一）觀門，亦名理觀。（二）行門，又名事修。理觀者，即依佛說可以貫通一切之理性，而加以深切之體認，嚴密之覺照，如是乃能運用之於行門焉。由是可知，所謂理觀者，雖是理，而已見於修，雖是修，而尚屬於理，故若視理觀爲緩圖，非也，若視爲修此已足，亦非也。伊古已來，犯此病者不知幾許。總之，作理觀，必應兼事修，行事修，必應兼理觀，缺其一，便不足以言修功矣。事修者，如布施、持戒，乃至看經、念佛，一舉手，一低頭，無論大小精粗，凡見之於動作行爲者皆是。其修法須就事論事，事有萬千差別，修法亦因之而有萬千差別。如禮拜有禮拜的法則，唱念有唱念的法則，豈能一律耶？不但此也，理觀既通於事修，故修理觀時，不但應依上説之理性，觀其平等之理，且應依所修之事類，觀其差别之理。若但知觀平等，不知觀差别，或但知觀差别，不知觀平等，則亦等於盲修也已。當知性也，修也，修中之理也，事也，既不能看成兩橛，又不可混爲一談。須體認其不一中之不異，不異中之不一，乃能性修不二，理事圓融。蓋須圓融中有行布，行布中有圓融，方爲真圓融，真不二，則無修而不成矣。此爲學佛第一要件。若於此等處未能體認明白，則似是而非，決無成就。即如即非、是名，有約六度言者，有約莊嚴佛土言者。然莊嚴佛土，正指修六度行説，可與約六度言者視同一類。又有約三十二相、具足身相言者，有約世界、微塵言者，皆境相也。然雖皆境相，若細别之，不能視同一類也。蓋三十二相、具足身相等，因修福慧乃成。世界、微塵，不必修也。故界、塵無事修之可言，但作理觀，觀平等之理性，空有不著可矣。若三十二相等，當歸入六度之類，一面觀其幻有本空之理性，一面更觀六度爲自度度他要門。身相、佛土，皆接引衆生所必不可無，雖爲幻有本空，但不應執著耳，萬萬不能斷滅其事。其運之於行事也，則須依照幻法，勤修不怠，所謂啓建水月道場，大作夢中佛事，惟心中不存一能修所修而已。此約即非、是名之義，以行六度等之修功也。若夫我見，則大不然。蓋六度等是應當成就之事，我見等乃應當銷除之事，正相反對。

故觀其幻有本空平等之理性，雖與修六度同，而就事作觀，則應觀其全非性有，只是假名，心中固不可存一絲之我，一絲之見。而運之於行事也，則應遠離幻有之名相，深照本空之心性。此約即非、是名之義，以除我見之修功也。知此，則凡無明煩惱等一切應銷除之事，其修功可以類推矣。當知我見根深蒂固，今欲除之，非依此中所説之修功，必不能除。兹先説其概要，概要既明，乃可逐層深究，因此中修法，其理極細故也。

〇何以言，欲除我見，非依此法不可耶？其理前來雖已説了，誠恐尚未洞明，兹再换言以明之。譬若有人於此，能知我見之害，發心除之，然若心中看得我見難除，便已執我見爲實有，則既横梗一我見實有之見在心，又横梗一除我見之見在心，縛上加縛，我見云何可除？何以故？但使心中微微有一能除所除在，依然是見，依然著我故也。故我世尊特特於此，教以直照本來無我無見之心源，則不但我見無，即無我之見亦無，於是乎我見之蹤影全無矣。直捷痛快，孰逾於此？不慧何敢自謂能除我見，然於此事，曾有長時不斷之體驗觀照，其中曲折隱微，略明一二，深知此中修法，妙而且要耳。今欲諸君能頓得益，且不敢孤負此科經文，謹就我所能領會者，將經中所明修功曲曲宣揚，俾有心人徹底了解，般若法門，或可由此大明於世乎？此則區區之本願也。然而義味淵深，説既不易，若非静其心，沈其氣，亦必不易領會，望諸君善思惟之。今先約即非之義，窮源竟委，明其爲除我見之絶妙修功。夫我見者，所謂無明本也。當知清淨自性，原無無明，然而凡夫以不達一真法界故，遂自無始，不覺自動，以至於今。其心中自内達外，無非黑漆漆的無明，本具之性光早已隱而不現矣。所謂不生不滅與生滅和合，名之爲識，是也。既然全體埋在黑漆桶中，無一點點光明，説不執著，亦是執著，令其觀空，而所觀者正是識情，而非性空也。故即非我見一語，并非但令作觀，觀照性空，乃是教令振作精神，毅然決然，極力將我見等一脚踢翻，從根本上不承認自性中有此我人等見。即非二字，當如是體會，是爲第一步勝妙方便。

〇前云，全體在無明中，説不執著，亦是執著，然則説不承認，仍舊爲識情用事可知，何以稱爲勝妙方便耶？當知凡夫從無始來，認賊爲子久矣。今蒙佛誨，乃得知其爲非，而肯不認。既知且肯，便是不生滅與生滅和合者大現裂痕，即此便是從無明殼中，有一線之智光發現，便是始覺，便是背塵合覺之第一步，非勝妙方便而何？總而言之，膠固已久之物，若不如此先與決裂，豈能遽得脱離？故文中即非二字，大須用力，非僅僅作如是觀已也。問：如是覺照，和合者便大現裂痕，誠然。然不過僅現裂痕而已，而欲無明之無，尚應作何方便？答：即用此法，無明當下便無，不必更覓方便。故曰，知幻即離，不作方便也。不然，何妙之有？當知自性清淨，雖有無明我見等妄念紛紜，而其自性則常恆不變，清淨自若。因自性是真實體，無明是虚幻相，一真一妄，雖無始來和合爲一，實則表合裏不合，本不相應。譬如涇渭分明，各不相涉也。此理惟證究竟覺之佛如來，方能徹底知之。故大乘經中，常説此理開示凡夫，以一切凡夫皆日用而不知故。而《圓覺經》開示此理最明，曰：此無明者，非實有體，如夢中人，夢時非無，及至於醒，了無所得。夢喻衆生之迷也，醒喻行人之覺也。學佛人首須信此，所謂信爲入道之門者，即謂篤信佛説之理，入道乃得其門。因此理凡夫初未嘗知，今雖知之，若非真修，亦難遽了，若無信心，那有入處？故聞得即非我見，便當徑向本來清淨之心源上契入。徑向者，謂撇去一切不顧，孤另另地，直向未動念處覺照也。此如向來認賊爲子，久已喧賓奪主，今幸而知其是賊，豈可復加顧盼，與之糾纏？更不必憂其勢大難除，若其憂慮，反張彼燄。要知彼本無根，向之勢力，全由自己信任使然，今知其非，不加信任，彼即無從施展，便當服從歸化矣，何必畏之哉？此是除妄第一要著，勿忽。故《圓覺經》曰，知幻即離也。知字最妙，知者，即是覺照，果能覺照，見即冰銷。譬如鼠子，覬覦暗陬，如被覺照，彼自逃去，此亦如是。蓋同時不能起二念，妄心之起，即由正念之鬆，正念振興，妄念便無，乃自然之理，并非奇特，故曰即離。當知即離與知幻，初非兩事也。此是除妄最直捷、最扼要之方法，不可輕視。時時如此覺照，不少放逸，我見從何而起耶？即起力亦甚弱，久久功醇，則自然不起矣。此即非我見之修功也。

〇有應補説者。凡夫之人，無始不覺，妄念未曾暫停。今欲知幻覺照，須修前方便。不然，何從知其爲幻而覺照之乎？譬如久居鬧市，晝夜喧聲不停，並不覺鬧。若在清閒之地，少有微響，便爾覺得。此亦如是，必先堅持禁戒，以絶染緣，多讀大乘，以明佛理，令此中略得安靜，俗見漸能減輕，乃能知幻，乃能覺照耳。即非我見，本《經》説在最後者，亦是此意。然而説雖在後，修應居先。若於除無明我見方法未得要領，則開經以來所説之性修、理事，何能徹底照了？則皆不得其要領矣。此理更不可不知也。

〇是名我見等之修功，尤要，尤妙。若但知即非而不知是名，我見又何能盡淨？望諸君且先將即非我見之義體認一番，再聽是名我見之義。聞法要在字字從心中深刻的體認體認，不然，聞如不聞，何益之有？

○今將宣揚是名我見之修功矣。或問：本《經》凡言是名，皆明不斷滅義，而我見乃應銷除者，云何通耶？前説即非之修功，爲毅然與之決裂，以破其膠固之情，吾已知其妙矣。今曰是名亦爲絶妙絶要之修功，豈既與決裂，又與拉攏耶？答：非此之謂也。前云，事有差別，修功即因之而有差別，正指是名我見句而言。汝既知我見是應銷除者，奈何又以應成就之理觀、事修，與此混亂而作戲論耶？當知是名我見之義，是明我見爲真性變現之幻相，所謂銷除，并非斷滅本性，乃是但除其病，不除其法，一也。且明我見是緣生法，心若攀緣，我見便隨緣而起，若心不生，我見即無從生，所謂知幻即離，離幻即覺，二也。此二義極要極要，除我見之修功，莫妙於此。若不依此，永不能除。恐猶未了，當更詳談，諦聽諦聽。

○先明初義。我人等見即是分別執著，所謂六七識是也。識非他物，即是真性以不覺故，隨染緣現起之染相，所謂不生不滅與生滅和合者是也。今觀即非之義，與之決裂者，乃是不與和合，使彼銷化於無形耳。彼若銷化，所謂分別之六識，即是妙觀察智，執著之七識，即是平等性智，何可斷滅乎？一切凡夫向苦不覺，不知爲識，誤認其是真性耳，故曰認賊爲子。須知此賊原非外來，乃是家賊，且爲主要人物。今與決裂，意在令其改邪歸正耳。譬如獨養之子，因不務正而不承認，意實望其回頭。若竟永永擯棄，則家亦毀矣。此亦如是，不可因惡無明我見，投鼠不知忌器，走入灰身滅智之途。外道之無想，二乘之沈空滯寂，皆坐此病。殊不知既偏於空，心仍有取。若心取相，則爲著我、人、衆生、壽者，其我見又何嘗能除乎？

○更明次義。觀初義中所説，初因不覺，認無明爲真性。然則今既知之而不承認，可見即此一念，正是覺矣。故《圓覺經》曰，離幻即覺，亦無漸次也。先觀即非之義，既能知幻即離，但須繼續此知，遇緣而心不起，則一心清淨矣，此所以離幻即覺也。所謂離者，即不起之意。初雖不無强制，久久功醇，便自然不起。至於自然不起，我見便究竟清淨。當知此義是明不起便驀直不起，换言之，不起便得，更不必加以辨别是否不起。何以故？辨别即是攀緣故，是其心又起矣，此即無明，此即我見。總之，除妄之功，貴在一刀兩斷，少加顧盼，便是藕斷絲連，大忌大忌。此義《圓覺》更有八句經文，説得極爲徹底，可與本《經》互相發明。《經》曰：居一切時，不起妄念。於諸妄心，亦不息滅。住妄想境，不加了知。於無了知，不辨真實。此八句經，自古至今，各隨見地，言人人殊。兹爲徹底説明其義，不作一蒙頭蓋面之語。當知八句之中，初兩句爲主，即不起二字爲主也。下六句是展轉釋義，以説明不起之所以然者，謂必如此，方爲真不起也。總之，下六句不但是初兩句注脚，且正是離幻即覺之絶妙注脚耳。妄心即是妄念，正指分别執著等無明言。當知妄心非他，本是全真隨染而現，何可息滅？不可誤認，不起念爲如槁木，如死灰也。離幻即覺，則全妄是真矣，何必息滅哉？若其息滅，則是玉石俱焚，非不起之真實義也。故曰，於諸妄心，亦不息滅。復不可誤會，不息滅爲住妄想境也。當知唯識無境，妄想既不起矣，安得有境，安得有住？蓋離幻即覺，則一切皆空矣，何必再加了知其是否住境耶？若加以了知，則是頭上安頭，念又起矣，何云不起哉？故曰，住妄想境，不加了知。更不可誤會，若一無了知，豈非落於無記？當知既不息滅，非同槁木死灰，故念不起時，便靈光獨耀，迥脱根塵，所以説離幻即覺。蓋覺者，真實性也，何必更須辨認是否真實？

若其辨之，是又庸人自擾，尚得謂之不起乎？故曰，於無了知，不辨真實。此六句總意，即是發揮彼《經》上文「有照有覺，俱名障礙」之義者耳。此《經》是名我見之義，亦復如是。夫我見既是緣生，可見自性中本來不生，不過隨緣而起之幻相耳。然則我見者，其名也。真性者，其實也。今既知其原非真性之體，乃是幻相，而直照本來未生幻相之心源，則假名何在，幻相何存？學人應當如是用快刀斬亂麻手段，一刀兩斷，則妄緣不起。不起便得，亦無所離，亦無能離，亦無所照，亦無能照。因彼離也，照也，亦皆對待緣生之假名幻相，清淨自性中本來皆無故。若既知其即非而離之矣，又皇皇然辨其是否已離，或欣欣然自謂能離，是仍執以爲實有，而於是名非實之義猶未洞明之過也。此即法執，此即我見。故善用功者，必須一離到底，斷則頓斷，此是名我見之修功也。觀上來所説，可知此科所説修功，妙極要極。何以故？《圓覺經》又有要句曰：一切諸佛本起因地，皆依圓照清淨覺相，永斷無明，方成佛道。此中修功，正是圓照清淨覺相，故能無明我見一斷永斷，豈不妙乎，豈不要乎？向來皆將此科只作空理看過，大誤，亟當如是知之。更不可徒知而已，如入寶山，空手而回也。亟當依此起修，便得受用。當知真性久爲無明我見所障，非破此障，何能見性？若不見性，豈能超凡入聖？不但此也，開經便令發大願，起大行，意在破我也。然而我見根深，若絶不剋從破我上用功，大願、大行亦未必遽能發起。觀本《經》以大願、大行起，以破我見結，首尾相應，正是指示成始成終超凡入聖之道，盡在於此。當如是領會，雙方並進也。

○此外猶有要義，不可不知者。蓋此約我見明離亦離一科，即以顯示不垢不淨之義也。初科明不生不滅，此科明不垢不淨，合之以明諸法空相，義與《心經》正同。我見，垢也。離我見，淨也。然曰垢曰淨，猶爲對待之相，而清淨自性之淨，乃是絶待。絶待者，垢淨俱無是也。故離我見者，離亦應離。若存一能離所離，仍落對待相中，而非絶待之性矣，則我見終未盡淨也。是以本科教令破我不可枝枝節節爲之，當徑向一念不生處契入，則我見之垢既爲假名而本無，於是離我見之淨亦復遠離矣。何以故？既無垢，那有淨？垢淨俱離，是真清淨。

○諸法空相下三科，初科是約身明義，次科是約世界明義，此科則約妄心明義。我見者，妄心也。合此三科，正是顯示身心世界莫非幻化，一切空相，性自平等之義也。又復凡夫執身爲我，執世界爲我所，我及我所皆起於見也。故身與世界是所執，見是能執。而三科之義，則是顯明能執所執之相俱空，並能空所空之念亦空，是之謂諸法空相。亦即發揮不生法相，法相本無之義也。故下科即以不生法相云云結束之。

○全經千言萬語，無非爲破我人四相。而相起於見，至此則説明我見等爲緣起假名，本來性空，此義正所以總結全經也。蓋説此《經》原爲破我，今將破我發揮至究竟處，便是全經諸義之總匯處也。上云，菩薩通達無我法。又云，知一切法無我，得成於忍。至此更窮至徹底，何以故？向不生處契入，則我見本無，豈先有我而後無之？又豈有所成之忍耶？菩薩應如是徹底通達，乃究竟無我，究竟成忍耳。故下科以發無上菩提心者，於一切法應如是知見信解，不生法相，法相本無爲結。菩薩即是發無上心者，通達即是知見信解。其義直貫至經初，經初所言，應如是降伏其心，但應如所教住者，無他，爲令證一切法相本來不生耳。於是全經之義，收束得點滴不漏，圓滿無餘。

（壬）次，結成不生，分二。（癸）

初，正明不生。

須菩提，發阿耨多羅三藐三菩提心者，於一切法，應如是知，如是見，如是信解，不生法相。

發阿耨多羅三藐三菩提心者，正與經初諸菩薩摩訶薩句相呼應，即謂發大心之菩薩，應如是知見信解也。開經以來所説發廣大心，起廣大行，不取法與非法之相，乃至發心不住，説法不住，得果不住，不住亦不住，無非令其知見信解如是如是。蓋必如是知見信解，方爲通達無我法，故曰，應如是知見信解也。後半部開章以來，但説發菩提，不説心字者，所以遣其執著此是菩提心之見也。苟執於法，便落我人四相，便非菩提心，故應遣也。至此則諸法空相矣，菩提心現前矣，故此處不曰發菩提，而曰發菩提心矣。應如是知見信解，不生法相云云，正所以顯示發菩提心，必應如是，如是乃爲菩提心，即以結束前來遣蕩不住發心之意，在令開如是知見，起如是信解，不生法相云爾，豈令不發菩提心哉？得此一結，前來所説者，義藴無不畢宣，氣脈一齊貫通，精神極其圓足，譬若畫龍，點睛飛去矣。以文字論，亦神妙之至。一切法通指世出世境、行、果而言，凡上來所説色聲香味觸法、身相、三十二相，乃至世界、微塵之境，布施、持戒等大願大行，以廣度衆生，莊嚴佛土，乃至離相、離念、離我見之行，生實信，生實相，成就第一希有，最上第一希有，以及得福德，得功德，得成忍，名須陁洹，乃至名菩薩，名諸佛，名阿耨多羅三藐三菩提之果，一齊包舉在内。如是二字，即指上來所説種種義。上説諸義，不外緣生性空。而最後究極無住以成證一大科中，初明平等法界顯成法無我一科，所以究極性空不礙緣生之義也。性空不礙緣生，故成平等之法界。次明諸法空相結成法不生一科，所以究極緣生不礙性空之義也。緣生不礙性空，故即諸法而空相。

由是觀之，如是二字之意味，即顯諸法一如，一切皆是。因其皆是一如，故知見信解如是者，不生法相也。不然，法相并不斷滅，何云不生哉？可見不生云者，正從如是出，非以畢竟不生爲不生也。故下文即以即非法相，是名法相表示之。當如是知，如是見，如是信解也。是之謂無上覺心。細意參之。

○知、見、解，三字字義原無大别，然三字連説，則意各有指，大有區别，未可儱侗視之。佛經中此類句法頗多，皆當如是辨其意味，知其所指，切不可不求甚解，忽略過去，甚至以爲語言重複，則大誤矣。然則此三字何指耶？嘉祥謂，知是世諦智，見是第一義諦智。達天謂，知是比量，見是現量。今謂宜依無著《論》。《論》云：智依止奢摩他故知，依止毗鉢舍那故見，此二依止三摩提故解。此義是明三者皆智，但以依止方便不同，故立三名。奢摩他，此云止，止者，定也。智從定生，名知。觀此，是知爲真諦智矣。定則萬緣俱息，了了證知。故曰知也。此與本《經》前以三際心不可得，諸法緣生即空，開佛正知之義恰合也。蓋知約内證邊説也。毗鉢舍那，此云觀，觀即是慧。智從慧出，名見。觀此，是見爲俗諦智矣。慧則差别事相無不洞見，故曰見也。此與本《經》前以五眼，是沙，不執一異，開佛圓見之義正同。蓋見約外照邊説也。三摩提，此云等持，謂定慧均等也。定慧均等，名之曰解。可見解是由定慧出，亦即知見二者之總名耳。此亦與前深解義趣之言義同。長老本得無諍三昧，定力已足，但慧未均等。迨聞甚深般若，智慧增上，故能深解。長老涕淚悲泣，正自愧其向來定多慧少，今幸聞深經，而得定慧均等，所以感極而泣也。既曰解，又曰信者，何故？須知信爲入道之門，功德之母。信者，契合之意。因其契合如是，故能知如是，見如是耳。解爲知見之總名，故曰如是信解也。因其於一如皆是之理契合無間，定慧均等，故能不生法相也。如是知句，明其定力。如是見句，明其慧力。如是信解句，明其定慧均等之力。信字貫通三句。不生法相句，是由上三句所生之功效也。何以故？有定有慧，契合一如，可見其於言説、名字、心緣諸相，一切皆離。諸相皆離，便引生根本正智，即是不分別智。智無分別，即是一念不生。一念不生，名不生法相也。總之，知見信解是不生之前方便，方便修足，便證本不生。其功行全在知見信解上，不生是其功效。本不生上著力不得，著於不生，便是生也。下科正明此義。

（癸）次，不生亦無。

須菩提，所言法相者，如來説即非法相，是名法相。

一切法相，皆是假名，本來即非，蓋生即無生也。此明上言不生法相之所以然。須知所謂不生法相者，非有法相而不生，亦非畢竟無法相，乃是一切法相本爲緣生，緣生之法，當體即空，所謂非作故無，本性無故。既本性無，則不生亦亡。何以故？生即無生故，乃爲真不生義。若不了其有即是空，而注意於不生，則正是生，何云不生哉？故一切發心者，當在一如皆是上知見信解，此正降伏，此即無住。果能知見信解如是如是，則雖法相熾然，初何嘗生？以本性不生故，則不降伏而降伏，無住而住，住而無住，證入無相無不相之真實性矣。又復生即無生，則亦滅即無滅矣。可見説生滅，説不生不滅，猶是對待而説。實則即生滅不停時，本來不生不滅。不但生滅不可説，即不生不滅亦不可説也。當悉心觀之。曰如來説者，如來是法身，法身即實相。故約如來而説，即非法相，是名法相，以顯無相無不相之義也。總之，此科是明即法相而無法相，即生而無生，非以不生爲不生也。此義是明非但生之念無，并不生之念亦無，正是爲一念不生寫照，爲本不生寫照，爲下文不取於相，如如不動寫照也。如如不動者，生即無生之異名也。又復此科亦正是結顯經初應如是住，應如是降伏之義。故科判曰結成，非但結本科也。全經義趣，至是而包舉無遺，首尾完成矣。

〇結成本科者，如無所從來，亦無所去，不生法相也。一合相不可説，不生法相也。我見即非而是名，不生法相也。蓋令即來去而無來去，即一合而無一合，即我見而無我見。何以故？徑向未起念之心源上覺照，而契入本不生故。至若經初所説，度無度相，乃至心若虛空云云，非不生法相乎？發起序中所明，世尊示同凡夫，四十九年行所無事，非不生法相乎？其他諸説，皆可以此義貫通之，所謂應如是知，如是見，如是信解也。總之，千言萬語，無非爲令即諸相而無相，以證生即無生而已。故曰，全經義趣，包舉無遺，首尾完成也。上來正宗分已竟。

（乙）三，流通分。

流通分之判别，古人見地各有不同。智者將前結成不生一科，一併判入流通。蕅益宗之，名前科爲付囑流通，名此科爲校量流通。云何演説下，爲流通方法。佛説是《經》已之下，爲流通相貌。嘉祥但判佛説是《經》已以下爲流通，慧淨、圭峯及清初達天皆宗之。窺基亦似同此，但不用序、正、流通字，别立名稱耳。惟清初有溥畹者不然，著有《心印疏》，其《疏》於是名多坐實，因其約三諦説故也。獨有超勝之見，不能爲其他所掩者，即從此科起，判爲流通分是也。何以言其超勝耶？《經》曰，云何爲人演説，此句已明明揭示弘揚此《經》之法，判爲流通分，恰合經旨。故此次科判依之。

（乙）此科分二。（丙）初，示勸流通。

次，正結流通。（丙）初又二。（丁）初，示流通益。次，示流通法。（丁）初又二。

（戊）初，引財施。

須菩提，若有人以滿無量阿僧祇世界七寶，持用布施。

阿僧祇，此云無數。今不止無數，乃是無量之無數。以充滿無量無數世界之七寶布施，其福德之勝可知。引此財施者，所以顯下文法施之福更勝也。持用二字，用在此處不嫌其贅者，何耶？以其意在引起下文之持於此《經》來也。意明行布施同，而福德不同者，因其持以行施者不同故也，一是持財寶，一是持法寶。持無量數世界財寶，不及持一卷經乃至四句偈者，財施只救人身命，法施能救人慧命故。法施救人是徹底的，然非謂財施可廢也。正明財寶如幻如化，而凡夫貪著其事，不知貪欲無窮，財寶有盡。若明佛法，則知世間事無非夢幻，得財施者庶幾除苦，行財施者福亦增上耳。且一切有爲法中，最難看破者財寶，故引此爲言耳。凡一切舉財施較勝處，意皆同此，當如是領會也。

（戊）次，明法施。

若有善男子、善女人，發菩薩心者，持於此《經》，乃至四句偈等，受持讀誦，爲人演説，其福勝彼。

古本及宋藏皆是發菩薩心者，流通本菩薩作菩提，應從古本。何以故？經云，未能度己，先欲度他者，菩薩發心。所謂流通者，重在法施利衆，故曰發菩薩心，以顯流通之意也。當知菩提心含義甚廣，不止法施一事。此中因將指示流通之法，所以特舉發菩薩心爲言，與下文云何爲人演説句正相呼應也。

○四句偈等，等者，等於半偈或一句也。四句爲一偈，兩句爲半偈。經中常言，半偈即可證道。若下文所説，不取於相，如如不動半偈，苟能信受奉行，直趨寶所矣，何況全偈，何況全經？

○持於此《經》之持，謂持取也，與下文受持義別。受持句，自利也。演説句，利他也。如法受持，則能悟入無生，施不住相，其福便已勝彼，況更爲人演説此《經》，以行不住相之法施乎？蓋此《經》開章即説，度無邊衆生入無餘涅槃。今爲人演説此《經》，即是以無餘涅槃法布施，豈彼七寶布施所能及？開章又説，布施不住相。則聞此不住相之説者，其布施豈止以滿無量數世界之七寶布施而已？總之，弘揚此《經》，便是紹隆佛種，衆生獲益，不可思議，其福勝彼財施，更何待言？經旨重在流通無上法寶，故下文專約演説言。且明得云何演説，自明得云何受持，説一邊，即攝兩邊矣。

（丁）次，示流通法，分二。（戊）初，真指本性。

云何爲人演説？不取於相，如如不動。

云何爲人演説，問辭，此中含有二義。一是問，演説之人應當如何？一是問，演説經義應當如何？不取於相，如如不動兩句，正開示二者應當遵守之軌則也。以説者言，應於能説、所説及聽説者之相皆不取著，所謂以不生滅心説實相法是也。此《經》正是實相法，故説者應以不生滅心説之。不生滅心即是本性，所謂如如不動是也。意謂，演説甚深般若之人，應當三輪體空，且當稱性而説，直指心源，乃能令聞者即文字般若，起觀照般若，悟實相般若也。言下含有既不可妄談，亦不可淺説意在。以演説此《經》言，此《經》義趣，甚深甚廣。前云，一切諸佛從此《經》出。是則經中所説，皆爲成佛之法也，其深可知。又云，諸佛阿耨多羅三藐三菩提法皆從此《經》出。是則經中所説，一切佛法皆莫能外也，其廣可知。則欲爲人演説，若不得扼要之方，非大而無當，即散而無歸，聞者難獲法益矣。故示以經義之扼要處，即向下之二句一偈是也。可見此二句一偈，乃本《經》之要旨，亦即一切佛法之要旨。千經萬論中，所説之性修、理事，此二句一偈包括盡之矣。抑有進者，表面是開示云何演説，骨裏則是開示云何受持也。何以言之？蓋如是演説，必先能如是受持，不然，豈能演説乎？且爲人演説，正欲人如是受持也。當如是領會也。由是觀之，不取於相，如如不動兩句經文，其義藴深廣也明矣。

今當逐層剖而出之。

○首先當知，此兩句是全經之歸結語，亦是全經之發明語。何謂歸結？此一部經，自首至尾，所説無非不取之義，一望可知，無待徵引，亦不勝引。至曰，諸法如義，無實無虚，一切法皆是佛法，是法平等等句，皆如如義也。無所從來，亦無所去，則不動義也。今不過以此兩句結束全經之義耳，是之謂歸結語。然則何以又謂之發明語耶？全經所説，雖皆此義，然是散見，若學人未能融貫，則望洋興歎，不知從何而入。故發明之曰，全經要點，不外不取於相，如如不動八個字，學者當從此入。夫而後聞者皆能扼要以圖，不致瞻前顧後，泛濫無歸矣。是之謂發明語。

○其次當知，此兩句皆是説修功的，亦皆是説成效的。蓋必能不取，方能不動，然亦必能觀不動，乃能不取，所謂互爲因果者也。若但認不取爲修功，則經義偏而不全矣。

今依經文次第説之。所謂相者，何相耶？經中説相，甚多甚多，色聲等六塵相，布施等六度相，身相，佛土相，莊嚴相，福德相，衆生相，度衆生相，菩提相，發心相，上求相，下化相，因相，果相，等等，歷數難盡。總之，凡説一法，便有其相，今概括之曰，凡所有相，一切不取。當知説一相字，法與非法皆攝在内矣。故不取相之言，即貫通乎不斷滅相。何以故？斷滅者，空相也，亦所不取也。當如是領會也。所謂由這一面，便應見到那一面。凡讀佛經，第一要知此理。此不取於相句，若不如是領會，便與下文如如不動句不應矣。何以故？空有兩邊少有所偏，便非如如故。所以者何？偏則有取，取則已爲所動故。總之，無論何取，取則心動，取則著相，而非如如之性矣。《圓覺經》曰：種種取捨，皆是輪迴。輪迴，謂生滅心也。苟有所取，必有所捨。何故取捨？由於分別執著。分別執著，所謂生滅心也。故曰，種種取捨，皆是輪迴。猶言種種取捨，由有分別執著之生滅心。然則若能不取，當下便離生滅心矣，則當下便見不生不滅之性矣。故曰，不取於相，如如不動。如如不動者，不生不滅之性也。不取者，無住之真詮也。無住者，不動之真詮也。何以故？若心有住，則爲非住。非住之言，正明其動。若心有住，則爲非住，猶言有取便是心動。故必一無所取，而後一無所動。如如者，真如之異名也，皆謂本性。然立二名者，真如是指本具者言，如如是指證得者言耳。蓋證性之時，智外無理，理外無智，智理冥合，謂之智如理如，故曰如如也。如如之義，明其能所雙亡也。因其無能證，無所證，迥脱根塵，靈光獨耀，是以寂照同時。因其寂時照，照時寂，是以無相無不相。因其相不相皆無，是以不生不滅。因其不生不滅，是以如如不動。今既不取生滅之相，是以不生不滅如如之性現前也。故曰，不取於相，如如不動。

○《圓覺經》曰：一切諸衆生，無始幻無明，皆從諸如來，圓覺心建立。猶如虛空華，依空而有相，空華若復滅，虛空本不動。諸如來圓覺心，是説佛與衆生同具之本性，在衆生分上名曰如來藏者是也。蓋此句是約聖凡共説，非單約佛邊説也。若單約佛説，則上句不可通矣。猶如虚空花，依空而有相，喻衆生自無始來，以不覺故，依本來空寂之性，而幻成無明之相也。由此可知，無明不過本性中緣起之幻相，猶如空中之花耳。空中本無花也，則性中本無無明也明矣。空花若復滅，虚空本不動，喻無明若滅，性本不動。本不動者，是言當其現有無明之時，此性原未嘗動。當知尋常所言心動，乃無明動耳。由此更可了然，但能不取於相，如如不動之本性當下便現之理矣。又可知取捨正由無明，而無明本是幻相，然則不取於相，當下便如如不動者，因無有取捨，無明已遣故也。是故學人當於不取即無住上痛下功夫，不然，雖欲不取，不可得也。

〇如如二字，有釋上如字爲相似，爲相稱，次如字爲真如者，謂不取於相，方與真如本性相稱相似而心不動也。此釋不妥。《大乘義章》明言如如亦曰真如，且如如之名，大乘經中常常見之，多指佛之境界言，何可云相稱相似乎？即欲分開作釋，上如字可釋爲契合。契合真如，所謂智與理冥也。當知曰相似，曰相稱，則仍體是體，智是智，能所之相儼然，何云不取於相耶？故此釋乍視之但覺其淺耳，細按之則大大不協，故曰不妥也。佛言，離幻即覺。覺字正謂如如不動之性，即字正謂當下便是。可見但恐不能不取耳，果能不取，當下現成。今乃釋作不取於相，與性相似，顯違佛語，萬不可從。

〇頃言，學人當於不取二字痛下功夫，然則云何方能不取耶？此層斷不可忽略過去，必應細究。當知不取相，即是離相。《圓覺經》曰：一切菩薩及末世衆生，應當遠離一切幻化虚妄境界。由堅執持遠離心故，心如幻者，亦復遠離。遠離爲幻，亦復遠離。離遠離幻，亦復遠離。得無所離，即除諸幻。細究此段經義，可見離相功夫全在堅持。堅持者，强制之謂也。此層功夫誠不可少，不然，無始來取相習氣何能除之？然而更應細究，如何方能堅持不取乎？欲知如何始能堅持不取，當先知衆生因何故取，無他，由有分別心執著我、人、衆生、壽者四相故耳。即復當知，四相之相，實不外一我相，而我相之根，實發生於我見。尤應細究，堅持不取，固足以遣我見。然只能伏，不能斷也。何以故？無明未破故。且以無明我見未斷之故，亦最足以破壞其堅持，然則非更於離無明我見上用功不可矣。云何能離耶？前引《圓覺經》云，知幻即離，不作方便是也。此言知幻二字，即是離無明之最妙方便，不必別尋方便也。然則云何能知其是幻耶？《楞嚴經》開示最明矣。《經》曰：如來本起因地，最初發心，先以直心正念真如，始能遠離諸幻。正念即是覺照，謂須徑直覺照真如本性，方能知其是幻也。由此可見，必須先悟如如不動之本性，乃能不取於相矣。此前所以説，不取於相，如如不動兩句經文，互爲因果，應交互用功，不可但認不取句爲修功，如如句爲成效也。换言之，不但應向不取上堅持，還須向如如上覺照。且覺照爲堅持之前方便，即是欲堅持不取，必當先修覺照。不然，無明未斷，豈能堅持？是故《圓覺經》云：一切菩薩及末世衆生，先斷無始輪迴根本。輪迴根本，即謂無明我見也。然則云何斷耶？前引《圓覺經》不云乎，一切如來本起因地，皆依圓照清淨覺相，永斷無明，方成佛道。此與所引《楞嚴經》先以直心正念真如之義相同。譬如惡友，初因無知，誤視之爲心腹，今知其惡，欲與斷交。然以關繫長久，未能驟斷，必須先與疏遠，而後方可斷絶。此亦如是，自無始來，誤認幻識之無明爲其真心，關繫密切久矣，今既翻然大悟其非，若不即速掉轉頭來，認準清淨自性，徑與接近，則仍是與無明混在一起矣。故圓照覺相，便是直心正念真如，便是與真心接近。而與真心接近，便是與無明疏遠，如是方能望其永斷也。所以要緊功夫，全在圓照二字。何謂圓照？前念已滅，後念未生，正恁麼時，一心湛寂，了了明明，是之謂照。圓者，非著力，非不著力，不沈不浮，恍如朗月孤圓是也。此際一念未起，清淨無比，徧體清涼，便是本來面目。初學未有定力，一剎那間，後念又起，便又如是覺照。只要覺照提得起，如天平然，此昂則彼自落，則又清淨矣。務須綿密無間，使之相繼，久久（校：久，舊版作之，原稿作久。）便能入定。至於如如不動之全體，談何容易遽能圓顯，然如此用功，便是隨順趨入也。本《經》此兩句，即是此義。不但應向不取上堅持，還當向如如上覺照。要緊要緊。

○今更引《圓覺經》，證明覺照本性能除無明之義。《經》曰：於無生中，妄見生滅。此言自性本來不生也。本來不生，即是本來不動。生滅即指無明。意謂自性中本無無明，説有無明，由於妄見耳。然則今知覺照清淨本性，便是正見。邪正不并立，正見興，則妄見除矣。故彼《經》又曰：如來因地修圓覺者，知是空花，即無輪轉，亦無身心受彼生死。非作故無，本性無故。生死即謂生滅。此言自性既本不生，則亦不滅，故曰本性無。謂亦無身心受彼生死者，以本性原無生滅之故，并非造作使無也。所以發心便應覺照本不生之性，故曰，因地修圓覺。因地指發心修行之時，修字即指覺照，圓覺指本不生之性也。如是修者，知彼一切生滅幻相盡是空花，有即非有故也。既如是知，則不爲所轉矣，不轉明其不動也。故曰，知是空花，即無輪轉。此兩句與知幻即離之義同。既已知幻即離，所以亦無身心受彼生死，則法性如如矣。綜觀上引經文，當可了然，徑向本不生處覺照，爲除無明之妙法矣。何謂本不生處？即於未起念時覺照是也。念且未起，何所謂相，更何有取？果能如是綿密無間，則於不取自有把握。總之，一面向不動處攝心覺照，以成就其不取，復一面於遇緣時，堅持不取，以圓滿其不動，庶於如如性體得有入處。《楞嚴》亦同此説，如云：諸修行人不能得成無上菩提，乃至别成聲聞、緣覺及魔眷屬，皆由不知二種根本，錯亂修習。云何二種？一者無始生死根本，則汝今者與諸衆生用攀緣心爲自性者。二者無始菩提涅槃元清淨體，則汝今者識精元明，能生諸緣，緣所遺者。由諸衆生遺此本明，雖終日行而不自覺，枉入諸趣。此中所説攀緣心，即是不覺妄動之心。元清淨體乃至緣所遺者，即如如不動之本性也。彼《經》又云：云何汝今以動爲身，以動爲境，從始洎終，念念生滅，遺失真性，顛倒行事，性心失真，認物爲己，輪迴是中，自取流轉？此段更説得明明白白。即是初發心時，便應辨明真妄，直向本不動處覺照，乃不致遺此本明，枉入諸趣，自取流轉也。當知如是覺照，亦須攝心。攝心亦非無念，亦非畢竟無相無取，然凡夫非此無入手處，所謂以幻除幻之法門耳。因此法雖亦是幻，然是隨順真如，與其他動念取相者因心不同，故得果便大不同。又復此法不過入手方便，雖爲隨順真如之法門，而能照所照亦當逐步遣淨。所謂有覺有照，俱名障礙。故必須離而又離，得無所離，乃除諸幻。當如是知也。

○總而言之，如如不動，即不生之義，不取於相，即無住之義。先須覺照本不生，乃能無住，至於一無所住，便證無生，交互用功，是爲要門。且如是用功，是貫徹到底的，從初入手，乃至住、行、向、地、等覺、妙覺，皆不外此。故曰，離一切諸相，則名諸佛，一切諸佛從此《經》出也。而上來特引《楞嚴》《圓覺》以證此義，亦足見阿耨多羅三藐三菩提法，皆從此《經》出矣。

〇更有進者，本《經》以無住破我爲唯一主旨，可見全經皆是詮顯欲破無明，當不取相之義。後半部説諸法一如，説一切皆是等，即是詮顯如如不動之義也。迨令通達無我法，而所謂通達，首令開佛知見，往後更暢發緣生性空之義。此科既以不取於相兩句，開示學人應覺照如如不動之本性矣，而下科復開示以觀法緣生，恰與正宗分後半部，先顯如如，次説緣生之義趣同。此正指示全經要旨在後半部，演説者若不達後半部之義，前半部便不得要領。受持者若不知從後半部所説者入觀，亦復不得要領也。此是世尊深旨，極當體會。至於此科既令覺照本性，下科則令觀法緣生者，尤爲善巧，尤爲扼要。此正佛知佛見，學人亟應如是通達。蓋凡夫全體無明，雖曰覺照本性，而本性面目久隱，無非黑漆漆的無明而已。然則奈何？今開示之曰，當先觀諸法緣生，以作方便。故下科結語曰，應作如是觀，謂必當如是作觀也。何以故？觀諸法緣生，即是觀諸法空相。相若空時，豈復有取？則如如不動矣。可不謂之善巧乎，可不謂之扼要乎？此義下科更當詳談。演説演字，有深意焉。演者，演繹也。謂經義幽深，説經者當闡其微，發其隱，廣徵博引以宣揚之，務使其義曲暢旁通，乃不虚此一説耳。説一切經，皆當依此軌則也。

（戊）次，觀法緣生。

何以故？

一切有爲法　如夢幻泡影

如露亦如電　應作如是觀

何以故者，問不取於相之所以然也。所以然有二義。（一）因何而不取？偈語前三句已足答釋。（二）何以能不取？則須全偈方足答釋，而歸重於第四句。今假設問答以明之。

○問：因何而不取耶？答：因一切有爲事相，皆是緣聚則生，緣散則滅，變化靡常，執捉不住，如夢、幻、泡、影、露、電然，似有無實故也。

○問：然則何以能不取耶？答：應於一切有爲法，作如夢、幻、泡、影、露、電觀，知其當體即空，不生貪著，乃能不取也。

○如上所説，本科大旨已明，茲再詳細説之。

○當知如如不動，是真實性，亦即所謂不生不滅之無爲法。前云，一切賢聖皆以無爲法而有差別。今不令觀無爲法如如不動之真性，而令觀有爲法緣生無實之幻相，何也？此我世尊深知凡夫之病，特爲巧開方便也。此中有二要義。（一）凡夫之所以爲凡夫者，無他，背覺合塵，向外馳求耳。何故向外馳求？無他，分别幻相，貪著幻相耳。何故分别貪著？無他，誤認一切有爲法爲真實耳。由是之故，愈迷愈深，不肯回頭，永被輪轉矣。故今入門初步，先須令其深觀一切有爲之法，如夢，如幻，如泡，如影，如露，如電，莫非虚假，一切皆空，到底一無所得，所得唯一苦味而已。且其苦無窮，説亦説不出，所謂萬般將不去，唯有業隨身是也。果能常作如是觀，洞明皆空之理，庶幾不再受騙，而能死心蹋地回光返照乎？此所以欲觀無爲之真性，應先觀有爲之幻相也。此第一要義，必應了知者。（二）一切凡夫性光早被無明隱覆。有如一輪杲日，盡被烏云遮蓋，光明全暗，太陽看不見了。此亦如是，妄念紛動，未曾暫停。今欲觀之，而能觀所觀莫非無明妄識，何能觀見本性？此與滿天黑雲，看不見日光，看來看去，無非昏擾擾相，是一個道理。故《圓覺經》曰：以輪迴心，生輪迴見，入於如來大寂滅海，終不能至。輪迴者，生滅之意。寂者，無聲，謂真如非可以言詮也。滅者，無形，謂真如非可以相顯也。豎窮三際，横遍十方，曰大。體備萬德，用賅萬有，曰海。如來大寂滅海，即謂如如不動之本性也。可憐凡夫，全是生滅心，即發心作觀，亦是生滅見。今欲以此生滅心、生滅見，觀不生滅之圓覺性海，全然反背，故曰不能至。不能至者，言其南轅北轍也。然則修圓覺者，欲覺照如如不動之性，豈非竟無下手處乎？我世尊大慈，今語之曰，勿憂，有妙法在。其法云何？宜觀諸法緣生，自有入處矣。此意無異曰，初不必强息妄念。雖欲息之，亦不可得也。但當向有造作、有對待之一切有爲法上，觀察其變化無常，如同夢、幻、泡、影、露、電一樣。使此心洞明一切諸法不過緣會時現有生起之幻相耳，實則生即無生。從此可知，表面雖萬象森羅，而其底裏全然烏有。時時處處，如是觀察覺照，便有不可思議功德。何謂功德不可思議？當知觀諸法緣生之理，若領會得一切法當體是空，便能契入諸法空相，相空則性自顯。何以故？有相則諸法千差萬别，相空則諸法一如故。諸法一如，即是性光顯現故。性光顯現，即是無明已明故。雖無明未必遽斷，未必遽與如如不動冥合，而智理冥合實基於此。何以故？妄念從此日薄故，對境遇緣，不易爲其所轉故。由是言之，觀諸法緣生，無異觀諸法空相。觀諸法空相，無異觀如如不動也。换言之，觀生滅之有爲法如夢如幻，便不知不覺引入不生不滅之無爲法矣，功德何可思議哉？此第二要義，爲吾人更應了知者。

〇合上説兩重要義，可見作如是觀，譬如用起重機，四兩可以提千斤，毫不吃力，輕輕巧巧，撥雲霧而見青天，真善巧方便也。不慧學佛以來，前二十年，雖修種種法，作種種觀，毫無進步。一日於此四句偈忽若有悟，依此修觀，初亦若即若離，若明若昧，未成片段，并無甚效。繼悟應於一切境緣上，極力作意以觀察之。雖一極小之事，或極順心，或極不順心之時，皆以如夢幻等道理印之。即修持佛法，亦以如夢幻等道理印之。行住坐臥，不離這個。如是久久，雖於不取於相，如如不動功夫尚淺，然實從作此觀起，此心漸覺空空洞洞，於一切境相漸能無動於中，看經時眼光便覺亮些，念佛時亦覺踏實些。今請諸君試之，必有受用。當知博地凡夫欲回光返照，舍此無下手處也。珍重珍重。

〇今再將上科與此科之義，綜合而演説之。上文如如不動，是説性體圓滿顯現。論其究竟，須至佛位方能圓滿。初住以上，不過分分現耳，故謂之分證覺。若信位中人，則僅得其彷彿，所謂相似覺也。故前人有將上如字作相似釋者，然如如不動句經義，是自初發心乃至究竟貫徹到底的，故不宜呆板作相似釋，應作真如釋之，乃能圓攝一切。無論相似而現，分證而現，乃至圓滿顯現，皆由不取於相來。故相字、不取字，其義意亦復包羅深廣，貫徹到底。相則無論空、有，以及雙亦、雙非，皆攝在内，其總相則我法二執是也。於此諸相，一切不著，乃爲不取。且并不取亦復不取，則離而又離，得無所離，即除諸幻矣，於是乎如如不動之性體全彰也。然而下手方法，須從未動念處覺照，即觀如如不動之本性是也。此即《楞嚴》以不生不滅爲本修因之義。亦即所謂依本寂之性以修止，而後得定，依本照之性以修觀，而後得慧之義也。若不知從此入手，便是錯亂修習，盲修瞎煉，譬如煑砂爲飯，永不能成。雖初學全是無明，觀之不見，然必應深明此理，勤勤圓照。如前所説，前念已滅，後念未生，正恁麼時，一心湛寂，了了明明，是之謂照，圓者，非著力，非不著力，不沉不浮是也。此即一線慧光，知幻即離之最初方便。一面復遵依此偈，觀一切法皆如夢、幻、泡、影、露、電，緣生即空。此法更爲方便之方便，所謂知幻也。兩種最好兼修，以此兩法互相助成故。蓋覺照本性，是在本源上用功。觀一切法，是在境緣上用功。又復前觀修定之意居多，後觀修慧之意居多。定固可以生慧，然非先開慧，其定亦不能成。故互助之中，緣生觀尤要，以觀緣生，即可引入如如不動故也。此義前已詳哉言之。試思應作如是觀句，大有非此不可之意，何等懇切。作字要緊，謂應十分作意觀之也。佛說此《經》，本爲凡夫發大心者說。此二句一偈，正是指示大心凡夫下手用功處。故前後兩觀，務須綿綿密密，替换行之。行之既久，必有得處。

○如是二字，固是指止文如夢如幻等說。須知如夢如幻，正謂諸法之相本空，亦即正謂諸法之性一如。可見如是之言，實含有一如皆是意味。所以觀諸法緣生，便可契入如如不動也。然則作此觀者，可以一篙到底，徹見本性，故曰，應作如是觀。猶言觀一切法如夢如幻，即是觀一如皆是也，故應作也。開示諄諄，豈容匆略讀過？

○有爲法不但世間法也，佛法亦攝在內，故曰一切。《圓覺經》曰：生死涅槃，猶如昨夢，無起無滅，無來無去。其所證者，無得無失，無取無捨。其能證者，無作無止，無任無滅。於此證中，無能無所，畢竟無證，亦無證者。一切法性，平等不壞。此中一切視同夢幻而無之，正所謂諸法空相，即不取於相之意也。校：也，舊版無，原稿有。亦即指示觀一切如夢幻而空之，便契入如如不動也。故結之云，一切法性，平等不壞。平等即是如如，不壞即是不動也。故《圓覺》此段文，恰好引來作此《經》二句一偈的注脚。

○總之，無論染法淨法，既有此法，便有對待。既成對待，便是有爲，便有生滅，故皆如夢如幻。然而欲證絕待之無爲法，非從對待之有爲法起修不可者，以捨此別無入手處故也。不但觀緣生是有爲法，即覺照本性亦是有爲法。何以故？覺照即是觀，既有能觀所觀，便成對待故。有對待便有相，便落有爲矣。本《經》所説，皆是無爲法。且明明曰，一切賢聖皆以無爲法而有差別。今於開示演説受持時，卻令應觀有爲法，此爲全經經旨絶大關鍵，亦即學佛者緊要關鍵。當知無爲者，無所作爲之謂也。若無所作爲，妄何能除，真何能證，凡何從轉，聖何得成？故無爲法須從有爲法做出，故曰應作也。作字有力。但第一要義，應明了者，是以無爲法爲目的，借有爲法作路徑。若只認無爲，鄙棄有爲，是自絶也。若著於有爲，不知無爲，是又自畫也。前者，所謂執性廢修者也。後者，所謂著事昧理者也。第二要義，應明了者，修有爲法而不著，便是無爲，除此別無所謂無爲法也。所以本《經》開章所説，實無衆生得滅度，當自度盡衆生出。於法不住，當自行於布施出。以後所説，其旨趣莫不如是。夫度衆生，行布施，有爲法也。無滅度，不住法，無爲法也。如是作去，便是涉有而不住有，觀空而不住空，雖終日行六度萬行，終日講經説法，而實終日涅槃。由此可知，不取法，當從不取非法做出；即非，當從是名做出；不執著，當從不斷滅做出；無實，當從無虛做出。乃至無聖無凡，即從有聖有凡中見；不一不異，即從一異中見；不來不去，即從來去中見。此之謂諸法一如，是法平等。乃至不生不滅，即從生滅上見。此義即是雖生滅而實不生滅，雖不生滅而示現生滅。此之謂不住生死，不住涅槃。無住之旨，於是乎究竟圓滿矣。而其樞紐，即在觀法緣生，如夢如幻，了其皆空，所以無住也。故學人最要方便，應作如是觀也。作如是觀，便是不廢有爲，不礙無爲，自然而然，遮照同時，中中契入如如不動圓覺性海矣。一部甚深經典，歸到極平淡、極切近四句偈中，一切衆生，無論利鈍，皆可隨順而入。此之謂無上甚深微妙法，百千萬劫難遭遇。此之謂真實義。此與序分所序穿衣吃飯等事同一趣味，皆是指示道不遠人，即在尋常日用中。須於尋常日用中，看得透，把得定，成佛、成菩薩便在裏許。所有自度度他等行願，乃至禮佛誦經諸事，當視同尋常日用，造次顛沛弗離，而又行所無事，庶乎其近道矣。故得此四句偈，不但全經在握，一切佛法在握，而成佛、成菩薩亦在握矣。所謂一切諸佛及諸佛阿耨多羅三藐三菩提法，皆從此《經》出者，今乃知諸佛及法，皆從於一切有爲法作如是如是夢、幻、泡、影、露、電等觀出耳。吾輩幸蒙佛恩，授此妙法。唯有一依此法，如是受持，如是演說，俾一切衆生皆作如是觀，皆得證無生，乃足以少報本師之恩耳。上來要旨已竟。至若夢幻等喻，其義甚精、甚細、甚妙，故作此觀，便可證道也。茲當詳細說之。

○佛經中所說有爲法之譬喻甚多，夢幻等喻之外，如乾闥婆城、水月、樹橛、繩蛇、空花、兔角、龜毛等等。其大旨，無非顯示萬法皆空之理，警告凡夫，不可認以爲實，以破其分別執著，引令出迷耳。魏譯《金剛經》，其喻有九，曰：一切有爲法，如星、翳、燈、幻、露、泡、夢、電、雲，應作如是觀。秦譯則約之六。多少雖殊，理則一也。

○六喻之中，夢喻爲總，幻、泡、影、露、電爲別，皆所以明其如夢也。根性好者，一聞夢喻，便可明了緣生之法，當體皆空。因恐或有未了，故復說幻等五喻。五喻若明，當可恍然萬事同歸一夢矣。所謂夢者，緣生法之一也。古語云，日有所思，夜形諸夢。所思即其作夢之緣也。亦有并無所思而夢者，如世俗所言之托兆，則托兆亦其入夢之緣，故爲緣生之法。有緣必有因，作夢之因爲何？意識亦曰妄心。是也。若無此因，緣亦無從遇矣。故曰，至人無夢。蓋有道之士，妄心雖或未斷，必已能伏，故夢少也。由此可知，一切皆唯心所造矣。可憐凡夫，夢時固是妄心，即其所謂醒時，亦全是妄心也。故其所謂醒，依然是夢。何以故？從來迷而未覺故。若其已覺，決不致但知夢中之悲歡離合、得失窮通爲假，而又認所謂醒時之悲歡離合、得失窮通爲真也。須知醒時之心與夢時之心既皆是妄非真，所以醒時種種境遇，或由計畫而成，或出意料之外，與其入夢之或由於日有所思，或由於神靈托兆，其理由全同也。而轉眼皆空，了無所得，亦復毫無二致。豈非醒時即是夢時乎？故警告之曰如夢也。乃迷戀其中，計較分別，執著不捨，真癡人説夢矣。故曰，衆生從來不覺也。今曰如夢，正喚其速覺耳。或曰，如夢之理，説世間法，誠然不誣。而永明壽禪師曰，大作夢中佛事。何以佛法亦可作如夢觀耶？此有四重要義，不可不知。約凡夫言，其義有二。（一）佛法作如夢觀者，不可執著之意也。佛法重在破我，若有執著，我何能破？故應徹底遣之。佛法尚不可執，何況世間法？（二）學佛者爲證性也，若不證性，便不能超凡入聖。而性體空寂，故一切修功必應歸無所得，方與空寂之性相應。佛法作如夢觀者，令其勤修佛事，而歸於了不可得，庶幾能所雙亡，智理冥合也。約佛菩薩言，其義亦有二。（一）佛菩薩皆是已覺之人，其大作佛事，廣度衆生，而能行所無事者，視之如夢故也。視涅槃如昨夢，所以不住涅槃，而大作佛事。視生死如昨夢，所以不住生死，而常在定中。（二）菩薩作佛事者，自覺覺他也。至於佛位，覺已究竟，而仍作佛事者，因無盡之衆生尚在夢中，以同體悲故，不自以爲究竟也。故常行菩薩道，而現身於大夢未醒之衆生中，而作佛事。所以永明曰，大作夢中佛事耳。綜上四義，可知大覺者視生死、涅槃本無可得，故曰，生死涅槃，如同昨夢。意謂，住於生死，固是作夢，住於涅槃，亦是作夢。必一無所住，乃爲大覺耳。所以若住於所修之法，住於所説之法，住於所得之法，則皆是作夢矣。故本《經》主旨，在於無住。故曰，應無所住行布施，應離相發菩提心也。總而言之，觀一切染淨法如夢者，意在通達一切有爲法本無可得也。一心清淨，有何可得乎？若有可得，即非清淨矣。故應觀一切有爲法如夢也。我世尊説法四十九年，而曰無法可説，又曰，我於阿耨多羅三藐三菩提，無少法可得。果地覺者如是，在因地修行者，亦必應如是可知。《楞嚴經》云：應當審觀因地發心，與果地覺爲同爲異。若於因地，以生滅心爲本修因，而求佛乘不生不滅，無有是處。有可得，生滅心也。觀其如夢，了不可得，不生不滅也。當知夢即是有爲法，若知其夢了不可得，而不迷不執，有爲法便成無爲法矣。如字有味。未覺者，應觀其所謂醒者依然如夢，乃可以解脱一切，遠離顛倒。已覺者，應觀其所謂覺者亦復如夢，又何妨現入華胥，游戲三昧耶？總之，六喻皆是貫徹到底的，不僅爲凡夫言也。二乘若知度生如夢，了不可得，便不致沈空滯寂。一類菩薩若知上求下化如夢，了不可得，便可成佛。故作如夢之觀，正是照破我法二執之寶鏡，度入大寂滅海之慈航。

○由上所説，可知一切有爲之法皆是依心爲因，託事爲緣，因緣會合所生之果耳。除因果外，一切烏有。而名之爲果，卻又成因。説之爲因，旋復招果。是即因果之本身言之，亦復毫無定形，故曰當體是空。譬如做夢，非不事相儼然，卻是有即非有。故曰，因緣生法，即假即空。故説一夢喻，已足了徹一切矣。但以衆生久在迷途，平日未嘗不知世事如夢，乃一遇順逆境界當前，仍復執迷，放不下去。且曰，過去事誠然如夢，若境遇當前，歷歷身受，不謂之實事可乎？故又告之曰，順逆諸境，雖歷歷身受，其實皆如幻耳。幻者，佛經所説之幻術也，今世則名之曰戲。意若曰，汝見幻人幻術乎？幻出種種飛潛動植之物，豈不儼然似真？又如做戲然，粉墨登場時，邪正賢愚，悲歡得失，神情活現，能令人爲之顔開，爲之淚下，汝亦以爲真乎？可因其悲喜無端，恍同身受，遂執以爲實事乎？當知人生在世，亦復如是。一切遭逢，莫非妄識業緣之所變現耳。世間即是戲場，一切衆生即是戲場中的各種脚色。當其鑼鼓喧闐，非常熱閙之候，有智慧者，便當自警，轉眼即下臺矣。此刻在此做這個脚色，不過爲業力所牽，須了卻一段緣法而已，豈可當真？譬如唱戲，既做了戲曲中一個戲子，必有夙因，方現此果，固然不能不用心唱做，誤了所抱的目的，然而斷没有執著戲中所扮演之人物，當作自己者。戲子之目的爲何？名譽金錢是也。做人亦然，今世來做這個人，不過暫充這齣戲中一個脚色耳。戲子尚能不執所扮演者當作自己，吾輩豈可誤認所暫充之脚色爲自己乎？當知因果難逃，因果可畏，既暫充了這個脚色，自然不能不用心唱做，以免誤了目的。但切不可只認名利爲目的，須認準自己本有之家寶以爲目的。家寶者何？自性三寶是也。必應了了覺悟，做此假戲，既不可錯了因果，牽累自性，更不可誤認假戲爲真，昧失自性。所以正當笙歌嘹亮，大衆注目之時，便應自覺自悟，此一齣幻戲，非我本來面目，誓當返我初服，庶幾鑼鼓收聲，風流雲散時，不致懊惱悲傷，手足無所措耳。故曰，應作如幻觀也。

〇世尊大慈，猶慮衆生執迷不醒，以爲

一切人事謂之如幻，誠然非虚，然而撫念身世，終難放下。蓋其意中，但能領會世事如幻，而猶認偌大的世界及其寶貴的色身爲真實有，故放不下耳。因又告之曰，如泡如影。如泡喻世界也，如影喻色身也。何以故？所謂泡者，由於水爲風鼓，激蕩而成者也。而世界則由一切衆生，於性海中，起無明風，造此共業之所結成，故以如泡喻之。所謂影者，由有日月燈光照之而現者也。而色身則由性光之所變現，故以如影喻之。此世、此身既與泡、影同一緣生，可見身、世亦與泡、影同一虚妄矣，豈可迷爲真實乎？此義《楞嚴經》言之最明。《經》曰：認悟中迷，晦昧爲空。空晦昧中，結暗爲色。色雜妄想，想相爲身。此段經文是説，覺性圓明，大而無外，小而無内，本無所謂虚空也，世界也，色身也。全由衆生覺性障蔽，遂致本來圓明者成爲晦昧。晦昧者，所謂昏擾擾相也。既已不悟，乃反認晦昧爲虚空，故曰，晦昧爲空。是則由其認悟中迷之故也。認悟中迷者，言其自以爲悟，實則依然是迷。何以故？以其認晦昧爲虚空故。虚空既是晦昧，復糾結此晦暗者爲色，故曰，空晦昧中，結暗爲色。色者，地水火風四大是也，正指世界及一切有情、無情之色相而言。先認晦昧者爲虚空，復認晦暗結成者爲世界，更認色與妄想雜成者爲其寶貴之身軀，故曰，色雜妄想，想相爲身。首句認字直貫到底，妄想二字亦貫通上下。何以誤認？由有妄想故也。妄想者，識之别名也。受、想、行爲識之心所，故此中妄想之言，即指五藴中之受、想、行、識四藴。想相爲身之相，即上文色字，想即妄想。一切衆生之身，無非五藴假合，故曰，色雜妄想，想相爲身。謂四大之色相與受、想、行、識之妄想雜而合之，成此幻身也。此段經文明白開示，虚空、世界、色身，全由衆生昏擾擾的妄想之所變現。妄想本非真實，刹那生滅，由其變現之身、世豈能真實乎？人人皆知水中之泡極其脆薄，最易壞滅，殊不知世界亦然，勿謂江山千古也。雖整個世界未遽壞滅，然而陵谷山丘，桑田滄海，時起變化，足證時時在成壞中。此年事稍多者所常經驗之事，原非理想之談。且《楞嚴》又云：空生大覺中，如海一漚發。有漏微塵國，皆依空所生。漚滅空本無，况復諸三有。有漏微塵國，有漏明其必壞，微塵明其其細已甚也。三有，謂三界也。此段經文是説，晦昧之虚空，在大圓覺海中，如海上之一泡。漚，即泡也。而微塵國土，更是依附海泡之物。泡若滅時，且無晦昧之虚空，何况三界耶？一切學人，常當觀照此理。所認之虚空尚是晦昧的昏擾擾相，尚且渺小如泡，何况世界，何况此身，何足算哉？豈可遺棄包含虚空、囊括三界之真實圓明性海，而認一渺小脆薄、成壞無常之浮漚乎？至於影者，望之似有，考實則無。此身亦然，虚妄現有，考實則無。譬如鏡中人影，因照則現，肥瘦長短，纖毫不爽。此身亦然，因心造業，循業而現，壽夭好醜，因果難逃。南嶽思大師曰，淨心如鏡，凡聖如像。此明身之可見，因淨心本具見性。猶如像之可見，因明鏡本具照性。豈可因其可見，遂誤認爲實有？且淨心之見性中，本無此身，不過見性發現之影耳。亦猶明鏡之照性中，本無此像，不過照性發現之影耳。以上所説，猶是以幻身望於淨心，明其爲淨心所現之影。若約幻身當體説之，亦復如影。何以故？除五蘊外，了不可得故。而且五蘊中之色，即是四大，四大既如浮漚，其餘受、想、行、識四蘊，又莫非虚妄，名曰妄想，故是虚妄。然則即五蘊本身已了不可得矣，何况五蘊假合之幻身？其爲似有實無可知。了不可得者，言其有即非有也。正如影然，但眩惑人眼耳，其實本空也。

○一切凡夫所最執著以爲實有者，識心、世界及其自身也。今一一破其惑曰，識心如幻，前言世間即是戲場，一切衆生即是戲場中脚色，莫非識心業緣之所變現，故曰如幻。世界如泡，此身如影。身、心、世界尚且虚妄非實，則其餘一切有爲法相可知矣。然而迷途衆生，雖知身、心、世界非實，或猶因循怠忽，不能勤作如夢、如幻、如泡、如影之觀，因又警策之曰，如露、如電。露則日出而晞，留不多時。電則旋生旋滅，刹那而過。所謂生命在呼吸間，當加緊用功，如救頭然也。合此如幻等五喻觀之，即是觀於萬事如夢，有即非有。故曰，如幻等五觀是别，如夢觀是總。

○觀此六喻，雖是觀諸法空相，即是觀如如之性，以性相本來融通故也。故觀緣生，即可契入如如不動。故無爲法性，從觀有爲法相如夢幻入手，便是兩邊不著，合乎中道。

此義前已詳談，今再以三性三無性説之。六喻中隨拈一喻，皆可明三性三無性之理。茲且約總喻如夢説，餘可例知。

○三性三無性，見於《楞伽經》及法相宗各經論，此爲相宗精要之義。佛説法相，原爲明此。若不知注重，但向瑣細處剖晰，雖將一切法相剖之極詳，未免入海算沙，失其所宗。當知三性三無性之義，學性宗者亦應通曉。因此義貫通性相，若知此義，則於緣起性空更能徹了，修持觀行更易得力。蓋上來所説如夢觀，尚是總觀大旨，若依三性三無性之理觀之，則更入深微矣。

○何謂三性？（一）徧計執性，（二）依他起性，（三）圓成實性。徧計執者，謂普徧計較執著也。即性宗常説之分别、執著、攀緣、無明、妄心、妄想等，性宗亦謂之分别性。此是妄想，云何稱之爲性耶？意在明其雖是無明妄想，然爲真心之所變現，非離真實性而別有也。但相宗名爲徧計執性，是單約凡位說。性宗名曰分別性，則兼約凡聖說。聖位之分別性，是明其應緣示現，對機說法，絲毫不爽，似有分別，蓋約衆生邊望之云然耳，非謂聖位尚起念分別也。當如是知。

○依他起性，即性宗所說之緣起、緣生、性起。此正本性隨緣現起之相用，相用原不離乎性體，若無性體，便無相用，故曰依他起性。依者，隨也。他，指緣而言也。

○圓成實性者，圓謂圓滿，成謂校：謂，舊版作爲，原稿作謂。本具。圓成字約體說，明其本來圓滿具足，非造作法。亦兼約相用說，謂相用爲體所本具，淨德圓滿也。實即真實。此即性宗常說之法界、真如、如如、真心、實相、圓覺、自性清淨心等，其名無量，性宗亦謂之真實性也。

○何謂三無性？（一）相無性，（二）生無性，（三）勝義無性。無字甚活，有非字意，有空之之意，即不可執著是也。相無性者，衆生於一切事物上，妄計有我有法而執著之，所謂徧計執也。殊不知徧計所執之我相法相，完全由於誤認。譬如認繩爲蛇，不但蛇相非實，即繩相又何嘗真實？故曰相無性，謂虛妄之相非真實性，當體會性中本無有相，應不著相而無之，乃是性也。生無性者，生謂緣生，蓋一切法但依因緣聚會，假現生起之相耳，所謂依他起也。然則既爲緣生，可見一切法本無實體，體惟淨性。恰如繩之生起，亦由因緣集合而有，繩非實體，其體乃麻。故曰生無性，謂緣生之法本非真性，當體會緣生法雖以性爲體，而於性體中無此緣生，應不著緣生而無之，乃是性也。勝義無性者，真如之性爲一切法之本體，名第一義，亦名勝義。此性真實，衆生本具，本來圓滿，所謂圓成實也。然勝義亦是名字，如麻亦是假名。故曰勝義無性，謂勝義亦爲名言，而非性也，當體會真實性中本無勝義名字，應并勝義亦不著而無之，乃真實性也。

○性宗立名略異。名相無性曰無相性，謂不著相，方是真性。名生無性曰無生性，謂不著緣生，方是真性。名勝義無性曰無性性，謂性亦不著，方爲真性。此義正顯相既離性而無體，性亦非離相而别存，於義尤圓。故無性性亦名無真性，謂并真實之見無存，乃是真實性也。又名無無性，次無字，空無之義，謂不著空無，乃是真實性也。上來略釋名義竟。當再約如夢之喻，以明三性三無性之理。

○佛説三性三無性，所以顯性相之圓融也。諸有智者，必應明了三性三無性之理，以貫通乎性相，校：性相，舊版誤作相性，據原稿改正。則能空有不著，合乎中道。而本《經》令觀一切有爲法如夢者，因作如是觀，便能洞徹三性三無性之理故也。换言之，若明三性三無性，方能徹底了然一切有爲法之如夢。兹故將如夢之義，與三性三無性之義合而演説之，以期於此二義皆得徹了。至於幻等五喻，原是説以證明如夢之義者，故雖僅約如夢而説，而於義已足。

○當知清淨心中，本來離相，是謂真實性。猶之心若清淨，便無夢相也。但因真性以隨緣故，現起身、心、此謂妄心，即是識也。世界等相，是謂依他起性。無異入眠時，隨緣而現夢中境相也。乃凡夫之人，以不明一切有爲法既是緣生虚相，生本無生故，遂致計較執著，認虚爲實，是謂徧計執性。正如愚癡之輩，以不知夢爲緣生虚相，有即非有故，而執夢境爲真實也。是故若知夢中境相皆是一心之所變現，有即非有者，當知無相性亦復如是。夫一切法莫非心造，故稱有爲。然則有爲之法既皆心造，可見心性乃真實體，一切有爲法不過依心托事，隨緣現起之相耳。所以凡所有相，皆是虚妄，豈可執以爲實乎？

若其執之，是迷相而昧性矣。何以故？性本無相故。若知心本無夢，但由妄想熏起，而妄想本虚，所以由其熏起之夢，有即非有者，當知無生性亦復如是。夫一切有爲法既是緣會假現之生相，可見性體中本來無生，故一切有爲法既不可執以爲實，即其緣生之虚相，心中亦不可存。若其存之，依然昧性。何以故？性非緣生故。若知夢時心與醒時心并非二心，但由睡眠之故，名爲夢心，實則非夢心外别有醒心者，當知無性性亦復如是。夫妄心、真心，本來不二，但由無明不覺之故，名爲妄心。若無明明，而不覺覺，妄心便是真心。猶之若不入睡，夢時之心原爲醒時心也。故修行人不可於妄心外，别執有一真心。换言之，即是不應滅色以明空，滅相以見性。若其如此，仍復昧性。何以故？不著於性，乃真實性故。所以者何？苟有取著，便爲我相我見，而非自性清淨心矣。上來所説，是以如夢之義説三性三無性，則三性三無性之義徹底洞明矣。即復以三性三無性之義説如夢，故如夢之義亦可徹底洞明也。綜觀上説三性三無性之義，可知要緊功夫，惟在不起徧計執，則依他起便是圓成實。何以故？於性相皆不計執，雖熾然現相，而心固無相也，雖示入生死，而性本無生也。計較即是分别，所謂第六識，執著，所謂第七識也。此即無明不覺，此即我見。故本《經》唯一主旨，在於無住以破我也。綜觀上説如夢之義，可知作如夢觀，是貫徹到底的。即是由粗而細，由淺入深，從初修至於究竟，一切行門，皆不外乎此觀。蓋説一夢字，以喻無明不覺也。復説一如字，則喻無明不覺似有實無，性本非有。精極，確極。不但此也，如夢者，似乎做夢也。似乎做夢，正顯一切有爲法是有即非有的，亦顯一切有爲法是非有而有的。觀其有即非有者，不可著有也。觀其非有而有者，不可著空也。故如夢之言，不是但令觀有如夢，乃令並觀空有一切如夢。果能於一切有爲法有即非有，何妨於一切有爲法非有而有？此之謂大作夢中佛事。學人初下手，便作此圓頓妙觀，則既不執實，亦不執虛，且不執無。即是本《經》所説，無我相，無法相，亦無非法相，一空到底矣。於是雖涉有，而不住有，雖行空，而不住空，故能中中契入無相無不相之實相，則如如不動矣。蓋不住而涉有行空，正所謂即止之觀也。行空涉有而不住，正所謂即觀之止也。故作如是觀，便是止觀雙運，便能定慧均等。則如是而證，便能達於寂而常照，照而常寂，寂照同時。故曰，一切諸佛從此《經》出。總而言之，一部《金剛般若》，無住妙旨，全在不取於相，如如不動上。而欲達到不取於相，如如不動，全在一切有爲法，如夢幻泡影，如露亦如電，應作如是觀上。一切學人當從此觀隨順而入，此觀正是金剛慧劍，無堅不摧，無無明煩惱而不破也。故應如是演説，如是受持，永永流通此紹隆佛種之無上大法也。

（丙）次，正結流通。

佛説是《經》已，長老須菩提，及諸比丘、比丘尼、優婆塞、優婆夷，一切世間天、人、阿修羅，聞佛所説，皆大歡喜，信受奉行。

佛説此《經》已者，謂甚深經典，説已究竟，無義不彰也。已字正與下文歡喜奉行相呼應，以顯機教相扣，大衆皆能聞斯行之之意。且顯信奉流傳，永永無盡，雖名曰已，而實未嘗已之意也。

○長老爲當機衆，故首列之。次列四衆者，皆是佛門弟子也。比丘、（義爲乞士、破惡、怖魔等。）比丘尼，爲出家二衆。尚有未受具足戒之沙彌、（沙彌之義爲息慈，息惡行慈也。又爲勤策。校：息慈，舊版無，原稿有。）沙彌尼，亦攝在內。優婆塞、優婆夷，此云清信士、清信女，亦云近事男、近事女，謂清淨三業，信奉道法，堪以親近三寶，承事供養者也，是爲在家二衆。在家人欲入佛門，先須請比丘授三皈依，若無比丘，可請比丘尼，此爲正式入三寶門，可名佛弟子，亦名三寶弟子。繼受五戒，則名優婆塞、優婆夷，若未受五戒，不堪此稱也。再進，可受菩薩戒。菩薩戒，有普爲出家在家同説者，如《梵網經》所説之十重四十八輕；有專爲在家二衆説者，如《優婆塞戒經》所説之六重二十八輕。若在家人自審能一一如出家人，可與出家人同受，否則，不如受六重二十八輕。因受戒便當奉持，倘受而不持，招罪不小，必應細意審量而後受之。受菩薩戒後，則稱菩薩戒優[二]婆塞、優婆夷。若尚未正式三皈，只稱信士、信女，不稱佛弟子及優婆塞、優婆夷也。優婆塞、優婆夷皆可講經説法，而爲法師，惟不可爲皈戒師，因自己未受具足戒之故。三皈依，即是戒也。今世有向在家善知識請求皈依者，此誤也。當知請求皈依，乃是請求爲傳三皈依戒，此事只可向出家善知識請求也。若向在家善知識請求講經説法，爲其弟子，依以爲師，則固無不可者。如其志願真誠，堪以教化，善知識亦不宜一味峻拒也。無論聚會之所，或在道路間，在家二衆當敬讓出家人居前，雖出家、在家同爲佛子，然以次第言，比丘譬若長子，次則比丘尼、沙彌、沙彌尼、優婆塞、優婆夷，不可紊也。當知出家者割捨恩愛，遠離塵俗，已在住持三寶之列，豈在家二衆混身五欲、拖泥帶水者所可及？故應尊重。即破戒僧亦不可輕視，何以故？當知出家之戒繁密嚴重，比丘具足戒有二百五十條，比丘尼具足戒有三百七十餘條，少不經意，便已侵犯，奉持二字，談何容易？即沙彌、沙彌尼亦受十戒，比在家人已多一倍矣，豈可輕作譏評？果深知其言行相違，或不守清規，敬而遠之可也。

此遵佛制，所謂默擯是也。默者，不揚其過。擯者，疏遠之意。即對在家二衆言行相違者，亦應如是。此是修行人應守之本分，不可忽也。總之，若欲佛法昌明，必須出家、在家衆中，皆有道高德重、爲衆所服者以爲領袖，且須政治清明，政府中主要之人亦能信奉三寶，互相維護而整飭之，始克有濟耳。依佛制，出家人若違佛法，即歸僧中領袖大德，依佛律治之。倘犯國律，亦須經其領袖大德同意，先令還俗，然後方可依世法治之。而尤在披鬀時，嚴選資格，乃爲正本清源之道也。

○娑婆爲一大千世界，其中有十萬萬四天下，十萬萬六欲天等。況佛説法時，十方無量數世界菩薩、天、龍來赴法會者甚多甚多。故曰，一切世間。説一天及修羅，即攝八部。此中人字，通指四衆以外之人也。不説菩薩者，其義有二。（一）此《經》説在大般若法會之第九會，前會已詳列菩薩矣，此故略之。（二）此《經》是爲發大乘、發最上乘者説，可見在會者皆是發無上菩提心之菩薩摩訶薩，故不別列也。

○皆大歡喜者，聞此大法，心開意解，是爲歡喜。且知信受奉行，便是荷擔如來，當得菩提，成佛有望，非同小可，故大歡喜。在會法衆無不如是，故皆大歡喜也。

○信，即信心不逆之信。受者，解也，即深解義趣之解。因其有不逆之信、深解之受，所以奉行。奉者，遵奉，謂遵依經中所説之義趣。行字，兼自利利他言，謂自己既遵奉而行，復廣布此《經》，爲人演説，令一切衆生無不皆大歡喜。如是信受，如是奉行，務使慧水長流，法脈永通，傳之塵劫而無滯，普及萬類而無遺，則徧法界，盡未來，有此《經》處，便是佛説法處。前云，佛説此《經》已，不過約一時之事相言之耳。結集者之意，在於一切大衆依教奉行，佛種永永不絶，則我世尊之説是《經》，固永永未有已時也。不但結集本《經》者具此宏願，我輩今日説者，聞者，發起此法會，維持此法會者，亦無不皆大歡喜，信受奉行，同具此願也。具有此願，乃爲真信受，真奉行，真歡喜，此正吾輩報佛恩處。不慧自愧於此深經未盡演説之量，不過大海中説其一滴耳。然而即此一滴，已具全海之味。唯願諸善知識，從實信而入淨信，於有爲而證無爲，以此行願，莊嚴佛土，化度有情，便可即身成佛，豈止決定生西已哉？

金剛般若波羅蜜經講義卷五終

校勘記

〔一〕「二」，底本作「一」，據文意改。

〔二〕「優」，底本作「擾」，據文意改。

《金剛經》校勘記

此本一依燉煌石室唐人寫經。而柳公權所書，即石室藏經之一，久有影印本行世。可以覆按。故《校勘記》中，首列柳書，次列參校諸本。茲將所據各本名目，及有無單行本流通，一一詳載於《校勘記》前，以便檢校。

柳書　《經》後題云：長慶四年四月六日，銜柳公權爲右街僧録準公書。按：柳書，清宣統間，上海有正書局曾彙聚石室中藏品十餘種，以珂羅版影印行世，顔曰《石室祕寶》，柳書爲《祕寶》之一也。長慶，乃唐穆宗年號。

翁書　乾隆五十七年壬子，翁方綱書。跋云：依南唐道顒法師石本。按：翁書係依五代時南唐石刻，故列於宋藏之前。現有石印贈品。

宋藏　南宋理宗紹定時，平江府磧砂延聖院刊，所謂《磧砂藏》是也。按：此藏經始於宋理宗紹定四年，完成在元武宗至大二年，前後歷八十年而後工竣。原藏西安臥龍、開元兩寺，後移存陝省圖書館。現上海影印宋版藏經會正在影印中。

張書　南宋理宗寶祐二年甲寅，張樗寮即之書。自跋云：依天台教僧宗印校本。清康熙四年乙巳，笪重光等摹勒上石，供焦山石壁庵。按：寶祐二年，後於紹定二十餘年，《經》中文句，與《磧砂藏》微有異同。有拓本。又有民國十七年汪大燮依張書所寫石印本贈品。

《金剛經註疏》　唐紀國寺釋慧淨註。註前有唐常太博士河南褚亮序，慧公同時人也。後有日本丹陽散人跋，其略云：此《註》在支那不行，於扶桑亦未覩。近義空師獲其真本，遂刊行而永傳之。久隱之至寶，一旦發光揚彩，可謂得時。享保二歲丁酉初秋。按：日本享保丁酉，爲我國清康熙五十六年。經文不審何時會入。以校柳書，字句多同，且少魏譯一段，必在他種會本前，故先列之。

《金剛經註》　姚秦釋僧肇註。有日本沙門敬雄序云：曩由慈覺大師於支那持歸，祕諸名山九百年。頃祖芳禪人持以示余，余歎曰：此《經》之註，肇公爲先。註來大東，亦此《註》爲先。而發於諸註既行之殿者，豈非時節因緣乎？天台大師曾講此《經》，專依肇公。猶如說《觀經》，專依淨影也。梓而行之，其利益復如何哉？寶曆十二壬午之夏。按：日本寶曆壬午，爲我國清乾隆二十七年，距今百七十二年。上溯九百年，約在吾唐季懿宗咸通之初。經文亦不知何時會入，但與南唐石刻及長水《刊定記》互有出入，亦已加入魏譯六十二字，且註其下云：此六十二字，肇本無之，天台《疏》亦無科判，然諸本皆有此文，故且存之。其必後於慧《註》之會本可知。以上兩書，均見商務印書館影印《續藏經》中，無單行本。古農按：《續藏》中此書，曾於民國九年，丁惟森等依黎端甫校本，刻於贛州刻經處。

《金剛經智者疏》　隋天台智者說，清光緒三十三年金陵刻。

《金剛經義疏》　隋嘉祥吉藏撰，民國六年金陵刻。

《金剛經贊述》　唐大慈恩寺窺基撰，民國六年金陵刻。

《金剛經疏論纂要》　唐大興福寺宗密述，民國十一年北平刻。按，以上四書，皆得諸日本。《義疏》原無經文，乃金陵刻時會入者，故與現流通本同。其他三書會入之經文，或依其舊，或未全依，故與流通本有同有異，可以單行本與《續藏》對校也。

《金剛經疏記彙編》　民國十九年北平刻。《疏》即《疏論纂要》，《記》則宋長水沙門子璿所撰《刊定記》。按：《續藏》中收有明釋大璸之《疏記科會》，是清乾隆四十七年依照雲棲舊本重刻者，可藉以考證明時經文與今本異同也。

校勘記

應云何住。柳書、翁書、宋藏、張書、明刻，及慧《註》、肇《註》、《纂要》三會本皆同。今流通本及清初本作云何應住，與後周語同。按：《贊述》引《經》，亦作應云何住。

若非有想非無想。柳書乃至明刻，慧《註》、肇《註》、智《疏》、《贊述》、《纂要》五會本，及今流通本皆同。清初刻本，於非無想上，有加一若字者，並註云，古本無之。按：古本既無，何可濫加？今以所見各本參校，蓋自唐季以後，經文乃被人陸續增易，而明清間增易最多也。

若菩薩有我相、人相、衆生相、壽者相即非菩薩。肇《註》會本，若下無菩薩二字。餘本皆有。

則見如來。柳書、翁書、宋藏、張書，及慧《註》、肇《註》、智《疏》三會本並同。流通本則作即，明清刻本皆然。

於此章句。古今各本皆同。惟肇《註》會本作此於章句。

則爲著我、人、衆生、壽者。古今各本皆同。惟清初刻本，則作即。

何以故若取非法相？古今各本皆同。清初刻本，有疑何以故三字爲衍文而删之者。

是故如來説福德多若復有人。古今各本皆同。清初有刻本，於若復上，加佛言須菩提五字。

所謂佛法者即非佛法。古今各本皆同。清初有本，於即非句下，多是名佛法句。按：長水《刊定記》云：如《經》中即非佛法，是勝義諦，遮增益邊。是名佛法，是世俗諦，遮損減邊。其餘即非、是名例此。見《疏記彙編》卷三第十一頁。是長水時，已有刊本，不知被誰加入此句矣。然考圭峯《疏》意，實無是名句。《疏》云：第一義中，無有佛法從經出也。見《纂要》卷上第二十六頁。長水《記》於此則依《疏》而釋，未及是名句。見《彙編》卷四第三十二頁。徧考古德註疏中，皆無是名句義。

而實無來。柳書、宋藏、慧本均同。流通本作而實無不來。蓋南唐石刻已加入不字矣。按：智者《疏》、嘉祥《義疏》皆云：以無兼不。慧《註》則云：觀内既不見有我，説誰不來？故云而實無來也。足證本作無來。

是第一離欲阿羅漢我不作是念。柳書至明刻，慧《註》等五會本並同。流通本，我上有世尊二字，清初諸本皆然。

我若作是念。古今各本皆同。惟肇本無我字。

於法有所得不世尊如來在然燈佛所。柳書、慧本同。流通本，有所得不下，有不也二字，南唐石刻以後本皆然。

則非莊嚴。柳書、宋藏、張書、慧本同。流通本作即非，南唐石刻、明清諸本皆然。

而此福德勝前福德。古今各本皆同。惟慧本而作如。

則爲有佛。柳書至明刻，慧《註》、《纂要》兩會本並同。流通本及清初諸本，則作即。

則非般若波羅蜜。柳書至明刻，及慧《註》會本並同。流通本及清初諸本，則作即，其下又有是名般若波羅蜜句。清初有本并註其下云：古本無。按：是名般若波羅蜜句，南宋《磧砂藏》始見加入。不但爲唐人寫經所無，即南唐石刻及張樗寮書皆無之也。慧《註》等五會本經文，皆無是名句。又考肇《註》曰：則非般若，即慧空也。境滅慧忘，何相不盡？弘持之旨，宜在於此。智者《疏》同。智《疏》又曰：般若則非般若，此是如空。嘉祥《義疏》曰：般若非般若，心行斷也。下如來無所説，絶言語也。又曰：佛説般若，此是佛般若也。則非般若，非是二乘智慧。慧《註》曰：證真之日，得真般若。得真之時，便捨文字。故云佛説般若，即非般若。《贊述》曰：則非般若波羅蜜者，非一佛獨陳也。《纂要》曰：則非般若者，無着云，對治如言執故。以上諸古註，皆未釋及是名。

可以三十二相見如來不？不也，世尊，何以故？柳書、慧本同。流通本，何以故上，有不可以三十二相得見如來句。按：南唐石刻已加此句。考各古註，皆未釋及之。《義疏》謂，猶是釋成前文可以身相見如來不之義，故與前文貫串而釋。

則生實相。古今各本並同。清初本，則作即。

則是非相。柳書至明刻，慧《註》等五會本並同。流通本、清初本，則作即。

是人則爲第一希有。古今各本並同。清初本，則作即。

此人無我相、人相、衆生相、壽者相。柳書至明刻，慧《註》等五會本皆同。流通本、清初本，作此人無我相無人相無衆生相無壽者相。

則名諸佛。柳書至張書，慧《註》等五會本皆同。流通本、明清刻本，則作即。

非第一波羅蜜。柳書至明刻，慧《註》會本皆同。流通本、清初本，作即非。

如來説非忍辱波羅蜜。柳書至明刻，慧《註》等五會本並同。流通本、清初本，於此句之下，有是名忍辱波羅蜜句。清初有本，註明其下云：是名句，古本無，然不可少。由此可見，是彼時加入。按：智《疏》曰：既無我人，誰加誰忍？故非忍爲忍，忍爲非忍，爲般若體也。《纂要》曰：忍到彼岸，已離苦相。況彼岸非岸，誰苦誰忍？其他古註中，皆無是名句義。

則爲非住。柳書至明刻，慧《註》、肇《註》、智《疏》、《纂要》四會本並同。流通本、清初本，則作即。

菩薩爲利益一切衆生。柳書至明刻，慧《註》等五會本並同。流通本，衆生下有故字，蓋清初時加入者也。清初有本註明其下云：各本無故字。

則非衆生。柳書、宋藏、明刻，及慧、肇二《註》會本並同。流通本、清初本，則作即，南唐石本、張書亦然。

則無我見。柳書至明刻，慧《註》等五會本，流通本並同。此與下文，則爲如來以佛智慧，則爲荷擔，則於此《經》，則爲是塔，則爲消滅，清初本，則多作即。

皆成就不可量不可稱無有邊不可思議功德。

柳書如此。其他各本作，皆得成就。按慧《註》云：若人依經起行，即生無邊之福，與三佛性相應，故能圓滿界種。界謂真如，種謂菩提心、六度行，界種即三佛性也。玩此《註》意，其無得字可知。得者，當得也。今言與三佛性相應，是已成就矣。已成就者，謂其成就相應，已具有能圓滿界種之資，非謂已成佛。此即長水《記》所云：若能宣説受持，此則修行二利，能令佛種不斷，則名荷擔菩提。蓋成就之言，即言其成就荷擔。所以長水《記》又云：不可量等功德，與無上菩提爲因也。據此，足證本無得字。

心則狂亂。柳書至明刻，慧《註》等五會本並同。流通本、清初本，則作即。

發阿耨多羅三藐三菩提者。柳書如此。其他各本，者上有心字。按：經旨正破存有菩提法之心，故下即緊接曰，當生如是我應滅度衆生，乃至無一衆生實滅度之心也。則菩提下不能著心字，應從唐人寫經明矣。下同。

何以故若菩薩有我相、人相、衆生相、壽者相則非菩薩？柳書、明刻本、慧本並同。翁書乃至流通本等，若上有須菩提三字。又清初本，則非作即非。

實無有法發阿耨多羅三藐三菩提者。柳書如此。其他諸本，者上有心字。

若有法如來得阿耨多羅三藐三菩提。柳本、慧本同。其他各本，提下有者字。

然燈佛則不與我授記。古今各本皆同。清初本，則作即。

則爲非大身。柳書、宋藏、張書、明刻，慧《註》等五會本並同。流通本，則作即，翁書及清初本皆然。

則不名菩薩。古今各本皆同。清初本，則作即。

無有法名爲菩薩。柳書、慧本、肇本並同。流通本作實無，南唐石刻以後皆然。按：長水《記》云：但約無我無人，真如清淨，名爲菩薩，非謂別有一法。足證本無實字。若有之，當云非謂實有一法，不云別有矣。

恆河中所有沙。柳書、宋藏、張書、慧本並同。流通本，恆上有如字，南唐石刻、明清諸本皆然。

有如是等恆河。柳書、宋藏、張書、慧本並同。流通本，等上有沙字，南唐石刻、明清諸本皆然。

過去心不可得現在心不可得未來心不可得。古今各本並同。惟慧本，初過去，次未來，三現在。無着菩薩《論》亦然，《論》云：過去（二）已滅故，未來未有故，現在第一義故。

如來不應以色身見。柳書、慧本同。流通本，色身上有具足二字，南唐石刻以後諸本皆然。

即爲謗佛。古今各本並同。南唐石刻、張書，即作則。

爾時慧命須菩提至。是名衆生。柳書無，南唐石刻以後有。按：此六十二字，秦譯本無之，乃後人據魏譯增入者。故肇《註》乃至《纂要》，皆未釋及。惟《贊述》已引魏譯加入釋之。大約唐時或加或不加，至五代以後本，則無不加入耳。總之，此段之義，偈論俱有，取魏譯增入，亦佳。秦譯蓋因前文已有如來說一切衆生，則非衆生，故此處從略歟？

爲無所得耶如是如是。柳書、慧本同。流通本，如是上有佛言。按：南唐石刻已有佛言二字矣。

則得阿耨多羅三藐三菩提。柳書至明刻，慧《註》等五會本並同。流通本、清初本，則作即。

如來説非善法。柳書、宋藏、張書、慧本並同。流通本，説下有即字，南唐石刻、明清諸本皆然。古註如慧《註》、《贊述》，引《經》皆無即字。惟《纂要》引作即非。

受持爲他人説。柳書、慧本並同。流通本，受持下有讀誦二字，南唐石刻以後本皆然。

如來則有我、人、衆生、壽者。柳書至明刻，慧《註》等五會本並同。流通本、清初本，則作即。

則非有我。同上。

則非凡夫。同上。又清初本及今流通本，此句下復有是名凡夫句。柳書至明刻，慧《註》、肇《註》、智《疏》、《贊述》四會本皆無之。清初有本，註明爲古本所無。詳考各古註，皆無是名句義也。

轉輪聖王則是如來。同上。

汝若作是念發阿耨多羅三藐三菩提者。柳書、慧本、肇本並同。流通本，者上有心字，南唐石刻以後本皆然。

發阿耨多羅三藐三菩提者於法不説斷滅相。同上。

以滿恆河沙等世界七寶布施。柳書、慧本同。流通本，布施上有持用二字，南唐石刻以後本皆然。而明刻本有少持用二字者。

此菩薩勝前菩薩所得功德須菩提以諸菩薩不受福德故。柳書、張書，慧《註》、《贊述》二會本並同。流通本，功德下有何以故三字，南唐石刻、《磧砂藏》亦然。明刻本間無何以故句。

是微塵衆寧爲多不甚多世尊。柳書、宋藏、明刻，慧《註》等五會本皆同。流通本，甚多上有須菩提言句，南唐石刻、張樗寮書、清初本皆有之。

佛則不説是微塵衆。柳書至明刻，慧《註》等五會本並同。流通本、清初本，則作即。

則非微塵衆。柳書、宋藏、張書、明刻，慧《註》等五會本並同。流通本，則作即，南唐石刻、清初本皆然。

則非世界。同上。

若世界實有。柳書如此。慧《註》會本作有實。流通本及南唐石刻以後各本，皆作實有者。

則是一合相。柳書、翁書、宋藏、明刻、慧《註》等五會本並同。張樗寮書、清初本、流通本，則作即。

則非一合相。柳書、宋藏、張書、明刻、慧《註》等五會本並同。南唐石刻、清初本、今流通本，則作即。

則是不可說。柳書至明刻，慧《註》等五會本並同。清初本、今流通本，則作即。

是人解我所說義不世尊。柳書、慧本同。流通本，不下有不也句，南唐石刻以後各本皆然，惟明刻無之。

即非我見人見衆生見壽者見。古今各本皆同。惟明刻，即作則。

發菩薩心者。柳書至明刻、慧本並同。流通本、清初本，菩薩作菩提。按：長水《記》云：發菩薩心者，揀餘人也。

金剛經校勘記終

校勘記

〔一〕「去」，底本作「云」，據《金剛般若論》（《大正藏》本）卷下改。

《金剛經》校正本跋

《金剛般若波羅蜜經》，自唐以來，受持遍寰宇，書寫刊印者既多，文字譌奪亦因之而日繁。勝觀弱冠受此《經》，初惟依隨讀誦而已，莫明其義，亦不辨文字有異同也。逮清光緒季年，金陵刻智者《疏》成。味其《疏》義，頗有與今本文字不協者，稍稍疑之。因廣搜舊刻，復見東瀛《續藏》中肇、慧諸註，疑愈甚。及覩唐人柳誠懸寫經，則與諸古疏義合，然後始知今本之譌誤甚多也。繼而應聘，校理北平圖書館所藏燉煌石室唐人寫經。其中《金剛經》最多，大抵與柳書同。乃深慨夫沿訛襲謬，由來蓋遠，今幸獲古人真蹟及古註疏，千餘年淆誤因得證明，奈何不鋟布於世以匡之乎？然而習非成是久矣，荆人獻璞，鑒真者稀，宜俟機緣，未堪率爾。時民國八九年間也。追歲庚午，有潮陽郭居士者，精刊此《經》，謂依柳書。書出，大有非難其擅改經文者。實則其刻尚未盡依柳書。甚矣，習非成是，有如是乎？雖然，古本之善，終不能掩，試舉一二。如古本前周曰，應云何住。後周乃曰，云何應住。一字升降，其義迥殊。自譌爲一格，遂有誤認文複者矣。是名句，或有或無，各具精義。自譌爲處處有之，遂多以三諦説之矣。不知般若正明二諦，蓋於二諦遮照同時，即是中也，豈二諦外别有中乎？台宗以三諦説一切法，然智者大師本《經疏》義，始終皆明緣生之法，莫非假名，故曰即非，達其即非，乃會真實。其於是名，祇作假名會，是真善説三諦者。若必執三諦名言，而以是名配中，是名莊嚴則可，是名我見、人見、衆生見、壽者見，云何通耶？壬申之秋，應諸友夙約，爲説此《經》。悉依唐人寫本，而融通諸論及古注義蘊以説之。大衆歡喜踴躍，請以校正本印布之，欲使共知確有依據，孰正孰譌，大明於世也。於《經》後附《校勘記》，引諸異本及各家疏釋，不厭求詳，以資覆按。而述其緣起於此。一事之興也，無不關時，況甚深般若乎？依文字，起觀照，悟實相，文字因緣，所關非小。或曰：禪宗即般若度，而不立文字，何也？曰：子誤矣。《楞嚴經》云：知見立知，即無明本。知見無見，斯即涅槃，無漏真淨。此不立之旨也，豈斷滅文字相？且諸家語録非文字乎？語云：依文解義，三世佛寃，離經一字，便同魔説。何況一字之差，大有出入，何可忽也？癸酉春，勝觀謹跋。

中華民國三十三年甲申四月

普慧大藏經刊行會敬刊

（傅新毅整理）